Constanze Haselbauer

BERLIN
erkunden

Der ausführliche City-Guide

Inhalt

Willkommen!	6
Was brauchen Sie noch?	8
Berlin gestern & heute	**10**
Berliner Zeittafel	12
Berlin in Zahlen	15
Berlin Übersichtskarte	16

Die Innenstadt erkunden	**18**
Hauptstadt-Highlights entlang der Buslinie 100	*20*
Alexanderplatz	20
Museumsinsel	27
Schlossplatz	35
Unter den Linden	45
Pariser Platz & Brandenburger Tor	66
Regierungsviertel	80
Tiergarten & Zoologischer Garten	92
Rechts und links des Kudamms: Bus M29	*102*
Kurfürstendamm	102
Tauentzienstraße & Botschaftsviertel	124
Vom Potsdamer Platz nach Alt-Berlin: Bus M48	*132*
Kulturforum	132
Potsdamer Platz	138
Leipziger Straße & Checkpoint Charlie	146
Gendarmenmarkt & Friedrichstraße	156
Jägerstraße & Hausvogteiplatz	162
Fischerinsel	168
Nikolaiviertel	176

Spaziergänge 184

Spandauer Vorstadt	186
Friedrich-Wilhelm-Stadt	212
Karl-Marx-Allee	223
Klosterviertel	226
Prenzlauer Berg	230
Kreuzberg SO 36	238
Flughafen Tempelhof & Bergmannkiez	250
Schloss Charlottenburg	256

Praktische Reisetipps 260

Anreise	262
Übernachten	262
Touristen-Information	263
Unterwegs in Berlin	264
Geführte Stadttouren	266
Restaurants	267
Kneipen & Bars	269
Nachtleben	271
Museen, Sammlungen & Gedenkstätten	272
Bühne und Musik	274
Kino	275
Shopping	276
Veranstaltungskalender	277
Berlin mit Kindern	278
Sauna & Wellness	279
Zeitungen & Zeitschriften	279
Sonstiges A-Z	281
Register	*282*

Willkommen zu Ihrer ganz persönlichen Stadterkundung!

Dies ist ein Reiseführer für alle, die sich etwas intensiver mit den Sehenswürdigkeiten und der Geschichte der Stadt Berlin beschäftigen möchten.

Als Stadtführerin bedaure ich es immer wieder, wenn meinen Gästen für eine Stadtrundfahrt nur zwei oder drei Stunden zur Verfügung stehen. Denn dann muss ich mich auf die Highlights beschränken und habe keine Zeit, ausführlicher auf die Geschichte hinter den einzelnen Bauwerken einzugehen – es sei denn, der Bus steht im Stau. Dabei lohnt es sich durchaus, an manchen Stellen auszusteigen und die Umgebung zu Fuß zu erkunden. Um die nächste Ecke kann ein interessanter Neubau stehen, oder man betritt ein von außen eher unscheinbares Gebäude und staunt über die Pracht im Inneren. Und manche städtebauliche Entscheidung kann ein Außenstehender nicht nachvollziehen, wenn er die Geschichte dahinter nicht kennt.

Diese Geschichte(n) zu erzählen, Berlin auch hinter den Fassaden sichtbar zu machen, ist Anliegen dieses Reiseführers. Seit ihrer Gründung hat die Stadt Berlin stets jedem die Hand gereicht, der sich hier ansiedeln wollte. Nicht anbiedernd, aber immer offen für Neues, Anderes, nimmt Berlin auch heute alle diejenigen auf, die etwas Neues beginnen möchten, und nutzt das Potential, das sich darin verbirgt, um sich selbst immer wieder neu zu erfinden. So kommt es, dass die Stadt ständig im Umbau begriffen ist. Was die Bombardements des Zweiten Weltkriegs überstanden hatte, wurde in den 60er und 70er Jahren modernisiert oder musste den neuen Wahrzeichen des Wiederaufbaus weichen. Und nach dem Fall der Mauer 1989 mussten zahlreiche Verkehrswege wiederhergestellt oder neu geschaffen werden, um beide Teile Berlins wieder miteinander zu verbinden. Gleichzeitig begann ein gewaltiger Bauboom, der zur Umgestaltung ganzer Stadtteile führte. Wertvolle historische Bausubstanz konnte so erhalten bzw. saniert werden, glanzvolle moderne Bauten wurden errichtet.

Auch wenn dieser Boom etwas abgeklungen ist und sich heute die Investoren genauer überlegen, ob sie ihr

Die Autorin
Constanze Haselbauer (1959) studierte Anglistik, Amerikanistik und Romanistik an der Humboldt-Universität zu Berlin. Danach betreute sie in der DDR ausländische Reisegruppen, durfte aber nach Differenzen über die Art des Umgangs mit „Gästen aus dem nichtsozialistischen Ausland" nicht mehr als Reiseleiterin tätig sein. Nach dem Mauerfall arbeitete sie als PR- und Marketingreferentin, seit 2003 ist sie wieder als Stadtführerin tätig und überträgt ihre Berlin-Begeisterung auf Gäste der Hauptstadt.

Geld in ein weiteres (hinterher vielleicht leer stehendes) Bürogebäude investieren möchten, so ist die Bautätigkeit in Berlin doch immer noch überall zu spüren. Und so bitte ich um Nachsicht, wenn die eine oder andere Baustelle, über die in diesem Buch geschrieben wird, dann vielleicht schon beendet und das „fertige Produkt" zu bestaunen ist. Die historischen Bilder sollen einen Eindruck von der Geschichte und der Entwicklung einzelner Orte vermitteln und zum genaueren Hinsehen animieren. Dafür braucht man Zeit; aus diesem Grund habe ich in diesem Stadtführer eine Route beschrieben, die man je nach Zeit- und Interessenlage innerhalb eines Tages oder auch mehrerer Tage bewältigen kann. Daran schließen sich noch einige Vorschläge für Spaziergänge durch Stadtgebiete an, die auch über die Grenzen Berlins hinaus bekannt sind.

Es ist eine sehr persönliche Führung durch Berlin, mit vielen Tipps für Kultur- und Gastronomie-Interessierte. Alle im Buch erwähnten Sehenswürdigkeiten und Restaurants habe ich selbst besucht und gebe deshalb meine eigenen Eindrücke wider. Eine Ausnahme bilden die zahlreichen Clubs; hier war ich auf die Aussagen anderer Personen angewiesen, da ich selbst dem Clubalter ein bisschen entwachsen bin. Sie werden im Buch keine Werbung finden, die mein Urteil hätte beeinflussen können.

Da Berlin ausschließlich zu Fuß einfach zu anstrengend ist, habe ich die Route entsprechend dem Verlauf verschiedener Busstrecken zusammengestellt, so dass Sie selbst entscheiden können, welche Orte Sie sich aus der Nähe – zu Fuß – und welche nur aus der Ferne – vom Bus aus – anschauen möchten. Zur schnellen Orientierung sind die jeweiligen Bushaltestellen deshalb immer am Rand vermerkt, gekennzeichnet durch das lilafarbene Bussymbol. Die hier beschriebene Tour beginnt und endet am Alexanderplatz, es ist also im wahrsten Sinne des Wortes eine „Stadt-RUND-Fahrt".

Am Buchende finden Sie ein Verzeichnis der Straßen und Plätze, an denen die Tour entlangführt. Sie können also selbst entscheiden, wo Sie Ihre ganz persönliche Stadterkundung beginnen möchten. Und natürlich können Sie sich auch einfach bestimmte Orte heraussuchen und erkunden – die Karten in diesem Buch zeigen Ihnen den Weg, auch zur nächsten U-, S- oder Straßenbahn.

Constanze Haselbauer

Liebe Leserin, lieber Leser, danke, dass Sie sich zum Kauf dieses Stadtführers entschieden haben. Ich hoffe sehr, dass ich Ihnen mit diesem Buch Berlin ein bisschen näher bringen und Sie mit meiner Begeisterung für diese Stadt anstecken kann. Besonders freue ich mich, wenn Sie mir Ihre Erfahrungen und Anregungen für Verbesserungen und weitere Touren mitteilen. Schreiben Sie mir: Sie finden mich im Internet unter **www.stadtfuehrungen-in-berlin.de.**

Was brauchen Sie außer diesem Buch noch?

BVG Fahrplaninfo
(030) 19 44 9
www.bvg.de
Vom Handy: mobil.BVG.de
iPhone-App: FahrInfo Berlin (kostenlos)

Um Berlin mit diesem Stadtführer zu erkunden, benötigen Sie nur eine **Tageskarte** (oder Mehrtageskarte) für Bus und Bahn für den Tarifbereich AB. Damit können Sie innerhalb eines Tages (bis 3 Uhr des Folgetages) alle öffentlichen Verkehrsmittel nutzen. Sie erhalten diese Fahrscheine an den Verkaufsstellen der BVG und der S-Bahn, an Fahrkartenautomaten auf dem Bahnsteig oder beim Busfahrer. Eine Tageskarte für den Tarifbereich AB kostet zurzeit 6,10 Euro (ermäßigt 4,40 Euro).

Für alle, die länger in Berlin bleiben, lohnen Mehrtageskarten: Die Berlin CityTourCard für den Tarifbereich AB kostet für 48 Stunden 15,90 Euro, für 72 Stunden 21,90 Euro und für 5 Tage 28,90 Euro. Dabei sind Ermäßigungen für einige touristische Angebote eingeschlossen. Als Alternative für Berlin-Besucher, die eine größere Zahl von Museen und ähnliche touristische Highlights auf ihrem Programm haben, empfiehlt sich die Berlin WelcomeCard. Für je einen Euro mehr als die Berlin CityTour Card gibt es zur Fahrkarte ein Gutscheinheft, dass den Eintritt in verschiedene Museen billiger macht. Diese Tickets sind an BVG-Verkaufsstellen und Fahrkartenautomaten und auch in vielen Berliner Hotels an der Rezeption zu erwerben.

Weitere Ticketalternativen und -informationen finden sich im Kapitel Praktische Reisetipps, Unterwegs in Berlin (▸ Seite 264).

Busrundtour

Die in diesem Reiseführer beschriebene **Rundtour** (▸ Seite 20 bis 183) beginnt und endet am Alexanderplatz. Sie folgt dabei dem Verlauf der drei **Buslinien 100, M29 und M48**. So kann man gemütlich im Doppeldecker-Bus an allen bedeutenden Berliner Sehenswürdigkeiten vorbeifahren und jederzeit aussteigen, um Interessantes aus der Nähe zu betrachten. Die Spaziergänge im hinteren Teil des Reiseführers (▸ Seite 184) bringen Sie in besondere Berliner Stadtviertel. Auch diese Ziele sind schnell mit Bus und Bahn erreichbar.

Bus 100

Die **Buslinie 100** beginnt am Alexanderplatz und fährt von dort die touristischen Höhepunkte auf dem Prachtboulevard Unter den Linden ab: An der Museumsinsel und der Staatsoper vorbei geht es zum Brandenburger Tor und zum Reichstag, und danach durch den Tiergarten zum Bahnhof Zoologischer Garten.

Bus M29

Von dort ist es nur ein Katzensprung zur Flanier- und Einkaufsmeile Kurfürstendamm, den man mit der **Buslinie M29** hinauf- und wieder hinunterfahren kann. An der Gedächtniskirche und am KaDeWe vorbei geht es durchs Botschaftsviertel zum Kulturforum.

Bus M48

Vom Kulturforum fährt die **Buslinie M48** über den Potsdamer Platz und weiter auf der Leipziger Straße. Rechts und links davon liegen der ehemalige Grenzübergang Checkpoint Charlie, die Friedrichstraße und Berlins schönster Platz, der Gendarmenmarkt. Vorbei an der Fischerinsel und dem wiederaufgebauten Nikolaiviertel, der Wiege Berlins, geht es zurück zum Alexanderplatz.

Potsdamer Platz 1932

Berlin gestern & heute

Berliner Zeittafel

1237
Offizielles Gründungsjahr Berlins: Die Stadt Cölln wird zum ersten Mal urkundlich erwähnt

1244
Erste Urkunde zur Stadt Berlin

1356
Die Markgrafschaft Brandenburg wird Kurfürstentum

1415
Mit Friedrich I. wird erstmals ein Vertreter des Hauses Hohenzollern zum Kurfürsten und Markgrafen Brandenburgs berufen. Berlin und Cölln haben zusammen etwa 8500 Einwohner

1443
Grundsteinlegung für das Stadtschloss auf der Spreeinsel (Fertigstellung 1716)

1539
Reformation in Brandenburg

1640
Friedrich Wilhelm, der Große Kurfürst, tritt seine Regentschaft an (bis 1688)

1647
Anlage der Allee Unter den Linden als Reitweg zum Tiergarten

1658–1683
Ausbau der Doppelstadt Berlin/Cölln zur Festung mit 13 Bastionen

1671
Ansiedlung der ersten jüdischen Familien in Berlin

1685
Mit dem „Edikt von Potsdam" wird die Ansiedlung französischer Hugenotten gefördert

1695
Baubeginn des Schlosses Charlottenburg westlich von Berlin; Bau des Zeughauses Unter den Linden

1701
Friedrich III., Kurfürst zu Brandenburg, macht sich selbst zum König in Preußen Friedrich I. und Berlin wird königliche Residenzstadt. Gründung der Preußischen Akademie der Wissenschaften

1709
König Friedrich I. vereinigt die fünf Städte Berlin, Cölln, Friedrichswerder, Dorotheenstadt und Friedrichstadt zur Haupt- und Residenzstadt Berlin. Das neue Berlin hat 55 000 Einwohner.

1726
Eröffnung des Krankenhauses und Lehrbetriebes im ehemaligen Pesthaus und Umbenennung in „Charité", heute die älteste medizinische Bildungseinrichtung in Deutschland

1732
Ansiedlung böhmischer Glaubensflüchtlinge

1737
Abriss der alten Festungsanlage, Bau der Akzisemauer

1740
Friedrich II., „der Große", wird König von Preußen (bis 1786); Bau des „Forum Fridericianum", Ausbau der Straße Unter den Linden zur Prachtstraße

1791
Neubau des Brandenburger Tores

1805
Besuch des Zaren Alexander I. in Berlin; ihm zu Ehren wird der Wollmarkt in „Alexanderplatz" umbenannt

1806-1808
Besatzung Berlins durch französische Truppen

1809
Reform der Preußischen Städteordnung durch Freiherr vom Stein; Berlin erhält weitgehende Selbstverwaltungsrechte

1810
Gründung der Friedrich-Wilhelm-Universität (heute Humboldt-Universität)

1830
Eröffnung des Alten Museums

1837
Erste Industriebetriebe in Berlin: Borsig (1837), Siemens & Halske (1847), Schering (1851), Schwartzkopf (1852), AEG (1881)

1848
Bürgerlich-demokratische Revolution; Barrikadenkämpfe, Einmarsch von 13 000 Soldaten in Berlin, Kronprinz Wilhelm (der „Kartätschenprinz") lässt auf die Aufständischen schießen; Berlin hat 400 000 Einwohner

1871
Gründung des Deutschen Kaiserreiches, Wilhelm I. wird Deutscher Kaiser; Berlin wird Hauptstadt und hat 830 000 Einwohner

1874
James Hobrecht entwickelt einen Plan zum Bau einer Kanalisation und zur Trinkwasserversorgung

1879
Siemens & Halske bauen die erste elektrische Lokomotive der Welt

1882
Ausbau des Reitweges zum Grunewald zum Prachtboulevard Kurfürstendamm

1900
Berlin hat über 1,8 Millionen Einwohner, in den benachbarten Städten und Gemeinden noch einmal 2,5 Millionen

1902
Die erste U-Bahn-Linie wird eröffnet

1918
Revolution in Deutschland; Wilhelm II. wird abgesetzt und flieht nach Holland; Scheidemann ruft am Reichstag die Republik aus; der Erste Weltkrieg wird beendet

1920
Die Berlin umgebenden Städte und Gemeinden werden durch das „Groß-Berlin-Gesetz" eingemeindet. Berlin ist die größte Industriestadt auf dem europäischen Kontinent mit 3,9 Millionen Einwohnern und entwickelt sich zur Kultur- und Wissenschaftsmetropole

1926
Zur 3. Großen Deutschen Funkausstellung wird der Funkturm eröffnet

1929
Wirtschaftskrise; Unruhen und Aufstände; 450 000 Arbeitslose in Berlin

1933
Hitler wird Reichskanzler; der Reichstagsbrand führt zur Verhaftung politischer Gegner und zur Aussetzung bürgerlicher Grundfreiheiten; erster organisierter Boykott jüdischer Geschäfte; Bau des ersten KZ in Oranienburg

1936
Olympische Spiele in Berlin

1938
„Reichskristallnacht"; 9 der 12 Berliner Synagogen werden von SA-Leuten angezündet, jüdische Geschäfte geplündert und Juden terrorisiert

1940
Erster Bombenangriff auf Berlin

1942
Bei einem Frühstück in einer Villa am Wannsee wird die Vorgehensweise für die „Endlösung der Judenfrage", das industrialisierte Töten von 12 Millionen europäischer Juden, festgelegt

1945
Bei Kriegsende liegt Berlin in Trümmern. Teilung der Stadt entsprechend dem Potsdamer Abkommen in vier Besatzungssektoren; Berlin hat 2,8 Millionen Einwohner

1948
Währungsreform in den drei Westsektoren, Blockade West-Berlins durch sowjetische Truppen; Installation der Luftbrücke zur Versorgung der Westsektoren (bis Mai 1949); Spaltung der Stadtverwaltung, das Rathaus Schöneberg wird Sitz der Stadtverordnetenversammlung West-Berlins; Gründung der Freien Universität in Berlin-Dahlem

1949
In den drei Westzonen wird am 23. Mai die

Bundesrepublik Deutschland gegründet, für Berlin bleibt der Sonderstatus bis zum 3.10.1990 erhalten; die Ostzone wird am 7. Oktober zur Deutschen Demokratischen Republik, Ost-Berlin wird Hauptstadt der DDR

1950
Sprengung der Ruine des Berliner Stadtschlosses

1953
Widerstand gegen die Erhöhung der Arbeitsnorm auf dem Bau in Ost-Berlin; es kommt zu politischen Forderungen, die mit Hilfe sowjetischer Truppen niedergeschlagen werden

1957
Internationale Bauausstellung in West-Berlin; Bau der Hansa-Viertels

1961
Der Bau der Berliner Mauer soll das weitere Abwandern der Ostdeutschen nach West-Berlin unterbinden

1963
Besuch von John F. Kennedy in West-Berlin

1967
Besuch des Schah von Persien, Erschießung des Studenten Benno Ohnesorg durch einen Polizisten; Radikalisierung von Teilen der Westberliner Studentenbewegung

1971
Das Vier-Mächte-Abkommen zu Berlin regelt u. a. Reise- und Besuchsmöglichkeiten

1974
Eröffnung des Flughafens Berlin-Tegel

1976
Eröffnung des „Palastes der Republik" auf der Spreeinsel

1979
Eröffnung des Internationalen Congress-Centrums (ICC)

1984
Wiedereröffnung des Schauspielhauses am Gendarmenmarkt als Konzerthaus

1987
750-Jahr-Feiern in beiden Teilen der Stadt: In Ost-Berlin wird das Nikolaiviertel wieder errichtet, in West-Berlin beschäftigt sich die Internationale Bauausstellung mit der behutsamen Stadterneuerung vor allem in Kreuzberg. Der „Boulevard der Skulpturen" entlang des Kurfürstendamms wird eröffnet.
Ronald Reagan hält in West-Berlin eine Rede vor dem Brandenburger Tor. Michail Gorbatschow fordert die Machthaber in Ost-Berlin zu tiefgreifenden Veränderungen auf

1989
Die Bürgerrechtsbewegung der DDR fordert freie Wahlen sowie u. a. Reise-, Presse- und Meinungsfreiheit. Öffnung der Berliner Mauer und der innerdeutschen Grenze am 9.11.1989

1990
Erste freie Wahlen in Ost-Berlin; Vereinigung der DDR mit der BRD am 03.10.1990, der Vier-Mächte-Status über Berlin wird aufgehoben

1991
Berlin wird Hauptstadt der Bundesrepublik Deutschland

1994
Abzug der amerikanischen, russischen, britischen und französischen Truppen aus Berlin

1999
Erste Sitzung des Deutschen Bundestages im neu gestalteten Reichstagsgebäude

2001
Eröffnung des Bundeskanzleramtes

2005
Eröffnung des Holocaust-Mahnmals

2009
Der Abriss des „Palastes der Republik" ist beendet. Den Wettbewerb für den Neubau des „Humboldt-Forum" gewinnt der italienische Architekt Franco Stella

2010
Eröffnung des Tempelhofer Parks auf dem Gelände des ehemaligen Flughafen Tempelhof

Berlin in Zahlen

Fläche	Mit 892 qkm ist Berlin die größte Stadt Deutschlands.
Geografie	Die Länge der Stadtgrenze beträgt 234 km, von Osten nach Westen dehnt sich Berlin über 45 km aus, von Norden nach Süden 38 km. Durch die Stadt fließen die Havel und die Spree. Im Südosten und im Südwesten des Stadtgebietes bilden die beiden Flüsse ausgedehnte Seengebiete, der Große Müggelsee ist mit 743,3 ha der größte. Höchste natürliche Erhebung sind die Müggelberge mit 115 m.
Postleitzahlen	10001–14199
Vorwahl	030
Verwaltung	Berlin ist seit 1990 Hauptstadt, seit 1999 auch Regierungssitz der Bundesrepublik Deutschland. Berlin ist ein Bundesland. Die Stadt ist in 12 Verwaltungsbezirke unterteilt.
Bevölkerung	Berlin hat 3,4 Mio. Einwohner. Mit einer Bevölkerungsdichte von 3818 Einwohnern pro qkm gehört Berlin zu den am dichtesten besiedeltsten Städten der Bundesrepublik. Das Durchschnittsalter der Berliner beträgt 42,7 Jahre. 676 000 Berliner sind evangelisch, 318 000 römisch-katholisch und 248 000 Moslems. 480 000 Einwohner Berlins sind ausländischer Herkunft. Sie stammen aus über 180 Ländern. 111 000 Berliner (23,7 % der Einwanderer) haben türkische Wurzeln. Damit lebt in Berlin die größte türkische Gemeinde Europas außerhalb der Türkei.
Wirtschaft	Über ein Drittel der Berliner Erwerbstätigen arbeitet im Dienstleistungsbereich. Die größten Arbeitgeber sind die Deutsche Bahn AG, das Vivantes Netzwerk für Gesundheit GmbH und die Siemens AG. Wichtige Wirtschaftszweige sind auch Tourismus und Medien. In keiner anderen deutschen Stadt erscheinen mehr Tageszeitungen. Der Axel-Springer-Verlag hat in Berlin seinen Hauptsitz. Etliche Rundfunkanstalten, Medienagenturen und Fernsehsender arbeiten hier. Berlin besitzt eine hohe Konzentration an Wissenschafts- und Forschungseinrichtungen. In der Stadt studieren rund 130 000 Studenten an vier Universitäten, vier Kunsthochschulen, sieben Fachhochschulen und zwölf privaten Hochschulen. Die Arbeitslosenquote betrug 2009 13,9 %.

Übersichtskarte Berlin

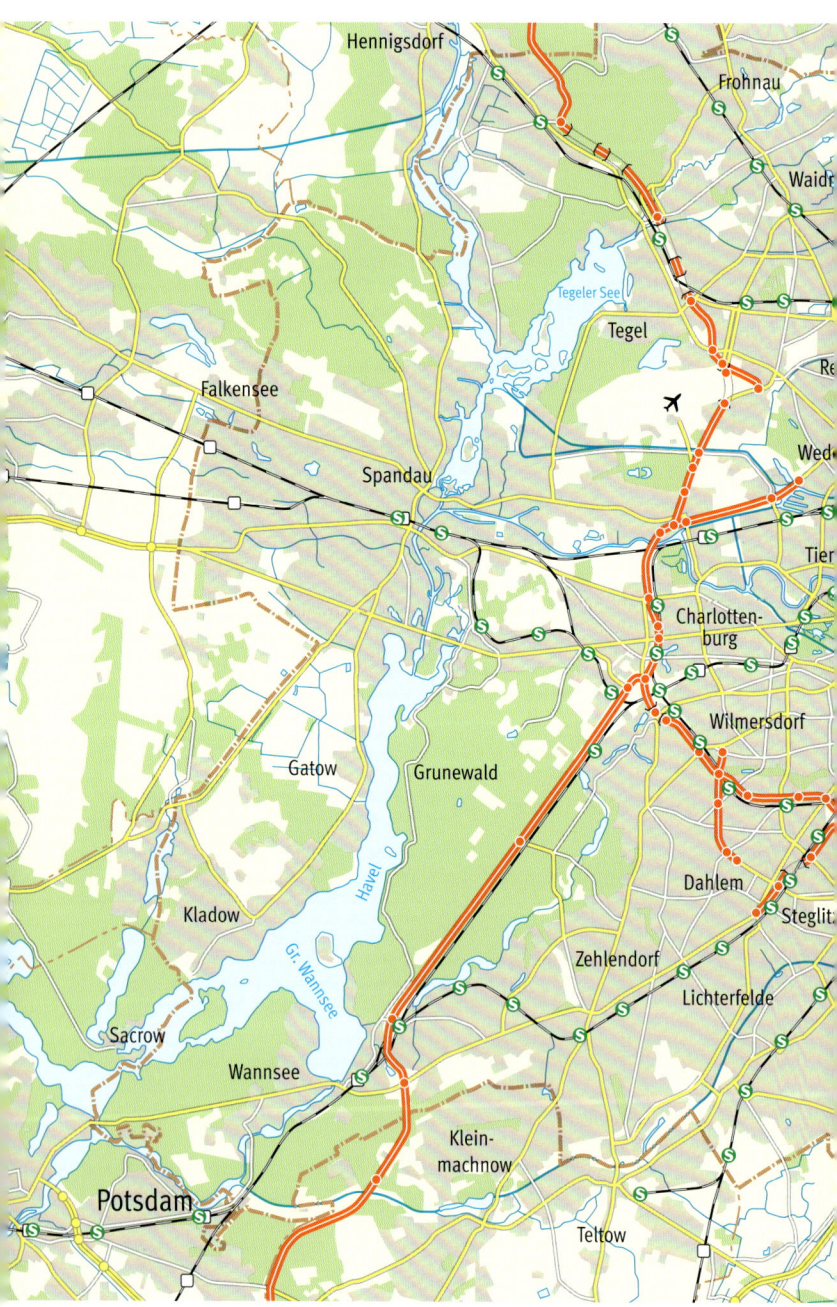

Übersichtskarte Berlin 17

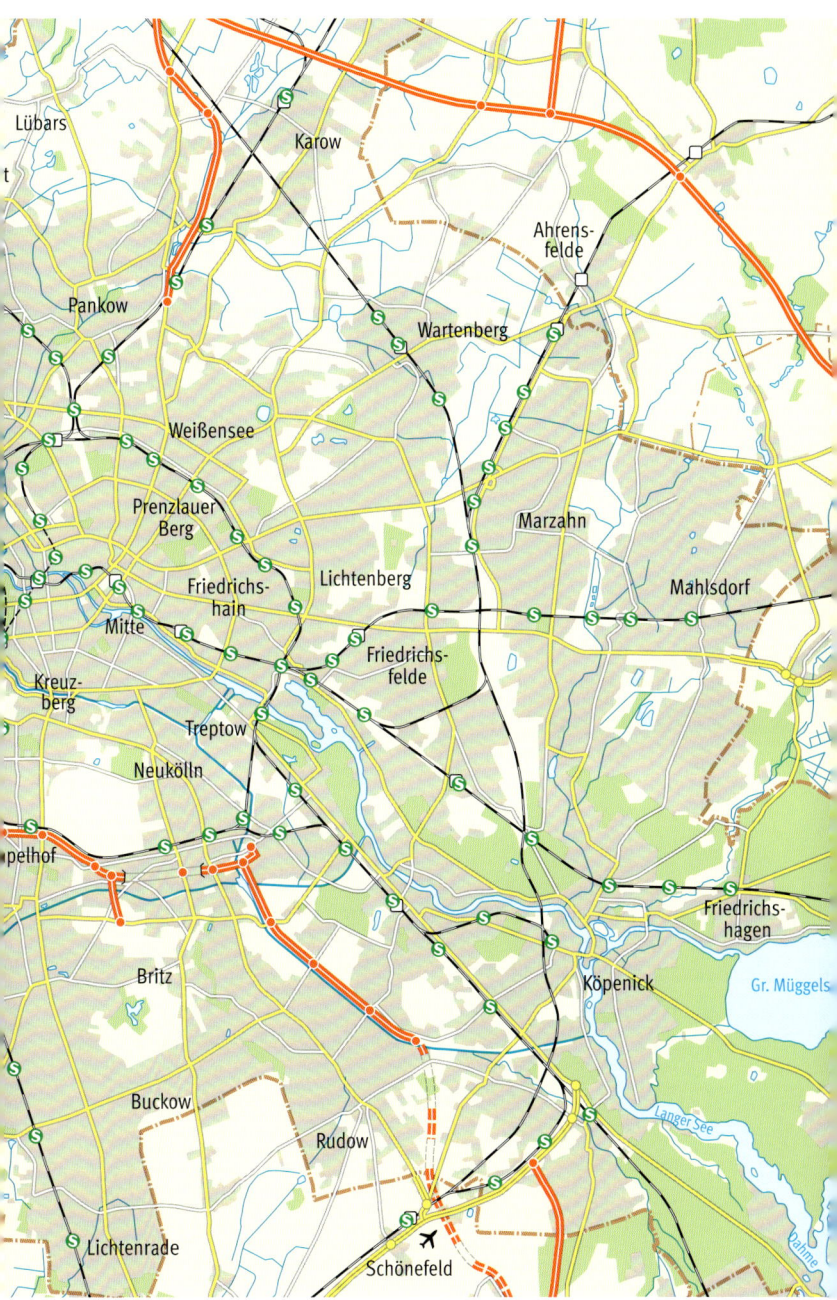

Die Innenstadt erkunden

Bus 100 ▸ **Seite 20**
Bus M29 ▸ **Seite 102**
Bus M48 ▸ **Seite 132**

phere
Alexanderplatz

🚌 *100*
S+U Alexanderplatz

Der **Alexanderplatz** ist der wohl bekannteste Platz in Berlin, heute das Zentrum der City Ost. Ursprünglich vor den Mauern des mittelalterlichen Berlins als Viehmarkt angelegt, wurde er 1805 aus Anlass des Besuches des russischen Zaren in Alexanderplatz umbenannt. Er ist heute einer der wichtigsten Verkehrsknotenpunkte Berlins. Hier treffen sich S-Bahn, Regionalbahn, Straßenbahnen, Buslinien und drei U-Bahn-Linien.

Der **U-Bahnhof Alexanderplatz** ist – um mal gleich mit einem Superlativ zu beginnen – der größte U-Bahnhof in Berlin, denn hier findet man nicht nur auf drei Ebenen die Bahnsteige der U-Bahnlinien 2, 5 und 8, sondern auch eine komplette unterirdische Einkaufsstraße. Diese Einkaufsstraße wurde in den letzten Jahren neu gestaltet, viele der traditionellen Geschäfte mussten dafür weichen.

1882 wurde zunächst der Bahnhof der **Stadtbahn** errichtet, die verschiedene Bahnhöfe Berlins miteinander verband und damit den Reisenden ein leichteres Umsteigen ermöglichte. Die Schaffung neuer Verkehrsverbindungen zum Alexanderplatz war unbedingt notwendig, denn er hatte sich zum pulsierenden Zentrum Berlins

Berlins wichtigster Verkehrsknotenpunkt

Berliner Stadtbahn
Die Berliner Stadtbahn verläuft seit 1882 auf Backstein-Viaduktbögen mitten durch die Innenstadt. Auf ihren 4 Gleisen verkehren neben Zügen der S-Bahn auch Regional- und Fernzüge.

entwickelt. Die Einwohnerzahl der Stadt erhöhte sich zwischen 1855 und 1912 um mehr als das Vierfache auf über zwei Millionen Bewohner. Schon 1877 trafen sich auf dem Alexanderplatz zahlreiche Busse und Pferdebahnen, die Menschenmassen aus allen Himmelsrichtungen herantransportierten. Ab 1898 wurden die Pferdebahnen durch elektrische Straßenbahnen ersetzt.

Auf der Stadtbahnstrecke wurden aber nicht nur steigende Passagierzahlen befördert, sonder auch Güter transportiert. 1886 erbaute man nahe dem Alexanderplatz die Zentralmarkthalle, und etwa dort, wo sich heute das Gebäude des Berliner Verlages ❶ in die Höhe reckt, wurden Scheunen errichtet, in denen Waren gelagert werden konnten. Das so genannte **Scheunenviertel** wurde um die Wende des 19. zum 20. Jahrhundert zu einem Gebiet, wo die Ärmsten der Armen hausten, sich aber auch die Halb- mit der Unterwelt vermischte. Sehr

Alexanderplatz

eindrucksvoll beschreibt Alfred Döblin die Zustände im Scheunenviertel des beginnenden 20. Jahrhunderts in seinem Roman „Berlin-Alexanderplatz". Heute hat sich das Gebiet um die Münzstraße (▸ Seite 210) zu einem beliebten Einkaufsviertel entwickelt und zahlreiche Kunstgalerien und Cafés haben sich in den Seitenstraßen niedergelassen.

Markttreiben auf dem Alexanderplatz im 19. Jh.

Der Alexanderplatz war neben dem Potsdamer Platz der verkehrsreichste Ort in Berlin, so dass man sich zu Beginn der 20er Jahr entschloss, den Platz vollkommen neu zu gestalten. Zur Planung gehörte die neue Streckenführung der Straßenbahnen ebenso wie der Bau einer dritten U-Bahn-Linie. Außerdem entstanden zwei neue Gebäude: Das heutige Gebäude der Berliner Landesbank, das **Alexander-Haus** ❷, ist ebenso wie das benachbarte **Berolina-Haus** (heute C&A) ein Werk von Peter Behrens, der hier 1929–1932 erstmals mit Stahlbetonskelettbauweise experimentierte. Mit dem Ergebnis, dass beide Bauten – obwohl ausgebrannt – als einzige am Alexanderplatz die Bombardements des Zweiten Weltkrieges überstanden. Sie wurden nach Kriegsende wiederaufgebaut. Das Alexander-Haus wurde zunächst

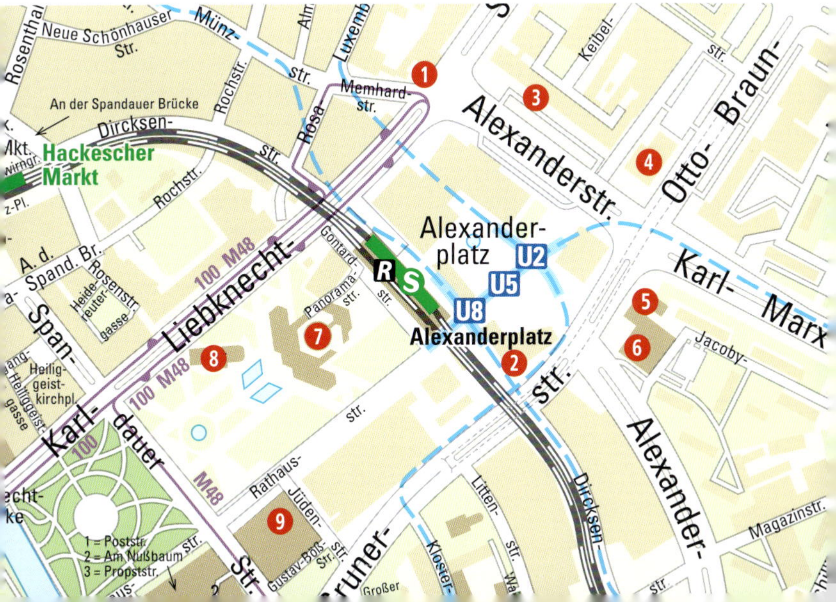

EINKAUFEN UM 1900

Einkaufsparadies Alexanderplatz. 1904 eröffnete Hermann Tietz sein riesiges Kaufhaus am Alexanderplatz (allein die Schaufensterfassade war 250 Meter lang). Das Einkaufsparadies zog täglich reichlich Käufer an, sogar aus dem benachbarten reichen Charlottenburg. Um 1910 folgten deshalb Wertheim und Hahn, die ebenfalls Kaufhäuser am Alexanderplatz errichteten. Bierhallen und Konditoreien unterschiedlichster Preislagen warteten auf Passanten. Berühmt war zum Beispiel Aschingers Bierquelle, die sich bis 1932 im ehemaligen Königstädter Theater befand. Hier bot man zehn Biersorten zu je 10 Pfennig pro Glas an und außerdem eine legendäre Erbsensuppe, zu der jeder Gast so viele Schrippen (so nennen Berliner ihre Brötchen) ordern durfte, wie er wollte. Ein Paradies für Studenten und arme Poeten!

als Kaufhaus genutzt, während das Berolina-Haus als Bezirksamt Berlin-Mitte diente.

Bis Ende der 60er Jahre wurden der Alexanderplatz und das gesamte Umfeld neu gestaltet. Das Ziel war, zum 20. Jahrestag der DDR im Oktober 1969 ein komplettes neues, „sozialistisches" Stadtzentrum zu übergeben: mit vielen Freiflächen und viel Grün, aber auch mit Kunst. Die **Weltzeituhr** vor dem Alexander-Haus ist auch heute noch ein beliebter Treffpunkt für Berliner und Touristen, der Rand des **Brunnens der Völkerfreundschaft** von Walter Womacka ist im Sommer willkommener Ruheplatz für alle, die ihren Füßen eine Abkühlung gönnen wollen.

Der Autoverkehr wurde um den Platz herumgeführt, wie es schon Peter Behrens geplant hatte. Der Alexanderplatz wurde entsprechend von neuen, repräsentativen Bauten eingerahmt: An der Stelle des Kaufhauses Hertie entstand das Centrum-Warenhaus (heute Galeria Kaufhof).

Am 4. November 1989 war der Alexanderplatz Schauplatz der ersten großen Demonstration der Wendezeit in Ost-Berlin. Über 300 000 Menschen versammelten sich hier, um für freie Wahlen zu demonstrieren und Veränderungen einzufordern. Nur fünf Tage später fiel die Berliner Mauer, die DDR-Regierung trat zurück.

Herausragend ist im wahrsten Sinne des Wortes das **Park Inn**, das höchste Hotel Berlins, das 1970 als „Hotel Stadt Berlin" eröffnet worden war. Gegenüber des Park

Hotel Park Inn
Von der Dachterrasse im 38. Stock hat man einen herrlichen Blick über die Innenstadt Richtung Westen – besonders bei Sonnenuntergang zu empfehlen! Geöffnet bei gutem Wetter, kein Zugang für Rollstuhlfahrer!

Inns befinden sich östlich das **Haus der Elektroindustrie** ❸ (in dem heute die Dienststellen der Bonner Ministerien für Familie bzw. für Umweltschutz und Reaktorsicherheit untergebracht sind) und das **Haus des Reisens** ❹, das heute vor allem wegen der beiden Klubs bekannt ist, die hier beheimatet sind.

Das erste Hochhaus am Platz war das 1964 fertiggestelle **Haus des Lehrers** ❺ an der Ecke Karl-Marx-Allee/Alexanderplatz (heute etwas verdeckt vom Einkaufszentrum „Die Mitte"). Es fällt vor allem wegen seines „Bauchbinde" genannten Wandgemäldes von Walter Womacka auf, das Szenen von glücklichen Arbeitern zeigt. Das Gebäude war als Treffpunkt und Weiterbildungsstätte für Pädagogen gebaut worden und beherbergte u. a. eine riesige pädagogische Bibliothek mit über 650 000 Schriften. Daneben sieht man die markante Kuppel der **Kongresshalle** ❻, ebenfalls erbaut zwischen 1961 und 1964 im Stil der DDR-Moderne. Gegenüber erstreckt sich an der Alexanderstraße das 2007 gebaute **Alexa-Einkaufszentrum,** dessen klobige Fassade nach der Fertigstellung zu heftigen Diskussionen über Baukultur und Baudesign in Berlins Mitte führte.

Für die Zukunft ist eine vollkommene Neugestaltung des Alexanderplatzes geplant. Im Moment gibt es aber offensichtlich nicht genügend Interessenten als Mieter,

Klubs im Haus des Reisens
SternRadio im EG
Week End im 12. Stock

Treffpunkt Weltzeituhr

so dass die Investoren sich mit Neubauten sehr zurückhalten. Das Einkaufszentrum mit einem riesigen Elektronik-Markt ist bereits fertig, daneben soll sich noch ein Hochhaus anschließen.

Das berühmte Wahrzeichen des Alexanderplatzes steht auf der anderen Seite der Stadtbahn: der **Fernsehturm** ❼, der ebenfalls 1969 eröffnet wurde. Der Architekt war Hermann Henselmann, der schon die Bebauung der Karl-Marx-Allee (▸ Seite 225) entsprechend den Wünschen Walter Ulbrichts geplant hatte. Der Fernsehturm ist mit 368 Metern das höchste Bauwerk Westeuropas und der wohl einzige Fernsehturm der Welt, der mitten im Zentrum einer Großstadt steht. Wer nach Berlin fährt, der kann bei Sonnenschein schon von der Autobahn das Kreuz der reflektierenden Sonne auf der Kugel erkennen, weshalb der Fernsehturm im Volksmund auch Sankt Walter (nach Walter Ulbricht) genannt wurde.

Nahe dem Fernsehturm befindet sich auch die zweitälteste Kirche von Berlin, die in märkischer Backsteingotik errichtete **Marienkirche** ❽. Ursprünglich dicht umbaut, steht sie heute frei auf dem Platz. 1292 wird sie erstmals urkundlich erwähnt. Da sie die Bombenangriffe 1943 bis 1945 mit nur leichten Schäden überstanden hatte, war sie nach dem Krieg eine der wenigen großen Kirchen Berlins, die sofort wieder genutzt werden konnten – und das bis heute: Sie ist Predigtkirche des Bischofs der Evangelischen Kirche in Berlin-Brandenburg-schlesische Oberlausitz. Außerhalb der Gottesdienstzeiten kann sie besichtigt werden. Zu empfehlen vor allem wegen des sehenswerten Totentanz-Freskos, das auf das Jahr der großen Pestepidemie 1484 datiert wird.

Im eigentlichen Sinn befindet sich die Marienkirche – ebenso wie das nahegelegene Rote Rathaus – nicht mehr am Alexanderplatz. Denn während sich der Alexanderplatz als Viehmarkt ursprünglich außerhalb der Stadtmauern befand (also von hier aus gesehen hinter der Stadtbahn), wurde die Marienkirche am Neuen Markt erbaut und befand sich damit im alten Stadtkern. Aber wenn Sie nun schon bis hierher gebummelt sind, dann schlendern Sie doch noch bis zum wunderschönen **Neptun-Brunnen** von Reinhold Begas. Er ist nicht nur ein lohnenswertes Fotomotiv, sondern ein beeindruckender Beweis patriotischer Gesinnung. Die Damen zu Füßen des Meergottes Neptun symbolisieren die wichtigsten Flüsse Preußens: Rhein (Fischernetz und Wein), Weichsel (Holzkloben), Oder (Ziege und Felle) und Elbe (Ähren und Früchte). Der Brunnen war ein Geschenk des Berliner Magistrats an den preußischen König und deutschen Kaiser Wilhelm II., das 1891 übergeben wurde. Ursprünglich stand er zwischen Stadtschloss und Marstall am Schlossplatz. Es heißt, der Kaiser fühlte sich durch Neptun beobachtet, so dass der Brunnen gedreht werden musste ... Als man die Ruinen des Berliner Stadtschlosses 1951 abriss, wurde der stark beschädigte Brunnen abgebaut und restauriert. 1969 wurde er dann an der heutigen Stelle wiederaufgebaut.

Vom Neptun-Brunnen aus hat man auch einen schönen Blick auf das **Rote Rathaus** ❾, Sitz des Regierenden Bürgermeisters von Berlin. Der Name Rotes Rathaus geht auf das verwendete Baumaterial zurück, die roten Backsteine sind typisch für Berlin und Brandenburg. Die Verwendung von Formziegeln mit Ornamenten, die der preußische Baumeister und Architekt Karl Friedrich Schinkel (▸ Seite 43) im 19. Jahrhundert zur Blüte brachte, fand in diesem Bauwerk meisterhafte Vollendung. Der Architekt des Rathauses, Hermann Friedrich Waesemann, ließ in die Balkone der ersten Etage eine steinerne Chronik in die Fassade einarbeiten, die das urbane Leben im Mittelalter schildert: Markttreiben und Fernhandel, Gewerbefleiß, Gerichtsbarkeit und Alltagsleben der Bevölkerung. Auch für den 94 Meter hohen Rathausturm wurden Formsteine verwendet. Der Bau symbolisierte zur Zeit seiner Errichtung von 1861 bis 1869 auch das erstarkte Selbstbewusstsein der Berliner Bürger, überragte er doch die nahegelegenen Schlossbauten.

Nach Kriegsende 1945 wurde das schwer beschädigte Rathaus wiederhergestellt. In den Jahren der Teilung

Fernsehturm
März–Okt. tgl. 9–24 Uhr,
Nov.–Febr. tgl. 10–24 Uhr
8 Euro / 4 Euro
(030) 2 42 33 33
www.berlinerfernsehturm.de
In der Kugel befindet sich in 207 Metern Höhe ein Restaurant, das sich zweimal pro Stunde um sich selbst dreht. Für die, die einfach nur gucken wollen, gibt es eine Aussichtsplattform in 204 Metern Höhe.

Berliner Brunnen-Sponsoring
Weil Berlin selbst kein Geld für seine Brunnenanlagen hat, werden alle Brunnen durch private Geldgeber gesponsert. Jeder der zwölf Stadtbezirke kämpft dabei für sich allein. Berlin-Mitte hat es aufgrund seiner touristischen Anziehungskraft vermutlich am einfachsten. Für die Außenbezirke ist die Finanzierung schwieriger.

BERLINER SCHULDENBERG

„Arm aber sexy". Seit dem 16. Juni 2001 ist Klaus Wowereit Regierender Bürgermeister von Berlin. Die Amtsbezeichnung verweist auf seine doppelte Funktion: Er hat das kommunale Spitzenamt in Berlin inne und ist gleichzeitig Ministerpräsident des Landes Berlin. Als echter Berliner ist er ein Mann der flotten Sprüche. Von ihm stammen Klassiker wie „Ich bin schwul, und das ist auch gut so" oder „Berlin ist arm, aber sexy". Diesen Spruch nahm ein Richter des Bundesverfassungsgerichts 2006 zum Anlass, die Ablehnung des Schuldenerlasses für Berlin zu begründen: Wer sich so äußere, sei „noch nicht arm genug". Nun, wer auf den Berliner Straßen unterwegs ist und dabei von einem Schlagloch ins nächste fällt oder gezwungen ist, eine Berliner Schultoilette aufzusuchen, der ist sicher anderer Meinung.

Über die Ursachen der Berliner Armut zu sprechen, würde den Rahmen dieses Stadtführers sprengen. Die Stillegung fast sämtlicher Ost-Berliner Industriebetriebe nach dem Mauerfall spielt dabei ebenso eine Rolle wie der Wegfall der Berlinzulage und die damit verbundenen, massenhaften Schließungen „verlängerter Werkbänke" in West-Berlin. Insgesamt gingen in Berlin in den Jahren nach 1989 etwa 320 000 Industriearbeitsplätze verloren, vor allem im niedrig qualifizierten Bereich. Die Arbeitslosenquote betrug 2009 etwa 13,9 Prozent. Hinzu kommen Kosten für die Vereinigung verschiedenster Institutionen, die aufgrund der Teilung Berlins doppelt vorhanden waren oder sind. Allerdings hat Berlin seit 2001 erhebliche Anstrengungen unternommen, um seinen Schuldenberg abzutragen. Die Ergebnisse sind aber nicht immer sofort abrechenbar und die Zinslast ist nach wie vor hoch. Die Bankenkrise von 2008/2009 war da leider auch nicht besonders hilfreich, allerdings steht Berlin im Vergleich zu anderen, industriebetonten Städten noch gut da – wo kaum noch produzierendes Gewerbe vorhanden ist, kann auch nicht mehr viel kaputtgehen ...

der Stadt arbeitete hier der Ost-Berliner Magistrat, der West-Berliner Senat hatte seinen Sitz bis 1991 im Rathaus Schöneberg. Nach der Vereinigung beider Stadtparlamente zog der Regierende Bürgermeister und die Senatskanzlei wieder ins Rote Rathaus ein.

An der Ecke Spandauer Straße/Karl-Liebknecht-Straße befindet sich das **DomAquarée** ❶ mit dem Erlebnisaquarium Sea Life. Hier begeben sich hauptsächlich Familien auf eine spannende Entdeckungsreise in die Unterwasserwelt. Höhepunkt ist der AquaDome, ein riesiges, zylindrisches Meeresaquarium mit 1 Million Liter Fassungsvermögen.

Die Grünanlage gegenüber dem DomAquarée ist das **Marx-Engels-Forum** ❷. Seit 1983 sitzen Karl Marx und Friedrich Engels, die Verfasser des Kommunistischen Manifests, hier in doppelter Lebensgröße inmitten eines Skulpturenparks. Seit 1989 ist das Denkmal immer wieder mit Graffiti-Sprüchen „verziert" worden: von „Wir sind unschuldig" bis „Wir sehen uns auf dem Arbeitsamt" reicht die Auswahl. In der nächsten Zeit werden sie ihren Platz räumen müssen, denn hier entsteht die wichtigste Baustelle für die so genannte Kanzler-U-Bahn. Ob sie danach zurückkehren können, ist fraglich. Dieses unbebaute Gebiet mitten im Stadtzentrum weckt gewisse Begehrlichkeiten, Stadtplaner sprechen bereits vom Rathausforum.

Sea Life
Sept.–Mai 10–18 Uhr, Juni–Aug. 10–19 Uhr
14,50 Euro / 11 Euro
(030) 99 28 00
www.sealifeeurope.com
30 Becken gewähren faszinierende Einblicke in das Leben unter Wasser, von den Spreequellen bis in den Atlantik. 50 verschiedene Fischarten sind hier inmitten bizarrer Rifflandschaften zu sehen, hindurch bewegt man sich durch einen gläsernen Tunnel.

Museumsinsel

Geht man über die Liebknechtbrücke, betritt man die Museumsinsel – und sieht rechter Hand den gewaltigen Bau des **Berliner Domes** ❸ aufragen. Die Tauf-, Trau- und Bestattungskirche der Hohenzollern ist der dritte Dombau an dieser Stelle. Kaiser Friedrich III. (der 99-Tage-Kaiser), der schon als Kronprinz 1885 einen Architekturwettbewerb für einen Domneubau ausgelobt hatte, erlebte den Baubeginn nicht mehr. Erst 1892 bewilligte der Preußische Landtag zehn Millionen Goldmark für die Ausführung. Kaiser Wilhelm II. entschied allein, und gegen den Willen der Kirchenoberen oder der Meinung von Architekten, entsprechend dem Wunsch seines Vaters, den Dom nach dem Entwurf von Julius Raschdorff im Stil des Historismus errichten zu lassen. (Bauarbeiter-Spruch der wilhelminischen Epoche: „Meesta, der Rohbau is fertich. Welches Jahrhundert soll dran?")

🚌 *100*
Spandauer Straße/ Marienkirche

Berlin zu Wasser
Am Spreeufer nahe der Liebknechtbrücke finden sich mehrere Anlegestellen von Ausflugsdampfern, die meist einstündige Rundfahrten durch das Stadtzentrum anbieten. Fahrkarten ab 8 Euro am Pavillon oder direkt auf den Schiffen!

DDR-Museum
*Mo–So 10–20 Uhr,
Sa bis 22 Uhr
5 Euro / 3 Euro
(030) 84 71 23 73-1
Eingang: Spreepromenade, Treppe rechts vor der Liebknechtbrücke. Hier wird Alltagskultur aus 40 Jahren DDR gezeigt, originale und originelle Ausstellungsstücke rufen Erinnerungen wach. Wer schon immer mal das wahre Trabant-Gefühl erleben wollte, kann hier Probe sitzen.*

Berliner Dom
*Tgl. 9–19, So 11–19 Uhr
Domerhaltungsgebühr:
5 Euro / 3 Euro
(030) 20 26 90
www.berliner-dom.de
Ein Galerieaufstieg wird mit einem wunderbaren Blick auf Lustgarten, Museumsinsel und Unter den Linden belohnt. Der Dom-Shop im UG bietet Souvenirs und Informatives zum Dom.*

Der Dom gliederte sich in drei Bereiche, entsprechend seiner Lage neben dem einstigen Berliner Stadtschloss: Dem Stadtschloss zugewandt befindet sich der Eingang zur Tauf- und Traukirche, eigentlich ist dies aber ein Nebeneingang. Daran schließt sich der Hauptraum bzw. Predigtsaal mit der Kuppel an, und danach folgte die Bestattungskirche. Diese gibt es heute nicht mehr. Der Dom ist während des Zweiten Weltkrieges sehr stark zerstört worden und sollte abgerissen werden. Aus Statikgründen (der Untergrund auf dieser Insel inmitten der Spree ist sehr morastig) verzichtete man zunächst darauf, erst 1974 begann man mit dem Wiederaufbau. Das Geld dafür kam vor allem von verschiedenen Kirchengemeinden in Westdeutschland. 1995 wurde der Dom wieder geweiht, die Restaurierung war erst 2002 vollständig abgeschlossen. Allerdings wurde der Außenbau teilweise stark vereinfacht. Sämtliche Kuppellaternen wurden beseitigt oder in einfacher Form wiederhergestellt, gleiches gilt für die Kuppeln selbst.

Im Berliner Dom finden Gottesdienste und auch Konzerte statt. Die riesige Orgel stammt aus der Orgelbauwerkstatt Sauer. Die Technik, obwohl vollkommen neu geschaffen, entspricht genau dem Stand von 1905. Im Rahmen einer Führung kann man die Fürstengruft und das sehenswerte kaiserliche Treppenhaus besuchen. In der Fürstengruft befinden sich die Sarkophage zahlreicher brandenburgischer Kurfürsten und ihrer Familien sowie des ersten Königs in Preußen, Friedrich I.

PROTESTANTISCHES ERBE

Religionsfreiheit als Staatsgrundsatz. Die fast 75 m hohe Kuppel des Berliner Doms erinnert an den Petersdom in Rom. Viele Besucher halten den Dom deshalb für einen katholischen Bau. Aber die preußischen Hohenzollern waren schon immer Protestanten, auch wenn es für sie mitunter nachteilig war. Sie waren jedoch tolerant gegenüber anderen Glaubenshaltungen. Religionsfreiheit war Staatsgrundsatz. Schon Friedrich Wilhelm, der „Große Kurfürst", hatte dies 1685 im Edikt von Potsdam festgeschrieben.

Wer den Dom über den Haupteingang verlässt, hat einen schönen Blick auf den **Lustgarten** ❹. Ursprünglich befand sich an dieser Stelle einmal ein Küchengarten, der das benachbarte Schloss mit Gemüse versorgte. Später wurde er zu einer Parkanlage im holländischen Stil umgestaltet – die Gattin des Großen Kurfürsten, Louise-Henriette von Nassau-Oranien, stammte von dort. Sein Enkel, Friedrich Wilhelm I., der Soldatenkönig, ließ den Park in einen Exerzier- und Paradeplatz umwandeln, später änderte sich die Nutzung immer wieder. Die Nazis eröffneten hier 1942 die Propaganda-Ausstellung „Das Sowjet-Paradies". Die jüdisch-kommunistische Widerstandsgruppe um Herbert Baum verübte darauf einen Brandanschlag. Kurz danach wurden die Mitglieder der Gruppe verhaftet und hingerichtet, ein Gedenkstein erinnert an sie.

In den 90er Jahren erhielt der Lustgarten seine jetzige Gestalt, angelehnt an den Entwurf Karl Friedrich Schinkels aus dem 19. Jahrhundert. Die Rasenflächen bieten im Sommer reichlich Platz für müde Stadtwanderer, der Springbrunnen willkommene Abkühlung.

Wir sind hier auf einer Insel – und der Lustgarten bildet den Eingang zur **Museumsinsel** – der Perle Berlins, UNESCO-Kulturerbe und weltweit einzigartig in der Konzentration von Kunst- und Kulturschätzen.

Das säulengeschmückte **Alte Museum** ❺ (bis 1845 Königliches Museum) am nördlichen Rand des Lustgartens ist ein Werk des bereits mehrfach erwähnten Architekten und Baumeisters Karl Friedrich Schinkel. Von

🚌 *100*
Lustgarten

Museum-Spartipps
1-tägiges Kombi-Ticket für die Museumsinsel: 12 Euro / 6 Euro Einzeltickets („Hauskarten"): 8 Euro / 4 Euro. Do Museumsabend bis 22 Uhr. Ab 18 Uhr freier Eintritt in die Dauerausstellungen. Auf der Museumsinsel gilt das „Schaulust-Ticket" und das Gutscheinheft der BVG-WelcomeCard.

BAUGESCHICHTE DER MUSEUMSINSEL

Preußisches Bildungsideal. Im frühen 19. Jahrhundert wurde das Bürgertum in Preußen zusehends selbstbewusster. Der Bürger sollte die Möglichkeit einer umfassenden kulturellen Bildung erhalten. Dazu gehörte auch der Zugang zu Kunstsammlungen, der bis dahin nur Wenigen vorbehalten war.

Friedrich Wilhelm III. teilte dieses Humboldtsche Bildungsideal und beauftragte Schinkel mit der Planung eines Museums für die königlichen Kunstsammlungen. Er hatte auch die Idee, die ganze Spreeinsel zu einer Stätte für Kunst und Wissenschaft umzugestalten. Er lieferte sogar selbst Entwürfe, die die Museumsinsel in einer antikisierenden, Akropolis-artigen Bebauung zeigen, und ließ Schinkel eine Bleistiftskizze eines hinter Säulenhallen zurücktretenden Hauptgebäudes zukommen.

Schinkel schuf ein klassizistisches Ensemble rund um den Lustgarten: Das Stadtschloss der Hohenzollern im Süden symbolisierte die weltliche Macht, der Berliner Dom (der Vorgängerbau des heutigen Domes war ebenfalls klassizistisch umgestaltet worden) im Osten verkörperte die göttliche Macht und das Museum im Norden (heute Altes Museum) sollte als Ort der Künste und Wissenschaften der Erziehung und Bildung des Volkes dienen.

1855 wurde das dahinter gelegene Neue Museum von Friedrich August Stüler, einem Schüler Schinkels, fertiggestellt. 1880 folgte neben dem Neuen Museum die Nationalgalerie (heute Alte Nationalgalerie) von Johann Heinrich Strack, 1904 nach Plänen von Stüler durch Ernst von Ihne das Kaiser-Friedrich-Museum (heute Bodemuseum) und 1930 das Pergamonmuseum von Alfred Messel und Ludwig Hoffmann.

Im Zweiten Weltkrieg wurden die Museen zu bis zu 70 Prozent zerstört, die Gebäude leiden noch heute unter den Kriegsschäden.

Das Neue Museum wurde erst 2009, nach fast 25-jähriger Planungs- und Bauzeit, wiedereröffnet. Um seine Gestaltung entwickelte sich eine lebhafte Diskussion. Der Architekt der Rekonstruktion, David Chipperfield, wurde für seine Idee, die Kriegswunden sichtbar zu lassen, vielfach angefeindet. Besonders die Neugestaltung des Treppenhauses löste bei Nostalgikern einen Sturm der Entrüstung aus.

Der 1999 beschlossene „Masterplan Museumsinsel" der Stiftung Preußischer Kulturbesitz sieht die Sanierung aller Gebäude der Museumsinsel vor. Als nächstes Bauprojekt steht eine neue Empfangshalle für das Neue Museum auf dem Plan, die direkt am Wasser gelegen sein soll. Auch dafür konnte David Chipperfield gewonnen werden.

1825 bis 1828 hat er hier im Stil des Klassizismus eines seiner Hauptwerke geschaffen. Das Alte Museum beherbergt Teile der Antikensammlung und bietet wechselnde Ausstellungen

Direkt rechts dahinter, hinter einem Säulengang, befindet sich die **Alte Nationalgalerie** ❻. Eine Bezeichnung, die erst seit 1991 gebräuchlich ist, denn im ehemaligen West-Berlin gibt es ebenfalls eine Nationalgalerie – jetzt die „Neue" genannt, beherbergt sie vor allem Werke des 20. Jahrhunderts. Hier auf der Museumsinsel findet man hauptsächlich Gemälde und Skulpturen des 19. und des frühen 20. Jahrhunderts.

Nach dem Krieg wurde die Alte Nationalgalerie instand gesetzt und teilweise schon 1949 wiedereröffnet. Ab 1955 waren sämtliche Schauräume dem Publikum zugänglich, die Sammlung jedoch unvollständig: Es befanden sich große Teile der Sammlungen nach dem Krieg in West-Berlin. Erst zu Beginn der 90er Jahre kehrten die Werke des 19. Jahrhunderts wieder an ihren angestammten Platz auf die Museumsinsel zurück. Eine grundlegende Restaurierung begann dann 1998. Als erstes Gebäude auf der Museumsinsel konnte die Alte Nationalgalerie im Dezember 2001 wiedereröffnet werden. Wer Caspar David Friedrich mag, kommt hier genauso auf seine Kosten wie Liebhaber des deutschen oder französischen Impressionismus. Klassizistische Skulpturen wie Schadows berühmte Prinzessinnengruppe sind hier ebenfalls zu bewundern. Bewacht wird die Alte Nationalgalerie von ihrem Erbauer, Friedrich Wilhelm IV., der hier auf der Freitreppe reitet.

Wie schon vor dem Zweiten Weltkrieg ist im **Neuen Museum** ❼ wieder u. a. das Ägyptische Museum untergebracht. Die prominenteste und schönste Bewohnerin ist zweifellos die älteste Berlinerin, Nofretete. 3300 Jahre alt und keine einzige Falte im Gesicht – das soll ihr erst mal jemand nachmachen! Wenn man bedenkt, dass sie doch schon so einiges hinter sich hat … Während der Bombardements ausgelagert, fanden amerikanische Soldaten die Büste, gekennzeichnet als „Die bunte Königin", 1945 in Wiesbaden auf. Da der Kalte Krieg bereits begonnen hatte, blieb Nofretete zunächst bis 1956 in Wiesbaden und wurde danach nicht an ihren ursprünglichen Platz nach Ost-Berlin zurückgegeben, sondern nach West-Berlin – wo sie nach elf Jahren Exil in Berlin-Dahlem, von 1967 bis 1991, der Star des neu begründeten Ägyptischen Museums in Charlottenburg war.

Altes Museum
Tgl. 10 –18, Do bis 22 Uhr

Alte Nationalgalerie
Di–So 10–18, Do bis 22 Uhr

Neues Museum
Achtung! Kartenverkauf am kleinen Container an der Brücke. Aus Sicherheitsgründen erhalten nur 250 Personen pro Stunde Zutritt ins Museum (Aufenthalt unbegrenzt). Es gibt 30-Minuten-Tickets, die aber schnell ausverkauft sind. Sicherer und bequemer ist die Buchung im Internet: www.smb.de.

AUFTRAGSARBEIT IN XXL

Die Suppenschüssel. Vor dem Alten Museum steht eine riesige Schale aus Granit. König Friedrich Wilhelm III. erteilte dem Bildhauer Christian Gottlieb Cantian den Auftrag, eine Schale für die Eingangshalle des Alten Museums herzustellen. Sie sollte größer werden als die berühmte Schale aus Neros Goldenem Haus, die sich heute im Vatikan befindet. Cantian schuf die Schale aus einem halben Findling. Der Stein aus den Rauenschen Bergen bei Fürstenwalde (östlich von Berlin) wurde auf dem Wasserweg nach Berlin gebracht und direkt vor Ort bearbeitet. Dabei stellte Cantian fest, dass die Schale statt der erforderlichen 5,10 Meter sogar über sechs Meter Durchmesser haben könnte. Damit passte die „Suppenschüssel" aber nicht mehr durch die Türen – also stellte man sie schließlich vor dem Museum auf.

1991 wurde die Wiedervereinigung der Sammlungen in Ost- und West-Berlin beschlossen und Nofretete kehrte 2005 im Triumph auf die Museumsinsel zurück, zunächst ins Alte Museum. Nun wird sie hoffentlich für alle Zeiten Ruhe in ihrem neuen alten Zuhause finden.

Der Museumsbau des Neuen Museums selbst konnte erst 2009 wiedereröffnet werden. Der Wiederaufbau unter der Leitung von David Chipperfield dauerte über zehn Jahre (▶ Seite 30).

Links des Neuen Museums führt eine Brücke zunächst wieder aufs Festland, und wer sich dann nach rechts wendet, erreicht nach wenigen Schritten eine neue Fußgängerbrücke, die zurück auf die Insel, direkt zum Pergamonmuseum führt.

Pergamonmuseum
Tgl. 10–18, Do bis 22 Uhr

Das Pergamonmuseum ❽ weist schon mit seinem Namen auf sein berühmtestes Ausstellungsstück hin – den Pergamon-Altar, den deutsche Ingenieure ab 1878 im heutigen Bergama (Türkei) ausgegraben hatten. Das Haus birgt aber noch weitere Schätze in insgesamt drei Museen: die Antikensammlung mit den Architektursälen und dem Skulpturentrakt, das Vorderasiatische Museum und das Museum für Islamische Kunst. Durch die beeindruckenden Rekonstruktionen archäologischer Bauensembles – Pergamonaltar, Markttor von Milet, Ischtar-Tor mit Prozessionsstraße von Babylon oder Mschatta-Fassade – ist das Museum weltweit bekannt geworden. Ab 2010 soll das gesamte Gebäude bei laufendem Betrieb umgebaut und saniert werden. Neben einem neuen Eingangsbereich zur Kanalisierung der Besucherströme sollen weitere Ausstellungsräume entstehen, um mehr Exponate aus den Archiven der Öffentlichkeit präsentieren zu können. Man munkelt, dass sich im Keller noch Kisten befinden sollen, die schon zur Kaiserzeit nach Berlin gebracht und noch nie geöffnet wurden ... Wer weiß, welche Schätze sich da noch finden!

Übrigens: Wenn Sie an dem direkt gegenüberliegenden gelben Haus zufällig einige Polizisten sehen sollten; die bewachen die Wohnung von Bundeskanzlerin Dr. Angela Merkel, die nach wie vor hier wohnt und nicht ins Bundeskanzleramt umgezogen ist – obwohl sie da natürlich auch ganz gut untergebracht wäre. Auf alle Fälle weiter weg von den Touristenmassen, die täglich von früh bis spät auf die Museumsinsel strömen, vor allem seitdem das **Bode-Museum** ❾ an der Nordspitze der Insel nach umfangreicher Sanierung 2006 wiedereröffnet wurde. Dieser Museumsbau scheint hier förmlich aus dem Wasser aufzutauchen. Die gewaltige Kuppel gibt dem Gebäude etwas Großartiges, was durch die dekorativen Elemente noch verstärkt wird. Der damalige Generaldirektor der Museen, Wilhelm von Bode selbst, machte Vorschläge zur Lichtführung in den Räumen und deren Proportionierung. Erstmals wurden hier die Kunst-

Bode-Museum
Tgl. 10–18, Do bis 22 Uhr

Das Bode-Museum liegt direkt an der Spree

werke im Kontext, mit originalen Decken, Kaminen, Gobelins und Möbeln, gezeigt. Das auf eine authentische Gesamtwirkung abzielende Präsentationskonzept Bodes machte weltweit Schule und lässt die Kunstschätze ganz besonders eindrucksvoll wirken.

Auch das Münzkabinett im Sockelgeschoss ist einzigartig in der Welt: Die Anfänge gehen auf die Kunstkammer der Kurfürsten von Brandenburg zurück. 1649 umfasste der Bestand bereits rund 5000 überwiegend antike Münzen. Bis zum Ende des Kaiserreichs 1918 wurden die Bestände durch zahlreiche Ankäufe, auch großer Privatsammlungen, bedeutend erweitert. Im Münzkabinett hat sich von der Tresorausstattung über die Raumfluchten bis hin zum Sammlungs-, Bibliotheks- und Büromobiliar die Einrichtung der Kaiserzeit in einem sonst auf der Museumsinsel kaum anzutreffenden Vollständigkeitsgrad erhalten und auch die DDR-Zeit unverändert überdauert. Das Münzkabinett hat als einziger ursprünglicher Hausherr des Kaiser-Friedrich-Museums die gesamte Zeit in diesem – und nur in diesem – Hause logiert, das mit seiner Eröffnung nach dem Wiederaufbau 1956 in Bode-Museum umbenannt wurde. Es ist sozusagen ein Stück Kaiser-Friedrich-Museum im Original.

Seit 2006 ist das gesamte Bode-Museum mit der

Bode-Museum und Pergamonmueum

Skulpturensammlung, dem Museum für Byzantinische Kunst, dem Münzkabinett und Werken der Gemäldegalerie wieder für die Öffentlichkeit zugänglich.

Schlossplatz

Kehren wir nun wieder zum Lustgarten zurück, denn auf der gegenüberliegenden Straßenseite erstreckt sich ein Platz, der die Berliner Gemüter nach wie vor erhitzt wie kein zweiter – der **Schlossplatz**.

🚌 *100 Lustgarten*

Hier war das Zentrum preußischer Macht, hier entstand das **Berliner Stadtschloss.** Und hier beginnt auch die Geschichte der brandenburgischen Hohenzollern-Dynastie: 1411 wird der Burggraf von Nürnberg, Friedrich VI., von Kaiser Sigismund zum Obersten Verweser und Hauptmann der Mark Brandenburg bestellt, 1417 erhebt man ihn in Konstanz als Friedrich I. zum Kurfürsten und zum Markgrafen von Brandenburg. Aber erst sein Sohn, Friedrich II., zieht nach Berlin – genauer gesagt nach Cölln, der Stadt, die sich gegenüber von Berlin an der anderen Spreeseite entwickelt hat. 1443 legt er eigenhändig den Grundstein für das Schloss auf der Insel, das zu dieser Zeit als Wasserburg geplant ist. Zwar gehörte das

Hauptstadt-Highlights entlang der Buslinie 100

So soll das wiederaufgebaute Berliner Stadtschloss im Jahr 2017 aussehen

Gebiet Zisterziensermönchen, die das sumpfige Gelände trockengelegt hatten und nutzten. Aber wer wollte sich schon mit einem Mann anlegen, der Eisenzahn genannt wurde? Gerade hatte er die beiden Städte Berlin und Cölln unterworfen und führt auch gegen alle anderen aufrührerischen Städte der Mark Brandenburg ein strenges Regiment. Jedenfalls kann er ungestört bauen – und alle ihm nachfolgenden Herrscher tun es ihm nach. Jeder fügt etwas zum Schlossbau hinzu, so dass es schließlich die Ausmaße annimmt, die man heute als Grünanlage auf dem Platz erahnen kann. Das waren immerhin neun weitere Kurfürsten von Brandenburg, neun preußische Könige, davon drei deutsche Kaiser ... da kommt was zusammen!

Das gewaltige Schloss, der größte Barockbau nördlich der Alpen, wurde im Zweiten Weltkrieg stark zerstört. Nach einem Bombenangriff am 5. Februar 1945 brannte es vier Tage lang – es gab keine Versuche, den Brand zu löschen. Allerdings hätte man es wiederaufbauen können; Teile des Schlosses wurden auch sofort nach dem Krieg wieder als Ausstellungsräume genutzt.

Das Stadtschloss wurde jedoch 1950 gesprengt, die Trümmer geräumt. Der leere Platz diente Paraden und Volksfesten und als Parkplatz. In den 70er Jahren entstand an dieser historischen Stelle dann der **Palast der**

Republik (PdR). Der quaderförmige, im Stil der DDR-Moderne errichtete Bau entlang der Spree beherbergte auf der nördlichen Seite den Saal für das DDR-Parlament, die Volkskammer. Im südlichen Teil des Gebäudes befand sich ein großer Veranstaltungssaal mit modernster Technik, schwenkbaren Parketteilen, absenkbaren Decken, flexiblen Trennwänden und einer variablen Einrichtung und Bestuhlungen für 1000 bis 4500 Plätze. „Alle großen Schlageraffen dürfen hier singen" meinte schon Udo Lindenberg in seinem „Sonderzug nach Pankow", und tatsächlich fanden hier die große Konzerte ausländischer (West-) „Schlageraffen" sowie Sinfoniekonzerte, Festivals und Revuen statt. Aber auch wer keine der begehrten Karten bekommen hatte, kam im Palast auf seine Kosten: Das riesige Foyer bot Platz zum Bummeln und Ausruhen, Espresso- und Milchbar, Restaurants und Diskothek waren ebenso Anziehungspunkte wie Bowlingbahn und das kleine Theater. Besonders beliebt bei Briefmarkensammlern war das Postamt, das einen Sonderstempel hatte und von wo aus man auch ins westliche Ausland telefonieren konnte. Schließlich hatten nur wenige DDR-Bürger einen eigenen, privaten Telefonanschluss ...

Im Palast der Republik wurde 1990 der Beitritt der Deutschen Demokratischen Republik zur Bundesrepublik Deutschland beschlossen, deshalb stand er eigentlich unter Denkmalschutz. Eigentlich ... Nachdem man 1990 ganz plötzlich entdeckte, dass beim Bau Asbest verwendet worden war und es deshalb lebensgefährlich sei, den Palast zu betreten, zog die Volkskammer für ihre letzten Sitzungen in das Haus der SED um. Die Asbestkonzentration soll dort sogar noch höher gewesen sein, aber egal – der Palast blieb auch nach der Wiedervereinigung geschlossen. Nach langen Debatte beschloss der Bundestag 2003 den Abriss den endgültigen Abriss.

Nun breitet sich hier eine Rasenfläche aus und ein neues Ge-

SPRENGUNG BERLINER STADTSCHLOSS

Gegen den preußischen Geist. Dass das Schloss (oder was davon übrig war) 1950 gesprengt wurde, hatte mehrere Gründe: Da sind zunächst einmal die ideologischen, aber auch die wirtschaftlichen. Am 25. Februar 1947 hatte der Alliierte Kontrollrat durch das Gesetz Nr. 46 die Auflösung des preußischen Staates erklärt, mit der Begründung, Preußen sei „seit jeher der Träger des Militarismus und der Reaktion in Deutschland" und der „preußische Geist" die Ursache zweier Weltkriege. Da erschien es den Machthabern des neu gegründeten Arbeiter-und-Bauern-Staates DDR nicht opportun, gerade diese Tradition zu pflegen. Außerdem: Wie sollte man den Arbeitern und Bauern erklären, dass sie auf eine Wohnung noch warten müssen, weil erst ein Schloss aufgebaut werden müsse? Zum Anderen hatten es die Menschen in Deutschland damals aber wohl auch einfach satt, um sich herum Ruinen und Trümmer zu sehen. „Fort mit den Trümmern und was Neues hin gebaut!" lautete damals eine gängige Losung, entlehnt einem 1948 geschriebenen Gedicht von Bertolt Brecht. Denn auch in West-Berlin sollte das Charlottenburger Schloss abgerissen werden. Der britische Stadtkommandant war dagegen, was die Westberliner sehr unmutig aufnahmen. Erst die Sprengung des Schlosses im Osten brachte ein Umdenken.

bäude ist in Planung. Das alte Stadtschloss soll unter dem Namen **Humboldt-Forum** wiederaufgebaut werden, aus einem Architekturwettbewerb ging der italienische Architekt Franco Stella als Sieger hervor. Danach soll das Schloss tatsächlich mit rekonstruierten Fassaden und der charakteristischen Kuppel wiedererrichtet werden. Natürlich fragt sich der Berliner: Wo kommt das Geld dafür her? Eins steht fest: Berlin hat keins, aber Bauherr ist ohnehin der Bund, Berlin ist nur „Juniorpartner".

Die Devise der Schloss-Befürworter heißt „public-private partnership", das heißt, private Geldgeber, öffentliche Gelder und die jeweiligen Kompetenzen werden vereint. Nach der Bankenkrise wird das mit den privaten Geldgebern vermutlich etwas schwieriger werden ... Interessant sind die unterschiedlichen Kostenvoranschläge. Während die Stadtschloss-Befürworter für den Wiederaufbau des Schlosses etwa 650 Millionen Euro ansetzen, gehen andere Gutachter von etwa 1,3 Milliarden Euro aus. 80 Millionen sollen aus privaten Spenden kommen, um die historisierte Fassade und die Kuppel zu finanzie-

PALAST DER REPUBLIK
Abriss mit Hindernissen.
Der Abriss des asbestverseuchten DDR-Parlaments erwies sich als leichter gesagt als getan: Der Palast ist in eine Betonwanne gebaut, die in den sumpfigen Untergrund der Schlossinsel versenkt wurde. Hätte man nun das Gebäude einfach abgerissen, wäre diese Wanne nach oben gedrückt worden – so, wie wenn man ein Stück Holz unter Wasser hält und dann plötzlich loslässt. Im Wasser entsteht dann ein Strudel, und so ähnlich wäre es auch im Berliner Untergrund. Die Folgen für die benachbarten Gebäude – Berliner Dom, Altes Museum, Marstall und Staatsratsgebäude – wären nicht absehbar gewesen. Deshalb wurde in einem aufwändigen Verfahren zunächst von der Spreeseite ein Gemisch aus Wasser und Sand in die Kellerräume gespült. Das Wasser wurde wieder abgesaugt und der Sand verfestigt. Entsprechend dem zugefügten Gewicht konnte dann oben ein Stück Palast abgetragen werden. Mühsam, langwierig und teuer, aber was tut man nicht alles, um Berlin schöner zu machen? Erst 2008 war der Palast endgültig verschwunden.

ren. Der Bundesbauminister hat im Februar 2010 (vorsorglich?) schon mal angekündigt, dass eventuell „das eine oder andere Modul herausgenommen" wird, wenn das Geld nicht reicht. Baubeginn ist nach seinen Worten im Sommer 2011, die Schloss-Eröffnung ist für Ende 2017 vorgesehen.

Solange bleibt die Gestaltung des Schlossplatzes Provisorium: Nach dem Abriss des Palastes der Republik entstand über der Betonwanne eine pflegeleichte Grünanlage mit Wandelgängen, die den Blick in verschiedene Grabungsstätten ermöglichen. Außerdem ein Würfelbau, eine **Temporäre Kunsthalle,** die in Berlin lebenden Künstlern die Möglichkeit bietet, sich einem größeren Publikum vorzustellen. Sie wird bleiben bis zum Baubeginn 2011. Im Oktober 2010 wird ein Informationspavillon zum Wiederaufbau des Berliner Schlosses direkt neben der Baugrube eröffnet, bis dahin befindet sich das Informationszentrum am Hausvogteiplatz 3–4.

Nur ein einziges Originalteil des alten Schlosses existiert noch am Schlossplatz und lässt etwas vom Glanz vergangener Zeiten ahnen: In das langgestreckte Ge-

Engel an der Friedrichswerderschen Kirche

bäude an der Südseite des Platzes wurde das Portal E des Schlosses integriert. Dies ist das ehemalige **Staatsratsgebäude der DDR** ❶, Amtssitz von Walter Ulbricht und später Erich Honecker. Das Portal E wurde hier bewusst eingebaut, um auf eine revolutionäre Tradition des Schlosses zu verweisen, denn vom Balkon dieses Portals aus soll Karl Liebknecht 1918 die sozialistische Revolution ausgerufen haben. Nach grundlegendem Umbau beherbergt das Gebäude seit Januar 2006 die European School of Management and Technology. Das große Glasfenster zur Geschichte der Novemberrevolution von 1918 im Eingangsbereich blieb erhalten.

In dem monumentalen Bau links davon, dem Marstall, tagten 1918 die Arbeiter- und Soldatenräte. Daran erinnern seit 1988 zwei Bronzereliefs an der Frontseite. Das gewaltige Gebäude, 1901 als Neuer Marstall errichtet, bot ursprünglich Platz für 460 Pferde und 40 Karossen im Erdgeschoss, darüber und im Vorderhaus wohnten Hofbeamte und Pferdeknechte. Dort lagen auch die Diensträume der Marstallbeschäftigten und die Rüstkammer. Die große Zahl der Pferde erklärt sich vielleicht damit, dass Wilhelm II. – obwohl selbst technikbegeisterter Autobesitzer – einmal sagte: „Ich glaube an das Pferd. Das Automobil ist eine vorübergehende Erscheinung."

Das Gebäude wird heute von der Zentral- und Landesbibliothek Berlin genutzt sowie von der Hochschule für Musik Hanns Eisler, die hier ihren Hauptsitz hat.

Rechts des Staatsratsgebäudes haben wir freien Blick auf einen Neubau hinter der Schleusenbrücke. Das ist der Besuchertrakt des **Auswärtigen Amtes** ❷, das im dahinterliegenden, riesigen Gebäude der ehemaligen Reichsbank untergebracht ist.

Das Reichsbankgebäude wurde 1934 im damals üblichen monumentalen Baustil errichtet. Obwohl im Krieg zerstört, konnte es schnell repariert und zunächst als Finanzministerium der neu gegründeten DDR genutzt werden. Dies vor allem wegen der Tresoranlagen, die drei Etagen unter die Erde reichen sollen und von dem vorbeifließenden Kupfergraben, einem Seitenarm der Spree, geflutet werden können. (Dieser Teil wird übrigens heute noch von der Deutschen Bundesbank genutzt. Zur Währungsunion 1990 fuhren an der Kurstraße ganze Wagenkolonnen mit der heiß ersehnten D-Mark für Ost-Berlin und die zukünftigen neuen Bundesländer vor. Das wiederholte sich dann zur Einführung des Euro – die Tresore scheinen ein beträchtliches Fassungsvermögen zu haben.)

1959 zog das Zentralkomitee der SED mit allen zentralen Institutionen ein, von Juni bis September 1990 tagte hier nach der Schließung des asbestverseuchten Palastes der Republik das DDR-Parlament. 1990 wurde hier auch der Einigungsvertrag von der Volkskammer verabschiedet. 1995 entschied die Bundesregierung, in diesem Gebäude das Auswärtige Amt zu etablieren. Der Neubau wurde 1999 fertiggestellt, im gleichen Jahr zog der damalige Außenminister Joschka Fischer von Bonn nach Berlin um.

Schräg gegenüber des Auswärtigen Amts steht eine Kirche. Die **Friedrichswerdersche Kirche** ❸ wurde bis 1831 aus Backsteinen errichtet. Hier sind heute Skulpturen des frühen 19. Jahrhunderts ausgestellt, ein Schwerpunkt ist die klassizistische Bildhauerei mit Werken von Johann Gottfried Schadow, Christian Daniel Rauch und vielen anderen.

Ein weiteres Thema ist die Dokumentation zum Leben und Werk von Karl Friedrich Schinkel. Damit wird zu-

Friedrichswerdersche Kirche
Tgl. 10–18 Uhr, Eintritt frei

Auswärtiges Amt und Friedrichswerdersche Kirche

gleich das Bauwerk gewürdigt. Denn mit der Friedrichswerderschen Kirche schuf Schinkel ein Hauptwerk der deutschen Neugotik. Gleichzeitig propagierte er ein altes neues Baumaterial: Backsteine. Bis dahin war Schinkel eher für klassizistische Bauten bekannt und berühmt. Die Inspiration dafür bekam Schinkel auf den zur damaligen Zeit üblichen Italien-Reisen. Bei einer Reise durch England und Schottland beeidruckte ihn die dortige Backsteinarchitektur der riesigen Fabrikgebäude. Hatte Preußen bis dahin die Materialien für seine repräsentativen Bauten vor allem aus Schlesien (Granit) und Sachsen (Sandstein) bezogen, favorisierte Schinkel jetzt die Möglichkeit, wie zur Zeit der Gotik große Bauten aus preiswertem einheimischem Material (Lehm) zu schaffen. Er konnte damit aber die maßgeblichen Kreise nicht überzeugen. Die Backsteinbauweise setzte sich nur für Zweckbauten durch. Zahlreiche Dorfkirchen in Brandenburg, die von Schinkels Büro entworfen wurden, sind ebenso aus Backsteinen errichtet wie Fabrikhallen oder die **Schinkelsche Bauakademie** ❹ (1832 bis 1836 erbaut), die ebenfalls wiederaufgebaut werden soll. Eine Attrappe der ersten staatlichen Architekturschule wurde (mit einer gemauerten Original-Ecke) an der alten Stelle neben der Kirche wiederaufgestellt, um Sponsoren anzulocken.

Wenn wir nun wieder zu unserem Ausgangspunkt – der Schlossbrücke – zurückkehren, dann laufen wir über einen Platz, der in den letzten Jahren umgestaltet wurde.

Der **Schinkel-Platz** hinter der Bauakademie ist wieder in seinen Originalzustand zurückversetzt worden. Wir finden hier die Denkmäler von Karl Friedrich Schinkel, dem Agrarreformer Albrecht Thaer und von Peter Christian Wilhelm Beuth, dem Begründer u. a. der Gewerbeschule und Förderer der Industrialisierung Preußens. Die Denkmäler sind von kleinen Zäunen eingefasst und von einer kleinen Grünanlage umgeben.

Wenn man diesen Platz sieht, kann man sich nicht mehr vorstellen, dass sich hier bis 1990 ein einziger langgestreckter Beton-Glas-Stahl-Quader am Kupfergraben entlangzog. Das DDR-Außenministerium und das DDR-Hochschulministerium waren darin untergebracht. Es war das erste Gebäude, das 1991 abgerissen wurde.

Schinkelplatz mit Kommandantenhaus

BAUMEISTER PREUSSENS

Karl Friedrich Schinkel. (geboren am 13. März 1781 in Neuruppin, gestorben am 9. Oktober 1841 in Berlin). Schinkel gilt als der wichtigste preußische Architekt, Stadtplaner, Maler, Grafiker und Bühnenbildner des 19. Jahrhunderts. 1810 wurde er bei der Berliner Oberbaudeputation angestellt und beurteilte seit 1830 öffentliche Bauvorhaben. Er hatte das Recht, Vorschläge anderer Architekten zu überarbeiten und schuf so einen einheitlichen klassizistischen Baustil für Berlin. Der Name Berlins als „Spree-Athen" geht auf sein Wirken zurück. „Berlin hat mehr Säulen als Athen – und durch Berlin fließt die Spree", so lässt sich der Beiname erklären.

Wir verdanken ihm in Berlin so bedeutende Bauten wie die Neue Wache, das Alte Museum, die Schlossbrücke oder das Schauspielhaus am Gendarmenmarkt, aber auch zahlreiche so genannte Vorstadt-Kirchen. Für Potsdam entwarf er u. a. die Nikolaikirche und die Schlösser Charlottenhof, Glienicke und Babelsberg. Er baute auch andernorts: So verdanken ihm die Rheinländer die Fertigstellung des Kölner Doms und die Burg Stolzenfels sowie die Sachsen die Altstädter Hauptwache in Dresden.

Schinkel war nicht nur ein viel beschäftigter Architekt und Baumeister, sondern auch ein sehr geschäftstüchtiger – wie wir heute sagen würden – Designer. Nach einer Skizze des Königs Friedrich Wilhelm III. schuf er 1813 das „Eiserne Kreuz". Viele seiner Entwürfe – für Geländer, Kandelaber, Parkbänke, Denkmäler und Grabkreuze, aber auch Obstschalen und Ofentüren – ließ er in der Königlich Preußischen Eisengießerei im Norden Berlins umsetzen. Damit begründete er den Ruf des „Fer de Berlin", des „Berliner Eisens". Noch heute werden seine Gartenmöbel nachproduziert.

Darüber hinaus engagierte sich Schinkel als „erster preußischer Denkmalpfleger" auf zahlreichen Reisen gegen den Verfall und den Abriss historischer Bauwerke und ließ entsprechende Verzeichnisse anlegen.

Der freie Platz ist bisher nur teilweise wieder bebaut. Den attraktivsten Teil sicherte sich die Bertelsmann-Stiftung, die für die berühmteste Adresse Berlins vermutlich ein bisschen tiefer in die Tasche greifen musste: Das Haus Unter den Linden 1 ist – zumindest zur Straßenseite hin – ein originaler Nachbau des **Kommandantenhauses** ❺, das hier bis 1945 stand. 2003 wurde das Gebäude am historischen Ort wiedereröffnet und schloss damit die Baulücke direkt neben der Schlossbrücke.

Natürlich kann man die wunderschöne **Schlossbrücke** nicht übersehen, die die Schlossinsel mit dem Festland verbindet. Sie wurde von Karl Friedrich Schinkel entworfen. Beim Bau kam es zu einer Katastrophe: Weil auch damals schon die Bauarbeiter hin und wieder ihre Termine nicht einhalten konnten, wurde die Brücke 1823 nicht wie geplant zur Hochzeit des preußischen Thronfolgers und späteren Königs Friedrich Wilhelm IV. mit Prinzessin Elisabeth von Bayern fertig. Behelfsmäßige Geländer konnten allerdings die Besuchermassen nicht halten, so dass viele Passanten in den Kupfergraben stürzten und mehr als 20 Personen ertranken. Genaue Zahlen wurden damals nicht veröffentlicht, weil man das als ein böses Omen für die Hochzeit wertete. Erst danach wurden die Geländer mit Reliefs aus Gusseisen versehen.

1853/57 wurden die Brüstungen mit Figurengruppen verschiedener Künstler geschmückt. Die Standbilder erinnern an die Befreiungskriege und zeigen griechische Göttinnen, wie sie den Krieger unterrichten, ihm im Kampf zur Seite stehen und ihn schließlich nach seinem Tod zum Olymp begleiten. Konzipiert von Schinkel, stammen diese Bildnisse aus Carrara-Marmor von verschiedenen Künstlern.

Während des Zweiten Weltkrieges wurden die Skulpturen abgebaut und nach Spandau gebracht, um sie vor Luftangriffen zu schützen. Erst 1981 übergab der Senat von West-Berlin im Rahmen des deutsch-deutschen Aus-

Schlossbrücke

tausches von Kulturgütern dem Magistrat von Ost-Berlin die Skulpturengruppen, die 1983/84 nach Restaurierung wieder am historischen Ort aufgestellt wurden. Sie bilden nun wieder das Empfangskomitee für Passanten, die die berühmteste Straße Berlins besuchen möchten, die Allee Unter den Linden.

Unter den Linden

Die Straße **Unter den Linden** erhielt ihren Namen im Jahre 1734. Vorläufer der 60 m breiten und 1,5 km langen Prachtstraße war ein 1573 durch Kurfürst Johann Georg angelegter Reit- und Jagdweg vom Berliner Schloss zum kurfürstlichen Tiergarten. Im Jahre 1647 ließ Kurfürst Friedrich Wilhelm den Reitweg befestigen und zu Ehren seiner Frau, Louise Henriette von Oranien, nach holländischem Vorbild auf einer Länge von 942 m mit Linden und Nussbäumen bepflanzen. Ende des 17. Jahrhunderts ließ die damalige Kurfürstin und spätere erste Königin in Preußen, Sophie Charlotte, den Weg bis zum Tiergarten repräsentativ ausbauen. Friedrich II., der Alte Fritz, entwarf zum Teil höchstselbst Bauten für diese Straße. Bis heute ist Unter den Linden ein Pracht- und Renommierboulevard. Im Zweiten Weltkrieg wurden sämtliche Gebäude in der Straße zerstört. Unter der Leitung von Richard Paulick wurden die meisten in den 50er Jahren wiederaufgebaut, im Inneren aber neuen Nutzungskonzepten angepasst.

Den Architekturreigen eröffnen auf der linken Seite das ehemalige **Kommandantenhaus** (▶ Seite 43) und rechter Hand das älteste noch erhaltene Gebäude der Straße, das ehemalige Zeughaus, in dem sich seit 1990 das **Deutsche Historische Museum** ❶ befindet. Kurfürst Friedrich III. von Brandenburg, ab 1701 König Friedrich I. in Preußen, hatte das Zeughaus zwischen 1695 und 1706 von den Architekten Arnold Nering und Martin Grünberg bauen und von seinem Hofbildhauer Andreas Schlüter schmücken lassen. Berühmt wurden Schlüters „Masken sterbender Krieger" im Hof des Zeughauses. Das Gebäude diente als Arsenal für Kriegsgerät, wurde 1880 zum Heeresmuseum mit den festlichen Sälen der Ruhmeshalle umgebaut und beherbergte bis 1944 Europas größte historische Waffensammlung. Nach dem Wiederaufbau wurde das Zeughaus 1952 als Museum für Deutsche Geschichte eröffnet.

🚌 *100*
Staatsoper

Deutsches Historisches Museum
Tgl. 10–18 Uhr, 5 Euro, bis 18 Jahren freier Eintritt, www.dhm.de

Deutsches Historisches Museum im Zeughaus
Die lateinische Inschrift über dem Eingangsportal lautet in der Übersetzung: „Den Waffentaten zur Anerkennung, den Feinden zum Schrecken, seinen Völkern und Bundesgenossen zum Schutz, hat Friedrich I., der erhabene und unbesiegte König der Preußen, dieses Zeughaus zur Bergung aller Kriegswerkzeuge sowie kriegerischer Beute und Trophäen von Grund aus erbauen lassen im Jahre 1706".

Von 1999 bis 2003 wurde das Gebäude umfangreich saniert. In diesem Zusammenhang entstand ein Erweiterungsbau nach Plänen von Ieoh Ming Pei. Dieser Architekt wurde auf persönlichen Wunsch des damaligen Bundeskanzlers Helmut Kohl mit dem Projekt beauftragt. Der sehr moderne Glasanbau mit seinem schraubenförmigen Eingangsbereich links hinter dem eigentlichen Zeughaus bietet Raum für Sonderausstellungen. Um den Widerspruch der modernen Architektur des **Pei-Baus** ❷ zum barocken und klassizistischen Umfeld gab es zahlreiche Diskussionen.

Direkt neben dem Kommandantenhaus befindet sich ein großes säulengeschmücktes Gebäude (Unter den Linden 3). Das **Kronprinzenpalais** ❸ ist im Jahre 1663 als Wohnhaus für einen Kabinettsekretär errichtet worden. Es wurde 1732 von Philipp Gerlach im Barockstil für den damaligen preußischen Kronprinzen, den späteren König Friedrich II., umgebaut. Von 1793 bis zu seinem Tode 1840 bewohnte es König Friedrich Wilhelm III. Bis zum Zweiten Weltkrieg wurden hier Ausstellungen gezeigt, nach dem Wiederaufbau diente das Kronprinzenpalais lange Zeit als Gästehaus des Magistrats von Ost-Berlin. Es wird zur Zeit restauriert und dient gleichzeitig dem Deutschen Historischen Museum als Räumlichkeit für Sonderausstellungen.

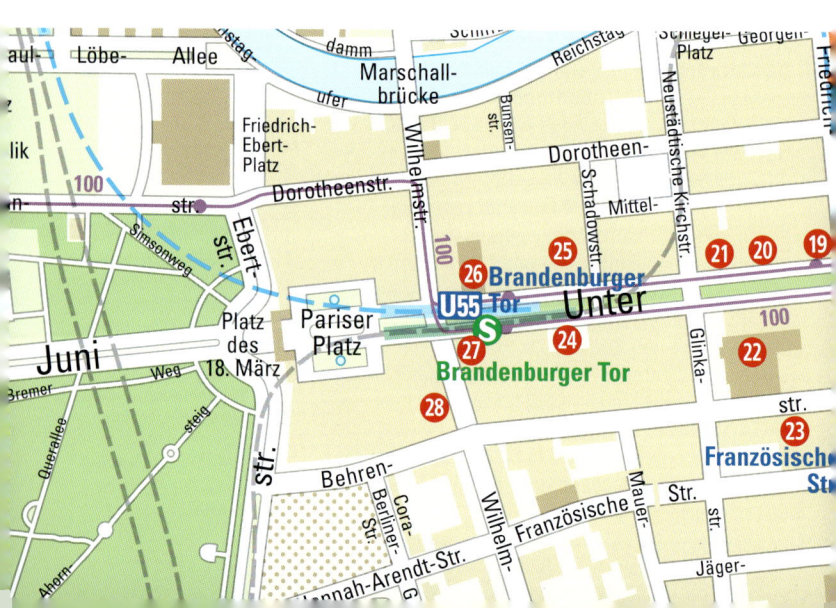

Eine kleine Brücke verbindet seit 1810 das Kronprinzenpalais mit dem Nachbarhaus, dem **Opernpalais** ❹, in dem sich heute das Operncafé befindet. Es heißt im Volksmund auch Prinzessinnenpalais, denn bis zu ihrer Verheiratung lebten in dem barocken Palais drei Töchter Friedrich Wilhelms III. und der 1810 verstorbenen Königin Luise. Heute ist es Treffpunkt für Kuchenfans aus aller Welt: Es ist eine der letzte Bastionen für Konditoreiliebhaber. In Zeiten des „coffee to go" pflegt man hier immer noch das Ritual des gemütlichen Kaffeetrinkens und Kuchenessens. Für Figurbemühte ein absolutes Tabu, denn das Büfett bietet Kuchen und Torten in so reicher Auswahl, dass bisher noch keine(r) widerstehen konnte. Im Sommer empfiehlt sich auch eine Rast im Biergarten oder auf der Terrasse, von wo aus man auch einen Blick auf die martialischen Herren werfen kann, die da mitten auf der Wiese des ehemaligen Prinzessinnengartens stehen: Zum Einen die bronzenen **Standbilder** von Neidhardt von Gneisenau, Gebhard Leberecht von Blücher und Johann David Ludwig Graf Yorck (von Wartenburg), zum Anderen die beiden, ebenfalls von Christian Daniel Rauch geschaffenen, marmornen Standbilder der Generäle Gerhard Johann David von Scharnhorst und Friedrich Wilhelm Graf Bülow (von Dennewitz), die ursprünglich auf der gegenüberliegenden Straßenseite standen, nach ihrer Restaurierung 2002 aber hier aufgestellt wurden. Man wollte eine zu enge Nachbarschaft zur

Neuen Wache vermeiden und eventuellen Befürchtungen vor einem Widererstarken militärischer Traditionen in Deutschland damit den Nährboden entziehen.

Die **Neue Wache** ❺ befindet sich – etwas zurück gesetzt – direkt gegenüber. Wer das klassizistische römische Kastell erblickt, ahnt es mittlerweile schon – auch dieses Gebäude wurde von Karl Friedrich Schinkel errichtet. Ab 1818 diente es als Wachstube der Königswache, die den Zugang zum königlichen Schloss bewachte, und von 1918 bis 1930 der Reichswehr. Danach wurde das Gebäude umgebaut und zur Gedächtnisstätte für die Gefallenen des Ersten Weltkrieges. Es wurde – wie alle Gebäude Unter den Linden – im Zweiten Weltkrieg stark zerstört und in der DDR als Mahnmal für die Opfer des Faschismus und Militarismus wiederaufgebaut, mit dem „Grab des unbekannten Soldaten" und dem „Grab des unbekannten Widerstandskämpfers" sowie der blutgetränkten Erde von NS-Konzentrationslagern auf ehemaligem DDR-Gebiet. Im Jahre 1993 erfolgte die Einweihung als Zentrale Gedenkstätte für die Opfer von Krieg und Gewaltherrschaft der Bundesrepublik Deutschland. Jetzt befindet sich hier eine vierfach vergrößerte Kopie der Pietà „Mutter mit totem Sohn" von Käthe Kollwitz, die auf persönlichen Wunsch des damaligen Bundeskanzlers, Helmut Kohl, hier aufgestellt wurde.

Hinter der Neuen Wache, im so genannten Kastanien-

AM FESTUNGSGRABEN

Auf den Mauern der ehemaligen Stadtbefestigung. Schon der vollständige Name des Palais am Festungsgraben weist darauf hin, dass sich an dieser Stelle früher eine gewaltige Befestigungsanlage befand. Im 17. und 18. Jahrhundert wurde mit fast übermenschlichen Kraftanstrengungen eine riesige Schanzanlage erbaut und ein Graben um ganz Berlin und Cölln herum ausgehoben. Was man dabei nicht bedachte: Die Städte dehnten sich schneller aus, als die Befestigungsanlage gebaut wurde, so dass sie schon bei ihrer Fertigstellung veraltet war und sich mitten in der Doppelstadt befand (die damals durch neu angelegte Stadtviertel etwa schon bis zum Brandenburger Tor reichte). Deshalb wurden die Befestigungsanlagen wieder abgerissen, die Gräben nach und nach zugeschüttet. Dadurch wurde auch neues Bauland gewonnen, an Stelle der Brücke Unter den Linden konnte die Neue Wache errichtet werden.

Pei-Bau am Deutschen Historischen Museum

wäldchen, befindet sich das **Palais am Festungsgraben** (Festungsgraben 1) ❻. Das im Jahre 1753 als Wohnhaus erbaute Gebäude wurde 1808 Sitz des preußischen Finanzministeriums. Nach dem Zweiten Weltkrieg wurde es als Zentrales Haus der Deutsch-Sowjetischen Freundschaft genutzt. Gegenwärtig ist es nach umfassender Restaurierung erneut Kulturzentrum und beherbergt u. a. das Theater im Palais, das Museum Mitte von Berlin, die Tadschikische Teestube und den Künstlerklub Die Möwe.

Links des Palais am Festungsgraben befindet sich das heutige **Maxim-Gorki-Theater** ❼, das ursprünglich als Konzerthaus der Singakademie erbaut wurde. Der Gründer der Singakademie, Carl Friedrich Zelter, war im Hauptberuf Maurermeister. Er führte die Singakademie, eigentlich ein Laienchor, zu neuen Höhen. Es gehörte im 19. Jahrhundert zum guten Ton der Berliner Gesellschaft, hier Mitglied zu sein. Der Architekt des Hauses ist der bereits mehrfach erwähnte Karl Friedrich Schinkel, der hier den ersten öffentlichen Konzertsaal Berlins errichtete. Dieser Saal war in ganz Europa für seine gute Akustik berühmt. Er ist erhalten und bietet den Zuschauern ein ganz besonderes historisches Ambiente. Das Maxim-Gorki-Theater widmet sich seit 1952 vor allem der russischen und sowjetischen Literatur und Theaterkunst. Besonders in den Vorwendejahren profilierte sich das

Maxim-Gorki-Theater
Spielplan- und Restkartenansage:
(030) 2 02 21-130
www.gorki.de

Tadschikische Teestube
Mo–Fr 17–24,
Sa/So 15–24 Uhr,
Küche bis 23 Uhr
(030) 2 04 11 12
Große Auswahl verschiedener Teesorten, kleinere tadschikische Spezialitäten. Man sitzt stilecht auf Teppichen und Kissen in orientalischem Ambiente. Highlight: Traditionelle Teezeremonien mit Samowar und Gebäck.

Theater als Aufführungsort für DDR-kritische Stücke und ist bis heute ein prägender Bestandteil der Theaterlandschaft Berlins.

Daneben, unter einer Platte versteckt, ein Eingang zu einem Tunnel, durch den früher einmal eine Straßenbahn die Straße Unter den Linden unterquerte. Nach dem Krieg wurde diese Straßenbahnlinie stillgelegt und der Tunnel als Lagerraum genutzt. Heute werden hier die Requisiten des Maxim-Gorki-Theaters aufbewahrt, per Fahrstuhl (unter der erwähnten Platte) nach oben befördert und – auch bei Wind und Regen – über den Platz zum Theater gefahren.

Darüber thront heute, lässig zurückgelehnt, der Dichter Heinrich Heine, der 1821 bis 1823 an der Berliner Universität studierte und den Vorlesungen Hegels lauschte. Seine ersten Dichtversuche unternahm er hier in Berlin und stellte die Ergebnisse in den berühmten Berliner Salons vor.

BUS 100
Staatsoper

Auf der gegenüberliegenden Straßenseite erhebt sich das Gebäude der **Staatsoper Unter den Linden** ❽. Es entstand 1741/43 nach Plänen des Barockbaumeisters Georg Wenzeslaus von Knobelsdorff und des Königs Friedrich II., der 1740 seine Regentschaft angetreten hatte. Schon als Kronprinz hatte er mit Knobelsdorff den Umbau des Schlosses Rheinsberg geplant und durchgeführt. Der kunst- und kulturinteressierte Friedrich wollte ein repräsentatives Opern- und Festhaus und entwarf selbst die „Königliche Hofoper".

Heute ist die Staatsoper Unter den Linden zwar die attraktivste Oper Berlins (der Künstlerische Leiter ist seit 1992 Daniel Barenboim), aber auch ziemlich marode. Die Reparatur- und Umbauarbeiten beginnen 2010, das Ensemble weicht in das Schillertheater aus. Neben einem neuen Dach und neuer Bühnentechnik wird es auch einen neuen Zuschauerraum geben, der den Bedürfnissen heutiger Opernbesucher entsprechen soll.

Neben dem Operngebäude (von der Straße Unter den Linden gesehen eigentlich dahinter) befindet sich am **Bebelplatz** eine katholische Kirche, die durch ihre grüne Kuppel auffällt. Die **St. Hedwigskathedrale** ❾ wurde in der Zeit von 1747 bis 1773 von Johann Boumann d. Ä. nach den Plänen von Georg Wenzeslaus von Knobelsdorff und nach Ideen von Friedrich II. als Bestandteil des Forum Fridericianum (▸ Seite 53) erbaut. Eine katholische Kirche war notwendig geworden, nachdem Österreich als Folge des zweiten Schlesischen Krieges

*Bebelplatz mit St. Hedwigskathedrale.
Im Vordergrund die Versunkene Bibliothek (▶ Seite 54)*

(1744–1755) Schlesien an Preußen abgeben musste und daraufhin viele katholische Schlesier nach Berlin kamen. Die Heilige Hedwig von Andechs ist die Schutzpatronin der Schlesier. Diese Kirche ist der einzige Kirchenbau, der unter Friedrich II. errichtet wurde, der damit seiner Maxime „Jeder soll nach seiner Façon selig werden" entsprach.

Der Wiederaufbau nach den Zerstörungen des Zweiten Weltkrieges war erst im Jahre 1963 beendet. Die äußere Fassade wurde wiederhergestellt; der Innenraum ist vom Stil der Neuen Sachlichkeit der 50er Jahre geprägt. Markant ist die vertikale Verbindung des Hauptaltars mit dem darunterliegenden Altar der Krypta. Die Krypta enthält das Grab des 1943 auf dem Transport in das Konzentrationslager Dachau gestorbenen Berliner Dompropstes Bernhard Lichtenberg (1996 selig gesprochen) und eine Gedenktafel für Petro Werhun, der als Seelsorger unter den Ukrainern wirkte und 1945 von den Machthabern nach Sibirien deportiert wurde (2001 selig gesprochen). Die St. Hedwigskathedrale ist Sitz des Berliner katholischen Bischofs.

Die Südseite des Bebelplatzes begrenzt ein monumentaler Bau aus der Kaiserzeit. Das ehemalige Stammhaus der Dresdner Bank von 1889, in dem nach dem Zweiten Weltkrieg die Zentralbank der DDR unterge-

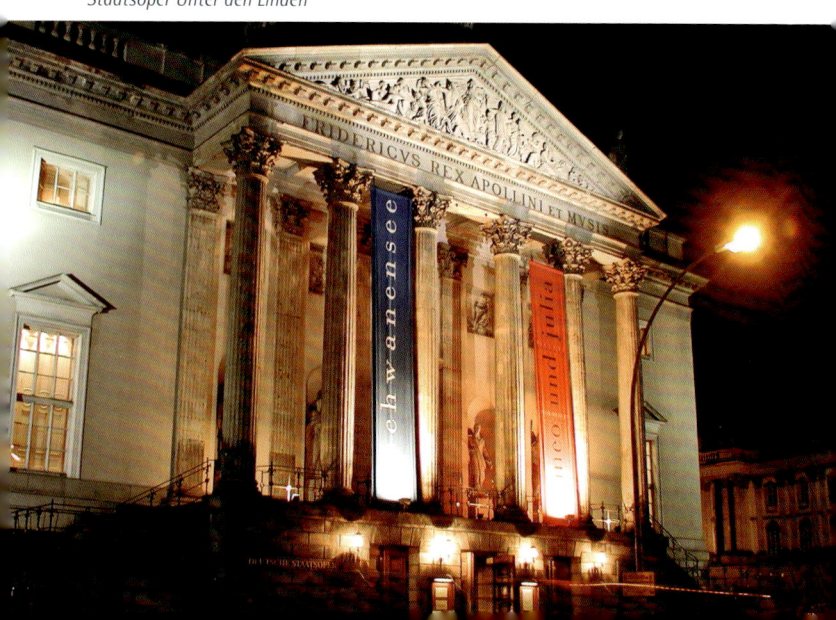

Staatsoper Unter den Linden

BERLINER STAATSOPER

Für den König persönlich. Das Gebäude der Staatsoper gehörte zum Forum Fridericianum, einer von König Friedrich geplanten und in Auftrag gegebenen Platzbebauung am Opernplatz, dem heutigen Bebelplatz. Es verfügte über drei separate Hallen, die zu einem großen Festsaal verbunden werden konnten. Das Haus war das erste königliche Theatergebäude und das erste freistehende Opernhaus Deutschlands, zuvor waren Opern- und Theateraufführungen in Schlosstheatern einer kleinen Minderheit vorbehalten. Einen Nachteil hatte das Haus allerdings: Im Zuschauerraum gab es nur einen einzigen Sitzplatz – für den König. Alle anderen mussten stehen. 1843 brannte die Oper bis auf die Grundmauern ab. Das von dem Architekten Carl Ferdinand Langhans wiederaufgebaute Opernhaus wurde ein Jahr später neu eröffnet – mit Sitzplätzen für alle. Außerdem war der Eingang zur Oper von der Platzseite an die Nordseite zur Straße verlegt worden.

Während des Zweiten Weltkrieges wurde das Haus zum zweiten Mal ein Opfer der Flammen. Von 1951 bis 1955 erfolgte ein grundlegender Wiederaufbau durch Richard Paulick, dessen Einsatz die Wiederherstellung fast sämtlicher historischer Gebäude Unter den Linden zu verdanken ist. Er bewahrte das Äußere und glich das modernisierte Innere stilistisch dem Vorgängerbau an. Der Apollosaal wurde in Anlehnung an den Speisesaal des Schlosses Sanssouci neu gestaltet und dient seither als Konzertsaal.

---

bracht war, beherbergt seit 2006 eines der luxuriösesten Hotels der Welt, das **Hotel de Rome** ❿. Der Brite Sir Rocco Forte, Besitzer von 10 weiteren Grandhotels, investierte hier 70 Millionen Euro. Der Stil ist modern, edel und teuer. 146 Zimmer und Suiten stehen den Gästen zur Verfügung. Begehrt sind vor allem die Suiten in der ehemaligen Vorstandsetage im ersten Stock. Die früheren „Bureaus" mit enormer Deckenhöhe haben schalldichte Doppeltüren und eine Holzvertäfelung, in der noch die Einschläge der Gewehrkugeln und Granatsplitter aus den letzten Kriegstagen zu sehen sind. Außerdem können die Gäste auf dem Mosaikboden des 276 Quadratmeter großen Ballsaals unter dem Glasdach tanzen oder im 20 Meter langen Pool im ehemaligen Juwelen-Tresorraum im Keller planschen – die Schließfächer sind noch da. Natürlich ist dies alles nicht gerade zu Schnäppchenpreisen zu haben.

Gucken kostet nichts. Also wenden wir uns dem Gebäude an der Westseite des Platzes zu. Das Haus mit der geschwungenen Fassade, im Volksmund Kommode genannt, ist die ehemalige Königliche, später Alte Bibliothek und beherbergt heute die **Juristische Fakultät** ⓫ der Humboldt-Universität zu Berlin.

Der Bau entstand in der Zeit von 1775 bis 1780. Die Pläne dafür stammten von Georg Christian Unger. Eigentlich ist es aber ein Plagiat: Die Alte Bibliothek erinnert stark an den Michaelertrakt der Wiener Hofburg, da Friedrich der Große seinen Baumeister Unger anwies, die Entwürfe der Hofburg zu kopieren. In Wien wurde der 50 Jahre ältere Plan jedoch erst zwischen 1889 und 1893 in veränderter Form realisiert.

Direkt auf dem Bebelplatz befindet sich ein Denkmal, das man eigentlich gar nicht sieht, zumindest nicht, wenn man danach nicht ausdrücklich sucht: Das Denkmal **„Versunkene Bibliothek"** des israelischen Künstler Micha Ullmann soll als unterirdisches Mahnmal an die erste Bücherverbrennung der Nationalsozialisten am 10. Mai 1933 erinnern.

Bei dem am 20. März 1995 eingeweihten Denkmal handelt es sich um einen 5 m tiefen Raum, der nicht zugänglich ist, sondern nur durch eine begehbare Glasplatte eingesehen werden kann. Der Raum soll eine für 20 000 Bände ausgelegte Bibliothek darstellen. In das

BEBELPLATZ

Bücher in Flammen. Am 10. Mai 1933 wurden Werke von Schriftstellern, Philosophen und Wissenschaftlern, deren Werke als „undeutsches Schrifttum" galten, wie Thomas Mann, Heinrich Mann, Bertolt Brecht, Erich Maria Remarque, Alfred Kerr, Karl Marx, Kurt Tucholsky, Sigmund Freud, Heinrich Heine, Rudolf Kautsky, Erich Kästner und vielen anderen auf dem damaligen Opernplatz öffentlich verbrannt. Verborgen in der Zuschauermenge sah Erich Kästner der Verbrennung seiner Bücher zu: „Im Jahre 1933 wurden meine Bücher in Berlin, auf dem großen Platz neben der Staatsoper, von einem gewissen Herrn Goebbels mit düster-feierlichem Pomp verbrannt. Vierundzwanzig deutsche Schriftsteller, die symbolisch für immer ausgetilgt werden sollten, rief er triumphierend beim Namen. Ich war der einzige der Vierundzwanzig, der persönlich erschienen war, um dieser theatralischen Frechheit beizuwohnen. Ich stand vor der Universität, eingekeilt zwischen Studenten in SA-Uniform, den Blüten der Nation, sah unsere Bücher in die zuckenden Flammen fliegen und hörte die schmalzigen Tiraden des kleinen abgefeimten Lügners. Begräbniswetter hing über der Stadt ..."

Pflaster nahe der Glasplatte sind Bronzeplatten eingelassen, die über den historischen Hintergrund, die Entstehungszeit und den Schöpfer des Denkmals informieren. Von Heinrich Heine ist auf den Bronzeplatten ein Ausspruch zitiert: „Das war ein Vorspiel nur. Dort wo man Bücher verbrennt, verbrennt man am Ende auch Menschen".

Auf der nördlichen Straßenseite befindet sich das Hauptgebäude der **Humboldt-Universität zu Berlin** (Unter den Linden 6) ⓬. Sie ist die älteste der drei großen Universitäten Berlins. Derzeit sind etwa 34 000 Studierende im Hochschulbereich und in der Charité-Universitätsmedizin Berlin eingeschrieben. Der Wissenschaftler und Staatsmann Wilhelm von Humboldt gründete im Auftrage des Königs Friedrich Wilhelm III. ein Zentrum für Wissenschaft und Lehre, aus dem 1810 die Friedrich-Wilhelms-Universität hervorging. Standort war und ist das ehemalige Palais des Prinzen Heinrich von Preußen, dessen Bruder Friedrich II. das Gebäude von Johann Boumann d. Ä. von 1748 bis 1766 nach eigenem Entwurf bauen ließ.

Bedeutende Gelehrte begründeten den bis heute anhaltenden guten Ruf der Universität. Trotz schwerer Zer-

DIE BERLINER UNIVERSITÄT

Humboldtsche Einflüsse. Wilhelm von Humboldt stellte sich eine „Universitas litterarum" vor, in der die Einheit von Lehre und Forschung verwirklicht und eine allseitige humanistische Bildung der Studierenden ermöglicht wird. Dieser Gedanke erwies sich als erfolgreich, verbreitete sich weltweit und ließ in den folgenden anderthalb Jahrhunderten viele Universitäten gleichen Typs entstehen. Beeinflusst wurde das Konzept unter anderem von den Reformideen des Philosophen Johann Gottlieb Fichte sowie des Theologen und Philosophen Friedrich Schleiermacher. Fichte war auch erster gewählter Rektor der Berliner Universität. Die Universität wurde schnell Wegbereiter vieler neuer Disziplinen – nicht zuletzt aufgrund der Förderung durch den Naturwissenschaftler Alexander von Humboldt.

störungen im Zweiten Weltkrieg bereits 1946 wiedereröffnet, wurde sie 1949 zu Ehren der Brüder Humboldt in Humboldt-Universität zu Berlin umbenannt. Die beiden Brüder thronen schon seit 1874 auf ihren Podesten vor der Universität und beobachten das Geschehen. Natürlich fragt man sich immer, wer wer ist. Für Berliner gibt es da eine einfache Eselsbrücke: Alexander von Humboldt sitzt in Richtung Alexanderplatz, Wilhelm von Humboldt in Richtung Wilhelmstraße.

In der Mitte des Boulevards Unter den Linden steht das Denkmal des Mannes, dem wir das einzigartige architektonische Ensemble am Bebelplatz zu verdanken haben – Friedrich II., genannt der Große oder auch despektierlich Der alte Fritz. Christian Daniel Rauch schuf 1851 dieses gewaltige und doch elegante bronzene **Reiterstandbild.** Das soll seinen Lehrer Johann Gottfried Schadow zu dem Spruch veranlasst haben „Mein Ruhm ist in Rauch aufgegangen". Der hohe Sockel ist mit 74 Figuren besetzt, die Personen aus der Zeit und der Umgebung Friedrichs II. abbilden. Im Vordergrund diejenigen, die Friedrich II. zum Großen machten: seine Generäle. Aber Friedrich war ja nicht nur ein berühmter und begabter Feldherr, sondern auch noch vielseitig talentierter Künstler und Philosoph. Allerdings schätzte er deutsche Geistesgrößen nur gering. Deshalb finden sich ihre Abbildungen und Namen auch da, wo sie seiner Meinung nach hingehörten – unter dem Schwanz seines Pferdes.

Wichtig für die stadträumliche Einbindung der Alten Bibliothek und der angrenzenden Bauten Unter den Linden war 1963–1964 auch die Wiederherstellung der spätklassizistischen Fassade des rechtwinklig an die Kommode grenzenden **Alten Palais** (Unter den Linden 9) **❸**. Als Stadtpalais für den Prinzen Wilhelm, den späteren ersten deutschen Kaiser, 1834–1837 von Carl Ferdinand Lang-

Unter den Linden um 1900

REITERSTANDBILD

Valuta für den Alten Fritz. Im Zweiten Weltkrieg wurde der Große Friedrich zum Schutz vor Bomben eingemauert. 1950 ließen die DDR-Behörden das Denkmal abbauen und 1963 im Park von Sanssouci aufstellen. Erst 1980 wurde das über 13 Meter hohe Denkmal wieder nach Berlin zurückgebracht und nahe des historischen Standortes aufgestellt. Diese Wiederaufstellung war das Ergebnis einer Neubewertung der preußischen Geschichte in der DDR. Zum einen besann man sich auf preußische Tugenden und Persönlichkeiten wie Scharnhorst, Gneisenau, Stein, Hardenberg und eben auch den alten Fritz. Zum anderen hatte man erkannt, dass sich mit Tourismus Geld verdienen ließ, vor allem so genannte Valuta, also D-Mark und Dollars, und dass dabei die preußische Geschichte eine gewisse Attraktion darstellte. Und so ist Friedrich der Große seit 1980 wieder hoch zu Ross Unter den Linden unterwegs.

hans erbaut, reichte es ursprünglich mit seinen rückwärtigen Gebäudeflügeln bis zur Behrenstraße. Wilhelm I. residierte hier als Kronprinz sowie König von Preußen und blieb auch als deutscher Kaiser hier wohnen. Das Palais sei komfortabler als das Stadtschloss, meinte er und nannte das Schloss „einen alten Kasten". Wenn er in Berlin war, beobachtete er zur Freude des zahlreichen Publikums von einem Eckfenster aus jeden Mittag um 12.30 Uhr den Wachwechsel vor der Neuen Wache. Er soll einmal gefragt worden sein, warum er dies tue. Seine Antwort: „Ich muss das tun, so steht es im Baedeker." Aber vielleicht ist das nur eine werbewirksame Anekdote dieses Reiseführers … Jedenfalls kamen tatsächlich viele Touristen aus ganz Deutschland damals nach Berlin, um den Kaiser zu sehen und ihm zuzujubeln. Sein Sohn Friedrich Wilhelm, der spätere Kaiser Friedrich III., wohnte dagegen lieber ruhiger und zog mit seiner Gemahlin Victoria nach Potsdam. Auch Wilhelm II. bevorzugte für seine Familie die Potsdamer Schlösser und nutzte Berlin und das Stadtschloss hauptsächlich für offizielle Empfänge, Paraden und ähnliche Ereignisse.

Das Palais brannte 1943 vollständig aus und wurde zusammen mit der Alten Bibliothek und dem Haus Unter den Linden 11 wiederaufgebaut. Die Straßenfassade des Alten Palais wurde in den Formen von 1837 rekonstruiert. Das Gebäude selbst ist neu errichtet und im Inneren als modernes Institutsgebäude ausgestattet. Die Laube direkt am Bebelplatz wurde erst in den 90er Jahren wieder angefügt.

Gegenüber, direkt neben der Humboldt-Universität, sehen wir einen weiteren Monumentalbau aus der Kaiserzeit. Das heutige Haus 1 der **Staatsbibliothek zu Berlin** ⓮ (ehemalig Deutsche Staatsbibliothek) ist der historische Standort der zentralen staatlichen Bibliothek in Berlin, Haus 2 wurde 1978 in West-Berlin eröffnet. Seit 1992 sind beide Staatsbibliotheken wiedervereint.

Das hiesige Gebäude wurde von 1903 bis 1914 von Ernst von Ihne erbaut – sein typischer Stil ist uns schon von Bode-Museum und Neuem Marstall vertraut.

Das historische Gebäude des **Gouverneurshauses** (Unter den Linden 11) ⓯ wurde 1721 fertiggestellt. Es befand sich ursprünglich an der Königstraße (heute Rathausstraße/Jüdenstraße). Im Jahre 1960 wurde das Gouverneurshaus an seinem Standort abgerissen, um Baufreiheit für die Rathauspassagen zu schaffen. 1964 erfolgte der Wiederaufbau an seinem heutigen Platz an der Straße Unter den Linden, um hier eine Baulücke mit einem historischen Gebäude zu schließen. Das Haus diente in der Vergangenheit unter anderem als Sitz des Gouverneurs von Berlin. Gegenwärtig beherbergt das Gouverneurshaus Institute der Humboldt-Universität.

Daran schließt sich das Gebäude der Disconto-Gesellschaft an, das 1922 bis 1925 errichtet wurde. 1997 haben hier die Deutsche Bank und die Guggenheim Foundation gemeinsam das **Deutsche Guggenheim** ⓰ eröffnet. Es zeigt wechselnde Ausstellungen und hat keine ständige Sammlung. Der riesige Komplex zieht sich bis in die Charlottenstraße hin und war von 1933 bis 1945 Sitz des Reichsarbeitsministeriums. In der Charlottenstraße selbst befindet sich heute der Eingang zur Hauptstadtrepräsentanz der Deutschen Bank.

An der anderen Ecke Charlottenstraße finden wir einen der wenigen erhaltenen historischen Hotelbauten Unter den Linden: Das 1902 erbaute ehemalige **Hotel Carlton** (Unter den Linden 17) ⓱. Den Entwurf fertigte Carl Gause an, der Architekt des alten Hotels Adlon. Das heutige Geschäftshaus lässt mit seiner reichen Fassadendekoration die Pracht der Hotelpaläste der Jahrhundertwende erahnen. Im Erdgeschoss und im ersten Obergeschoss waren Restaurant, Säle und Aufenthaltsräume untergebracht. Die Fassadenflächen der Obergeschosse wirken geschlossener, sind aber durch reichen Bauschmuck be-

Staatsbibliothek: Hier lagern deutsche Druckschätze

lebt. Hier befanden sich die vornehmen Hotelzimmer. Sandsteinreliefs, vollplastische Figuren wie der Merkur an der Gebäudeecke und wunderschöne schmiedeeiserne Türen lassen das Haus seit der umfassenden Renovierung 2001 wieder in altem Glanz erstrahlen.

Auf der rechten Seite der Straße Unter den Linden, im Büro- und Geschäftshaus **Römerhof** ⑱ von 1912, befindet sich eine Art Bonbon-Laden für kleine und große Jungs. Der Ferrari-Fan-Shop hat sich in die Reihe der Autohäuser eingereiht, die Unter den Linden ihre neuesten Karossen anbieten. Wer sich keinen richtigen Ferrari leisten kann, kann immerhin mal Probe sitzen oder ein kleines Modell seines Traums erwerben. Dieses Haus weist eine gut erhaltene neoklassizistische Innenausstattung in Foyer und Haupttreppenhaus auf: wertvolle Ausstattungsdetails wie Wandverkleidungen mit Holz- und Marmorintarsien, klassizistische Stuckdecken oder Bronzegitter an Fahrstuhlschacht und Türen sind freie Umsetzungen antiker Vorbilder. Der Römerhof ist damit eines der prägnantesten Beispiele für den Berliner Geschäftshausbau nach 1900.

So sind wir nun an der **Friedrichstraße** angekommen, eine der bekanntesten Straßen von Berlin. Kaum etwas erinnert heute noch an die Glanzzeiten von einst – direkt an der Ecke steht seit 2009 ein gesichtsloser Neubau

🚌 *100*
Friedrichstraße/Unter den Linden

Hier bietet sich ein Abstecher zum Bahnhof Friedrichstraße an (▶ Seite 212)

DRUCKSCHÄTZE

Staatsbibliothek zu Berlin. Die Staatsbibliothek zu Berlin ist seit der Zusammenführung beider Bibliotheken die größte wissenschaftliche Universalbibliothek im deutschsprachigen Raum. Die Bestände der Jahrgänge vor 1945 befinden sich im Wesentlichen im Haus Unter den Linden. Neben Büchern gehören dazu mittelalterliche und neuere Handschriften, Notendrucke, Autographen, Urkunden, Porträts, Theaterzettel, Karten, Globen und Atlanten in großer Zahl. Einzigartige Schätze der Weltkultur und des nationalen Kulturerbes werden von den Wissenschaftlern und Bibliothekaren hier verwahrt, darunter die größte Mozart-Sammlung der Welt, 80 Prozent aller Autographen Johann Sebastian Bachs, die 5. und die 9. Sinfonie Ludwig van Beethovens, Boccaccios Decamerone, der Text der deutschen Nationalhymne in der Handschrift Hoffmann von Fallerslebens, einer der äußerst raren Drucke der 95 Thesen Martin Luthers, Autographen und Nachlässe berühmter Wissenschaftler, historische Zeitungen aus aller Welt und vieles mehr. Mit Ausstellungen und Publikationen werden die Sammlungen einem breiten Publikum bekanntgemacht. Für eine Rast bietet sich der wunderschöne Innenhof an, der eine Oase der Ruhe inmitten des Großstadtverkehrs bietet.

Madame Tussauds Wachsfiguren-Kabinett
Unter den Linden 74
Tgl. 10–19 Uhr
19 Euro / 14 Euro
Schauplatz des einzigen erfolgreichen Attentats auf Adolf Hitler, denn hier schlug ein Besucher 2008 dem Wachs-Hitler den Kopf ab.

mit dem merkwürdigen Namen „Upper East Side", und auch sonst haben sich die Architekten nicht viel einfallen lassen. Während heute die Friedrichstraße in südlicher Richtung vor allem als teure Einkaufsstraße daherkommt – mit dem Berliner Ableger der Galeries Lafayette, zahlreichen „Flagship-Stores" und Verkaufssalons diverser Auto- und Modemarken – war die Friedrichstraße in den „Roaring Twenties", den Goldenen Zwanzigern, die Amüsiermeile des kleinen Mannes. Wer den Film Cabaret gesehen hat, hat eine ungefähre Vorstellung davon.

Vor allem im nördlichen Teil gab es rund um den Berliner Central-Bahnhof Friedrichstraße zahlreiche kleine, so genannte Handtuch-Kinos, die tatsächlich nur 20 oder 30 Zuschauern Platz boten (die Zuschauerräume waren eben nur schmal wie ein Handtuch). Theater, Kabaretts und andere Unterhaltungsetablissements reihten sich hier im Wechsel mit großen Vergnügungsstätten, wie dem berühmten Berliner Wintergarten oder dem Admiralspalast, aneinander (▸ Seite 213).

Direkt hier an der Kreuzung Unter den Linden/Friedrichstraße waren die berühmtesten Cafés Berlins beheimatet: Café Victoria, Café Bauer, Café Kranzler – hier saß man (und frau) und ließ die Welt an sich vorbei spazieren. Jede größere Brauerei in Deutschland, die etwas auf sich hielt, hatte in der Friedrichstraße eine Dependance, eine Trinkhalle, wo man nur eins tun konnte – Bier in sich hineinschütten. In den Seitenstraßen gab es nicht nur zahlreiche Bordelle, auch so genannte Ringvereine hatten hier ihre Vereinslokale. Es handelte sich um Vereinigungen der Berliner Unterwelt, die zur sozialen Absicherung ihrer Mitglieder gegründet wurden. Kam ein Vereinsmitglied aufgrund widriger Umstände zeitweilig nach Moabit (dort war und ist seit über 100 Jahren das Berliner Kriminalgericht und auch das größte Untersuchungsgefängnis Berlins), dann sprang ein Versorgungsfond für den Unterhalt der Familie ein – oder einige Mädels vom horizontalen Gewerbe wurden dafür abkommandiert.

Davon ist heute nichts mehr vorhanden. Das letzte original erhaltene Bordellgebäude in der Mittelstraße, das zu DDR-Zeiten von der Humboldt-Universität als Verwaltungsgebäude genutzt wurde, ist heute Teil des Dussmann-Kulturkaufhauses. Das Gebäude wurde völlig entkernt, nur die Fassade mit Balkon blieb stehen. Schade eigentlich, denn wer sich einmal in den zahlreichen verwinkelten Treppenhäusern und Treppenabsätzen verlaufen hatte, der wusste, warum bei Razzien immer wieder Leute entkommen konnten …

An der berühmten Ecke Unter den Linden/Friedrichstraße ist außer dem **Haus der Schweiz** ⑲ von der ursprünglichen Bebauung nichts mehr erhalten. An der Fassade sieht man die Skulptur Walter Tells, der den von seinem Vater durchschossenen Apfel in der Hand hält. Der Architekt mit dem schönen Schweizer Namen Meier-Appenzell hat ansonsten auf jeglichen Fassadenschmuck verzichtet. Gerade noch rechtzeitig zur Olympiade 1936 war das Gebäude fertiggestellt worden. Es bildet mit den folgenden Gebäuden in der Straße Unter den Linden ein einheitliches Quartier, das zumindest äußerlich die Bombardements des Zweiten Weltkrieges überstanden hat. In diesen sehr repräsentativen Bauten waren zu DDR-Zeiten die Botschaften Großbritanniens, Frankreichs und Italiens untergebracht.

Unter den Linden/Friedrichstraße um 1900

Berlin Story
UNter den Linden 26
Tgl. 10–20 Uhr
(030) 20 45 38 42
www.berlinstory.de
Buchhandlung mit der größten Auswahl an Berlin-Büchern weltweit. Mit Cafe.

Café Einstein
Unter den Linden 42
(030) 2 04 36 32
Mo–So 7–22
www.einsteinudl.com
Renommiertes Kaffeehaus mit prominenter Gästeliste

Komische Oper
Kartenbestellung unter:
(030) 47 99 74 00
Mo–Sa 9–20,
So/Fei 14–20 Uhr
www.komische-oper-berlin.de

Die **Kaiser-Passagen** [20] bieten heute exklusive Geschäfte und für Touristen ist vor allem der Buchladen Berlin Story attraktiv. Hier gibt es ALLES zu Berlin, von zahlreichen Büchern in verschiedenen Sprachen bis zum ausgefallenen Souvenir zwischen Kitsch und Kunst.

Nebenan der **Zollernhof** [21]. Es ist der Sitz des ZDF-Hauptstadt-Studios, das Morgenmagazin wird hier produziert. Besonders die Dachterrasse mit Blick zum Brandenburger Tor ist vielen Fernsehzuschauern vertraut. Direkt daneben eine Filiale des berühmten Café Einstein, das auch von Prominenten aus Politik und Kultur gern besucht wird.

An der gegenüberliegenden Ecke, sozusagen links der Straße Unter den Linden, lugt hinter einigen Büschen die fast schmucklose Fassade der **Komischen Oper Berlin** [22] hervor. Vom ursprünglichen Gebäude, dem Metropol-Operetten-Theater, ist nur noch der neobarocke Zuschauerraum mit 1270 Plätzen erhalten, der Rest wurde ein Opfer der Bombenangriffe 1943. Ein farbiges Band zieht sich um das Gebäude, das sich unter dem Österreicher Walter Felsenstein von 1947 bis zu seinem Tod 1975 zum Symbol des neuen deutschen Musiktheaters entwickelte. Zu seinen legendären Inszenierungen gehören Don Giovanni, Das schlaue Füchslein, Othello, Hoffmanns Erzählungen, La Traviata, Ritter Blaubart oder Der

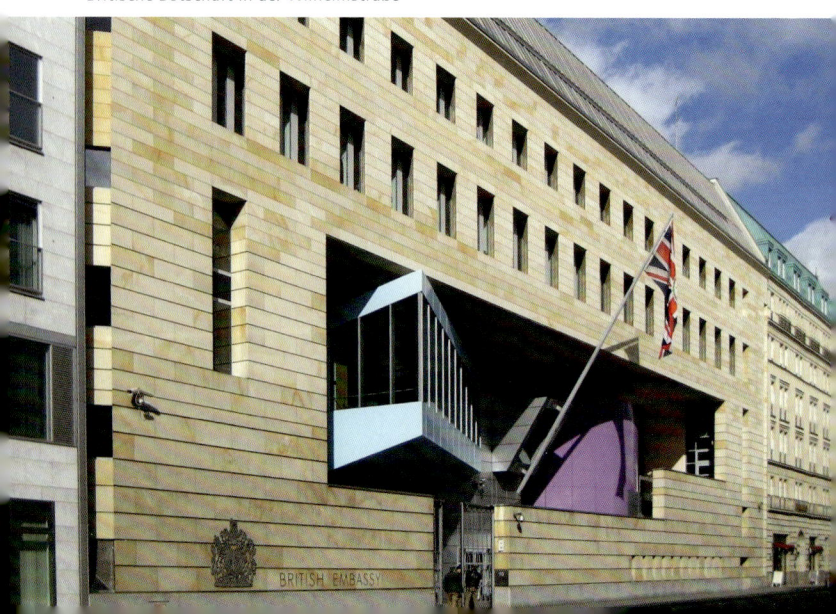

Britische Botschaft in der Wilhelmstraße

Fiedler auf dem Dach. Bis 2007 hielt man übrigens an der Felsensteinschen Tradition fest, nur deutschsprachige Inszenierungen auf die Bühne zu bringen (in der DDR sollten die „Werktätigen" auch ohne Fremdsprachenkenntnisse an der Kunst teilhaben können). Erst 2007 wurde die Tango-Operita „Maria de Buenos Aires" von Astor Piazzolla in Originalsprache aufgeführt und damit diese Tradition beendet.

Wenn Sie zum Eingang der Komischen Oper in die Behrenstrasse 55 gegangen sind, fällt Ihnen sicher die große Bayernfahne am gegenüberliegenden Gebäude Behrenstrasse 21–22 auf. Das ist die Vertretung des Freistaates Bayern beim Bund. Für die **Landesvertretung Bayerns** ㉓ ist ein Baudenkmal der Jahrhundertwende umgebaut worden. Die bestehenden Gebäude wurden größtenteils zwischen 1896 und 1914 für den Schaaffhausenschen Bankverein errichtet. Die Umbauarbeiten waren Mitte Dezember 1998 beendet. Damit war Bayern als erstes Bundesland mit einer Vertretung in der Hauptstadt Berlin präsent. Hier befinden sich moderne Büro- und Verwaltungsräume, Konferenz- und Sitzungssäle, eine Hausmeisterwohnung und vier Gästeappartements. Im Tresorraum des ehemaligen Bankgebäudes wurde ein Bierkeller eingerichtet. Auch eine fränkische Weinstube fehlt nicht. Allerdings stehen diese Einrichtungen der Öffentlichkeit nur einmal im Jahr, zum Tag der offenen Tür, zur Verfügung.

Der letzte Teil des Boulevards Unter den Linden ist ausschließlich repräsentativen Gebäuden vorbehalten. Auf der linken Straßenseite erstreckt sich der riesige Komplex der **Russischen Botschaft** ㉔ mit zahlreichen Wohn- und Bürogebäuden. Sogar eine eigene Schule gehört dazu. Das eigentliche Botschaftsgebäude – im Stalinschen Zuckerbäckerstil 1949 bis 1951 für die Sowjetunion errichtet – ist tatsächlich auf russischem Boden erbaut. Im 19. Jahrhundert ließ Zar Alexander fünftausend Ochsenkarren mit Erde aus Russland nach Berlin bringen, um darauf das erste Gebäude der Russischen Gesandtschaft zu errichten. Er meinte, dies würde den Arbeitseifer seiner Beamten für ihr Land erhöhen ...

Auf der rechten Seite der Straße gibt es noch ein Kleinod zu entdecken: In der Schadowstraße 10–11 befindet sich das **Wohnhaus des Hofbildhauers Gottfried Schadow** ㉕, dem Schöpfer u. a. der Quadriga des Brandenburger Tores. Es ist einer der letzten bürgerlichen Wohnbauten, die aus der ersten Hälfte des 19.

Jahrhunderts hier erhalten sind.

Im weiteren Verlauf der Linden befinden sich rechts die **Botschaftsgebäude** zweier ehemaliger Bruderstaaten der DDR, **Polens** und **Ungarns** ㉖. Sie waren neben der Sowjetunion die ersten Staaten, die die DDR diplomatisch anerkannten, darum erhielten sie diese repräsentativen Grundstücke zur Nutzung. Allerdings steht das polnische Botschaftsgebäude schon seit vielen Jahren ungenutzt, da man sich über den Um- und Ausbau des Hauses nicht einig wird. Inzwischen genießt die Botschaft Gastrecht im Haus des Polnischen Konsulats im Grunewald, in dem auch die Residenz des Botschafters untergebracht ist.

Die benachbarten Gebäude werden vom Verwaltungsapparat des Deutschen Bundestages genutzt, aber auch als Abgeordnetenbüros.

Bis 1989 endeten alle Besichtigungstouren an der nächsten Straßenecke, an der ungarischen Botschaft. Das letzte Gebäude auf der linken Seite, an der Kreuzung Wilhelmstraße, war damals das **DDR-Ministerium für Volksbildung** ㉗ unter Margot Honecker. An der Stelle des ehemaligen preußischen Kultusministeriums errichtet, sind hier jetzt Büros des Deutschen Bundestages untergebracht.

Direkt daneben befinden sich heute Absperranlagen zur **Wilhelmstraße**. Sie schützen seit Beginn des dritten Golfkrieges 2001 die **Botschaft des Vereinigten Königreiches von Großbritannien und Nordirland** ㉘, die hier in der Wilhelmstraße an ihren historischen Standort zurückgekehrt ist. Die Architekten des Londoner Büros von Michael Wilford entwarfen einen gewaltigen, modernen Bau mit im wahrsten Sinne des Wortes ausgefallener Architektur.

BERLINER ROTLICHTVIERTEL

Echte und unechte Erotikmeilen. Spötter bezeichnen den an der britischen Botschaft gesperrten Abschnitt der Wilhelmstraße als „Rotlichtviertel", da die Poller rot beleuchtet sind. Nebenbei: Ein richtiges Rotlichtviertel wie in Hamburg oder Amsterdam gibt es in Berlin nicht, ebenso wenig einen Sperrbezirk. Das ist in der Berliner Teilungsgeschichte begründet. In Ost-Berlin gab es offiziell keine Prostitution, in West-Berlin, der „freiesten Stadt der freien Welt" gab es keine Einschränkungen der Gewerbefreiheit. Es gab zwar Schwerpunkte des horizontalen Gewerbes, aber man (bzw. meist frau) durfte überall solchen Service anbieten. Und seit dem Mauerfall gilt dies für ganz Berlin. Man schätzt, dass in Berlin etwa 8000 bis 10 000 Prostituierte tätig sind, die aber zum größten Teil nicht Vollzeit arbeiten.

Blick von der Quadriga auf den Boulevard Unter den Linden

Pariser Platz & Brandenburger Tor

🚌 100
S-Brandenburger Tor/
Glinkastraße
Durch das Brandenburger Tor dürfen keine Kfz fahren, deshalb unbedingt aussteigen und das berühmte Berliner Wahrzeichen aus der Nähe anschauen!

Zierzäune und Blumenkästen entlang der Wilhelmstraße verhinderten bis 1989, dass man von Osten näher an das Brandenburger Tor herangehen konnte. Dazu hätte man damals über einen weiten, leeren Platz gehen müssen, der nur von ein paar Baumreihen und Blumenrabatten umgeben war. Alle Gebäude, die heute zu sehen sind, wurden erst in den 90er Jahren errichtet. Man kann sich heute kaum noch vorstellen, dass hier einmal das Ende der Welt, zumindest der ostdeutschen, war. Der **Pariser Platz**, einstmals die Renommierstube Berlins, hat seinen Glanz als Empfangssalon für Berlinbesucher zurückerhalten.

In der Mitte des Boulevards ist hier kürzlich eine neue U-Bahn-Station entstanden. Sie verbindet den neuen Hauptbahnhof mit der hier unterirdisch verlaufenden Nord-Süd-S-Bahn-Linie und soll weitergeführt werden zum Alexanderplatz. Die S-Bahn-Linie war übrigens zu Mauerzeiten für DDR-Bürger tabu. Die Eingänge waren zugemauert, die Züge nach West-Berlin fuhren unter Ost-Berlin ohne Halt durch, nur am Bahnhof Friedrichstraße konnte man in die (West-)U-Bahn umsteigen oder nach Ost-Berlin einreisen. Erst 1991 war die Benutzung wieder für alle möglich.

Im neu erbauten U-Bahnhof Brandenburger Tor wird an die Zeit des Mauerbaus erinnert. Bilder und Fotos zeigen die wichtigsten Ereignisse hier am Brandenburger Tor (▶ Seite 75).

Und was wäre ein Besuch Berlins ohne einen Gang durch das Brandenburger Tor? Aber bevor wir hindurchgehen, schauen wir uns doch erst mal in Ruhe alle Bauten an, die hier in den letzten Jahren entstanden sind. Auf der rechten Seite gleich vorn ein Bürobau, der auch eines der gehobenen Restaurants beherbergt, die sich seit dem Mauerfall in Berlin etabliert haben. Das **Margaux** von Michael Hoffmann wirbt u. a. damit, dass hier gewöhnliches Salz nur zum Silberputzen benutzt wird. Dementsprechend ist es sonntags geschlossen, denn für Familienausflüge mit anschließendem Sonntagsbraten ist die Preispolitik dieses Restaurants nicht wirklich gedacht. Aber wenn Lobbyisten mit Spesenkonto mal ungestört ein Gespräch mit einem Bundestagsabgeordneten

Museum The Kennedys
*Tgl. 10–18 Uhr
7 Euro / 3,50 Euro
(030) 31 00 77 88
Eingang neben Starbucks. Seit seinem berühmten Satz „Ick bin ein Berliner" nimmt John F. Kennedy einen besonderen Platz im Gedenken der Berliner Bevölkerung ein. Wer die Aktentasche von JFK oder den Hut von Jackie Kennedy ansehen will, ist in diesem Museum richtig. Außerdem werden zahlreiche Originaldokumente und Briefe ausgestellt, zum Teil aus dem Besitz der Kennedy-Dynastie.*

führen möchten, dann sind sie hier richtig.

Für den schmaleren Geldbeutel gibt es Labsal bei der Kaffeekette Starbucks gleich nebenan, Blick aufs Brandenburger Tor inbegriffen. Hier finden sich auch viele Journalisten ein – die Hauptstadtredaktion des Spiegel ist im gleichen Haus untergebracht.

Direkt nebenan sehen wir die **Französische Botschaft** ❶. Sie befindet sich hier an historischer Stelle, denn schon seit 1835 gehört dieses Grundstück dem französischen Staat und war bis zur Zerstörung 1945 Sitz der französischen Botschaft. Der Name Pariser Platz geht darauf zurück.

Der französische Architekt des neuen Botschaftsgebäudes, Christian de Portzamparc, hat sich an die Vorschriften des Berliner Senates gehalten, auch wenn das Ergebnis vielleicht etwas ungewohnt ist. Er zitiert in seinem Bau die Wandlung der Beziehungen zwischen Deutschen und Franzosen: Im Erdgeschoss sind die Fenster eher als Schießscharten anzusehen, eine Erinnerung daran, dass das starke zentralstaatliche Frankreich über viele Jahrhunderte die deutschen Zwergstaaten für seine eigenen Interessen einsetzte. Zahlreiche Kriege waren die Folge und Frankreich galt als „Erbfeind" des Deutschen Reiches. Darüber symbolisieren die weiten Fenster der ersten Etage die heutige Situation.

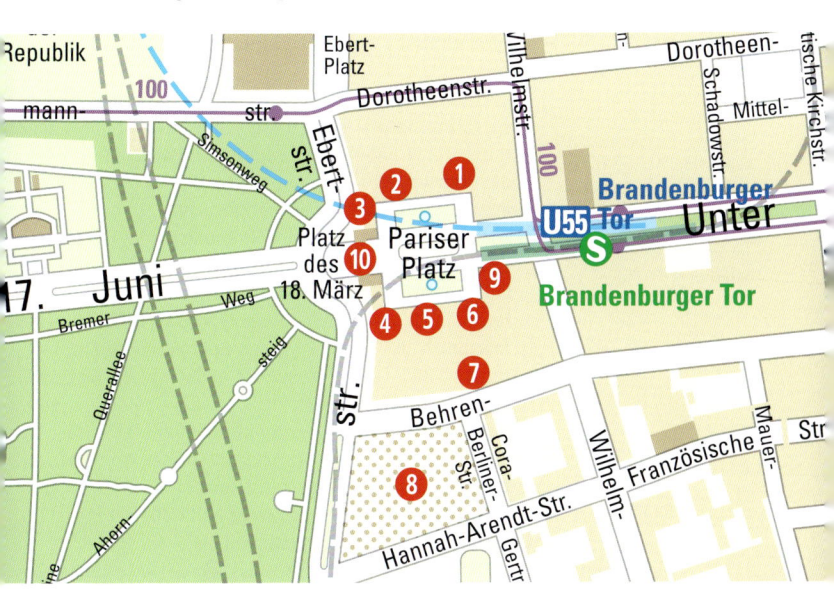

PARISER PLATZ

Bebauung streng nach Vorschrift. Für die Bebauung des Pariser Platzes nach der Wiedervereinigung hatte der Berliner Senat klare Regeln aufgestellt. Damit griff er eine Tradition der Kaiserzeit auf. Damals entschied Wilhelm II. höchstpersönlich, wer was Unter den Linden bauen durfte.

Ganz so strikt handhabten es die zuständigen Behörden 1995 nicht, aber einige Regeln gab es schon. Dazu gehörte nicht nur das Beachten der Traufhöhe des Brandenburger Tores (22 Meter) im Frontbereich der Gebäude (die zurückgesetzten Gebäudeteile durften bis zu 30 Meter Höhe aufweisen), sondern auch die Fassadengestaltung: „Der Anteil von Fenster- und Türöffnungen an der Gesamtfassade der Gebäude wird auf 50 Prozent begrenzt ... Die Fassaden der neuen Gebäude sind am Pariser Platz und an der Straße Unter den Linden in Stein mit stumpfer Oberfläche oder Putz auszuführen. Die Farbgebung ist durch das Spektrum zwischen Ocker, Gelb und Grau bestimmt." Damit wollte man einen einheitlichen Gesamteindruck erreichen und Stahl-Glas-Konstruktionen vermeiden, die an diesem Ort unpassend wären. Schließlich war der Platz vor der Zerstörung hauptsächlich von barocken Palais umgeben.

Restaurant Tucher
(030) 22 48 94 64
www.theodortucher.de
Gilt als eines der schönsten Leselokale Berlins: Auf der Galerie kann man es sich bei einem Glas Wein mit einem Buch gemütlich machen, das man aus den langen Bücherregalen auswählt. Wer nicht bis zum Ende kommt, kann es beim Kellner erwerben – eine antiquarische Buchhandlung sorgt für Nachschub.

Die Reihe der Neubauten setzt sich fort mit der von Meinhard von Gerkan entworfenen **Repräsentanz der Dresdner Bank ❷**, auf deren grünes Logo hier durch die Dachfarbe verwiesen wird. Im runden Foyer finden Ausstellungen statt, ansonsten ist es ein reines Verwaltungs- bzw. Repräsentationsgebäude.

Ein Durchgangsgebäude, das die Dresdner Bank mit dem Liebermann-Haus verbindet und das Restaurant Tucher beherbergt, steht an der Stelle des ehemaligen **Wohnhauses des Komponisten Giacomo Meyerbeer.**

Etwa zur gleichen Zeit wie die Meyerbeers, Mitte des 19. Jahrhunderts, erwarb die Familie Liebermann das Haus gleich neben dem Brandenburger Tor. Der Sohn des Hauses, Max Liebermann, wurde der berühmteste impressionistische Maler der Kaiserzeit. 1920 wurde er zum Präsidenten, 1932 zum Ehrenpräsidenten der Preußischen Akademie der Künste gewählt. Von seinem Atelierfenster aus beobachtete er 1933 den Fackelzug der Nazis durch das Brandenburger Tor. Überliefert ist sein Ausspruch „Ick kann jar nich so viel fressen, wie ick kotzen möchte". Für ihn persönlich bedeutete die Machtergreifung durch die Nazis, dass er aufgrund seiner jüdischen Herkunft aus seinen Ämtern gedrängt wurde. Er zog sich daraufhin in sein Haus am Großen Wannsee zurück, wo er sich hauptsächlich seinem Garten widmete. Über 100 Gartenbilder soll er gemalt haben. 1935 ist er im Alter von 88 Jahren verstorben.

Das neue **Liebermann-Haus ❸**, das von Josef Paul

Kleihues errichtet wurde, ist heute eine Galerie, die wechselnde Ausstellungen zeigt. Kleihues entwarf auch das **Haus Sommer,** das sich an der linken Seite des Brandenburger Tores befindet. Es ist die Repräsentanz der Commerzbank in Berlin.

Die letzte Baustelle am Pariser Platz ist erst 2008 verschwunden. Der Bau der **Botschaft der Vereinigten Staaten von Amerika** ❹ startete mit erheblichen Verspätungen. Der Grund lag hauptsächlich im erhöhten Sicherheitsbedürfnis der US-Amerikaner. Der Senat verlegte die Straße, die hinter der Botschaft liegt, um Autobombern die Angriffsflächen zu nehmen. Die Amerikaner bauten besonders sicher, vor allem in die Tiefe. Die Fassade am Pariser Platz ist eine Art Schutzmauer, die Fensterscheiben sind 8 Zentimeter dick. Es ist auch das einzige Gebäude am Platz, das einen Schlitz in der Fassade hat. Er ist Teil der „Katastrophenarchitektur": Falls es einem Selbstmordattentäter gelingen sollte, mit einem umgeschnallten Sprengstoffgürtel das Foyer zu erreichen und sich in die Luft zu sprengen, wirkt der Schlitz wie ein Schlot. Die Wucht der Explosion wird nach oben abgeleitet, so dass das Gebäude – und die darin arbeitenden Menschen – weitgehend unbeschadet bleiben.

Die Absperrpoller am Pariser Platz ermöglichen zumindest Fußgängern den uneingeschränkten Rundgang um

Botschaft der Vereinigten Staaten von Amerika

Haus der Deutschen Zentral-Genossenschaftsbank
Foyer Mo–Fr 10–18 Uhr

den Platz. Einladend wirkt das Gebäude nicht gerade, eher wie eine Festung. Dazu trägt wohl auch der Wachturm bei, der in Richtung Tiergarten blickt.

Links daneben eines der schönsten, wenn nicht das schönste Gebäude am Platz: Das **Haus der Deutschen Zentral-Genossenschaftsbank** ❺, kurz DZ-Bank (ja, Banken gibt es hier reichlich, aber keine Geldautomaten!). Es stammt von Frank O. Gehry, einem der berühmtesten Architekten unserer Zeit.

Ein Bau wie der der DZ-Bank war wohl nur im allgemeinen Begeisterungstaumel nach dem Mauerfall möglich. In den 90er Jahren wollte jede Firma, die etwas auf sich hielt, eine repräsentative Niederlassung in Berlin haben. Dabei wurde nicht auf den Pfennig geschaut, Hauptsache, der Bau wurde einzigartig. Diesem Trend verdankt Berlin zum Einen viele wunderschön restaurierte oder wiederaufgebaute historische Bauten (wie das Kommandantenhaus Unter den Linden 1), zum Anderen eben solch großzügige, höchst interessante Neu-

ZENTRAL-GENOSSENSCHAFTSBANK

Ein Wal im Foyer. Gehrys Guggenheim-Museum in Bilbao, die Walt-Disney Concert Hall in Los Angeles, das Tanzende Haus in Prag – alle diese Gebäude strahlen Heiterkeit durch ihre geschwungenen (oder beschwingten?) Fassaden aus. Beim Bau der DZ-Bank allerdings durfte Frank Gehry solche Vorstellungen nicht verwirklichen, gerade Fassaden waren vorgeschrieben. Es heißt, Gehry sei von den baulichen Einschränkungen des Berliner Senats (▶ Seite 68) erst mal nicht begeistert gewesen. Aber es war wohl für ihn eine Herausforderung, und so verlegte er den Schwung sozusagen nach Innen: Wenn man das Gebäude betritt, ist man vom Innenleben einfach überwältigt: Gehry gestaltete es in der Form eines Wals. Das Glasdach ist der Rücken, man sieht die waagerechte Schwanzflosse im südlichen Bereich. Seiner Meinung nach ist der Wal ein besonders dynamisches Wesen, und er wollte wohl den Bankern ein bisschen Dynamik zukommen lassen ... Im Souterrain des Innenraumes befindet sich ein Saal, den man für Events auch mieten kann. Für kleinere Meetings bietet sich die Skulptur an, die darüber, mitten im Raum, zu schweben scheint – sie bietet Platz für ca. 30 Personen und ist über einen Steg rechter Hand zu erreichen. (Ich weiß, das liest sich jetzt vielleicht ein bisschen merkwürdig. Erleben Sie es einfach – Sie werden begeistert sein!)

bauten wie dieses Haus. Natürlich würde man heute anders, sparsamer bauen und vermutlich statt eines einzigen Tagungsraumes lieber einen Büroturm in den Innenbereich setzen. Seien wir froh, dass das Gebäude noch vor der großen Sparsamkeit fertiggestellt wurde!

Direkt neben dem Gebäude der DZ-Bank befindet sich das Haus der **Akademie der Künste** 6. Der Vorgängerbau war 1737 für Meyer-Ries, einen königlichen Schutzjuden, errichtet worden. Die Eigentümer wechselten mehrfach, bevor der Bau von den Erben des Grafen von Arnim-Boitzenburg 1902 an den königlichen Fiskus verkauft wurde. Nach den Entwürfen des Geheimen Oberhofbaurats Ernst von Ihne (siehe Alte Staatsbibliothek und Neuer Marstall) wurde das ehemalige Arnimsche Palais 1904–1906 für die Königliche Akademie der Künste umgebaut und um Ausstellungssäle erweitert. Dreißig Jahre nach seiner Einweihung musste die Akademie das Haus am Pariser Platz aber wieder räumen, da es 1937 von Albert Speer für die Generalbaudirektion requiriert

Sarah Wiener-Cafeteria
Im Haus der Akademie der Künste
Tgl. 10–18 Uhr
(030) 2 00 57 17 23
Hier kann man am Wochenende schon mal den einen oder anderen Prominenten beim Capuccino beobachten

AKADEMIE DER KÜNSTE

Streng bewachte Atelierfeste. Obwohl bereits vier Monate nach der Neugründung der Akademie der Künste im Ostteil der Stadt 1950 eine Baukommission für den Ausbau des Gebäudes am Pariser Platz eingesetzt worden war, kamen die Bauarbeiten nicht voran. Statt dort wieder Ausstellungsräume einzurichten, entstanden Ateliers für Akademie-Mitglieder (zum Beispiel Fritz Cremer, der dort u. a. das Buchenwald-Denkmal schuf) und Meisterschüler. In den 50er Jahren wurde die Fassade am Pariser Platz abgerissen. Nach dem Bau der Berliner Mauer war das Gebäude nur noch schwer zugänglich, da es im Grenzgebiet lag. Legendär waren allerdings die Atelierfeste, die sich besonderer Attraktivität dank Exklusivität erfreuten. Gut bewacht waren sie auch, denn im nördlichen Teil des Hauses waren Grenztruppen untergebracht. Im Westteil der Stadt war die Akademie der Künste am 2. Dezember 1954 wiedergegründet worden. Sie bezog 1960 ihr neues Haus am Hanseatenweg, das Werner Düttmann entworfen hatte.

Nach dem Mauerfall fanden sich die Akademien Ost und West zusammen, wenn auch in einem langwierigen Prozess. Erst 1993 fand die Vereinigung statt. 2005 wurde der Neubau am Potsdamer Platz eingeweiht.

wurde. Hitlers Wahl fiel, wie Speer in seinen „Erinnerungen" schreibt, „auf dieses Gebäude, weil er dorthin, von der Öffentlichkeit unbemerkt, durch die dazwischenliegenden Ministergärten gelangen konnte". Dazu „hatte er durch die Mauern der Ministergärten, die zwischen der Reichskanzlei und unserem Gebäude lagen, Türen brechen und einen verbindenden Weg anlegen lassen. (...) Am meisten zog Hitler unsere Modellstadt an, die in den ehemaligen Ausstellungsräumen der Akademie der Künste aufgestellt war".

Kurz vor Kriegsende beschädigten Bomben das Gebäude schwer, der Bau am Pariser Platz brannte aus.

Nach dem Mauerfall sollte ein neues Gebäude dem Neuanfang der wiedervereinigten Akademie der Künste Ausdruck verleihen, darum fand ein Architekturwettbewerb von Akademiemitgliedern statt. Dabei gewann der Entwurf von Günther Behnisch, der sich aber überhaupt nicht an die Vorgaben des Berliner Senats hielt („Künstler lassen sich von Politikern nicht vorschreiben, wie sie zu bauen haben!"). Die Auseinandersetzungen und die Nichteinhaltung der Haushaltsvorgaben des Berliner Senats führten zu Verzögerungen am Bau, so dass er erst 2005 eröffnet werden konnte. Geplant war ein Neubau, der den „Kontrast zum historischen Bestand" betonen sollte. „Transparenz, Leichtigkeit und helle Farben geben

Denkmal für die ermordeten Juden Europas (Holocaust-Mahnmal)

Pariser Platz & Brandenburger Tor

dem Neubau eine heitere und freundliche Atmosphäre. Er soll bei Tag schimmern, bei Nacht leuchten." Dieser Anspruch ist nur zum Teil erfüllt worden, denn bei Tage sieht der Bau aufgrund seiner Glasfassade eher wie ein schwarzes Loch aus. Erst nachts entfaltet das Haus einen gewissen Reiz.

Im Inneren des Akademie-Gebäudes findet sich historische Bausubstanz mit Ausstellungssälen, moderne Sitzungs-, Veranstaltungs- und Clubräume, das Archiv und eine Cafeteria, die von der fernsehbekannten Sarah Wiener betrieben wird.

Man kann an der Cafeteria vorbei durch das Akademie-Gebäude hindurchgehen.

Der hintere Teil des Grundstücks wurde wegen wirtschaftlicher Zwänge an Fremdnutzer abgegeben, so dass im so genannten **Adlon-Palais** ❼ heute unter anderem der China Club Berlin seinen Sitz hat. Der ausgesprochen exklusive Privatclub (um Mitglied zu werden, sollte man mindestens Millionär sein, heißt es) wurde eher fertig als die benachbarte Akademie; bereits 2003 eröffnete er über den Dächern Berlins. Das Wandbild in der Eingangshalle stammt aus dem Partykeller der alten Atelierräume der Akademie.

Auf der gegenüberliegenden Straßenseite bietet sich dem Besucher ein ganz anderes Bild: Hier befindet sich das **Denkmal für die ermordeten Juden Europas** ❽, oder, wie es meist kurz heißt, das Holocaust-Mahnmal.

Der Deutsche Bundestag beschloss im Jahr 1999, das Denkmal in unmittelbarer Nähe des Brandenburger Tors zu bauen. Am 10. Mai 2005 wurde es eingeweiht. Entsprechend dem Ausspruch Willy Brandts „Unsere Würde gebietet einen unübersehbaren Ausdruck der Erinnerung an die ermordeten europäischen Juden" wurde für das Denkmal der Entwurf von Peter Eisenman aus den USA ausgewählt.

Das Holocaust-Mahnmal (19 000 m²) selbst besteht aus 2711 Beton-Stelen, die in einem unregelmäßigen Raster angeordnet sind. Der Architekt soll dies als „wogendes Weizenfeld" beschrieben haben. Nun, über moderne Kunst lässt sich nicht streiten, deshalb sollte man einfach einmal hindurchlaufen und das Werk auf sich wirken lassen. Es beeindruckt dann auch Kritiker. Und für Fotografen ist es ohnehin hochinteressant.

Die Gebäude an der Ostseite sind Plattenbauten aus den 80er Jahren. Hier wohnten damals Leute, die über „einen gefestigten Klassenstandpunkt" verfügten. Den

---

Clubrestaurant Felix
Behrenstrasse 72
Club: Mo, Do–Sa
Restaurant (moderne italienische Küche):
Do–Sa 19–22.30 Uhr
(030) 2 06 28 60
www.felix-clubrestaurant.de
Direkt neben dem Ausgang der Akademie der Künste. Einer der angesagtesten Clubs Berlins. Hier trifft sich alles, was in der Unterhaltungsbranche Rang und Namen hat (oder zu haben glaubt). Mittwochs Jazz, sonst meist House. Gute Einlass-Chancen, besonders, wenn man sich zum Essen anmeldet

Holocaust-Mahnmal
Stelenfeld: tgl. 24 Stunden
Ort der Information:
Di–So 10–20 Uhr,
Okt.–März bis 19 Uhr
Eintritt frei
Führungen:
(030) 26 39 43 36
In der südöstlichen Ecke wurde ein unterirdischer Ort der Information angelegt. Auf 800 qm erfährt man exemplarische Lebens- und Familiengeschichten. Damit sollen die Opfer aus der Anonymität herausgeholt werden.

Das erste Haus am Platz

brauchten sie vermutlich auch, denn wer kann schon jeden Tag beim Blick aus dem Fenster den Anblick von Sperranlagen ertragen? Da entschädigte vermutlich auch die Aussicht ins Grüne des Tiergartens nicht, der hinter der Mauer begann, also direkt an der Ebertstraße.

Zurück zum Pariser Platz! Entweder wieder durch das Adlon-Palais und die Akademie der Künste, oder vorbei am Hinterausgang des Hotels Adlon (es ist wirklich nur ein AUSgang) durch die Wilhelmstraße, vorbei an der Britischen Botschaft.

Wieder am Pariser Platz angekommen, steht man direkt am berühmtesten Hotel der Stadt, dem bereits erwähnten **Hotel Adlon** ❾. Der Portier hat im Allgemeinen nichts dagegen, wenn Sie das Hotel betreten. Falls Sie nicht gerade planen, in Gruppen aufzutreten – gehen Sie rein! Schon bei der ersten Eröffnung des Hauses 1907 war es das luxuriöseste Hotel Berlins. Der Kaiser selbst kam zur Einweihung des Neubaus, für den das barocke Redern-Palais abgerissen wurde. Nicht nur er war beeindruckt von dem technischen Standard des Hauses: elektrisches Licht war ebenso vorhanden wie ein elektrischer Fahrstuhl. Jedes Gästezimmer verfügte über ein Badezimmer mit fließend warmem und kaltem Wasser. Wilhelm II., der sein Berliner Stadtschloss, den „alten Kasten", weitgehend mied und sich ständig über Zugluft beklagte, floh hierher, um die Vorzüge der Adlonschen Zentralheizung zu genießen. Er brachte seine Staatsgäste hier unter und auch das Auswärtige Amt, das kein eigenes Gästehaus hatte, ließ seine ausländischen Gäste hier absteigen. Damit entwickelte sich das Hotel zu einem der wichtigsten Gästehäuser Europas. Europäische Könige, der russische Zar, der Maharadscha von Patiala, Industrielle wie Edison, Ford, Rockefeller, Rathenau, Politiker wie Stresemann und Briand waren ebenso Gäste wie Einstein, Sauerbruch, Strauß, Furtwängler oder Karajan. Charlie Chaplin wurden auf dem Weg in das Hotel im Gedränge der Fans die Hosenknöpfe abgerissen, Marlene Dietrich hier entdeckt. „In der großen Halle des Hotels", schrieb die Berliner Morgenpost 1929, „hörte man die Sprachen aller Kulturnationen durcheinander schwirren."

Das Hotel überstand sogar den Zweiten Weltkrieg hinter vernagelten Fenstern und Sandsackmauern, allerdings nicht die Siegesfeier der sowjetischen Soldaten danach. Es heißt, einige Soldaten hätten den umfangreichen Weinkeller des Hotels entdeckt und ein bisschen zu viel probiert (Lorenz Adlon war auch Weinhändler mit einer Weinhandlung in der Wilhelmstraße. Er soll im Hotel einen Weinkeller mit einer Million Flaschen angelegt haben). In der Nacht vom 2. zum 3. Mai 1945 brannte das Hotel aus nicht geklärter Ursache fast vollständig nieder. Der Rest des Gebäudes wurde zunächst noch als Hotel genutzt, später zur Ausbildungsstätte für Gastronomie-Fachleute umfunktioniert.

Nach dem Mauerfall erwarb die Kempinski-Gruppe das Grundstück und den Namen und errichtete hier wieder eines der bemerkenswertesten Hotels der Stadt. Der Blick auf das berühmte Wahrzeichen der Stadt Berlin – das Brandenburger Tor – kostet natürlich ein bisschen extra. Die erste Präsidenten-Suite die es hier gab wurde u. a. von Bill Clinton bewohnt. Schuss- und abhörsicher errichtet, ist sie auch für Andere attraktiv. Für seine Fans hielt Michael Jackson hier sein Baby aus dem Fenster – ein Aufschrei der Empörung ging daraufhin durch das ganze Land. Mittlerweile hat das Haus drei Präsidenten-Suiten. Die neueste hat fünf Zimmer, ist 200 Quadratmeter groß (allein das Badezimmer soll 30 Quadratmeter Fläche aufweisen) und kostet pro Nacht etwa 12 500 Euro. Da ist der Butler schon inbegriffen (ich kenne den Herrn nicht persönlich und weiß darum nicht, welche Dienste er anbietet. Vielleicht ist er ja ein Schnäppchen!).

Das Adlon in den 1920er Jahren

Für alle, die erst noch Präsident oder Popstar werden müssen, um hier zu wohnen, bietet sich ein Besuch der Lobby Lounge des Hotels an. Hier gibt es von 8 bis 02 Uhr Erlesenes für eine Kaffeepause oder einen Cocktail. Hinein in die Polster und den Klängen des Barpianisten lauschen – und schon ist die Hektik draußen vergessen. Aber Vorsicht! Das Aufstehen fällt danach doppelt schwer …

Wieder draußen aus dem Hotel Adlon, wenden wir uns dem bekanntesten Wahrzeichen Berlins zu: dem **Bran-**

Blechlawinen unterm Brandenburger Tor
Nach der Maueröffnung 1989 wollte natürlich jeder mal durchfahren, doch dem endlosen Strom von Fahrzeugen waren die Fundamente, die für Pferde- und Ochsenkarren gebaut waren, nicht gewachsen. Das Tor wurde wieder gesperrt und grundlegend restauriert. Seitdem strahlt die Quadriga wieder im alten Glanz – mit Eisernem Kreuz und preußischem Adler.

denburger Tor ❿. Es ist tatsächlich als Stadttor errichtet worden, allerdings in dieser Form erst Ende des 18. Jahrhunderts. Das erste Tor an dieser Stelle war Teil der Akzisemauer, die der Soldatenkönig Friedrich Wilhelm I. rund um das damalige Berlin errichten ließ.

Das Brandenburger Tor, so wie wir es heute sehen, entstand 1788 bis 1791 nach Plänen von Carl Gotthard Langhans. Es war die Zeit des beginnenden Klassizismus, und so wurde es als Sandsteinbau mit zwölf dorischen Säulen ausgeführt. Der mittlere Durchgang war der königlichen Familie vorbehalten. Bis zur erzwungenen Abdankung des Kaisers 1918 durfte niemand sonst diese Durchfahrt nutzen.

Die auf dem Tor platzierte Quadriga von Gottfried Schadow wurde 1794 aufgestellt. Schadow verwendete hier eine Technik, die bis dahin kaum für solche Figuren Verwendung fand: Die Pferde sind nicht gegossen (sie wären für das Tor zu schwer gewesen), sondern aus Kupfer getrieben. Daher kommen sie leichtfüßig daher, was schon damals Besucher sehr beeindruckte. Auch Napoleon, der die Quadriga 1806 abbauen und als Beutekunst nach Paris bringen ließ. Allerdings wurde sie dort nicht aufgestellt, denn Napoleons Kriegszug durch Europa endete bekanntlich 1813 bei Leipzig. Die preußische Regierung sandte den Kriegshelden General Blücher persönlich nach Paris, um die Quadriga heimzuholen. Allerdings war die ursprünglich wagenlenkende Friedensgöttin Eirene nun nicht mehr erwünscht; auf königlichen Befehl verwandelte der schon mehrfach erwähnte Karl Friedrich Schinkel die Friedensgöttin in die Siegesgöttin Viktoria. Er tat dies, indem er der Dame ihren Palmwedel entwendete und dafür ein Eisernes Kreuz verlieh – dieser Orden war während der Befreiungskriege gegen die Franzosen erfunden worden. Als Krönung setzte er den preußischen Adler auf den Lorbeerkranz auf.

Das Brandenburger Tor und die Quadriga sind im Krieg zerstört worden, von der Quadriga blieb nur ein Pferdekopf, der heute im Märkischen Museum zu sehen ist. Aber schon Ende der 30er Jahre, als ja angeblich noch niemand an Krieg (und schon gar nicht an Luftkrieg über Deutschland) dachte, wurde ein Gipsabguss von der Quadriga gemacht. Nach diesem Abguss wurde in den 50er Jahren dann die neue Quadriga geformt – ohne Eisernes Kreuz und ohne preußischen Adler. Sie wurde in alter Position auf dem Tor aufgestellt, das heißt, sie stand schon immer so, wie wir sie heute

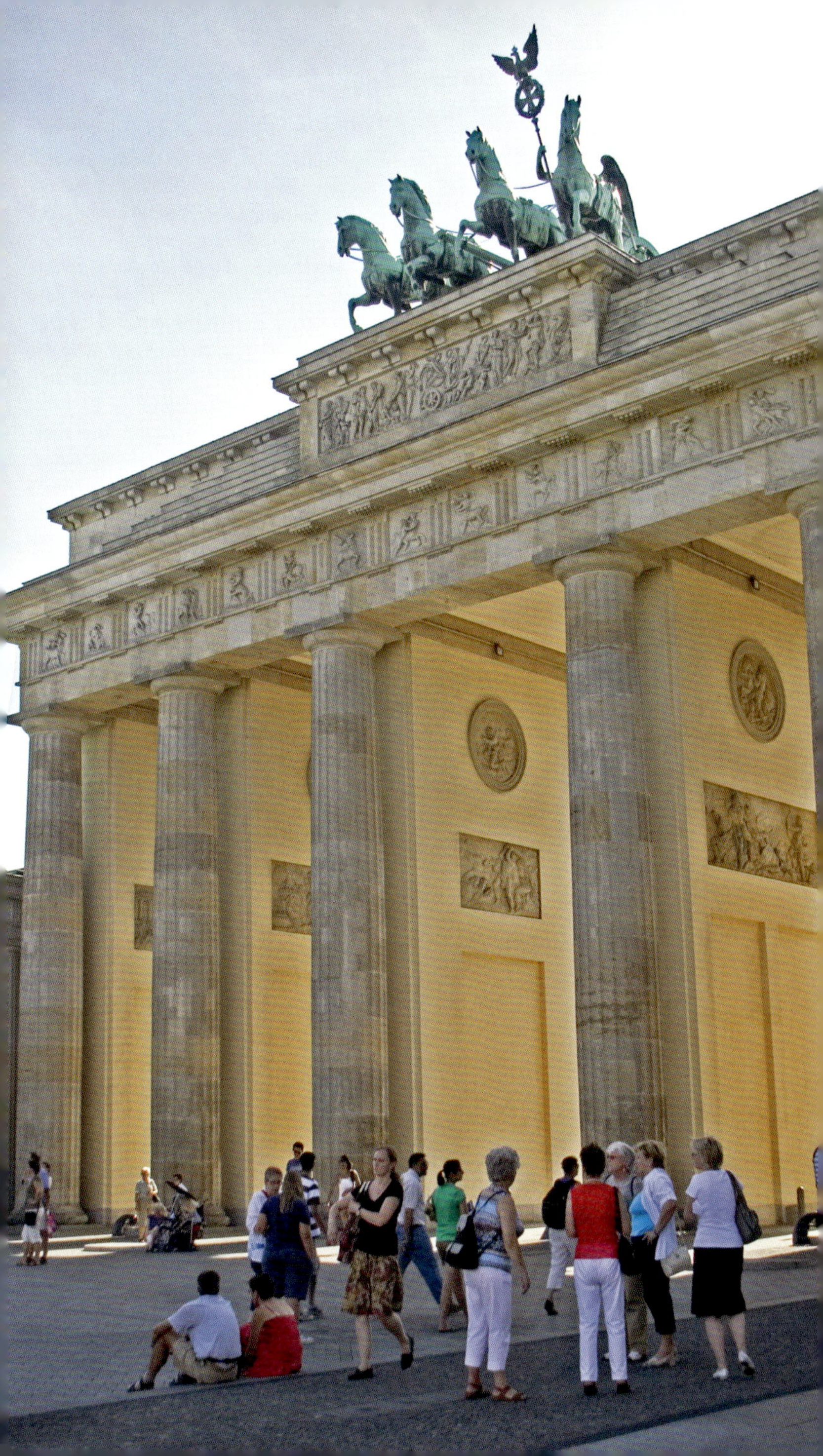

Quadriga

sehen. (Ich höre oft von Gästen, die während des Kalten Krieges einmal in West-Berlin waren, dass die Russen die Quadriga umgedreht hätten – dies stimmt nicht! Eirene brachte den Frieden nach Berlin *hinein*. Also fuhr sie tatsächlich von West nach Ost, und die West-Berliner Stadtführer waren damals vermutlich nur sauer, dass sie ihren Gästen immer nur die Pferdehinterteile zeigen konnten.)

Hier auf dem Tor stand die Quadriga über 30 Jahre mutterseelenallein. Der Pariser Platz war seit dem 13. August 1961 gesperrt und nur ausgewählte Besucher durften bis zum Brandenburger Tor heran.

Das änderte sich mit dem Mauerfall am 9. November 1989. Wenn man heute durch das Brandenburger Tor hindurchgeht, fällt auf der Straße dahinter eine Linie aus Pflastersteinen ins Auge. Sie markiert den Verlauf der Berliner Mauer durch ganz Berlin hindurch und man kann sehen, dass sie vor dem Brandenburger Tor in einer Art Bogen verlief. Sie war hier auf eine besondere Art gebaut. Während die normale Mauer in Berlin seit Ende der 60er Jahre aus Betonelementen bestand (80 cm breit, 3,60 m hoch, obendrauf eine Art Rohr, um Hakenwürfe zu unterbinden), gab es an dieser Stelle eine Panzerabwehr-Mauer. Diese Mauer sollte die Angehörigen der alliierten Streitkräfte abschrecken, die hier auf der Westseite auf der Straße des 17. Juni, gegenüber dem sowjetischen Soldatenfriedhof, ihre Militärparaden abhielten. Die Panzerabwehr-Mauer war „nur" 1,80 m hoch, dafür aber 1,20 Meter dick und mit Eisenbahnschienen verstärkt. Und wer sich an die Bilder vom Brandenburger Tor nach der Maueröffnung erinnert: Hier konnte man tatsächlich auf der Mauer tanzen, denn eine Breite von 1,2 Metern gibt schon eine schöne Tanzfläche ab.

Heute ist die **Straße des 17. Juni** (▶ Seite 95) eher bekannt als Feiermeile. Die Love-Parade zog viele Jahre bis zu einer Million junge Menschen aus aller Welt an, der Berlin-Marathon lockt etwa 40 000 Teilnehmer. 2006 trafen sich hier eine Million Fußballfans, um die deutsche Mannschaft beim „Public Viewing" anzufeuern.

BERLINER AKZISEMAUER

Zollstation und Fluchthindernis.
Wie die meisten mittelalterlichen Städte hatte auch Berlin schon einmal eine Mauer – eine Zoll- und Akzisemauer. Zwei Beweggründe gab es für den Bau: Zum Einen wollte man an den Stadttoren kontrollieren, wer und was in die Stadt hinein kam und dabei Zoll erheben. Zum Anderen kaufte Friedrich Wilhelm I. seine Soldaten in ganz Europa zusammen. Noch heute stehen im Dresdner Zwinger die so genannten Dragonervasen – blau-weiße Porzellanvasen der Ming-Dynastie. August der Starke erhielt sie von Friedrich Wilhelm I. als Gegenwert für ein Regiment sächsischer Soldaten. Damals gab es noch keine Kasernen, die Soldaten wurden bei den Stadtbürgern untergebracht. Jeder Haushalt musste einen Soldaten aufnehmen und verköstigen – nicht gerade ein Grund zum Feiern für die Haushaltsvorstände. Und die fremden Soldaten, die von ihren Landesherren nach Preußen verkauft worden waren, versuchten oft genug, wieder nach Hause zu kommen. Da diente die Stadtmauer als Hindernis. Die Tore wurden nachts verschlossen, so dass niemand hinein, aber auch nicht hinaus konnte. Es ist wohl eine Perversion der Geschichte, dass Mitte des 20. Jahrhunderts an der gleichen Stelle wieder eine Mauer errichtet wurde, nur viel schwerer zu überwinden als damals.

Tatsächlich war Berlin bis 1920 am Brandenburger Tor zu Ende, oder fing erst hier an – das ist eine Frage des Standpunkts. So antwortete Max Liebermann immer auf die Frage, wo in Berlin er wohne: „Wenn Du nach Berlin reinkommst, gleich links". Erst durch die Gebietsreform 1920 entstand die Gemeinde Groß-Berlin, die damals drittgrößte Stadt der Welt mit 4,5 Millionen Einwohnern, indem man die um Berlin herum entstandenen Städte und Gemeinden einbezog. Die Akzisemauer war zu diesem Zeitpunkt schon verschwunden, ihre Steine waren beim Bauboom Mitte des 19. Jahrhunderts für den Wohnungsbau genutzt worden. Heute markieren noch die Namen einiger Plätze und U-Bahn-Stationen den Mauerverlauf – Schlesisches Tor, Kottbusser Tor, Hallesches Tor usw.

Regierungsviertel

🚌 *100*
Reichstag/Bundestag

Über die Ebertstraße gelangt man ins Regierungsviertel. Auf dem kurzen Weg erinnern auf der linken Straßenseite Kreuze an einige Opfer der Berliner Mauer (▶ Seite 142).

Das Regierungsviertel besteht aus einer Mischung aus historischer und neuer Bausubstanz. Es beginnt in der Dorotheenstraße mit dem **Jakob-Kaiser-Haus** ❶. Das Gebäude besteht aus zwei Teilen zu beiden Seiten der Straße, die sowohl über der Erde durch die Glasgalerien als auch unter der Erde durch ein Tunnelsystem miteinander verbunden sind. Zum Jakob-Kaiser-Haus gehören aber auch die historischen Gebäude an der Ecke zum Tiergarten und das Reichstagspräsidenten-Palais gegenüber dem Reichstag. Der Gebäudekomplex zieht sich auf der einen Seite teilweise bis zum Pariser Platz und auf der anderen Seite bis zum Spreeufer hin. Auf der Spreeseite sind etwa 400 Abgeordnetenbüros untergebracht, auf der anderen Seite gibt es noch zahlreiche Büros für Mitarbeiter, Sachverständige und Parlamentarische Dienste. Auch das Bundestagspräsidium, verschiedene Enquete-Kommissionen und Ausschüsse arbeiten hier.

Wintergarten Jakob-Kaiser-Haus

Der bemerkenswerteste Hausteil ist sicher das ehemalige **Reichstagspräsidenten-Palais** ❷ am Spreeufer, heute Sitz der Parlamentarischen Gesellschaft. Das Gebäude wurde vom Architekten des Reichstagsgebäudes, Paul Wallot, entworfen und ist durch Tunnel mit diesem verbunden. Schon beim Bau des Reichstagspräsidenten-Palais wurde das Gebäude an die Heizungsanlage des Reichstages angeschlossen. Man vermutet, dass die Brandstifter des Reichstagsbrandes von 1933 durch diesen Heizungstunnel entkommen sind. Während der Zeit der Berliner Mauer war der Tunnel verschlossen. Wer der Mauerlinie in der Straße gefolgt ist, kann sehen, dass sich das Reichspräsidenten-Palais auf Ost-Berliner Territorium befand, während der Reichstag in West-Berlin stand. Die beiden heutigen Tunnel sind neu: Abgeordnete können sie nutzen, um trockenen Fußes von ihrem Büro ins Parlament zu gelangen – oder um lästigen Journalisten zu entgehen, die vor dem Reichstag auf Opfer lauern. Beide Tunnel sind durch

Regierungsviertel 81

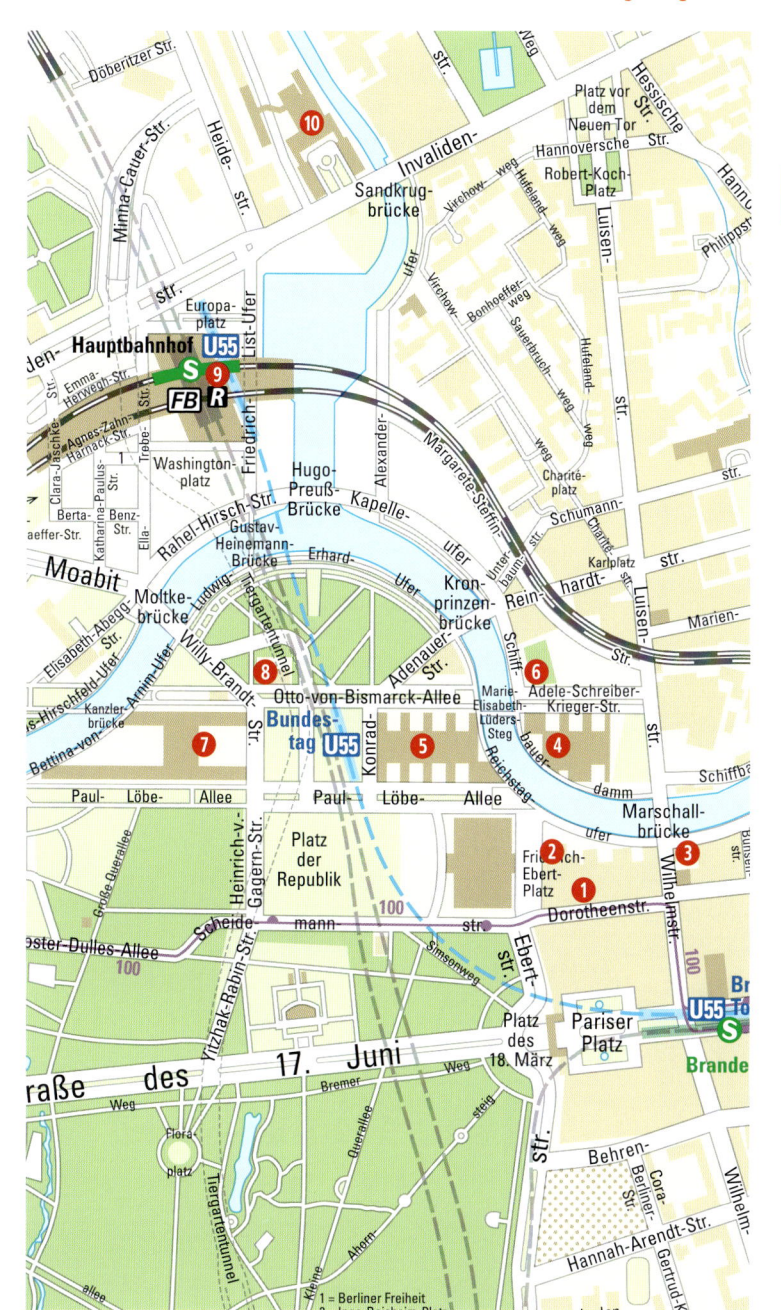

Glasstreifen im Boden zu erkennen.

Folgt man der Mauerkennzeichnung, erreicht man Berlins wichtigsten Fluss, die Spree.

Treppen führen zum Wasser hinab, von hier aus kann man noch einmal einen Blick Richtung Fernsehturm werfen. Dabei erblickt man auch den **Bahnhof Friedrichstraße** und dahinter das Hochhaus des **Internationalen Handelszentrums,** ein Repräsentationsbau der DDR aus den 80er Jahren. Zu entdecken sind ebenfalls die Gebäude diverser Fernsehsender: Rechts vom Wasser leuchtet das rote Gebäude des **ARD-Hauptstadt-Studios** ❸, das von hier aus den „Bericht aus Berlin" liefert. Und direkt gegenüber, in einem ehemaligen Bus-Depot, hat sich die Konkurrenz von RTL einquartiert, zusammen mit N24 und der Nachrichtenagentur Reuters.

Direkt vor uns sehen wir links des Reichstags und am gegenüberliegenden Spreeufer Neubauten des Deutschen Bundestages. Sie gehören zum **Band des Bundes,** die nach dem Generalentwurf von Axel Schultes und Charlotte Frank errichtet wurden. Nachdem der Bonner Bundestag 1991 den Beschluss fasste, dass Berlin wieder die Hauptstadt von ganz Deutschland werden sollte, wurde ein Architektenwettbewerb für den Bau der neuen Gebäude ausgeschrieben. Der damalige Bundeskanzler Helmut Kohl behielt sich das letzte Wort bei der

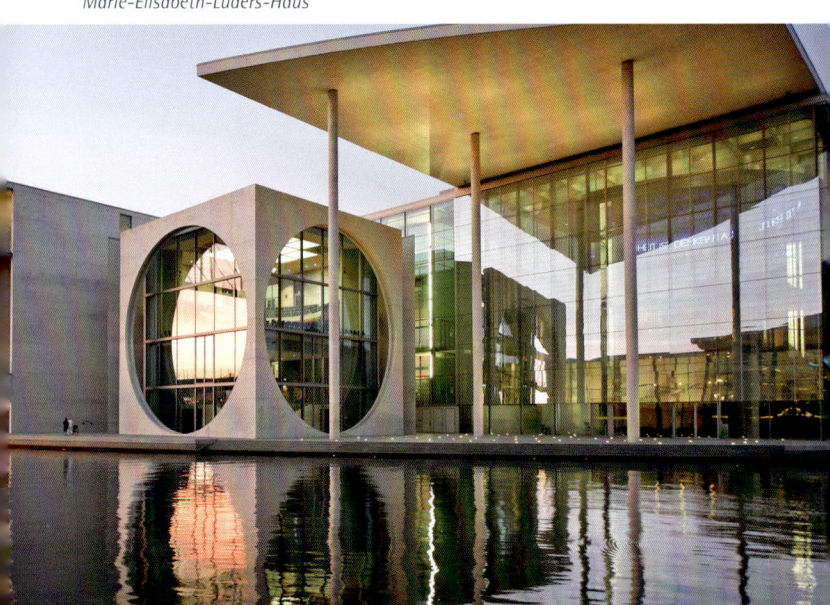

Marie-Elisabeth-Lüders-Haus

NACHRICHTENAGENTUR REUTERS

Berliner Taubenpost. Auf die Ansiedlung der Nachrichtenagentur Reuters am Schiffbauerdamm 22 können die Berliner besonders stolz sein, schließlich war die Taubenpost der Familie Reuter in der ersten Hälfte des 19. Jahrhunderts die wichtigste Nachrichtenquelle Preußens für Neuigkeiten aus Großbritannien. Durch die Erfindung des Nachrichtentelegrafen durch Siemens und Halske und die Installation der Kabel nach London gab es aber keine Aufträge mehr, das Unternehmen stand vor dem Aus. Auf Vorschlag Werner von Siemens' zog die Familie Reuter nach London und baute dort das Informationsimperium auf, das die Deutschen – nun via Telegraf – über die Entwicklungen im britischen Reich auf dem Laufenden hielt. Nun ist dieses Unternehmen wieder nach Deutschland zurückgekehrt.

Entscheidung vor. Das Ergebnis kann man nun hier sehen, zumindest den symbolträchtigsten Teil: Das Marie-Elisabeth-Lüders-Haus befindet sich am anderen Spreeufer und ist über zwei Brücken mit dem Paul-Löbe-Haus verbunden.

Nun, dies erscheint manchem heute vielleicht irrelevant. Aber wenn man weiß, dass hier die Grenze zwischen Ost- und West-Berlin direkt durch den Fluss verlief, dann wird jedem die Symbolik dieses Baus bewusst. Die untere Brücke ist öffentlich zugänglich, so dass man jederzeit von Ost nach West und von West nach Ost wechseln kann – ohne dass jemand nach den Personaldokumenten fragt. So erinnern heute nur noch die Kreuze direkt am Wasser an diejenigen, die versuchten, hier den Fluss zu durchschwimmen und es nicht geschafft haben.

Das **Marie-Elisabeth-Lüders-Haus** ❹ beherbergt heute ein Denkmal mit Teilen der so genannten Hinterlandmauer sowie u. a. die Parlamentsbibliothek des Deutschen Bundestages. Sie ist die drittgrößte Parlamentsbibliothek der Welt – nach Washington und Tokio – und verfügt über mehr als 1,3 Millionen Bände. Auch die wissenschaftlichen Fachdienste und die Pressedokumentation des Bundestages arbeiten hier.

Das große Gebäude neben dem Reichstag ist das **Paul-Löbe-Haus** ❺. Der Architekt ist derselbe wie beim Marie-Elisabeth-Lüders-Haus, Stephan Braunfels. Er versuchte mit dem Bau die „Transparenz des deutschen Parlamentarismus" zu verdeutlichen. Tatsächlich kann man durch das Paul-Löbe-Haus hindurchsehen, vom Wasser bis zum Bundeskanzleramt. Auch sonst spielt Glas beim Bau eine große Rolle (für Fensterputzer ein Eldorado!).

Von der Brücke zwischen Marie-Elisabeth-Lüders- und Paul-Löbe-Haus hat man einen schönen Blick über die

Spree zum neuen Hauptbahnhof (▶ Seite 87) und direkt rechter Hand auch auf das **Parlament der Bäume** ❻, ein Kunstprojekt von Ben Wargin auf dem Gebiet des ehemaligen Mauerstreifens. Daneben ein gesicherter Bereich: die Einfahrt in das Tunnelsystem des Deutschen Bundestages. Die Tunnel in mehreren Etagen verbinden Bundeskanzleramt, Reichstaggebäude, Jakob-Kaiser-, Paul-Löbe- und Marie-Elisabeth-Lüders-Haus miteinander und ermöglichen die reibungslose Versorgung der Parlamentsmaschinerie. Außerdem bieten sie Parkplätze für Mitarbeiter und Angestellte.

Wenn wir nun am Paul-Löbe-Haus entlanggehen, fällt die kammartige Struktur zu beiden Seiten der durchgehenden Mittelhalle auf. In den geraden Teilen befinden sich die Abgeordneten-Büros bzw. die der Mitarbeiter. Alle Büros sind gleich groß – 18 Quadratmeter. Da bleibt nicht viel Platz für Treffen und Besprechungen, deshalb sind zwischen den geraden Zinken des Kammes immer noch runde Bauteile angeordnet, die Konferenz-, Empfangs- und Meetingräume bieten. Hier tagen zum Beispiel die Ausschüsse des Bundestages, die neue Gesetze vorbereiten (es gibt im Bundestag 22 ständige Ausschüsse, dazu kommen Sonder- und Untersuchungsausschüsse) und auch Besuchergruppen werden hier empfangen.

Die kleinen Gärten dazwischen ermöglichen den Blick ins Grüne. Das hellblaue Gebäude nebenan ist übrigens eine Kita. Genutzt wird sie von den Kindern der Abgeordneten und Angestellten des Deutschen Bundestages. Da die Arbeitszeiten oft länger sind als anderswo, gelten hier besondere Öffnungszeiten.

Das Band des Bundes setzt sich fort mit einem freien Platz – ursprünglich hatten die Planer an dieser Stelle ein Bürgerforum vorgesehen. Aber gerade für das Bürgerforum war dann doch kein Geld mehr übrig, so dass der Bau auf unbestimmte Zeit verschoben wurde. Da ahnte man noch nichts von einer Bankenkrise und deren finanziellen Folgen. Das macht Berlin-Besuchern nicht wirklich was aus, denn die Springbrunnen auf der Freifläche sind besonders bei Kindern beliebt und bieten im Sommer Abkühlung für gestresste Füße. Und so hat man wenigstens einen freien Blick auf den Riesenbau des **Bundeskanzleramtes** ❼.

Wenn Ihnen der Bau ein bisschen überdimensioniert vorkommt: der Herr, der ihn zu verantworten hatte (der damalige Bundeskanzler Helmut Kohl), war es ja schließ-

Das Bundeskanzleramt wird auch gern als „Riesenwaschmaschine" oder „Elefantenklo" bezeichnet

lich auch. Außerdem arbeitet der Bundeskanzler bzw. die Bundeskanzlerin hier nicht allein, etwa 470 Mitarbeiter sind hier beschäftigt. Ein schöner Beweis dafür, dass die Globalisierung und die moderne Technik Arbeitsplatze schaffen. In Bismarcks erster Reichskanzlei waren gerade mal 37 Mitarbeiter angestellt. Und das ohne Computer, Kopierer, Telefon, Internet oder moderne Transportgelegenheiten!

Die Kammstruktur des Paul-Löbe-Hauses setzt sich auch im Kanzleramt fort, nur sind hier die Zwischenhöfe weiter hinten verglast und dienen als Wintergärten. Im Haus selbst tagt das Kabinett; falls es in Deutschland mal eine Krise geben sollte, würde der Krisenstab ebenfalls hier, in einem schuss- und abhörsicheren Bereich, zusammenkommen.

Die zweiteilige rostige Skulptur vor dem Bundeskanzleramt ist ein Werk von Eduardo Chillida aus Spanien. Sie heißt „Berlin". Die beiden Teile symbolisieren wohl Ost- und West-Berlin.

Wer genau auf die Freifläche schaut, kann im Boden die versenkbaren Absperranlagen entdecken. Bedarf dafür besteht aber eher selten. Bei den Berlinern unbeliebte Gäste reisen ohnehin mit dem Helikopter an und landen auf der anderen Spreeseite, von wo aus sie über

Hamburger Bahnhof, heute Kunststätte

eine Brücke direkt zum Bundeskanzleramt gelangen – unbehelligt von aufmüpfigen Demonstranten.

In unmittelbarer Nachbarschaft des Kanzleramtes steht als einziges Gebäude aus der Vorkriegszeit noch die **Schweizer Botschaft** ❽. Es wurde 1875 erbaut und diente schon ab 1919 als Schweizer Konsulat. Dass alle anderen Gebäude aus dieser Zeit hier verschwunden sind, ist ausnahmsweise mal nicht Kriegsfolge: Das leere Areal geht auf die Gigantomanie-Vorstellungen Albert Speers und Adolf Hitlers zurück. Hier an der Spree sollte nämlich eine riesige „Halle des Volkes" entstehen, in der der Führer zu seinem Volk sprechen wollte. Mindestens 50 000 Sitzplätze sollte die Halle haben. Gekrönt werden sollte sie von einer gigantischen Kuppel, in die der Petersdom in Rom siebzehn Mal hineingepasst hätte. Dafür kaufte man ab 1935 die Häuser des so genannten Alsenviertels auf und siedelte die Mieter in andere Stadtteile um, meist in Wohnungen, aus denen die jüdischen Vormieter vertrieben worden waren. Die Häuser des Viertels wurden abgerissen. Zum Bau der Halle kam es aber nicht mehr, der Kriegsbeginn 1939 kam dazwischen. Die einzigen, die damals nicht verkaufen wollten – und die man nicht zwingen konnte – waren die Schweizer. So blieb das Haus hier – Germania zum Trotz – als einziges in einer Brache stehen. Während der Mauerzeit als Konsulat genutzt, erwachte es danach aus seinem Dornröschenschlaf.

Museum Hamburger Bahnhof
Di–Fr 10–18, Sa 11–20, So bis 18 Uhr
12 Euro / 6 Euro
www.hamburgerbahnhof.de
Wer sich stärken will: Im Seitenflügel – idyllisch am Wasser gelegen – befindet sich das Restaurant von Sarah Wiener
(030) 70 71 80-0

Hinter dem Botschaftsgebäude ist der 2006 eröffnete **Berliner Hauptbahnhof** ❾ zu sehen. Der neue Hauptbahnhof ermöglicht es den Passagieren erstmals, von einem Berliner Bahnhof aus in alle Himmelsrichtungen zu starten oder umzusteigen. Er ist der größte und modernste Kreuzungsbahnhof Europas, denn hier gibt es neben der oberirdischen Ost-West-Verbindung auch eine durchgehende Nord-Süd-Verbindung, und das unterirdisch: Ein Tunnel unterquert das neue Berliner Stadtzentrum um den Potsdamer Platz und den Tiergarten.

Hinter der Eisenbahnbrücke am Hauptbahnhof ragen rechts zwei fast klassizistisch anmutende weiße Türmchen hervor, die Teil des Empfangsgebäudes des **ehemaligen Hamburger Bahnhofes** ❿ sind. Schon nach dem Bau der Stadtbahn 1881 wurde der Bahnhof stillgelegt und zum Museum für Verkehr und Bau umgestaltet. Seit 1996 ist hier eine der größten Sammlungen zeitgenössischer Kunst zu Hause. Man findet hier u. a. eine Kollektion von Werken Joseph Beuys' und die Kunstsammlung von Friedrich Christian Flick, für die frühere Lagerhallen in der Nachbarschaft des Bahnhofes genutzt werden.

In den letzten Jahren hat sich rund um den Hamburger Bahnhof eine bunte Kunstszene etabliert. Die neuen Galerien zeigen hauptsächlich Werke von in Berlin lebenden Künstlern.

Für die Zukunft sind für das Gebiet nördlich des Hauptbahnhofs zwischen Heidestraße und dem Berlin-Spandauer Schifffahrtskanal Neubauten für exklusives Wohnen und Arbeiten geplant. Als erstes soll bis 2012 ein Hochhaus für einen Mineralölkonzern entstehen.

Über den weiten grünen **Platz der Republik** haben

BUS *100*
Platz der Republik

BERLINER HAUPTBAHNHOF

Bahnhof der Superlative. Durch den Berliner Hauptbahnhof verkehren täglich 160 Fernzüge, 310 Regionalzüge und über 600 S-Bahn-Züge. Das bedeutet täglich 300 000 Besucher, die auch das integrierte Einkaufszentrum nutzen, das hier gebaut wurde. 80 Gastronomiebetriebe und Geschäfte stehen den Reisenden und den Berlinern zur Verfügung. Die so genannten Bügelbauten beherbergen 42 000 qm Bürofläche. Den Namen haben sie aufgrund ihrer Konstruktion: Sie wurden zuerst als Türme zu beiden Seiten der Bahnlinie errichtet und in einer spektakulären Aktion, die auch im Fernsehen übertragen wurde, dann wie eine holländische Klappbrücke über die „Glaswurst" gelegt.

Apropos Glas: Das riesiges Glasdach soll Reisende vor den Witterungsbedingungen schützen – vorausgesetzt, es sind nicht Passagiere der 1. Klasse, denn die müssen beim Aussteigen vielleicht doch den Schirm benutzen. Ursache dafür sind die rigorosen Spareingriffe, die während des Bahnhofbaus notwendig wurden, denn nicht nur, dass sich die Baumaßnahmen verzögerten und der Bau beinahe nicht wie geplant zur Fußballweltmeisterschaft 2006 fertiggeworden wäre, die Kosten liefen auch immer mehr aus dem Ruder. Der damalige Bahnchef Mehdorn zog also die Notbremse: Verkürzung des Glasdaches, Vereinfachung der Deckenkonstruktion im Untergeschoss. Trotzdem, der Bau hat schon was Schönes, Elegantes. Allein die Brückenkonstruktion, die über den Humboldthafen hinweg führt, kommt so leicht und elegant daher, dass man kaum glauben möchte, dass tonnenschwere Züge darüber rollen können.

Hauptstadt-Highlights entlang der Buslinie 100

Bundestags-Besichtigungen
Zu jeder Stunde gibt es im Plenarsaal Vorträge zur Arbeit des Bundestages und zur Geschichte des Hauses. Sie sind eigentlich für Gruppen gedacht, aber manchmal bleiben Plätze frei. Fragen Sie die „Rotjacken", das sind die jungen Leute, die die Besucher in der Schlange bei Laune halten. Die Vorträge kosten nichts, Sie können den Plenarsaal sehen und anschließend zur Kuppel.

wir einen wunderbaren Blick zum **Reichstagsgebäude** ⑪. Vor dem Haupteingang findet sich – je nach Wetterlage – eine mehr oder weniger lange Schlange Wartender, die die gläserne Kuppel des Parlamentsgebäudes ersteigen möchten.

Wenn Sie dies auch tun möchten: Es gibt kaum eine Möglichkeit, der Warterei zu entgehen, da jeder Besucher einen Sicherheits-Check absolvieren muss, der einfach Zeit kostet. Als Alternative kennen Sie entweder Ihren Abgeordneten persönlich und lassen sich von ihm einladen, oder Sie reservieren bereits Tage oder besser Wochen vorher einen Tisch im Dachrestaurant Käfer.

Der Reichstag wurde 1884 bis 1894 nach Plänen von Paul Wallot erbaut und kostete 23 348 000 Mark – Geld aus den Reparationszahlungen Frankreichs nach dem verlorenen Französisch-Preußischen Krieg von 1870/71.

Als Ergebnis des Krieges wurde das Deutsche Kaiserreich gegründet und der preußische König Wilhelm I. in Versailles zum Deutschen Kaiser gekrönt. Die Wappen der deutschen Staaten, die Teil des Kaiserreiches wurden, finden sich zu beiden Seiten des Haupteinganges: die vier Königreiche Preußen, Sachsen, Bayern und Württemberg mit den großformatigen Wappen, Großherzogtümer und andere, kleinere Staaten mit kleineren Wappen.

In der Reichstagskuppel

Die Inschrift „Dem deutschen Volke" am Giebel wurde übrigens erst über 20 Jahre nach der Fertigstellung des Baus angebracht. Diese Verspätung hängt damit zusammen, dass Kaiser Wilhelm II. nicht begeistert von der Idee eines Parlamentes war und es als „Reichsaffenhaus" bezeichnete. Erst nachdem auch die SPD nach Ausbruch des Ersten Weltkrieges für die Bewilligung der Kriegskredite gestimmt hatte, soll sich der Kaiser versöhnlich gezeigt und seine Zustimmung gegeben haben. Die einzelnen Buchstaben wurden 1916 aus zwei Kanonen gegossen, die während der Befreiungskriege 1813 erbeutet worden waren.

Im Zweiten Weltkrieg wurde das Reichstagsgebäude stark zerstört, 1955 beschloss man den Wiederaufbau, der bis 1973 andauerte. Seit dem Viermächte-Abkommen von 1971 durften aber nicht einmal Plenarsitzungen des Bundestages in Berlin abgehalten werden, so dass nur Ausschuss- oder Fraktionssitzungen in den neu eingerichteten Räumen möglich waren. Als der Bundestag am 20. Juni 1991 in Bonn mit einer knappen Mehrheit von nur 17 Stimmen beschloss, seinen Sitz wieder nach Berlin zu verlegen, musste das Reichstagsgebäude zu einem modernen Plenargebäude umgebaut werden. 1993 wurde dazu ein Architektur-Wettbewerb ausgeschrieben, den Sir Norman Foster gewann. Er musste seinen Entwurf allerdings mehrfach überarbeiten und präsentierte schließlich eine Kuppel, die er zunächst strikt abgelehnt hatte.

**Restaurant Käfer
im Reichstag**
*(030) 22 62 99-33
www.feinkost-kaefer.de
Nicht ganz billig, aber das Essen ist gut und die Aussicht toll. Und man kann den Seiteneingang (Behinderteneingang rechts vom Haupteingang) nutzen und muss nicht anstehen.*

Ende Juli 1995 begannen die Umbauarbeiten. Im Zentrum des Gebäudes entstand ein „Neubau im Altbau". Er umfasst hauptsächlich den Plenarsaal, der sich über alle drei Hauptgeschosse erstreckt, und die Presselobby im dritten Obergeschoss. Die Nord- und Südflügel, etwa zwei Drittel des Gebäudes, verblieben als historischer Bestand und wurden lediglich saniert. Der Plenarsaal ist 1200 qm groß und kann von der Kuppel aus eingesehen werden, wenn keine Sitzungen stattfinden.

Vor dem Reichstagsgebäude gibt es noch ein kleines Denkmal zu sehen. Es erinnert an die von den Nazis inhaftierten Reichstagsabgeordneten. Jede der aufgeschichteten Tafeln trägt den Namen und die Daten eines der Opfer.

REICHSTAGSGESCHICHTE

„Dem deutschen Volke". Das Reichstagsgebäude hat schon so einige bedeutsame Ereignisse miterlebt: 1918 proklamierte Philipp Scheidemann hier die Republik; der Kaiser wurde zur Abdankung gezwungen und verließ Deutschland. Er zog sich nach Doorn in Holland zurück, wo er bis zu seinem Tode im Jahre 1941 lebte.

In der Nacht vom 27. zum 28. Februar 1933, vier Wochen nach der Ernennung Adolf Hitlers zum Reichskanzler, ging das Gebäude des Deutschen Reichstages in Flammen auf. Bis heute ist der Hergang nicht eindeutig geklärt; sicher ist nur, dass der der Öffentlichkeit präsentierte „Einzeltäter" Marinus van der Lubbe, ein Holländer, nicht der alleinige Täter gewesen sein kann. Das Feuer war nämlich an mehreren Stellen gleichzeitig ausgebrochen, so dass von mehreren Täter ausgegangen werden muss. Heute glaubt man, dass diese durch den schon erwähnten Tunnel zum Reichstagspräsidenten-Palais entkommen sind und den süchtigen van der Lubbe als Sündenbock zurückließen. Er wurde während eines Schauprozesses vor dem Reichsgericht in Leipzig zum Tode verurteilt und 1934 hingerichtet.

Für die Nazis als stärkste Partei im Reichstag war der Brand ein willkommener Anlass, gegen ihre politischen Gegner vorzugehen. Schon am nächsten Tag unterzeichnete Paul von Hindenburg eine Notverordnung, deren Paragraph 1 die wesentlichen, bürgerlichen Grundrechte zeitweilig außer Kraft setzte. Paragraph 5 ermöglichte die Todesstrafe für das politische Delikt „Hochverrat". Die Reichstagsabgeordneten der Kommunistischen und Sozialdemokratischen Partei Deutschlands wie auch einige andere erklärte Nazi-Gegner im Parlament wurden umgehend verhaftet und in Gefängnisse und die ersten Konzentrationslager eingeliefert.

Nach dem Brand wurde das Gebäude zunächst nur notdürftig repariert. Das Restparlament, das fast nur noch aus Mitgliedern der NSDAP bestand, tagte in der gegenüberliegenden Kroll-Oper und nickte dort die Notverordnungen ab, die Hitler vorlegte.

Für die sowjetische Armee war der Reichstag dagegen ein Symbol deutscher oder besser Nazi-Geschichte. Darum war er besonders umkämpft und das berühmte Foto des Sowjet-Soldaten, der die rote Fahne auf dem Reichstag hisst (übrigens eine nachgestellte Szene), ging um die Welt.

Unmittelbar nach Ende des Zweiten Weltkrieges stand das Reichstagsgebäude als Teilruine in einer von Trümmern geprägten Umgebung. Die Freiflächen ringsherum dienten der hungernden Bevölkerung als Parzellen für den Anbau von Kartoffeln und Gemüse.

1955 beschloss der Bundestag die Wiederherstellung des Gebäudes. Allerdings gab es noch keine Vorstellung über die zukünftige Nutzung im geteilten Deutschland. Der Architekt Paul Baumgarten erhielt 1961 als Gewinner eines zulassungsbeschränkten Wettbewerbs den Auftrag für Planung und Leitung des Wiederaufbaus, der bis 1973 dauerte. Auf eine Kuppel wurde verzichtet, im Inneren verschwanden große Teile der alten Bausubstanz hinter Abdeckplatten, neue Zwischengeschosse vergrößerten die Nutzfläche und veränderten dabei weitgehend die ursprüngliche Raumstruktur. Der Plenarsaal wurde gut doppelt so groß und hätte alle Abgeordneten eines wiedervereinigten Deutschland mühelos aufnehmen können. Baumgarten verwendete die moderne Formensprache der 60er Jahre. Das bedeutete Verzicht auf dekorative Gestaltung und Dominanz gerader Linien und glatter Flächen.

Während der deutschen Teilung von 1961 bis 1989 verlief die Berliner Mauer unmittelbar an der Ostseite des Reichstagsgebäudes. Im Gebäude war eine Ausstellung über den Bundestag und die Geschichte des Reichstagsgebäudes zu besichtigen. Touristenbusse karrten Besuchergruppen heran, die dann von der Terrasse aus einen Blick in den Osten werfen konnten.

International Furore machte der Reichstag durch seine zweimonatige Verhüllung im Jahr 1995. Per Mehrheitsentscheid gestattete der Bundestag dem amerikanisch-bulgarischen Künstler Christo nach langjährigen Verhandlungen, sein Projekt „Verhüllter Reichstag" (engl. Wrapped Reichstag) in die Tat umzusetzen. Vom 24. Juni bis zum 7. Juli 1995 war das Gebäude vollständig von silberglänzendem, feuerfestem Gewebe verhüllt und mit blauen, gut 3 cm dicken Seilen verschnürt. Es „schwebte" wie ein riesiges Überraschungspaket im Grünen.

Tiergarten & Zoologischer Garten

🚌 *100*
Platz der Republik

Der Bus 100 fährt ab hier durch den größten innerstädtischen Park Berlins, den **Tiergarten**. Zahlreiche Berliner nutzen an Sommerwochenenden traditionell dieses Gebiet des Parks als Grill- und Spielplatz. Bereits in den frühen Morgenstunden reisen Großfamilien mit vor allem türkischem und arabischem Migrationshintergrund an, um sich die besten Plätze auf den Wiesen zu sichern. Und es kann schon mal passieren, dass ein halbes oder ganzes Lamm am Spieß steckt. Der Tiergarten war schon im 19. Jahrhundert ein beliebtes Ausflugsgebiet. Damals wurden Zelte für Erfrischungen aufgestellt, worauf heute noch der Name eines Parkwegs („In den Zelten") hinweist.

Carillon
Glockengeläut:
Tgl. 12 und 18 Uhr
Carillonneur-Konzerte:
Mai–Sept. So (und an einigen Feiertagen) 15 Uhr

Rechter Hand ragt bald ein 42 Meter hoher **Glockenturm** auf, ein Geschenk der Daimler-Benz AG an die Stadt West-Berlin zu ihrem 750. Geburtstag im Jahr 1987. Daher nennen die Berliner den Turm auch gern Big Benz. Die Pläne des Turmes stammen von mehreren Architekten, darunter auch Axel Schultes, einem der verantwortlichen Architekten des Band des Bundes. Mit 68 Glocken ist es das viertgrößte Carillon der Welt und verfügt über einen Tonumfang von fünfeinhalb Oktaven.

Gleich daneben schwingt sich das Dach des **Haus der Kulturen der Welt** ❶ auf, der ehemaligen Kongresshalle. Die USA gaben einen Zuschuss zu den Baukosten dieses Hauses, das der Stadt West-Berlin 1957 als Beitrag der USA zur internationalen Architektur-Ausstellung „Interbau" übergeben wurde. Diese Kongresshalle hatte als Symbol des Freien Wortes bei den Westberlinern einen besonderen Stellenwert. Der Architekt Hugh Stubbins entwarf sie als eine Konstruktion aus zwei Stahlbetonbögen mit gemeinsamem Fußpunkt, die schräg stehend auseinander geklappt sind und zwischen sich die Dachkonstruktion spannen. Sie sind auf einem flachen, rechteckigen Sockelgeschoss errichtet. Diese Form hat der Halle bei den Berlinern den Beinamen „Schwangere Auster" oder auch „Jimmy Carters Lächeln" eingebracht.

1980 stürzte die Dachkonstruktion während einer Konferenz teilweise ein, wobei ein Journalist tödlich verletzt wurde. Der Einsturz wurde nicht durch einen Statikfehler verursacht, sondern durch eine fehlerhafte Konstruktion und in erster Linie durch Ausführungsmängel. 1987–1989 wurde die Halle als Haus der Kulturen der Welt wiederaufgebaut und ist heute Deutschlands Zentrum für außereuropäische Kunst. Gezeigt werden Ausstellungen, Filme, Musikkonzerte, Tanz- und Theaterperformances von Künstlern aus Asien, Afrika und Lateinamerika.

Vor dem Gebäude befindet sich eine Anlage aus mehreren Wasserbecken mit Springbrunnen und der Plastik „Large Butterfly" von Henry Moore.

Rechter Hand fließt die Spree und am anderen Ufer schlängelt sich ein zickzackförmiger Klinkerbau entlang. **Die Schlange** ❷ wurde extra für die Bonner Beam-

Park und Großgrillplatz Tiergarten

🚌 *100*
Haus der Kulturen der Welt

ten errichtet, die hier die Woche über wohnen sollten, bevor sie am Freitagnachmittag wieder nach Bonn in ihre Reihenhäuschen zurückkehren. Allerdings war die Aussicht, nicht nur den ganzen Tag, sondern auch die Freizeit unter den Augen der lieben Kollegen zu verbringen, offensichtlich nicht sehr verlockend; die Bonner suchten sich lieber attraktive Wohnungen in anderen Stadtbezirken, so dass heute hier ganz normale Bürger wohnen – mit Blick aufs Wasser und ins Grüne und trotzdem mitten in Berlin.

🚌 *100*
Schloss Bellevue

500 Meter weiter oder eine Haltestelle mit dem Bus 100 steht das **Schloss Bellevue** ❸, der Sitz des Bundespräsidenten. Der Renaissancebau wurde ursprünglich 1786–1787 für den preußischen Prinzen August Ferdinand erbaut, der ihn als Lustschloss nutzte. 1843 kaufte Friedrich Wilhelm IV. das Schloss und ließ 1844 in einem Flügel des Erdgeschosses das erste Museum für zeitgenössische Kunst in Preußen einrichten – diese „Vaterländische Galerie" war der Vorgänger der Nationalgalerie. Nach der Eröffnung der Nationalgalerie wurde das Schloss bis 1918 wenigstens zeitweise wieder von der Herrscherfamilie bewohnt.

1938 ließen die Nazis Bellevue zum Reichsgästehaus umbauen, allerdings wurde es bis zu seiner Zerstörung 1941 nur einmal genutzt. Nach dem Wiederaufbau diente es ab 1957 neben der Villa Hammerschmidt in Bonn als zweiter – Berliner – Amtssitz des Bundespräsidenten, der es jedoch nur gelegentlich nutzte.

1994 verlegte der damalige Bundespräsident Richard von Weizsäcker seinen ersten Amtssitz hierher. Roman Herzog war der einzige Bundespräsident, der von 1994 bis 1998 auch selbst im Schloss wohnte. Zu diesem Zeitpunkt befand sich das Schloss bereits in einem schlimmen Zustand; immer häufiger traten Pannen bei der Heizung, bei den sanitären Anlagen und der Elektrik auf. Während der notwendigen Renovierung verlegte der Bundespräsident ab 2004 sein Büro in das benachbarte Bundespräsidialamt.

2006 wurde Bellevue dem Bundespräsidenten wieder als Amtssitz übergeben. Wie sein Vorgänger Johannes Rau wohnt auch Horst Köhler nicht im Schloss Bellevue, sondern in einer Dienstvilla in Berlin-Dahlem. Die früheren Wohnräume wurden deshalb zu einem Bürotrakt für die Präsidentengattin umgebaut, die ebenfalls zahlreiche Dienst- und Repräsentationspflichten zu erfüllen hat.

Schloss Bellevue ist der Sitz des Bundespräsidenten

Gleich neben Schloss Bellevue befindet sich der **Schwarzbau,** das neu errichtete Bundespräsidialamt. Von 1996 bis 1998 ist nach Plänen der Architekten Martin Gruber und Helmut Kleine-Kraneburg das eiförmige Gebäude entstanden. Im Bundespräsidialamt sind über 150 Menschen beschäftigt.

Gleich um die Ecke liegt der **Große Stern** ❹, an dem sich fünf Straßen treffen. In seiner Mitte erhebt sich die **Siegessäule,** die hier aufragt. Sie steht allerdings erst seit 1938 hier, als Albert Speer die Umgestaltung Berlins zur Welthauptstadt Germania in Angriff nahm. Zuvor hatte sie ihren Platz auf dem Königsplatz, direkt vor dem Reichstagsgebäude.

2008 hielt der amerikanische Präsidentschaftskandidat Barack Obama an der Siegessäule die am weitesten vom Wahlgebiet entfernt gehaltene Wahlrede, wie es im Guinness-Buch der Rekorde heißen würde. Er hatte dabei immerhin etwa 300 000 Zuschauer, sowohl (nicht wahlberechtigte) Berliner als auch in Europa lebende Amerikaner, und sein Ruf „Yes, we can!" wurde zum geflügelten Wort in Berlin.

Auch die Teilnehmer des Berlin-Marathon treffen sich hier, 2008 immerhin etwa 40 000. Und diesen bewunderungswürdigen Athleten jubeln dann etwa eine Million Zuschauer zu und spornen sie an.

BUS *100*
Großer Stern

Denkmale am Großen Stern
Rund um den Großen Stern stehen die Gründungsväter des Deutschen Kaiserreiches: Albrecht von Roon (modernisierte das preußische Heer), Helmuth von Moltke (schuf die militärischen Grundlagen für die Reichsgründung) und Otto von Bismarck (entwickelte die politischen Voraussetzungen für das vereinte Deutschland).

SIEGESSÄULE

Hier thront die Goldelse. Der erste Entwurf für die Siegessäule stammt von 1864, als Preußen den Krieg gegen Dänemark gewonnen hatte. Als sie dann 1873 fertiggestellt wurde, hatte Preußen noch zwei weitere Kriege für sich entschieden: gegen Österreich 1866 und gegen Frankreich 1871. Der Säulenschaft ist mit vergoldeten Kanonen verziert, die in diesen drei Kriegen erbeutet wurden. Der oberste Abschnitt mit den Kanonenkugeln wurde erst beim Umzug der Säule zugefügt, insgesamt ist die Siegessäule heute 69 Meter hoch. Inklusive der golden leuchtenden „Goldelse" auf der Spitze. Für Friedrich Drakes Victoria soll seine Tochter Margarethe ursprünglich nackt Modell gestanden haben. Als Wilhelm II. davon erfuhr, verbot er die nackte Göttin – wohl weil er um die Moral der Berliner fürchtete. So musste Victoria verhüllt werden – nur ihre Füße blieben unbedeckt.

285 Stufen führen zur Aussichtsplattform hinauf. Auch die Reliefs am Fuße des Denkmals sollte man eines Blickes würdigen; sie zeigen Szenen aus den drei Kriegen und den Einzug der siegreichen Truppen in Berlin 1871. Auf Verlangen der Franzosen mussten sie 1945 abgebaut werden. Ursprünglich hatten die Franzosen sogar den Abbruch der – nur leicht beschädigten – Siegessäule gefordert, konnten sich aber gegen den britischen Stadtkommandanten (wir sind hier im ehemaligen britischen Sektor) nicht durchsetzen. Nur die beiden Reliefs mit Szenen aus dem Deutsch-Dänischen und Deutsch-Französischen Krieg wurden abmontiert und nach Paris gebracht. Erst aus Anlass der 750-Jahr-Feier Berlins kamen sie 1987 wieder zurück.

Der Bus 100 fährt nun durch die Hofjägerallee zu den **Nordischen Botschaften** ❺. Das grüne Gebäude rechter Hand ist eigentlich keins: Es ist ein Kupferband, das sich um die eigentlichen Botschaftsgebäude herumschlingt. Innerhalb des Bandes sind die fünf nach Nationen getrennten Gebäude und ein Gemeinschaftshaus ihrer jeweiligen geografischen Lage entsprechend angeordnet. Zum ersten Mal in der Weltgeschichte haben hier fünf Staaten ihre Botschaften gemeinsam geplant und gebaut. Der Entwurf ebenso wie das visionäre Gesamtkonzept stammt von dem jungen österreichisch-finnischen Architektenduo Berger & Parkkinen. Die einzelnen Botschaftsgebäude wurden dagegen von unterschiedlichen Architekten der jeweiligen Länder errichtet. Das „Felleshus" befindet sich in der Rauchstraße und beinhaltet als Gemeinschaftsbereich nicht nur den zentralen Empfang, sondern auch die zusammengelegten Konsularabteilungen aller fünf vertretenen Botschaften. Das Gebäude ist laut Architekten als ein Ort des „kulturellen Austausches und der Kommunikation" gedacht. Die Fläche zwischen den Botschaftshäusern ist weder deutsch, noch norwegisch, finnisch, dänisch, isländisch oder schwedisch, sie steht unter dem Hoheitsrecht der Nordischen Länder. Damit dürfte dies das kleinste Hoheitsgebiet der Welt sein. Das Gebäudeensemble ist mehrfach mit Preisen für besonders ökologische Bauweise ausgezeichnet worden.

Direkt gegenüber dem Haupteingang in der Rauchstraße 1 befindet sich eine Villa aus dem Jahr 1912, in dem sich heute die **Botschaft der Syrischen Arabischen Republik** befindet (Rauchstraße 25).

In der Klingelhöferstraße 3 ist die **Botschaft der Vereinigten Mexikanischen Staaten** zu Hause, die vor allem durch den „Vorhang" aus Beton an der Fassade auffällt. Die Größe des Gebäudes symbolisiert die Bedeutung, die Mexiko den Beziehungen zu Deutschland beimisst: Deutschland ist der wichtigste Handelspartner Mexikos in der EU. Die Architekten Teodoro González de León und Francisco Serrano gewannen den Wettbewerb und fügten typisch mexikanische Elemente in die Architektur ein.

Nebenan – mit einem bunten Berliner Bären davor – befindet sich die **Botschaft von Malaysia,** ein sehr großes, zweiteiliges Gebäude mit geräumigem Atrium dazwischen.

Mehrere kleinere Länder haben sich in dem der ma-

BUS *100*
Nordische Botschaften/
Adenauer Stiftung

Siegessäule
Apr.–Okt.
Mo–Fr 9.30–18.30,
Sa/So bis 19 Uhr
Nov.–März
Mo–Fr 10–17,
Sa/So 10–17.30 Uhr
2,20 Euro / 1,50 Euro
Durch Tunnel in den so genannten Torhäusern, typischen Albert-Speer-Bauten, gelangt man zur Mittelinsel. Wer Berlin von oben sehen möchte, sollte die 285 Stufen hinaufsteigen.

Berliner Zoo
Tgl. 9–18 Uhr
11 Euro / 8 Euro /
Kinder 5,50 Euro
Kombikarte Zoo/Aquarium:
16,50 / 13 / 8,50 Euro
www.zoo-berlin.de
Auch ein Aquariums-Besuch lohnt. Die Artenvielfalt ist riesig, die großen Panoramabecken eine Attraktion für sich. Außer Fischen gibt es auch Reptilien und Amphibien (www.aquarium-berlin.de).

laiischen Botschaft benachbarten Bau in der Klingelhöferstraße 7 eingerichtet. In dem Gebäude mit der großen Glasfront befindet sich unter anderem die **Botschaft von Luxemburg.** Das Großherzogtum residiert in den unteren beiden Stockwerken. Die **Vertretung des Königreiches von Bahrain** zog 2003 in die Räume direkt über der Luxemburger Repräsentanz, und im dritten Obergeschoss befindet sich seit 2000 die **Botschaft der Republik Malta.** 2002 zog die **Botschaft des Fürstentums von Monaco** von Bonn nach Berlin und hier ins oberste Stockwerk.

Die Botschaften haben prominente Nachbarschaft. Das abschließende Gebäude der Straße am Ufer des Landwehrkanals, das eigentlich ein Haus im Haus ist, beherbergt den Sitz der **CDU-Parteizentrale** ❻. Fast jeder hat es schon mal im Fernsehen gesehen, denn hier finden die offiziellen Verlautbarungen, Pressekonferenzen usw. der CDU-Spitze statt. Entworfen wurde das Konrad-Adenauer-Haus von Petzinka Pink & Partner aus Düsseldorf. Das Haus trägt den Spitznamen Eisbrecher, wegen der spitz zulaufenden Form.

Falls die CDU sich mal beraten lassen will, weit hätte man es nicht. Denn direkt gegenüber erhebt sich ein Glaspalast, der auch erst vor wenigen Jahren fertiggestellt wurde, der Palast der Unternehmensberatung **KPMG.**

🚌 *100*
Lützowplatz

Der Bus 100 fährt nun über den Landwehrkanal zum **Lützowplatz** – nicht weit von hier fischte man 1919 die Leiche von Rosa Luxemburg aus dem Wasser. Die streitbare Kriegsgegnerin und Mitbegründerin der Kommunistischen Partei Deutschlands war gemeinsam mit Karl Liebknecht von Angehörigen der Garde-Kavallerie-Schützen-Division erschossen worden. Ihr Ausspruch „Freiheit ist immer auch die Freiheit des Andersdenkenden" wurde später einer der Leitsätze der DDR-Opposition.

Elefantentor

Am **Olof-Palme-Platz,** befindet sich der eindrucksvollste Eingang zum **Berliner Zoo** ❼. Wenn man sich für einen Besuch entscheidet, sollte man unbedingt durch das wunderschöne Elefantentor hineingehen.

Unterhaltung ganz anderer Art erlebte man bis vor kurzem nur wenige Meter weiter. In dem Gebäude mit der blauen Kugel, einem ehemaligen

BERLINER ZOO

Zu Hause bei Knut. Der Berliner Zoo wurde 1844 eröffnet und ist damit der älteste öffentliche Zoo Deutschlands. Zugleich ist er einer der artenreichsten. Etwa 14 000 Tiere und 1500 Arten leben hier, und das offensichtlich so angenehm, dass sie sich auch eifrig fortpflanzen. Zahlreiche Zuchterfolge kann sich der Berliner Zoo auf seine Fahnen schreiben. Mit einer Ausnahme: Der bislang berühmteste Bewohner, der Pandabär Bao-Bao, stellte sich offensichtlich zu doof an, jedenfalls hatten zahlreiche Versuche, ihn mit verschiedenen Pandadamen aus anderen Zoos zusammenzuführen, keinen Erfolg. Mittlerweile haben die Zoologen die Hoffnung aufgegeben, noch Nachkommen von Bao-Bao zu bekommen. Außerdem hat ihm in den letzten Jahren ein anderer Bär den Rang abgelaufen. Am 5. Dezember 2006 wurde Knut, der kleine Eisbär, geboren. Da ihn seine Mutter verstieß, wurde er von seinem Pfleger von Hand aufgezogen. Und das Fernsehen sorgte mit seiner Serie „Panda, Gorilla und Co." dafür, dass die ganze Republik daran teilhaben konnte. Ach, was sage ich, die ganze Welt! Knut schaffte es sogar auf die Titelseite der New York Times, und Touristen aus aller Welt kamen nach Berlin, nur um ihn zu sehen. Das ließen sich denn auch diverse Marketing-Spezialisten nicht entgehen: Knut wurde in allen Varianten – als Kuschelbär, als Tasse, als T-Shirt – verfügbar.

Kino, befindet sich das Globe City Studio. Hier fanden die Talkshows von Sabine Christiansen statt. Auch die Berliner Ausgaben von Hart aber fair werden hier produziert. Es ist ja auch ein Studio mit wunderbarem Ausblick: direkt auf den **Breitscheidplatz** ❽ zur Ruine der Kaiser-Wilhelm-Gedächtnis-Kirche (▶ Seite 121), dem „Hohlen Zahn". Hier ist Tag und Nacht was los, Straßenkünstler versuchen die Passanten zum Stehenbleiben zu bringen, Musiker aus aller Herren Länder machen sich gegenseitig Konkurrenz. Ein Treffpunkt für Touristen und damit auch für die Schattenseite des Tourismus: Organisierte Diebesbanden machen den Platz und die Umgebung unsicher. Gegen die oft minderjährigen Täter ist die Berliner Polizei praktisch machtlos. Es empfiehlt sich einfach, seine persönlichen Dinge und vor allem das Portemonnaie festzuhalten und sich von Leuten fernzuhalten, die einem eifrig Ketchup von Hemd entfernen wollen ...

🚌 *100 Breitscheidplatz*

Der Bus 100 endet direkt am **Bahnhof Zoologischer Garten,** *dem berühmtesten Bahnhof des ehemaligen West-Berlins.*

🚌 *100 Bahnhof Zoologischer Garten*

Von hier fuhren zur Zeit der Berliner Mauer die so genannten Interzonen-Züge ab, die West-Berlin mit der freien Welt verbanden. Wohl ein Grund dafür, dass sich zahlreiche Bewohner des ehemaligen West-Berlins nach der Inbetriebnahme des neuen Hauptbahnhofes so vehement gegen die Herabstufung, wie sie es nannten, des Bahnhofs Zoo zum Regionalbahnhof wehrten. Dabei war er ursprünglich mal so geplant worden. Er sollte u. a. den Berlinern (deren Stadt ja am Brandenburger Tor zu Ende war) den Weg in die Nachbarstadt Charlottenburg und zum Erholungs- und Bildungsort Zoo verkürzen (direkt gegenüber dem Bahnhof befindet sich das Löwen-Tor, der zweite Zoo-Eingang). International wurde der Bahnhof erst nach dem Mauerbau. Und viele Anwohner waren davon gar nicht begeistert. Es fuhren nämlich nicht nur Leute ab, es kamen auch viele an. Oftmals abenteuerlustige Gestalten, die gehört hatten, dass es sich in West-Berlin gut leben lasse. Das Gebiet rund um den Bahnhof Zoo wurde ein Zentrum für Streuner, Obdachlose, Stricher und Dealer. 1978 brachte der Stern das Buch von Christiane F. „Wir Kinder vom Bahnhof Zoo" heraus. Auch wenn die Fassade heute schöner ist, der Wachschutz privat betrieben wird; soooo viel hat sich nicht geändert.

Gleich nebenan, an der **Hardenbergstraße,** tut sich jedoch gerade einiges. Hier entsteht das neue Zoo-Fenster, das erste richtige Hochhaus in der West-Berliner City seit Bau des Europa-Centers (▸ Seite 122). Es wird u. a. das Hotel Waldorf-Astoria beherbergen.

In den letzten Jahren sind um den Bahnhof herum bereits neue Institutionen entstanden, die etwas Glanz und Kultur bringen – zum Beispiel gleich um die Ecke, in der Jebensstraße. Das pompöse wilhelminische Gebäude vorn an der Hardenbergstraße ist das Oberverwaltungsgericht, gleich daneben befindet sich das ehemalige Casino für die Offiziere der Landwehr, das 1909 eröffnet worden war. Nach dem Krieg wiederaufgebaut, nutzte man das Casinogebäude bis Mitte der 80er Jahre als Ausstellungsort für verschiedene Expositionen. Heute beherbergt es das **Museum für Fotografie** ❾ mit der Dauerausstellung „Helmut Newton's Private Property".

Unser nächstes Ziel ist der bekannteste Boulevard West-Berlins, der Kurfürstendamm. Er ist auf alle Fälle sehenswert. Der kürzeste Weg: zu Fuß die Joachimstaler Straße entlang, den Bahnhof Zoo im Rücken kann man die Prachtstraße Berlins gar nicht verfehlen.

An der Ecke Kantstraße kommen wir an Berlins um-

Museum für Fotografie
Di–So 10–18 Uhr
6 Euro/ 3 Euro
Tickets gelten auch für die Sammlungen Berggruen und Scharf-Gerstenberg (▸ Seite 259)
2004 schenkte Fotograf Helmut Newton seiner Heimatstadt Berlin etwa 1000 Fotos und gab den Anstoß für das Museum.

Tiergarten & Zoologischer Garten 101

strittenstem Museum vorbei, dem **Erotik-Museum.** Die Stadt bekam es 1996 als Geschenk von Beate Rothermund, besser bekannt als Beate Uhse.

Wenn Sie beim Überqueren der Kantstraße nach rechts blicken, sehen Sie gleich hinter der Bahnbrücke das **Theater des Westens** ❿. Ende des 19. Jahrhunderts eröffnet, diente es als Operetten- und Opernhaus. In der Chronik finden sich berühmte Namen: Enrico Caruso gab hier 1905 sein Berlin- (oder besser Charlottenburg-)Debüt, Hans Albers, Fritzi Massary, Richard Tauber und Josephine Baker gastierten hier. Nach der Reparatur der Kriegsschäden 1948 wurde das Haus zunächst wieder für Opernaufführungen genutzt, ab 1962 (die Deutsche Oper in der Bismarckstraße ist fertig) kehrt die leichte Muse an die Kantstraße zurück. Das Theater des Westens wird die Spielstätte für Operette und Musical im Westteil Berlins. Johannes Heesters, Zarah Leander, Marika Rökk, Freddy Quinn und Vico Torriani heißen einige der Publikumslieblinge. Später kommen Namen wie Angelika Milster, Ute Lemper und Helen Schneider dazu, die in den 80er Jahren den Ruf des Hauses als Musicaltheater begründen. Dies ist es – trotz zahlreicher Turbulenzen – bis heute geblieben, auch wenn heute nicht mehr Repertoire, sondern En Suite gespielt wird.

Erotik-Museum
Tgl. 9–24 Uhr
5 Euro / 4 Euro
Über 5000 Erotika aus aller Welt und aus über zwei Jahrtausenden: Nippes, Bilder, Zeichnungen – alles Mögliche und Unmögliche. Ein Weiterbildungsangebot der ganz besonderen Art, dass jedes Jahr 120 000 Besucher anzieht.

Theater des Westens
(030) 31 90 30
www.stage-entertainment.de

West-Berlins berühmter Bahnhof

Rechts und links des Kudamms: Bus M29

Kurfürstendamm

M29
U Kurfürstendamm

*Die nächste Ecke ist schon der **Kurfürstendamm**, oder Kudamm, wie er allgemein heißt.*

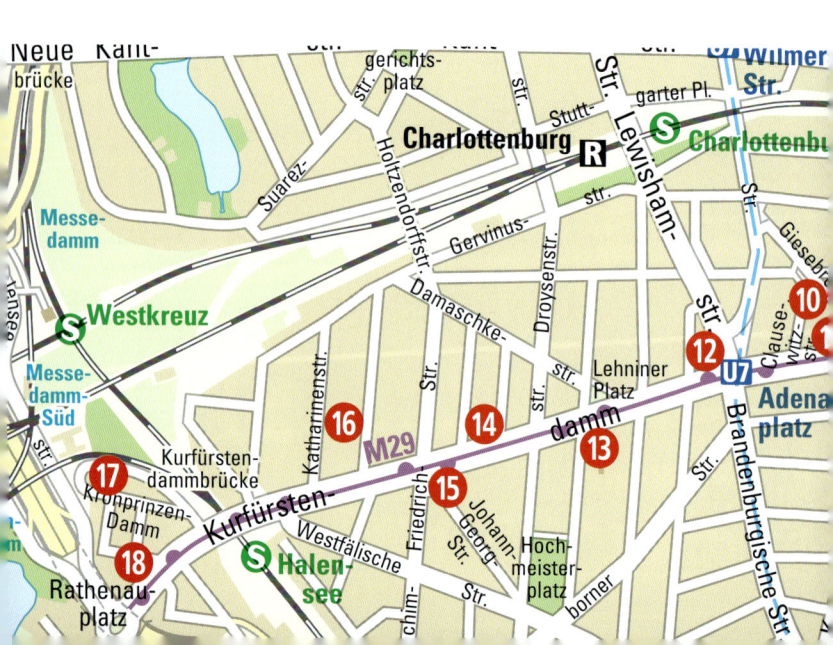

Nichts erinnert heute noch daran, dass dieser Boulevard bis vor etwa 150 Jahren nur ein Reitweg, davor sogar nur ein Knüppeldamm durch sumpfiges Gelände zum Grunewald war, dem bevorzugten Jagdgebiet der Hohenzollern. Erst Bismarck kam auf die Idee, den Kurfürstendamm zur Prachtstraße auszubauen. Er ordnete 1875 die Parzellierung des Gebietes zu beiden Seiten an und legte auch die Details fest: 54 Meter breit sollte der neue Boulevard werden und insgesamt 3,5 Kilometer lang. Die „Zielgruppe", wie man heute sagen würde, waren gut betuchte Bürger. In Charlottenburg wohnten ohnehin diejenigen, die es sich leisten konnten, aus dem schmutzigen Berlin wegzuziehen. Denn das Geld wurde zwar in Berlin verdient, aber gern anderswo ausgegeben. Charlottenburg war bis zu seiner Eingemeindung nach Groß-Berlin im Jahre 1920 die reichste Gemeinde in Preußen. In Berlin mit seinen zahlreichen Fabriken, Werkstätten und miesen Hinterhöfen wohnten die, die sich keine Wohnung im Grünen leisten konnten. Das heißt nicht, dass es am Kurfürstendamm keine Hinterhöfe gegeben hätte, doch waren sie – wie die Vorderhäuser – recht großzügig geplant und zum Teil sogar begrünt. Insgesamt wurden entlang des Kurfürstendamms 235 Häuser errichtet. Manche waren von parkähnlichen Anlagen umgeben, andere hatten kleine Vorgärten. Den Krieg überlebten insgesamt 43 Gebäude, die heute begehrte Objekte sind. Allerdings werden die riesigen Wohnungen mit nicht selten 15 Zimmern, zwei-, drei- oder fünfhundert Quadratmetern meist zu Hotels, Büros, Kanzleien, Galerien oder Arztpraxen umfunktioniert.

Bekannt wurde der Kurfürstendamm in den 50er Jahren vor allem als Symbol des Wirtschaftswunders. Auf den ersten etwa zwei Kilometern des Boulevards findet man heute jede Menge teure Designerläden, Boutiquen und Juweliere. Edelkarossen und Antiquitäten kann man hier ebenfalls erwerben. Auch die Seitenstraßen bieten einiges: Restaurants mit Kult-Charakter wie das Hard Rock Café an der Meinekestraße, Angebote französischer Modehäuser in der Fasanenstraße, Bars mit Fleischbeschau in der Uhland- und in der Knesebeckstraße.

An der Ecke Joachimstaler Straße steht man so ziemlich am Anfang des Kurfürstendamms, da, wo er sich (wieder) in seiner ganzen Pracht entfaltet. Nach dem Mauerfall sah es kurzzeitig so aus, als hätte die Straße ihren Reiz verloren. Billigketten und Burgerbratereien zogen in einstmals renommierte Konditoreien und Kaf-

Kurfürstendamm damals

feehäuser ein. Damit ging eine der ältesten Traditionen des Bummelboulevards verloren. Denn schon zu Kaisers Zeiten spazierten die Mütter mit ihren heiratsfähigen Töchtern über den Kudamm, auf der Suche nach einem schneidigen Lieutnant oder ähnlichen Heiratskandidaten. Im Café machte man Halt und konnte in Ruhe das vorbeidefilierende Angebot begutachten.

Eines dieser Cafés hat überlebt, allerdings nur knapp. Direkt an der Ecke Joachimstaler Straße/Kurfürstendamm finden wir das **Café Kranzler,** eine Urberliner Institution. Das erste Café Kranzler wurde 1825 Unter den Linden eröffnet, seit 1932 gab es eine Filiale am Kurfürstendamm. Allerdings war sie nicht hier, sondern ein bisschen weiter entfernt angesiedelt. An dieser Stelle, an der wir gerade stehen, befand sich aber eine andere berühmte Berliner Einrichtung: das Café des Westens, gern auch wegen seines Publikums Café Größenwahn genannt. Hier verkehrten Literaten, Philosophen und Künstler aller Couleur.

Das Café, so wie wir es heute sehen, steht zwar als Gebäude unter Denkmalschutz (der Bau stammt aus den 50er Jahren), der Gastronomiebetrieb musste sich aber in die obere Etage, die berühmte Rotunde, zurückziehen. In den unteren Etagen werden heutzutage Telefone und Klamotten verkauft, in Zeiten von „coffee to go" besteht offensichtlich kein Bedarf mehr an gemütlichen Kaffeerunden.

Hinter dem Café Kranzler ragt das **Neue Kranzler Eck** ❶ spitz in den Kudamm hinein. Der 54 Meter hohe Glaspalast wurde von Stararchitekt Helmut Jahn entworfen und bietet auf 16 Stockwerken 62 000 qm Büro- und Ladenfläche. Auf dem Dach können die Mitglieder eines Luxus-Fitnessstudio joggen – in der frischen Luft und mit Panoramablick über Berlin.

Direkt gegenüber des Cafés Kranzler „schwebt" über dem Platz auf einem viereinhalb Meter hohen Pfeiler eine gläserne Kanzel, die trotz ihrer herausragenden Stellung selbst von vielen Berlinern nicht wahrgenommen wird. Es handelt sich um eine **Verkehrskanzel** aus den 50er Jahren, von der aus Polizisten die Verkehrsampeln des Platzes von Hand schalteten. Schon seit 1962 ist sie nicht mehr in Betrieb, steht jedoch mittlerweile als technisches Denkmal unter Schutz.

Wer Zeit und Lust hat, den Kudamm zu erkunden, sollte sich in den Bus M 29 setzen – die Haltestelle ist direkt neben dem Bahnhof der U-Bahnlinie 1 – und den Boulevard einmal hoch- und runterfahren, bis zum Ende am Rathenauplatz.

Hinter der Verkehrskanzel, am Kurfürstendamm 225, befindet sich die **ASTOR Film-Lounge.** Es ist eines der wenigen altehrwürdigen Lichtbildtheater, das das große Kinosterben im Charlottenburg der 90er Jahre überlebt hat. Über einen langen roten Teppich gelangt man ins Foyer und schließlich in den Kinosaal, der dem Namen des Kinos wirklich gerecht wird. Unter der Saaldecke mit dem Schwung der 50er Jahre, die sich über den Köpfen der Zuschauer wölbt, kann man in den komfortablen Sesseln versinken und fühlt sich in die goldenen Zeiten des Kinos mit Westernlegenden und wahren Filmdiven versetzt. Nur der Service hat sich verbessert: hier werden dem Publikum die Getränke am Platz serviert.

Die großen Kinos waren die Spielorte für die Berlinale, das große Filmfest, das in den 50er Jahren begründet wurde, um die Aufmerksamkeit der Weltöffentlichkeit auf die Situation West-Berlins zu lenken. Da passten auch Luxus-Hotels gut ins Konzept, wie das **Bristol Hotel Kempinski** – erbaut 1952 – rechts von uns an der

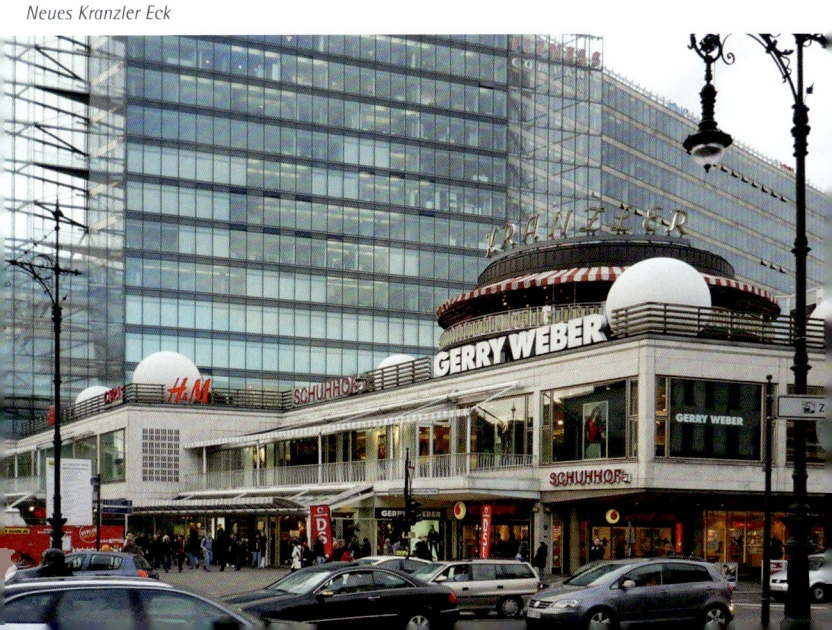

Neues Kranzler Eck

Café-Restaurant Wintergarten im Literaturhaus Berlin
Fasanenstraße 23
Tgl. 9.30–1 Uhr
(030) 88 72 86-0
Kaffee, Kuchen und kleine Speisen im wunderschönen Ambiente einer Gründerzeitvilla mit Wintergarten. Der Sommergarten bietet romantische Idylle und Ruhe vom Rummel des Kudamms.

Ecke Fasanenstraße. Es diente Stars wie John Wayne, Sammy Davis jr., Gina Lollobrigida, Ava Gardner und Sophia Loren als Unterkunft. Lang ist es her – heute findet die Berlinale rund um den Potsdamer Platz statt, und viele alte Kinos sind zu Klamottenläden mutiert. Das Hotel aber ist noch heute trotz – oder gerade wegen? – seines Alters eine begehrte Unterkunft, auch wenn wir heute in Berlin eine Riesenauswahl an Fünf-Sterne-Hotels haben.

Auf der linken Seite des Kudamms zeigen die Eckhäuser zur **Fasanenstraße** noch die Original-Bebauung von 1895 bzw. 1899. In der Fasanenstraße 25 befindet sich einer der letzten Villenbauten aus dem 19. Jahrhundert, der einen Eindruck von der großbürgerlichen Lebensweise der damaligen Zeit vermittelt. Die **Villa Grisebach** ❷ ist heute eines der bekanntesten Auktionshäuser für Kunst des 19. und 20. Jahrhunderts. Von dem gleichnamigen Architekten 1891–1892 für die eigene Familie als Wohnhaus erbaut, wurde das Gebäude im Krieg zerstört und erst in den 80er Jahren mit Mitteln der Deutschen Bank als Galerie wiederaufgebaut. Es beherbergt heute auch die Grisebach Gallery, die jungen zeitgenössischen Künstlern eine Plattform bietet.

In der Fasanenstraße ist noch etwas vom schicken, ex-

SYNAGOGE FASANENSTRASSE

Jüdisches Leben am Kudamm. Der Kurfürstendamm zog seit Beginn seines Ausbaus Ende des 19. Jahrhunderts auch viele jüdische Bürger an. Ihr Anteil an der Gesamtbevölkerung wie auch unter Ladenbesitzern war hier höher als anderswo in Berlin, auch zahlreiche Vergnügungsetablissements gehörten Juden. Der Kurfürstendamm-Besucher entwickelte sich deshalb zu einem bevorzugten Feindbild der Nazis. Als Goebbels 1927 Gauleiter der NSDAP in Berlin wurde, schickte er seine SA-Truppen zur „Begrüßung" an den Kudamm und ließ dort jüdisch aussehende Personen anpöbeln und zusammenschlagen. Viele der Passanten kamen damals von der Synagoge in der Fasanenstraße 79/80, die 1912 eingeweiht worden war. Sie wurde in der Pogromnacht 1938 angezündet und im Krieg vollends zerstört. Erst in den 50er Jahren begann man an dieser Stelle mit der Errichtung eines jüdischen Gemeindehauses. Das wiedererrichtete, historische Portal der Synagoge und eine stilisierte steinerne Thora erinnern an die Geschichte der Vernichtung eines ganzen Volkes (zum Thema jüdisches Leben in Berlin ▶ Seite 198).

Villa Grisebach in der Fasanenstraße

klusiven „Berlin W" zu spüren. Zahlreiche Boutiquen und Galerien zielen auf kaufkräftige Kundschaft.

An der nächsten Ecke (Uhlandstraße) befindet sich auf der rechten Seite des Kudamms mit der Nummer 33 das **Geschäftshaus Königstadt,** ein Bau von Paul Schwebes von 1956. Das Vestibül und das Treppenhaus stehen unter Denkmalschutz. Das Haus auf der gegenüberliegenden Seite, wo heute ein großer Porzellanhersteller seine Produkte anbietet, wurde 1955 von Heber & Risse für die Hamburg-Mannheimer Versicherungs AG erbaut.

Auf der linken Seite befinden sich gleich zwei interessante Gebäude. Das Haus Kurfürstendamm 213 war 1898 als Mietshaus mit Ladengeschäften errichtet worden und zeigt im Vorderhaus die ganze Pracht wilhelminischer Prägung.

Gegenüber der absolute Kontrast: Das **Maison de France** ❸ wurde von Hans Semrau 1948 bis 1950 im Auftrag der französischen Militärregierung erbaut. Auch heute noch kann man hier die französische Sprache erlernen und diese Kenntnisse auch gleich anwenden – im Cinéma Paris werden französische Filme in Originalfassung gezeigt.

Die **Uhlandstraße** selbst zeigt in diesem Bereich ähnliche Pracht wie der Kudamm, zahlreiche, auch internationale, Anwaltskanzleien haben hier ihren Sitz. Da fal-

🚌 *M29*
U Uhlandstraße

Geschichte zum Anfassen: The Story of Berlin

len dann manche Geschäfte mehr auf als anderswo, aber gerade das macht ja den Reiz Berlins aus. Hier gibt es nämlich einen Laden für Fetischliebhaber und einen Sexshop. Und wer hätte gedacht, dass man hier bis nachts um Zwei noch frische Pasta und Pizza zu bezahlbaren Preisen bekommt?

An das Maison de France schließt sich das **Kudamm-Karree** ❹ am Kurfürstendamm 206–209 an. Darin befinden sich u. a. das Theater am Kurfürstendamm und die Komödie am Kurfürstendamm.

Errichtet auf dem Ausstellungsgelände der Berliner Secession – hier stellten u. a. Liebermann, Leistikow, Kollwitz, Zille, Corinth, Manet und Monet aus –, etablierte hier Max Reinhardt ein weiteres Unternehmen seines Theater-Imperiums. Beide Häuser kämpfen gerade mit ihrem neuen Eigentümer ums Überleben. Die Gebäude waren nach dem Krieg wiederaufgebaut worden, allerdings 1974 durch die Umbauung mit dem genannten Kudamm-Karree fast völlig aus dem Straßenbild entfernt. Kaum ein Passant ahnt, dass sich hinter der nichtssagenden Glasfassade des Karrees zwei Theater mit historischem Innenleben verstecken. Der neue Eigentümer möchte den gesamten Gebäudekomplex abreißen, um neuzubauen. Als Architekt konnte David Chipperfield gewonnen werden. Er soll auch wieder einen Theatersaal einbauen.

Wenn wir zur nächsten Ecke kommen (Knesebeckstraße), finden wir auf der linken Seite unter der Adresse Kurfürstendamm 202 das **Hollywood Media Hotel**. Bekannt ist die Adresse vermutlich vor allem denjenigen, die schon zu Mauerzeiten nach West-Berlin kamen. Hier war im Untergeschoss das Big Eden, die Diskothek von Rolf Eden, den man aus diversen bunten Blättern ebenso kennt wie aus dem Fernsehen. Er hatte das Etablissement vor allem durch die ersten Miss-Wahlen in Berlin und die regelmäßige Anwesenheit diverser prominenter Reicher und Schöner bekanntgemacht. Nach dem Mauerfall zog die Partyszene nach Berlin-Mitte um, und Eden verkaufte seine Diskothek. Seitdem ging es immer weiter bergab, aber ein neuer Besitzer will mit einem neuen Konzept eröffnen, zu dem auch wieder viel nackte Haut gehören soll.

Auf der linken Seite des Kurfürstendamms bietet die **Bleibtreustraße** zahlreiche kleine Hotels und interessante Läden. Das älteste noch existierende Geschäft der Straße ist der Kunsthandel Herbert P. Ulrich in der Num-

Piccola Taormina
Uhlandstraße 29
(030) 8 81 47 10
www.piccola-taormina.net
Die kleine Pizzeria mit Selbstbedienung behauptet sich schon seit den 50er Jahren und bietet manchem Nachtschwärmer eine willkommene Stärkung.

Story of Berlin im Kudamm-Karee
Mo–So 10–20 Uhr,
Einlass bis 18 Uhr
9,30 Euro / 7,50 Euro / 3,50 Euro
(030) 8 87 20-100
www.story-of-berlin.de
Ausstellung zur Geschichte Berlins, in zahlreichen Themenräumen wird die Entwicklung der Stadt bis heute dargestellt. Höhepunkt: Eine Führung durch den echten Atomschutzbunker, der in den 70ern unter dem Kudamm-Karree erbaut wurde.

Theater und Komödie am Kurfürstendamm
Kartenservice:
(030) 88 59 11 88
www.theater-am-kurfuerstendamm.de

🚍 *M29*
Bleibtreustraße

Savignyplatz

Die Bleibtreustraße führt auf der rechten Seite zum Savignyplatz, dem Stadtgebiet, das früher als Stricher- und Bordellviertel zweifelhafte Berühmtheit erlangte. Eine kluge Sanierungspolitik in den 70er Jahren verscheuchte die käufliche Liebe von der Straße. Heute wohnen hier gut betuchte Professoren und Freiberufler und der Savignyplatz wurde zur Spielwiese der „Toskana-Fraktionen", die sich ja mittlerweile in allen Parteien finden. Hier gibt es nicht nur die obligatorischen Edelitaliener, sondern auch gut sortierte Buchhandlungen und Galerien.

mer 32. Im Jahr 1872 wurde die Familie hier ansässig und konnte sich trotz vieler Höhen und Tiefen an diesem Standort behaupten.

Für alle Kino-Freaks eine wichtige Adresse: das **Filmkunst 66** in der Bleibtreustraße 12, eines der wenigen kleinen Off-Kinos, die sich gegen die Übermacht der Multiplex-Kinos behaupten konnten. Ein Lichtspielhaus mit Tradition, Charakter und einem einzigartigen Filmprogramm.

Auf dem Kudamm kommt man immer wieder an großformatigen Skulpturen vorbei, die in der Mitte der Straße errichtet wurden. Aus Anlass der 750-Jahr-Feier der Stadt Berlin 1987 hatte der Neue Berliner Kunstverein einen Skulpturen-Boulevard ins Leben gerufen, der sich entlang des Kurfürstendamms, der Tauentzienstraße und der Schillstraße durch West-Berlin zog. Ursprünglich als zeitweilige Installation gedacht, stehen heute noch drei der großen Skulpturen. Eine davon auf dem Mittelstreifen der Kreuzung Bleibtreustraße/Kurfürstendamm: die **„Pyramide"** ❺ von Joseph Erben.

Direkt hinter der Kreuzung Bleibtreustraße befindet sich – etwas zurückgesetzt und versteckt – links in der Nummer 195 eine der bekanntesten Currywurst-Buden von Berlin. Hier am Kudamm zielt man natürlich auf ein besonderes Klientel ab. Nicht nur, dass die Currywurst auf Porzellan serviert wird, dazu kann man neben anspruchsvollen Biermarken auch aus einem Sortiment verschiedener Champagnersorten wählen. Bude ist deshalb vielleicht ein bisschen untertrieben, aber auf alle Fälle gibt es hier täglich von 11 bis 5 Uhr morgens, sonnabends und sonntags bis 6 Uhr, Berlins berühmteste kulinarische Köstlichkeit.

Gleich neben der Edel-Currywurst-Bude ragt ein gewaltiges graues Bauwerk auf. Das so genannten **Haus Cumberland** ❻ war die erste Investruine am Kurfürstendamm. Der Bankier Fedor Berg hatte es 1911–1912 von Robert Leibnitz als „Boarding-Palast" errichten lassen. Geplant war es als luxuriöse Unterkunft für Gäste, die einen längeren Aufenthalt in Berlin planten, gut situierte Junggesellen oder auch junge Ehepaare, die noch kein eigenes Heim besaßen. Sie konnten nicht nur den damals modernsten Komfort, sowie hauseigene Läden und Salons nutzen, auch das Hauspersonal stand den Mietern zur Verfügung. Die Pläne gingen nicht auf, nach einem Jahr musste der Besitzer aufgeben. Danach wechselten die Nutzer ständig. In der Nachkriegszeit logierte

Sehen und gesehen werden auf dem Kurfürstendamm

hier das Landesfinanzamt, nach 1966 die Oberfinanzdirektion Berlin. Dann stand es lange leer. Nur Filmteams waren häufig zu Gast. Matt Damon drehte hier „Die Bourne-Verschwörung" und das ZDF eine Hotel-Serie.

Die nächste Straßenkreuzung (Schlüterstraße) vermittelt noch mal eine Ahnung davon, warum der Kurfürstendamm als Prachtstraße bezeichnet wurde. Die Gebäude stammen alle aus der Zeit der Jahrhundertwende. Heute sind hier einige der teuersten Geschäfte Berlins zu Hause. Ob berühmte Juweliere oder internationale Designer – hier kann man innerhalb kurzer Zeit viel Geld ausgeben!

Auch in der **Schlüterstraße** selbst gibt es wunderschöne Häuser zu sehen. Das Baudenkmal 45, in dem heute das **Hotel Bogota** ❼ zu Hause ist, wurde 1911/12 als Wohnhaus erbaut. Damals lebte hier unter anderem die Fotografin Yva (eigentlich Else Simon), die Lehrmeisterin von Helmut Newton und Bill Goodwin. Ihre 14-Zimmer-Wohnung auf zwei Etagen bot gleichzeitig Arbeits- und Ausstellungsräume. Yva wurde 1942 von den Nazis ermordet, das Haus enteignet und in ein Geschäftshaus umgewandelt. Danach zog die Reichskulturkammer ein.

Nach Kriegsende wurde es von verschiedenen Kulturorganisationen genutzt, bis 1964 das Hotel Bogota in das Gebäude einzog. Seit einigen Jahren werden hier

George-Grosz-Platz
Der kleine Platz Ecke Kurfürstendamm/Schlüterstraße trägt seit 1986 den Namen des Berliner Malers und Karikaturisten. Grosz, der während des Dritten Reiches Deutschland verlassen musste, kehrte 1959 nach Berlin zurück und verstarb kurz darauf am Savignyplatz 5.

Verborgenes Museum
*Schlüterstraße 70
Do–Fr 15–19 Uhr,
Sa/So 12–16 Uhr
(030) 3 13 36 56
www.dasverborgene
museum.de*

im „Photoplatz" im Hotel regelmäßige Ausstellungen von Fotos in der von Yva begründeten Tradition gezeigt. Diese Fotogalerie ist nicht die einzige in der Straße. Im Gartenhaus des Hauses Schlüterstraße 70 findet man das **Verborgene Museum,** das ebenfalls zahlreiche Fotoausstellungen präsentiert.

Die Schlüterstraße gilt aber auch als Ausgehstraße. Ob englischer Pub mit über 400 Sorten Whisky und Whiskey oder eleganter Cocktail-Club – hier findet jeder das Passende.

Die nächste Ecke ist die **Wielandstraße**. Nach links, zum Olivaer Platz hin gewandt, wandeln wir auf politisch bedeutsamem Boden: 1967 wurde in der Nummer 27 der **Republikanische Club** ❽ eröffnet, zu dessen Gründervätern u. a. Hans Magnus Enzensberger und Wolfgang Neuss gehörten. Der Club diente „politischer Bildung und Diskussion" und hatte interessante Nachbarn. Die Wielandkommune, eine Gruppe von bis zu 20 Personen, der unter anderem Georg von Rauch und Michael Baumann angehörten, praktizierte hier nach dem Vorbild der Kommune 1 einen bewusst antibürgerlichen Lebensstil, wobei sich die Mitglieder als Vorreiter einer grundlegenden gesellschaftlichen Veränderung sahen. Drogen und sexuelle Experimente gehörten dazu. Ihren Lebensunterhalt erwarben die Kommunarden durch den Raubdruck und Verkauf vor allem sozialistischer Klassiker und durch Ladendiebstahl in Supermärkten, was man damals „proletarischen Einkauf" nannte. Hauptmieter der Wohnung war der Rechtsanwalt Otto Schily.

WIELANDSTRASSE 18

Jüdisches Flüchtlingsversteck. In der Wielandstraße 18 versteckte der Portier und Hauswart Otto Jogmin in seiner Wohnung ab Winter 1942 zunächst eine Jüdin. Er gab sie als seine Tante aus. Anschließend sorgte er für weitere Flüchtlinge, die er im Keller des Hauses unterbrachte. Er organisierte Lebensmittel und half, wo immer er konnte. Wie viele Menschen letztlich durch ihn gerettet wurden, ist nicht mehr festzustellen. Otto Jogmin steht für den einfachen Berliner, der nicht lange fragte, wenn seine Hilfe erforderlich war und dies als selbstverständliche Pflicht verstand. Er ließ sich davon auch nicht durch eine Denunziation und anschließende Polizeikontrolle abbringen, bei der er noch einmal glimpflich davonkam.

Nicht so viel Glück hatte die jüdische Malerin Charlotte Salomon, die 22 Jahre im Haus Nummer 15 wohnte. Sie war hier als Tochter eines jüdischen Arztes geboren worden und flüchtete 1939 nach Frankreich. Dort internierte man sie beim Einmarsch der Deutschen, 1943 wurde sie in Auschwitz ermordet. Eine Gedenktafel des Landesjugendrings Berlin erinnert an sie.

Ein Plätzchen zum Ausruhen findet sich an der nächsten Ecke, am **Olivaer Platz**. Die Straße nach rechts ist die Leibnizstraße, nach links beginnt die Konstanzer Straße. Dort befindet sich auch der größere Teil des Olivaer Platzes, an dem sich die Charlottenburger Schickeria gern zum Essen einfindet. Hier endet die City-Umfahrung durch die Lietzenburger Straße, so dass es hier recht geschäftig zugeht. Der bisher ferngehaltene Durchgangsverkehr fließt nun auf den Kurfürstendamm stadtauswärts.

Lichtspielhaus mit Tradition: Kino Kurbel

Wenn man in die **Leibnizstraße** (rechte Seite) einbiegt, gelangt man zu dem **Leibnizkolonnaden** ❾, die sich bis zur Wielandstraße durchziehen. Sie wurden im Jahr 2000 nach Plänen von Hans Kollhoff und Helga Timmermann erbaut. Zwei Achtgeschosser (mit einem Kindergarten auf dem Dach) wurden an den Längsseiten der Piazza errichtet, in der Mitte des Platzes installierte man eine per Computer gesteuerte Wasserfontäne und pflanzte – etwas Grün ist gut fürs Auge – einen einzelnen Kastanienbaum. Die strengen Steinfassaden in grau-grünem Granit und die Säulengänge mit den Lampen im Stil des Art Déco werden vor allen sonnabends belebt, wenn hier ein Viktualienmarkt stattfindet. Wie der Name verrät, ist das Konzept an das Münchner Vorbild angelehnt, die Preise ebenfalls. Dementsprechend ist auch das Klientel, das hier einkauft – gern auch zu Jazzmusik. Der Platz trägt den Namen des Philosophen und Literaturkritikers Walter Benjamin.

🚌 M29
Olivaer Platz

An der nächsten Ecke mündet, leicht schräg, die **Giesebrechtstraße** auf der rechten Seite, direkt an der Bushaltestelle, in den Kurfürstendamm.

In der Giesebrechtstraße 4 findet sich das **Kino Kurbel**. 1934/35 war es in einen ehemaligen Eckladen eingebaut worden. 1945 nahm die Kurbel als eines der ersten Berliner Kinos seinen Betrieb nach dem Krieg wieder auf; in den 70ern nutzte man es kurze Zeit als Sex-Kino, von 1974 bis 2003 war es Programmkino. 2005 wurde es als Premierenkino mit drei Sälen wiedereröffnet.

An der Giesebrechtstraße 5 ❿ erinnert eine Gedenktafel an **Eduard Künneke,** den Komponisten bekannter Operetten wie Der Vetter aus Dingsda oder Glückliche Reise. Seine Tochter **Evelyn Künneke** machte zunächst

SALON KITTY

Nazi-Abhöranlagen im Edelbordell. In der Giesebrechtstraße 11 befand sich in der dritten Etage seit den 30er Jahren die Künstler-Pension Schmidt. Besser bekannt war sie als Salon Kitty. Namensgeberin und Betreiberin war Kitty Schmidt. Obwohl auch wirkliche Künstler hier abstiegen (Johannes Heesters erzählte einmal, dass er hier wochenlang wohnte und erst von einem Taxifahrer vom Ruf des Hauses erfuhr), war der Salon Kitty in erster Linie ein Bordell, in dem „Frauen und Mädchen, die intelligent, mehrsprachig, nationalistisch gesinnt und ferner mannstoll sind" (so die Anforderung von Reinhard Heydrich, Leiter des Reichssicherheitshauptamtes (RSHA), an die Polizeidirektion Berlin) den Gästen Geheimnisse entlocken sollten. Die Gäste waren hauptsächlich Diplomaten unterschiedlichster Länder, aber auch diverse Nazigrößen wurden auf ihre Ergebenheit hin überprüft. Alle Räume wurden abgehört – im Keller des Hauses wurden die Gespräche auf Schallplatten aufgenommen. Später hätte man diese auch gleich im Nachbarhaus abgeben können: Ernst Kaltenbrunner, nach Heydrich Chef des RSHA, wohnte Giesebrechtstraße 12.

Das Etablissement blieb auch nach dem Krieg bestehen. Der Enkel von Kitty Schmidt wandelte das Etablissement 1990 in ein Asylbewerberheim um. Nach Anwohnerprotesten musste er es aber schließen.

---

als Steptänzerin Furore, bevor sie sich dem Gesang zuwandte. Ihre Swing-Begeisterung teilten die Nazis nicht, sie wechselte zum Schlager. Auch nach Kriegsende versuchte sie sich weiter als Schlagersängerin, mit Titeln wie „Winke, winke" oder „Allerdings sprach die Sphinx". Erst in den 70er Jahren gelang ihr als Schauspielerin mit Rosa von Praunheim ein Comeback. Evelyn Künneke verstarb in der Wohnung ihres Vaters 2001.

Wenn wir weiter stadtauswärts fahren, kommen wir zunächst am Kurfürstendamm am **ECO-Haus** ⓫ vorbei. Das Geschäftshaus wurde 1954/55 von Herbert Schiller errichtet. Zuerst war hier der Konfektionshersteller Gerhard Ebel & Co. (Eco) ansässig, wodurch das Gebäude den Namen erhielt. Das ECO-Haus war Domizil für eine Reihe von Konfektionsfirmen. 1000 Beschäftigte der Bekleidungsindustrie fanden hier in den 50ern neue Arbeitsplätze.

An der Ecke **Clausewitzstraße** steht das so genannte **Dorette-Haus.** Erbaut 1954, war das Modehaus ein Symbol für den Wiederaufbau und vor allem das Wiedererstarken der Berliner Konfektion. Das Gebäude ist nach dem einst im Haus beheimateten Konfektionsbetrieb Dorette-Kleider benannt. Geführt wurde dieser von Dorette Fieck, die auch Eigentümerin des Hauses war. Am Kurfürstendamm gab es eine Reihe von Modehäusern, viele der Arbeitskräfte kamen traditionell aus Ost-Berlin. Mit dem Bau der Mauer endete diese Ära weitgehend.

Restaurant Balthazar
Kurfürstendamm 160
(030) 89 40 84 77
www.balthazar-restaurant.de
Im exquisiten Restaurant des Fünf-Sterne-Hotels Louisa's Place kann man auch gut als Single speisen: am „Balthazar-Tisch" genießen Einsame gemeinsam ein (bis zu) 12-gängiges Menü.

Gleich daneben das Drei-Sterne-Hotel Kurfürstendamm in der Nummer 68, einem Bau mit längerer Geschichte: In den Jahren 1921/22 wurde hier ein Geschäftshaus mit einem Kino errichtet. Das Alhambra sorgte mit der Uraufführung des ersten Tonfilmes für Schlagzeilen und 1926 mit der Deutschlandpremiere des Films „Panzerkreuzer Potemkin" von Sergej Eisenstein. 1928/29 wurde das Vorderhaus zum Hotel Alhambra umgebaut und dessen Dachgarten bald Treffpunkt der Berliner Gesellschaft. Im Zweiten Weltkrieg wurden das Kino vollständig und das Vorderhaus schwer zerstört. 1948 eröffnete wieder ein Kino, 1951 zog erstmals ein Hotel ein. Nach Umbaumaßnahmen 1981 eröffnete dann das Drei-Sterne-Hotel Kurfürstendamm.

Unsere nächste Station ist der **Adenauerplatz.** 1974 erhielt er seinen Namen, es dauerte aber bis 2003, bis Helga Tiemann hier ihr Denkmal für den ersten Bundeskanzler aufstellen konnte. Herr Adenauer scheint es etwas eilig zu haben, aber das hatte er ja wohl immer, wenn er in Berlin war (er mochte die Stadt nicht, heißt es). Durch eine neue Straßenführung war der Platz in den 60er Jahren entstanden, ursprünglich führte die Wilmersdorfer Straße rechter Hand direkt zum Kudamm.

BUS *M29*
U Adenauerplatz

*Forschen Schrittes unterwegs:
Konrad Adenauer am Kudamm*

Ein Straßentunnel entlastet den Kreuzungsbereich von der Brandenburgischen Straße links bzw. der Lewishamstraße rechts des Kurfürstendammes. Es lässt hier ein bisschen nach mit dem Pomp. Die Lewishamstraße führt zum **Stuttgarter Platz,** einer berühmt-berüchtigten Gegend. Berühmt vor allem als kurzzeitiger Wohnort der Kommune 1, die 1969 (kurz vor ihrer endgültigen Auflösung) tatsächlich in der Kaiser-Friedrich-Straße eine Wohnung bezogen hatte. Berüchtigt als Stadtgebiet mit der höchsten Dichte an Oben-ohne-Bars, Sexshops, Bordellen und ähnlichen Etablissements. Aber alles ein biss-

Berlins schmalstes Hochhaus, von Helmut Jahn

chen piefig und schmuddelig. Der Lack ist ab.

Das sieht man jetzt auch am Kurfürstendamm: Rechter Hand an der Ecke Lewishamstraße steht das **schmalste Hochhaus von Berlin** ⑫, ein Werk von Helmut Jahn, der auch das Sony-Center am Potsdamer Platz entworfen hat. 1994 erbaut, musste es schon drei Jahre später zum ersten Mal zwangsversteigert werden. Vielleicht hätte man doch lieber traditionell bauen sollen. Hier stand ursprünglich ein Wohnhaus mit dem Café Kurfürstendamm und spektakulärem Dachgarten, in dem auch Olga Desmond lebte. Die Schauspielerin spielte u. a. mit Hans Albers in dem Film „Mut zur Sünde".

Die nächsten Straßen bieten ein Kontrastprogramm zu den gutbürgerlichen Bauten in der Schlüter- oder Wielandstraße. Trostlos könnte man auch sagen, da sich das Auge an die opulenten Fassaden gewöhnt hat. Gleichzeitig zeigt sich aber auch das Ausmaß der Bombardements, denen die ursprüngliche Bebauung zum Opfer gefallen ist. Zahlreiche schlichte Wohnbauten aus den 50er und 60er Jahren finden sich hier, viele erbaut mit Hilfe des „Notopfer Berlin", dem 2-Pfennig-Zusatz auf westdeutschen Briefmarken. Die einfache Gestaltung entsprach den Ansprüchen der damals modernen Architektur, die allen Zierrat als kleinbürgerlich verdammte. Heute kaum vorstellbar, dass man auch an erhaltenen Gebäuden den Stuck entfernte, um sie schick zu machen!

🚌 *M29*
Lehniner Platz/Schaubühne

Am **Lehniner Platz** bietet die **Schaubühne am Lehniner Platz** ⑬ Kultur der anspruchsvollen Sorte. Der markante Rundbau war von Erich Mendelsohn 1928 als damals größtes Berliner Kino im Stil der Neuen Sachlichkeit entworfen worden. Zum Ensemble gehörten nicht nur die Bauten direkt am Kurfürstendamm, sondern eine ganze Siedlung mit Wohnungen, Gartenanlagen und sogar Tennisplätzen. Bekannt wurde die Schaubühne vor allem durch die Arbeiten des „Theaterkollektivs" des 68ers Peter Stein, der das Haus fast 30 Jahre leitete. Berühmte Schauspieler haben hier gearbeitet: Otto Sander, Bruno Ganz, Edith Clever, Udo Samel und Ulrich Mühe sind nur einige davon.

Im Haus Kurfürstendamm 96 ⑭ wohnte bis 2003 **Da-**

niel Libeskind, der Architekt des Jüdischen Museums Berlin. Der Museumsbau war das erste Gebäude von ihm, das tatsächlich gebaut wurde; seitdem hat Libeskinds Karriere gewaltige Fortschritte gemacht.

Am 11. April 1968 wurde vor dem Grundstück Kurfürstendamm 141 (linke Seite) von einem Rechtsradikalen das Attentat auf den Studentenführer Rudi Dutschke verübt. Eine in den Gehweg eingelassene Gedenktafel (der Besitzer des Hauses weigerte sich, eine Tafel am Haus anbringen zu lassen, er fürchtete Schmierereien) erinnert daran. Bis 1970 war auf der Ecke Joachim-Friedrich-/Johann-Georg-Straße das Haus des **Sozialistischen Deutschen Studentenbundes (SDS)** ⓯.

Viel Spektakuläres ist bis zum Rathenauplatz nun nicht mehr zu sehen. Die Bauten auf der rechten Seite sind fast alle erst nach dem Krieg gebaut, und die Läden bieten das, was man als Waren des täglichen Bedarfs bezeichnet. Selbst die Autohäuser bieten hier nur noch Mittelklassewagen. Nur auf der linken Seite stehen noch einige wenige Häuser aus der Zeit vor dem Krieg. Und weil es hier nicht mehr so viele Flaneure gibt, wurden sogar die kleinen Vorgärten der Häuser erhalten. Sie geben uns einerseits eine Vorstellung von der ursprünglichen Planung des Boulevards, andererseits zumindest

Die Bretter der Schaubühne haben schon so manchen berühmten Schauspieler gesehen

Kunst mit Cadillacs am Rathenauplatz

3 Tipps für Nachtschwärmer
Nah beieinander und trotzdem recht verschieden:

Ambiente Take Five
*Kurfürstendamm 133
Tgl. 17–2 Uhr,
Sa/So open end
Gepflegte Bar mit kleinem Biergarten vor dem Haus*

Bar Atelier
*Katharinenstraße 1
Tgl. 18–5 Uhr
Cocktailbar mit sehr kleiner Tanzfläche und ein beliebter Ort nach Discobesuchen*

Bistro-Café Inside
*Kurfürstendamm 130
Tgl. 16–8 Uhr, durchgehend warme Küche
Hier trifft man Frühaufsteher, Nachtarbeiter und diejenigen, die einfach nicht nach Hause wollen …*

im Sommer eine gemütliche Umgebung für eine Pause im Biergarten.

Interessant ist das Haus in der Katharinenstraße 5 ⓰. Hier lebte die Dichterin **Else Lasker-Schüler** mit ihrem zweiten Mann. Obwohl sie noch 1932 den Kleist-Preis erhalten hatte, emigrierte sie 1933, nachdem sie mehrmals tätlich angegriffen worden war. Sie verstarb 1945 in Palästina.

Auf der **Kurfürstendammbrücke** ist der Kurfürstendamm 12 Meter höher als an der Gedächtniskirche. Man hat hier einen schönen Blick zurück über den Kudamm und nach rechts über das Bahngelände zum ICC, zum **Internationalen Congress Centrum,** am Messegelände. Der futuristisch anmutende Bau ist eines der größten Kongressgebäude der Welt. Das 320 Meter lange, 80 Meter breite und 40 Meter hohe Gebäude wurde nach nur vier Jahren Bauzeit nach Plänen der Berliner Architekten Ralf Schüler und Ursulina Schüler-Witte erbaut und 1979 eröffnet. Es hat 80 Räume mit 20 bis 9100 Plätzen und wird für Tagungs- und Unterhaltungsveranstaltungen aller Art genutzt. Durch eine Brücke ist das ICC Berlin direkt mit dem Berliner Messegelände verbunden. Dort steht auch der Funkturm, den Touristenführer gern als Langen Lulatsch bezeichnen (die Berliner sagen Funkturm). Er wurde 1926 aus Anlass der dritten Großen Deutschen

Funkausstellung eröffnet. Ursprünglich als reiner Sendemast gebaut, wurde nachträglich auf ca. 50 Meter Höhe ein Restaurant und auf ca. 125 Meter eine Aussichtsplattform angebracht. Die 600 Tonnen Gewicht stehen auf tönernen Füßen: Die Porzellan-Isolatoren sollen ein Abströmen der Sendeenergie verhindern. Am 22. März 1935 wurde von seiner Spitze aus das erste reguläre Fernsehprogramm der Welt abgestrahlt. Seit 1963 dient der Sendemast auf der Turmspitze nur noch Amateurfunkern, Polizei- und Mobilfunk.

Auf der anderen Seite der Brücke sieht man das Heizkraftwerk Wilmersdorf. Die drei 102 Meter hohen Schlote markieren die drei Kraftwerksblöcke, die jeweils 110 Megawatt Leistung erzeugen. Da das Kraftwerk nicht an einem Gewässer errichtet wurde, bezieht es sein Wasser aus einem Tiefbrunnen. Der Bau erhielt in den 80er Jahren sogar einen Architekturpreis. Das große Gebäude daneben ist Sitz der Bundesversicherungsanstalt für Angestellte (BfA).

Der **S-Bahnhof Halensee** wurde 1877 als Bahnhof Grunewald eröffnet. 1960 errichtete man einen Neubau im Pavillonstil, doch bald nach dem Mauerbau wurde der Bahnhof stillgelegt. 1988 – kurz vor der Maueröffnung – plante man die Überbauung des Bahngeländes. Der Halenseegraben sollte mit einer Art Deckel versehen werden, auf dem dann 1400 Wohnungen entstehen sollten. Mit dem Mauerfall wurden diese Pläne zu den Akten gelegt, stattdessen wurde der S-Bahn-Ringverkehr rund um die (Gesamtberliner) Innenstadt wiederaufgenommen.

Direkt hinter dem Bahnhof findet sich auf der rechten Seite, am Kurfürstendamm 119/120, noch ein Bau von Helmut Jahn aus dem Jahr 1993. Die geschwungene gläserne Fassade erinnert an das Hochhaus am Sony-Center am Potsdamer Platz.

In ähnlicher Form entstand von 1994 bis 1996 hier am **Kronprinzendamm** das auf den Namen **Zitrone getaufte Bürogebäude** ❼ nach Plänen von Hilde Léon und Konrad Wohlhage auf einem Grundstück direkt neben der Stadtautobahn.

Am Kurfürstendamm 123 ❽ befindet sich das letzte im Bereich Halensee erhaltene Mietshaus am Kudamm. 1903–1904 ließ sich der Brauerei- und Konditoreibesitzer August Aschinger das Haus von Hugo Tietz errichten.

Nun sind wir am **Rathenauplatz** angelangt. Die „2 Betoncadillacs in Form der nackten Maja" des Charlottenburger Künstlers Wolf Vostell, ein Werk moderner

🚌 *M29*
S Halensee

Aschinger-Haus
August Aschinger war sich der repräsentativen Lage seines Grundstücks als Eingang zum Kurfürstendamm durchaus bewusst. „Der Bauherr [hat] es für (...) nötig gehalten, (...) keine Kosten zu scheuen und (...) die Facaden möglichst interessant und künstlerisch zu gestalten", heißt es in der Bauakte. Im Erdgeschoss betrieb der Bauherr Aschinger ein Restaurant, der dazugehörige Biergarten befand sich in Richtung Kudamm. Heute ist hier ein Steakhaus zu finden.

🚌 *M29*
Rathenauplatz

Gedächtniskirche und Gloriapalast 1940, vor ihrer Zerstörung

Kunst, um das (damals) viele Debatten geführt wurden, bilden für uns den Endpunkt des geschichtsträchtigen Kurfürstendamms …

Deshalb steigen wir hier aus und fahren auf der anderen Seite wieder zurück. Natürlich könnten wir weiterfahren und dabei wunderschöne Villen bewundern, die zum Teil noch aus der Besiedlungszeit dieser Gegend zu Beginn des 20. Jahrhunderts stammen. Der Bus fährt auch am Gedenkstein für Walter Rathenau vorbei, dem Außenminister der Weimarer Republik, der in der Koenigsallee lebte und vor seinem Haus erschossen wurde. Aber das ist dann schon wieder einen Extra-Spaziergang wert …

Gleich am Anfang unserer Rückfahrt sieht man auf der rechten Seite des Kurfürstendamms noch die Vorgärten, die ursprünglich zu jedem Haus gehören sollten: siebeneinhalb Meter waren dafür auf beiden Seiten vorgesehen, dazu vier Meter Fußweg. Dann zehn Meter Fahrbahn, in der Mitte ein zwölf Meter breiter Reitweg. Später fuhr darauf die Straßenbahn entlang zum Lunapark am Halensee, heute dient der Mittelstreifen fast überall als Parkplatz.

🚌 *M29*
U Kurfürstendamm

Zurück am Ausgangspunkt unserer Kurfürstendamm-Fahrt, an der **Joachimstaler Straße:** Das riesige Eckgebäude mit der flimmernden Reklametafel beherbergt nicht nur einen Klamottenladen, sondern auch ein großes Schweizer Fünf-Sterne-Hotel.

In Richtung Gedächtniskirche sind es auf der rechten Kudammseite neben diversen Kaufhäusern vor allem zwei historische Gebäude, die unsere Aufmerksamkeit auf sich ziehen: die Nummer 234 und 236. Im Haus Nummer 234, im Jahr 1902 erbaut, befand sich bis 1977 die Hofkonditorei Schilling, danach bis 1992 das Café Möhring. Es war genau die Zeit, als alle Welt gen Osten bzw. in den Stadtbezirk Mitte strömte, als auch dieses Café schließen musste. Heute bietet hier eine Bekleidungskette Mode für junge Leute an.

Ebenfalls zum Klamottenladen mutierte das **Marmorhaus** ⑲ am Kurfürstendamm 236. Seinen Namen erhielt der ehemalige Kinopalast wegen seiner Fassade aus weißem, schlesischem Marmor. 1912 im Stil der beginnenden Moderne von Scheibner und Eisenberg erbaut, war es 1919 der Uraufführungsort für „Das Kabinett des Dr. Caligari". Es hatte den Krieg fast unbeschadet überstanden und diente danach als Berlinale-Kino. 2001 musste es schließen. In den beiden oberen Etagen befindet sich heute das zweitgrößte Yogastudio Deutschlands auf über 1000 Quadratmetern, im unteren Teil zogen Geschäfte ein.

Das gleiche Schicksal ereilte den **Gloria-Palast** genau gegenüber, am Kurfürstendamm 12. Dieser Kinopalast war der zweite an dieser Stelle. Der erste Bau im so genannten Romanischen Haus war 1926 eröffnet worden. Im vorderen Teil des Gebäudes befand sich das Café Trumpf, im Innenhof das Kino. Sieben Treppenhäuser aus Marmor und drei Aufzüge führten zu einem Kinosaal für 1200 Zuschauer. Ein verspiegelter Wintergarten, Konversations- und Schreibzimmer, Wandelgänge mit Garderoben und Buffets gehörten ebenfalls zum Kino. 1930 wurde hier der Film „Der blaue Engel" uraufgeführt. 1943 wurde der Kinopalast durch Bomben zerstört, 1953 errichtete man an fast gleicher Stelle den heutigen Bau. Der war zwar nicht so luxuriös wie sein Vorgänger, trotzdem ein beliebter Filmpalast. 1998 ereilte ihn das gleiche Schicksal wie das gegenüberliegende Marmorhaus: Er wurde geschlossen. Die Gloria-Galerie beherbergt heute diverse Bekleidungsgeschäfte.

Von weitem schon ist die Ruine der **Kaiser-Wilhelm-Gedächtnis-Kirche** [20] zu sehen. Mitten auf dem Breitscheidplatz symbolisiert sie mit dem Europa-Center (▸ Seite 122) den Mittelpunkt der City des ehemaligen West-Berlins.

Franz Heinrich Schwechten baute hier den größten protestantischen Kirchenbau in Preußen. 1895 im Beisein von Wilhelm II. geweiht, war er ein Wahrzeichen des neuentstehenden Westens von Berlin. Der Hauptturm war 113 Meter hoch, hier hing die 13 794 Kilogramm schwere Kaiserglocke. Vier kleinere Türme erreichten immer noch eine Höhe von 54 bzw. 62 Metern. Und die Bürger ließen sich das was kosten: Wer heute in die Ruine – nur der Hauptturm steht noch – hineingeht, staunt über die geradezu byzantinische Pracht der Innenausstattung. Mosaiken zeigen Kaiser des alten Deutschen Reiches und die Reihe der

Ausgeh-Tipps:
Beersaloon
Kurfürstendamm 225
Country und Schlager als
Live-Musik, donnerstags
Karaoke-Wettkampf. Die
zahlreichen Biersorten
helfen offenbar, Hemm-
schwellen und Selbstzwei-
fel zu senken.

Maxxim-Club
Joachimstaler Straße 15
(030) 41 76 62 40
www.maxxim-berlin.de
Abtanzen in edel umge-
stalteten Räumen einer
ehemaligen Polizeiwache.
Mittwochs gibt es die
Neuauflage der berühmten
Far Out-Partys. Im UG
befindet sich das berühmt-
berüchtigte Kneipendorf
Kudorf ...

Gedächtniskirche
Tgl. 9–19 Uhr
Abendmusik: Sa 18 Uhr,
Glockenspiel zu jeder
vollen Stunde
www.gedaechtniskirche-
berlin.de

Deckenmosaik in der Gedächtniskirche

Nummerierung Kurfürstendamm
Aufmerksamen Besuchern fällt auf, dass es keine Hausnummer von 1 bis 10 am Kurfürstendamm gibt. Anfänglich ging der Kudamm nämlich auf der anderen Seite des Breitscheidplatzes (früher Auguste-Viktoria-Platz) noch weiter; dort, wo heute die Budapester Straße bis zum Tiergarten verläuft. Die Umbenennung der Straße erfolgte 1926. Nach dem Tod Friedrich Eberts, des ersten Reichspräsidenten der Weimarer Republik, wurde die ursprüngliche Budapester Straße am Tiergarten in Ebertstraße umbenannt. Um diplomatische Verwicklungen mit der ungarischen Regierung zu vermeiden, musste eine neue Budapester Straße gefunden werden – ein Stück Kudamm musste dran glauben.

Europa-Center-Stern
Der Mercedes Stern ist 300 Zentner schwer, hat einen Außendurchmesser von 10 Metern, dreht sich etwa zweimal pro Minute um sich selbst und strahlt nachts mit Hilfe von 68 Ein-Meter-Leuchtstoffröhren. Für Wartungsarbeiten lässt er sich umlegen, bei Sturm dreht er sich automatisch in den Wind.

🚌 *M29*
Europa-Center

Hohenzollern. Eigentlich sollte die Ruine ja nach dem Krieg gesprengt werden, um vollkommen neu zu bauen. Dann aber besann man sich eines Besseren, die Sprengung des Berliner Stadtschlosses 1950 hatte ein neues Bewusstsein geschaffen. Der Architekt Egon Eiermann war eigentlich ein Verfechter von tabula rasa – um neu zu bauen, ließ er gern auch architektonisch wertvolle Gebäude abreißen. Er bekam nun den Auftrag, wenigstens die Ruine des Hauptturmes in seine Planungen einzubeziehen und gruppierte den neuen Glockenturm, die Kirche, eine Kapelle und das Foyer um sie herum. Man mag heute über die Architektur geteilter Meinung sein: besonders nachts entfalten die blauen Verglasungen einen einzigartigen Zauber und sehenswert ist die Kirche allemal. Der Architekt hat Altar, Kanzel, Taufschale, Kerzenleuchter, Gestühl, Lampen, Orgelprospekt und alle anderen Bauelemente des Innenraums selbst entworfen und so eine Art Gesamtkunstwerk geschaffen.

An der Ecke Rankestraße/Kurfürstendamm sind wir am Ende des berühmten Boulevards angekommen. In der **Rankestraße** kann man vor allem recht gut essen. Mehrere Restaurants bieten gutbürgerliche Küche. Der Kiosk vor der Nummer 1 stammt von 1923 und steht ebenso unter Denkmalschutz wie die Häuser Rankestraße 5–6 von Paul Schwebes und Rankestraße 33–34 von Heinrich Sobotka aus den 50er Jahren. Direkt daneben, an der Nummer 35, befindet sich eine Gedenktafel für die erste deutsche Frauenärztin, Hermine Heusler-Edenhuizen, die hier von 1915 bis 1935 lebte und arbeitete.

Neben der Gedächtniskirche sprudelt der **Weltkugelbrunnen** auf dem Breitscheidplatz, den die Berliner despektierlich „Wasserklops" nennen. Aus der 8,5 Meter hohen Granitkugel entspringen zahlreiche Fontänen, aber auch verschiedene Bronzetiere sind zu entdecken. Der Brunnen, ein Werk von Ivan Krusnik und Oskar Reith, wurde 1983 aufgestellt. Die Bronzefiguren stammen von Joachim Schmettau.

In gewisser Weise bildet der Brunnen den Eingang zum **Europa-Center,** der ersten „Shopping-Mall" in Deutschland. Wenn etwas Neues erfunden wurde, dann zeigte man es besonders gern und zuerst in West-Berlin, dem „Schaufenster des Westens". So entstand bis 1965 das Europa-Center an der Stelle des einst berühmten Romanischen Cafés, das im Krieg zerstört worden war. 13 000 Quadratmeter Bürofläche, 100 Geschäfte und gastronomische Einrichtungen findet man hier, ein Kino, ein Hotel und ein Appartementhaus gehören ebenfalls dazu.

Im Untergeschoss findet sich eine Berühmtheit Berlins: das Kabarett „Die Stachelschweine" ist seit der Eröffnung des Europa-Centers hier ansässig. Zu den wohl bekanntesten Mitgliedern zählten, neben dem Gründer Rolf Ulrich natürlich, Wolfgang Gruner und Günter Pfitzmann. Auch wenn die heutigen Künstlernamen nicht mehr so klangvoll sind, ein Besuch lohnt sich trotzdem.

Die **Uhr der fließenden Zeit** oder kurz Wasseruhr im westlichen Innenhof des Europa-Centers stellt den Ablauf der Zeit im Zwölf-Stunden-Takt dar. In einem komplizierten System gläserner Kugeln und Röhren fließt farbiges Wasser und ermöglicht so die Anzeige der jeweiligen Uhrzeit. Um 13 und um 1 Uhr leert sich das gesamte System – nur die aktuelle Stundenanzeige bleibt sichtbar – und der Zyklus beginnt von neuem. Nicht nur für Kinder faszinierend!

Uhr der fließenden Zeit im Europa-Center

Im zweiten Innenhof steht der **Lotus-Brunnen** von Bernard und Francois Baschet, ein Wasserspiel zum Zusehen und Zuhören. Er war ursprünglich eine Auftragsarbeit für die Treppenhalle der Berliner Neuen Nationalgalerie und wurde dort 1975 aufgestellt. Schon bald galt er dort als entbehrlich, 1982 bekam ihn das Europa-Center als kostenlose Dauerleihgabe. So hat er hier auch wesentlich mehr Bewunderer als im Museum, denn jeden Tag kommen zwischen 20 000 und 40 000 Besucher hierher.

Kabarett „Die Stachelschweine"
*Kartenreservierungen:
(030) 2 6147 95
www.die-stachelschweine.de*

Tauentzienstraße & Botschaftsviertel

🚌 *M29*
Europa-Center

Am Breitscheidplatz mündet der Kurfürstendamm in die **Tauentzienstraße,** die meistbesuchte Einkaufsstraße von Berlin. Fast alle Gebäude hier sind den Bombardements des Zweiten Weltkrieges zum Opfer gefallen. Nach dem Krieg baute man in Wirtschaftswunderarchitektur zwei- und dreigeschossige Kaufhäuser, von denen heute auch nur noch ein einziges existiert, das Schuhhaus Leiser an der Ecke Passauer Straße. Besonders in den Jahren nach dem Mauerfall wurden zahlreiche Gebäude umgebaut und modernisiert, um den neuen Anforderungen gerecht zu werden.

Ristorante Bacco
Marburger Straße 5.
Hier ließ sich u. a. Luciano Pavarotti mit Spezialitäten der toskanischen Küche verwöhnen.

In der **Marburger Straße** befinden sich die Überreste eines Brückenübergangs zum Europa-Center. Die geniale Idee, dass Fußgänger die Straße überqueren können, ohne den Autoverkehr zu behindern, hatte jedoch einen Nachteil: die Brücke verbaute den Blick auf die Gedächtniskirche. Also wurde sie wieder abgerissen, und nur der Aufstiegsturm blieb stehen. In diesem Stahlgerüst hat sich das Imbiss Restaurant Schlemmer Pylon eingemietet und bietet ermatteten Touristen und Büroangestellten gleichermaßen gesunde Erfrischungen an.

In der Mitte der Tauentzienstraße befindet sich die bekannte **Edelstahl-Skulptur** des Bildhauer-Ehepaares Matschinsky-Denninghoff, die hier als Teil des schon erwähnten Skulpturen-Boulevards (▶ Seite 110) 1987 aufgestellt wurde. Die beiden ineinander verschlungenen Kettenglieder symbolisieren die Stadt Berlin, genauer Ost- und West-Berlin, und sind mit der Gedächtniskirche im Hintergrund ein beliebtes Fotomotiv.

Bei der Errichtung der Skulptur stand die Mauer noch, und wenn damals jemand gesagt hätte, dass sie zwei Jahre später weg sein würde, hätte man ihn vermutlich für verrückt erklärt. Am 9. November 1989 allerdings war es soweit. Die Ostdeutschen konnten erstmals seit 29 Jahren wieder ungehindert nach West-Berlin und strömten natürlich zuerst zum Kurfürstendamm und in die Tauentzienstraße, die sie schließlich jeden Tag im Westfernsehen gesehen hatten. Und hier in das Gebäude, das jetzt direkt vor uns auf der rechten Seite aufragt –

🚌 *M29*
U Wittenbergplatz

das KaDeWe, das **Kaufhaus des Westens** ❶. So hieß es schon zu seiner Eröffnung im Jahr 1907. Damals ent-

Tauentzienstraße & Botschaftsviertel 125

wickelte sich dieses Gebiet hier ja gerade zum Wohngebiet der Besserverdienenden, wie man heute sagen würde. Um die Kaufkraft im neu entstehenden „Berlin W" abzuschöpfen, ließ der Kommerzienrat Adolf Jandorf ein Warenhaus errichten, der Architekt war Johann Emil Schaudt. Das Gebäude verfügte über die damals modernste Technik: elektrische Anlagen, Aufzüge, Friseur- und Teesalon und ein Rohrpostsystem, das die 150 Zahlstellen des Hauses mit der Zentralkasse verband.

Ausschlaggebend für die Standortwahl war wohl auch, dass hier gerade am Wittenbergplatz die U-Bahn-Station fertiggestellt worden war. Das KaDeWe trug sehr zur Entwicklung der Tauentzienstraße zur Geschäftsstraße bei. 1927 kaufte Hermann Tietz das KaDeWe und gliederte es seiner Warenhausgruppe an. 1933 zwang man ihn zum Verkauf seiner Kaufhäuser, der Konzern wurde „arisiert" und hieß von da an Hertie.

Das KaDeWe blieb vom Krieg nicht verschont, im Gegenteil. 1943 stürzte ein amerikanischer Bomber in das Gebäude, das daraufhin fast völlig ausbrannte. Nach Kriegsende wurde das KaDeWe zum Symbol für das Wirtschaftswunder in West-Berlin. 180 000 Besucher kamen am Tag der Wiedereröffnung der ersten beiden Etagen 1950. Sechs Jahre später wird der Wiederaufbau aller sieben Stockwerke abgeschlossen und die Feinschmeckeretage eröffnet, die bis heute ein Mekka für Gourmets

KaDeWe
*Mo–Sa 10–20,
Fr bis 22 Uhr*

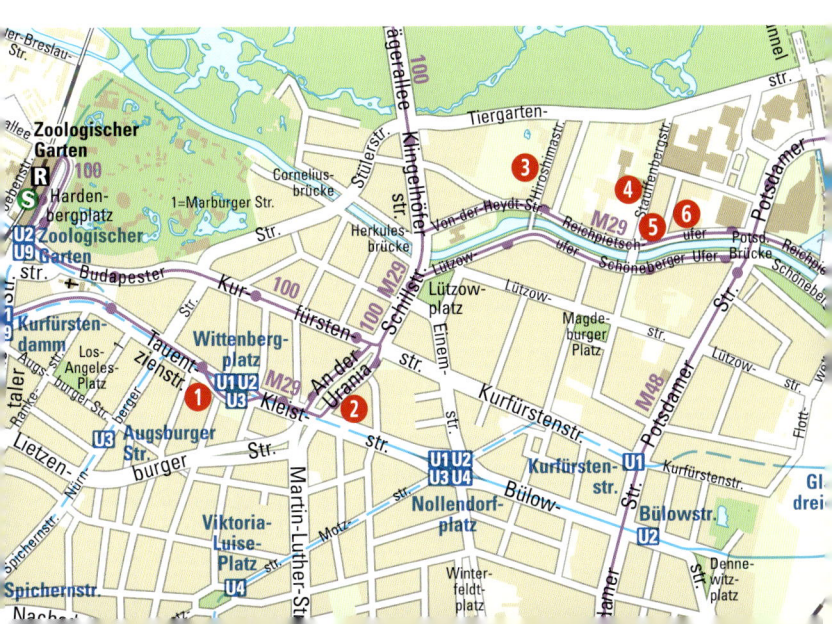

wie für Gourmands darstellt. Mit 34 000 Artikeln ist sie die größte Feinkostabteilung Europas. 500 Angestellte sind hier beschäftigt, davon bereiten etwa 110 Köche und 40 Konditoren Gerichte und Backwerk für die Kunden zu. An mehr als 30 Feinschmeckerbars werden kulinarische Spezialitäten aus aller Welt zubereitet. Die Fischabteilung erhält vier Mal pro Woche frischen Fisch (ca. 120 Sorten) und andere Meerestiere.

Nach dem Mauerfall erhöhte sich die Besucherzahl des Hauses nochmals, und so entschloss man sich, das Gebäude um eine weitere Etage aufzustocken, was die Verkaufsfläche noch einmal um 16 000 Quadratmeter vergrößerte. Damit ist das KaDeWe das größte Kaufhaus auf dem europäischen Kontinent (Harrod's in London ist größer, aber die Briten betonen ja immer wieder, dass sie nicht zum Kontinent gehören).

Das Bahnhofsgebäude der U-Bahnstation Wittenbergplatz stammmt von Alfred Grenander. Er baute zahlreiche U-Bahnhöfe in Berlin, aber dies hier ist ein besonders schöner. Durch den Bau neuer Linien zwischen 1911 und 1913 wurde ein (Umsteige-)Bahnhof am Wittenbergplatz notwendig. Seit 1980 steht der U-Bahnhof unter Denkmalschutz. 1983 wurde er saniert, aber erst 1995 erhielt er seine Knotenfunktion zurück, als der zu Mauerzeiten unterbrochene, durchgängige Verkehr der Linie U2 von Pankow nach Ruhleben wiederaufgenommen wurde.

KaDeWe um 1900

Der **Wittenbergplatz** selbst entstand in der zweiten Hälfte des 19. Jahrhunderts als Tor zum Neuen Westen der Stadt. Er markiert den Beginn des Doppelboulevards aus Tauentzienstraße und Kurfürstendamm, der Hauptschlagader der heutigen City West. Die 1985 neu aufgestellten Schalenbrunnen im Zentrum der beiden Platzhälften entwarf Waldemar Grzimek.

🚌 *M29*
An der Urania

Der Bus der Linie M29 biegt jetzt nach links in die Straße **An der Urania** ein. Auf dem Grünstreifen in der Mitte steht eine Skulptur, rechts ein Gebäude mit Spiegelfassade, das **Haus der URANIA** ❷. Die Gesellschaft zur Verbreitung wissenschaftlicher Kenntnisse wurde nach der Muse der Himmels- und Sternkunde benannt, schließlich waren ihre Gründerväter 1888 die Astronomen Wilhelm Foerster und Max Wilhelm Meyer. Werner

Die verschlungenen Glieder der Skulptur auf der Tauentzienstraße umrahmen die Gedächtniskirche

"Lebensalter" – Brunnenkunst auf dem Wittenbergplatz

von Siemens unterstützte die Idee, naturwissenschaftliche Zusammenhänge und neue Erkenntnisse in der Wissenschaft einer breiten Öffentlichkeit zugänglich zu machen. Er selbst wurde mehrfach ins königliche Schloss eingeladen, um Wilhelm I. seine neuesten Erfindungen vorzuführen und physikalische Zusammenhänge zu erläutern. Für die URANIA-Gründung war er der wichtigste Geldgeber. „Veredelung des Menschen durch Bildung" war damals in vielen Bereichen erklärtes Ziel, und das Bürgertum sah es allgemein als patriotische Pflicht, dafür Geld zur Verfügung zu stellen.

Max Planck, Albert Einstein, Max von Laue, aber auch Alfred Wegener, Fridtjof Nansen oder Konrad Röntgen sorgten zu Beginn des 20. Jahrhunderts für Aktualität und ein hohes Niveau der populärwissenschaftlichen Vorträge innerhalb der URANIA-Veranstaltungen. Auch heute bereichern bekannte Wissenschaftler das Programm. Über eine Viertelmillion Besucher kommen jedes Jahr zu den verschiedensten Veranstaltungen, die allein durch Mitgliedsbeiträge und Spenden finanziert werde.

🚍 *M29*
Lützowplatz

Am **Lützowplatz** sieht man das **Haus der Stiftung Warentest**. Die kennt fast jeder, denn die Mitarbeiter testen alles, was ihnen in die Hände fällt, und veröffentlichen ihre Ergebnisse in eigenen Zeitschriften.

Tauentzienstraße & Botschaftsviertel 129

Der Bus M29 fährt jetzt am **Landwehrkanal** entlang. Der Kanal selbst wurde im 19. Jahrhundert gegraben und war damals ein wichtiger Transportweg. Diese Bedeutung ist ihm heute abhanden gekommen; es verkehren hier fast nur noch Ausflugsdampfer und Sportboote, was auch mit den niedrigen Brücken zu tun hat. Ein Ausflugsdampfer liegt in Höhe des **Grandhotel Esplanade** vor Anker. Man kann ihn mieten, auch wenn man kein Hotelgast ist. Auf der anderen Seite des Kanals wurden in den letzten Jahren zahlreiche neue Gebäude errichtet. Die meisten sind Botschaftsgebäude, aber auch Landesvertretungen sind hier zu finden. In Höhe des **Hiroshimastegs** sieht man das markante rote Gebäude der **Vertretung des Landes Bremen,** in der Hiroshimastraße 12–16 baute auch **Nordrhein-Westfalen** seine Niederlassung. Besonders beliebt ist die **Botschaft der Vereinigten Arabischen Emirate** ❸ direkt dazwischen, deren orientalischer Stil mit Kuppeltürmchen und Bogenfenstern unsere Vorstellung eines Palastes aus Tausendundeiner Nacht bestätigt. Weitere interessante Bauten in dieser Straße sind zum einen die SPD-nahe **Friedrich-Ebert-Stiftung** und die **Botschaften Portugals** und **Griechenlands,** zum anderen – schon am Tiergarten – die **Vertretung Japans** (links) und **Italiens** (rechts), beides Geschenke der deutschen Naziregierung an die Verbündeten im Zweiten Weltkrieg und entsprechend gigantisch in ihren Ausmaßen. Sie wurden allerdings bis Kriegsende nicht fertiggestellt und schlummerten danach als Halbruinen im Dornröschenschlaf. Nach dem Hauptstadtbeschluss 1991 wurden die Gebäude dann einer gründlichen Verjüngungskur unterzogen und sind nach ihrer Fertigstellung Prachtstücke der Architektur der 30er Jahre, zumindest äußerlich. Innen hat man die Räume heutigen Anforderungen angepasst.

Es geht weiter zur **Bendlerbrücke.** Sie ist nach Johann Christoph Bendler benannt, der Ratsmaurermeister war. Er kaufte das Areal zwischen Tiergarten und Landwehrkanal 1835 für den Bau von Villen. Zudem betrieb er in der heutigen Stauffenbergstraße das Marienbad, eine Badeanstalt mit Restauration. 1911–1914 wurde das monumentale Gebäude des Reichsmarineamtes errichtet. 1938 fügte man den so genannten Bendlerblock als Erweiterungsbau an. Nun residierten hier u. a. der Oberbefehlshaber des Heeres, der Auslandsnachrichtendienst der Wehrmacht, der Chef der Heeresrüstung und des Ersatzheeres sowie das Allgemeine Heeresamt. Bekannt

---

BUS *M29*
Hiroshimasteg

Ausgeh-Tipps:
Bar am Lützowplatz
Tgl. 17–4 Uhr
(030) 2 62 68 07
www.baramluetzowplatz.com
Feinste Cocktails und die längste Theke Berlins

Trompete
Lützowplatz 9
Do ab 18 Uhr,
Fr/Sa ab 22 Uhr
(030) 23 00 47 94
www.trompete-berlin.de.
Hausbar von Ben Becker (ist auch Miteigentümer) in der ehemaligen Spielstätte von Wolfgang Neuss. Auftrittsort für Newcomer-Bands, donnerstags für die Radio1-afterwork-Party.

ist der Bendlerblock als Zentrum der Widerstandsgruppe rund um Oberst Claus Schenk Graf von Stauffenberg, der hier sein Arbeitszimmer hatte, in dem auch das Attentat auf Adolf Hitler am 20. Juli 1944 geplant wurde. In der Nacht nach dem gescheiterten Attentat wurden auf Anordnung von Generaloberst Friedrich Fromm die Offiziere Claus Schenk Graf von Stauffenberg, Friedrich Olbricht, Albrecht Ritter Mertz von Quirnheim und Werner von Haeften im heutigen Ehrenhof als Verräter erschossen.

🚍 *M29*
Gedenkstätte Deutscher Widerstand

Nach dem Zweiten Weltkrieg wurde der zerstörte Block wiederaufgebaut und von Behörden genutzt. Ende der 80er Jahre wurde hier die **Gedenkstätte Deutscher Widerstand** ❹ eingerichtet.

Seit September 1993 nutzt der **Verteidigungsminister** den Bendlerblock als zweiten Dienstsitz, erster Dienstort ist nach wie vor die Hardthöhe in Bonn.

Gedenkstätte Deutscher Widerstand
Mo–Mi, Fr 9–18, Do bis 20, Sa/So 10–18 Uhr, Führungen So 15 Uhr Eintritt frei
(030) 26 99 50 00
Eine Dauerausstellung zeigt die vielfältigen Formen des Widerstands gegen die Nazis. Das Ehrenmal im Innenhof trägt die Inschrift: „Ihr trugt die Schande nicht, Ihr wehrtet Euch, Ihr gabt das große ewig wache Zeichen der Umkehr, opfernd Euer heißes Leben für Freiheit, Recht und Ehre".

Direkt daneben befindet sich ein Bau aus rotem Granit, der die **Ägyptische Botschaft** beherbergt. Daran schließt sich das Gelände der **Botschaft Österreichs** an. Auf der gegenüberliegenden (rechten) Seite beginnt schon das Gelände des Kulturforums (▸ Seite 132) mit dem Gebäude der Gemäldegalerie, das hier allerdings seine Rückseite präsentiert.

Für Architektur-Fans ist das Gebäude gegenüber dem Verteidigungsministerium am Reichpietschufer interessant: Die sanft gewellte Fassade des **Shell-Hauses** ❺. Es ist das wohl bekannteste (und schönste) Bürohaus im Stil der Klassischen Moderne. Es wurde von Emil Fahrenkamp 1930 bis 1932 erbaut. Markenzeichen des Shell-Hauses ist die in sechs Stufen vorspringende Hauptfront, mit der gleichzeitig die Etagenanzahl von sechs auf zehn ansteigt. Die Gebäudeecken sind abgerundet, sogar die Fenster gehen um die Ecken herum. Im Untergeschoss gab es eine Tankstelle. Hier können die Mitarbeiter der GASAG, die das Gebäude seit 2000 nutzt, jetzt Kaffee tanken, denn hier ist die Kantine untergebracht.

Der Bendlerblock am Reichpietschufer

Gleich daneben steht ein Gebäude, das früher das Reichsversicherungsamt beherbergte. Heute ist es Teil des **Wissenschaftszentrums Berlin für Sozialforschung (WZB)** ❻. Die bunten Gebäude daneben entstanden in Zusammenhang mit der Internationalen Bauausstellung 1987 nach Plänen

Wellenfassade am Shell-Haus

von James Stirling und Michael Wilford (Architekt der Britischen Botschaft). Die um einen Hof gruppierten fünf Bauten im postmodernen Stil orientieren sich in Grundriss und Form an den klassischen Architekturmotiven von Basilika, Amphitheater, griechischer Stoa, Bastei und Campanile. Im Campanile ist die Bibliothek untergebracht.

An der Ecke Schöneberger Ufer/**Potsdamer Straße** steht ein denkmalgeschütztes Haus von 1929. Die Tabakfabrikanten Loeser & Wolff ließen es mit ähnlich fließenden Linien wie das Shell-Haus errichten. 2003 wurde das Haus saniert und aufgestockt. Der Fahrstuhl gab einem der angesagtesten Clubs von Berlin seinen Namen: 40 seconds, denn es dauert genau 40 Sekunden, um die Clubräume in der oberen Etage zu erreichen.

40 secoonds
*Fr/Sa ab 23 Uhr
(030) 89 06 42 20
www.40seconds.de,
Eingang in der Potsdamer
Straße 58, Reservierung
empfohlen. Spektakulärer Ausblick auf den
Potsdamer Platz zu House
und R'n'B.*

Kulturforum

🚌 M29 / M48
Potsdamer Brücke
Wer mit dem Bus unterwegs ist, der muss an der Potsdamer Brücke in die Linie M48 Richtung Alexanderplatz umsteigen. Für Kunst- und Architekturfans heißt es: zu Fuß gehen!

Kulturforum
*Di–So 10–18 Uhr,
Do bis 22 Uhr
Neue Nationalgalerie, Gemäldegalerie, Kunstbibliothek, Kunstgewerbemuseum und Kupferstichkabinett jeweils 8 Euro / 4 Euro, Do ab 18 Uhr frei (Preise gelten für die ständigen Ausstellungen)*

Auf der anderen Seite der Potsdamer Brücke befindet sich das **Kulturforum,** ein bauliches Ensemble verschiedener Museen, Konzert- und Kulturbauten.

Die Idee des Kulturforums geht auf das Jahr 1958 zurück. Damals beschloss das West-Berliner Abgeordnetenhaus, hier ein kulturelles Zentrum zu etablieren. Man betraute den Architekten Hans Scharoun mit dem Projekt, der zunächst das Gebäude der Philharmonie entwarf. Es wurde 1963 fertiggestellt, danach folgten das Iberoamerikanische Institut (1978), das Musikinstrumenten-Museum (1984) und der Kammermusiksaal der Philharmonie (1988). Nach Scharouns Tod 1972 führten verschiedene Architekten die Arbeit fort, es entstanden das Kunstgewerbemuseum (1985, Rolf Gutbrod) und die Gemäldegalerie (1998, Heinz Hillmer und Christoph Sattler).

Unabhängig von Scharouns Konzeption baute man am Rande des Kulturforums die Neue Nationalgalerie (1968), entworfen von Mies van de Rohe.

Das Kulturforum ist bis heute nicht fertig. Die Gebäude bilden kein einheitliches architektonisches Ensemble, sondern stehen als Einzelbauten für unterschiedliche Architekturideen.

EISERNER GUSTAV

Reiten statt rasen. Wer kurz vor der Potsdamer Brücke die Potsdamer Straße überquert, kann den Eisernen Gustav grüßen, der hier auf dem kärglichen Grünstreifen steht. Die Skulptur von Gerhard Rommel erinnert an den Berliner Droschkenkutscher Gustav Hartmann, der am 2. April 1928 aus Protest gegen den steigenden Autoverkehr mit seinem Pferdegespann eine Reise nach Paris startete. Am 4. Juni 1928 kam er dort an und wurde bejubelt, genauso wie bei seiner Rückkehr nach Berlin. Nachdem ihm Hans Fallada bereits 1938 ein literarisches Denkmal gesetzt hatte, wurde dieser Eiserne Gustav (aus Bronze) 1998 hier aufgestellt.

Kulturforum

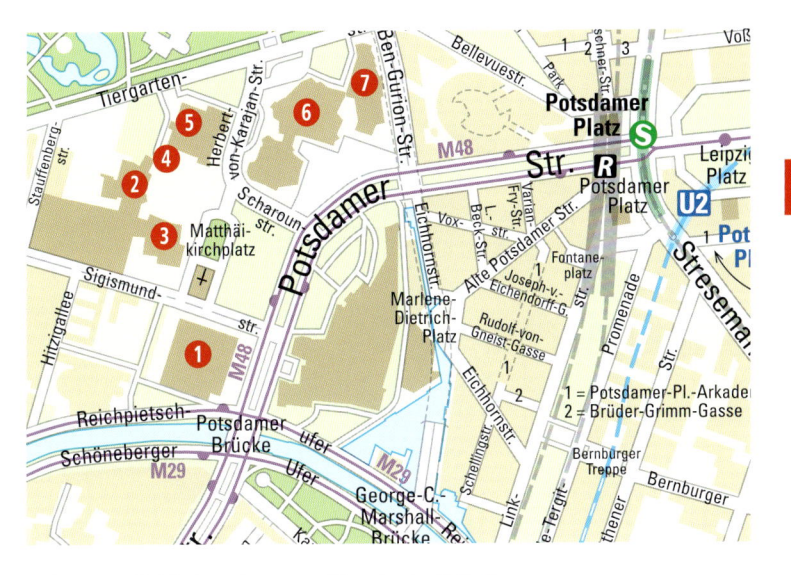

Des erste Gebäude auf unserem Weg durchs Kulturforum ist die **Neue Nationalgalerie** ❶. Der schlichte Bau von Mies van der Rohe ist der einzige, den der Architekt nach dem Zweiten Weltkrieg in Deutschland errichten konnte. Er verwirklichte hier die Idee des Universalraumes: die Haupthalle besteht tatsächlich nur aus einem einzigen Raum. Die eigentlichen Ausstellungsräume allerdings befinden sich im Untergeschoss. Die Neue Nationalgalerie beherbergt Kunst des 20. Jahrhunderts, darunter Arbeiten von Munch, Kirchner, Picasso, Klee, Feininger, Dix und Kokoschka.

An die Neue Nationalgalerie schließt sich das einzige noch erhaltene historische Gebäude dieses Viertels an, die **St. Matthäuskirche**. August Stüler entwarf dieses dreischiffige Gebäude, das 1846 eingeweiht wurde. Der Turm an der Nordseite ragt in den Himmel und erinnert ein bisschen an Italien.

Auch die St. Matthäuskirche wurde durch Gefechte stark beschädigt. Nach dem Krieg rekonstruierte man den Bau nur äußerlich. Im Inneren tragen neue Betonstützen die Dachkonstruktion. Der Architekt Jürgen Emmerich leitete den Wiederaufbau von 1956 bis 1960.

Die Kirche ist inzwischen ein Teil des Kulturforums geworden. Sie wird weiter für Gottesdienste genutzt, aber gleichzeitig auch als kultureller Veranstaltungsort, vor allem von der Stiftung St. Matthäus. Hier finden nicht nur

Geheimratsviertel
Abriss für Germania: Das Gebiet um die St. Matthäuskirche – vorwiegend Villen betuchter Beamter (daher Geheimratsviertel) – stand 1933 den Ausbauplänen der Nationalsozialisten im Weg. Für den Ausbau Berlins zur Welthauptstadt Germania wurden, ähnlich wie beim Alsen-Viertel am Reichstag, schon vor dem Zweiten Weltkrieg viele Häuser abgerissen, darunter auch das Pfarrhaus. Der Bombenkrieg und die Kämpfe der letzten Kriegstage besorgten dann den Rest.

Neue Nationalgalerie

evangelische und ökumenische Gottesdienste, sondern auch zahlreiche Konzerte statt. Außerdem bietet sich hier für alle diejenigen, die inmitten des Trubels etwas verschnaufen wollen, eine ruhige Stätte zum Nachdenken und Meditieren.

Die breite Rampe schräg hinter der St. Matthäuskirche führt zum gemeinsamen Eingangsbereich der **Museen Europäischer Kunst,** zu denen die Gemäldegalerie, die Kunstbibliothek, das Kupferstichkabinett und das Kunstgewerbemusem gehören. Von hier aus gelangt man zu den verschiedenen Museen.

Die **Gemäldegalerie** ❷ besitzt eine der weltweit bedeutendsten Sammlungen europäischer Malerei vom 13. bis zum 18. Jahrhundert, die seit dem Gründungsjahr 1830 systematisch aufgebaut und vervollständigt wurde. Durch den Zweiten Weltkrieg sind große Verluste zu verzeichnen: allein 400 großformatige Werke gingen verloren. Nach dem Krieg war die Sammlung geteilt, erst seit der Fertigstellung des neuen Museumsbaus hier am Kulturforum im Jahr 1998 sind die Sammlungsteile wieder vereint zu sehen. Meisterwerke aus allen kunsthistorischen Epochen, darunter Gemälde von van Eyck, Bruegel, Dürer, Raffael, Tizian, Caravaggio, Rubens, Rembrandt und Vermeer sind hier ausgestellt.

Die **Kunstbibliothek** ❸ ist mit ihren rund 400 000

Bänden eine der bedeutendsten kunstwissenschaftlichen Spezialbibliotheken Deutschlands. Ihr reicher Fundus an Fachliteratur zieht jährlich rund 35 000 Leser an. Vor allem die umfangreiche Sammlung europäischer Grafiken zur angewandten Kunst ist gefragtes Studienobjekt.

Das **Kupferstichkabinett** ❹ ist die größte graphische Sammlung in Deutschland – und eine der bedeutendsten der Welt. Sie umfasst über 500 000 druckgraphische Werke und etwa 110 000 Zeichnungen, Aquarelle, Pastelle und Ölskizzen.

In diesem Universum der Kunst auf Papier befinden sich Werke bedeutender Künstler, von Sandro Botticelli und Albrecht Dürer über Rembrandt und Adolph von Menzel bis Pablo Picasso und Andy Warhol als Vertreter der Klassischen Moderne.

Das **Kunstgewerbemuseum** ❺ ist das älteste seiner Art in Deutschland. Es besitzt auch nach den Verlusten durch den Zweiten Weltkrieg noch eine der bedeutendsten Sammlungen von europäischem Kunsthandwerk vom Mittelalter bis zur Gegenwart. Das Museum ist an zwei Standorten untergebracht, am Kulturforum und im Schloss Köpenick.

Gesammelt wird europäisches Kunsthandwerk aller Epochen, darunter Gold- und Silberschmiedearbeiten, Glas, Emaille, Porzellan und Möbel, aber auch Teppiche, Kostüme und Seidenstoffe. Mittelalterliche Kirchenschätze zeigen die Fingerfertigkeit der Gold- und Silberschmiede dieser Zeit. Auch bürgerlicher Reichtum ist dokumentiert: das Repräsentationssilber der Lüneburger Ratsherren zeigt die Kunstfertigkeit in der Renaissance. Im Untergeschoss wird in der so genannten „Neuen Sammlung" Kunsthandwerk des 20. Jahrhunderts gezeigt, ergänzt durch vorbildliche Industrieprodukte, die heutiges Leben stark prägen.

Gegenüber der Piazetta, auf der anderen Seite der Herbert-von-Karajan-Straße, befindet sich im Vordergrund der **Kammermusiksaal,** etwas zurückgesetzt zwischen begrünten Parkplätzen die **Berliner Philharmonie** ❻, das im wahrsten Sinne des Wortes herausragendste Gebäude des Kulturforums. Als die Philharmonie eröffnete, überschlugen sich die Kriti-

Euthanasiebehörde Tiergartenstraße
Links neben dem Eingang zum Kammermusiksaal gibt es einen großen Bushalteplatz, auf dem ein Denkmal steht, bestehend aus zwei gebogenen Stahlplatten. Es ist ein Werk von Richard Serra, einem US-amerikanischen Bildhauer und erinnert an das Haus Tiergartenstraße 4, das heute nicht mehr existiert. 1940/41 befand sich hier die Zentraldienststelle T4, die die Ermordung behinderter Menschen im Deutschen Reich organisierte und überwachte. Eine in den Boden eingelassene Gedenktafel erinnert an diese Opfer der Euthanasie.

Das Kulturforum umfasst drei Museen

Lunchkonzerte
Jeden Dienstag um 13 Uhr gibt es im Foyer der Philharmonie ein 30- bis 40-minütiges Kammerkonzert – kostenlos! Die Besucherzahl ist auf 1600 begrenzt, rechtzeitiges Kommen sichert gute Plätze.

ker und Besucher. Zum Einen wegen des äußeren Erscheinungsbildes: der unregelmäßige Bau erhitzte die Gemüter, die Zeltform führte schnell zu einem der typisch Berliner Spitznamen – "Zirkus Karajani" nannten die Berliner das Haus, zu Ehren des großartigen Herbert von Karajan, der die Berliner Philharmoniker fast 35 Jahre leitete. Der zweite Besonderheit war die Form des Konzertsaales. Erstmalig saßen nämlich die Musiker nicht auf einer Bühne vor den Zuhörern, sondern mittendrin. Die rundum aufsteigenden Ränge des Auditoriums bieten von jedem Platz aus gute Sicht, vor allem aber ausgezeichnete Akustik. Architekt Hans Scharoun hatte gemeinsam mit einem Akustik-Spezialisten der Technischen Universität Berlin den Innenausbau so geplant, dass sich der Schall gleichmäßig im ganzen Saal ausbreiten kann. Der große Saal bietet 2440 Plätze, der später angefügte Kammermusiksaal 1180. Das Konzertprogramm ist vielfältig. Es gibt die großen (teuren) Symphoniekonzerte, aber auch kleine Konzerte unterschiedlichster Art. Jazz, Tango oder Flamenco kann man hier ebenfalls erleben.

Das **Musikinstrumenten-Museum** ❼ befindet sich direkt hinter dem Gebäude der Philharmonie und be-

Philharmonie und Kammermusiksaal

herbergt mit rund 3500 Instrumenten eine der größten und repräsentativsten Musikinstrumenten-Sammlungen Deutschlands. Das Gebäude wurde 1979–1984 von Edgar Wisniewski nach dem Entwurf des 1972 verstorbenen Hans Scharoun errichtet. Es besitzt einen eigenen Konzertsaal, in dem regelmäßig Kammerkonzerte stattfinden. Seine Ausstattung erinnert an die von Philharmonie und Kammermusiksaal. Im Gebäude des Museums ist auch das **Staatliche Institut für Musikforschung** untergebracht.

In der Dauerausstellung des Musikinstrumenten-Museums sind etwa 800 Exponate zu sehen und teilweise auch zu hören, denn viele der Ausstellungsstücke werden bei Führungen vorgeführt. Zu den Attraktionen gehören italienische Geigen von Amati, Guarneri und Stradivari, flämische Cembali von Ruckers, Klaviere aller Art, Blasinstrumente der Barockzeit und automatische Musikinstrumente wie Spieldosen oder Orchestrien. Ein Höhepunkt des Museums ist die „Mighty Wurlitzer", eine riesige Kinoorgel, mit deren Hilfe man früher Stummfilme mit Musik und Geräuschen unterlegte. Live erleben kann man sie bei der Samstagsführung um 11 Uhr.

Musikinstrumenten-Museum
Di–Fr 9–17, Do bis 22, Sa/So 10–17 Uhr
4 Euro / 2 Euro, Kinder bis 16 Jahren frei, Führungszuschlag 2 Euro

Potsdamer Platz

🚌 M48
Varian-Frey-Straße

Hinter der nächsten Kreuzung beginnt schon der neue Stadtteil am Potsdamer Platz.

Der **Potsdamer Platz** galt vor dem Zweiten Weltkrieg als der verkehrsreichste Platz Europas. Hier trafen sich mehrere wichtige Straßen. Für die Eisenbahn war der Potsdamer Bahnhof ein wichtiger Umschlagplatz für Waren und Güter aus dem Umland, aber auch für den Personenverkehr. Die erste U-Bahn-Linie Berlins wurde hier gebaut. Tag und Nacht war der Platz belebt: tagsüber waren es vor allem Angestellte, Sekretärinnen, Beamte, Touristen, die hier entlangflanierten, am Abend kamen die Besucher für die Varietés, Kneipen und Amüsierbetriebe und natürlich auch die Damen, die hier auf einen nächtlichen Nebenverdienst hofften. Es gab berühmte Hotels wie den Fürstenhof, das Grand Hotel Bellevue und das Palast-Hotel. Gastronomiebetriebe wie das Café Josty waren Anziehungspunkt für Künstler und Literaten, das „Pschorr-Bräu" stellte die Trinkfestigkeit der Gäste auf eine harte Probe. Herausragend war der Amüsierpalast Haus Vaterland, in dem es neben einem Kino auch verschiedene Lokale mit regionalen Spezialitäten gab, wie etwa die Rheinterrassen (mit stündlicher Gewittersimulation!), einen bayrischen Bierkeller und ein Wiener Café.

Potsdamer Platz 1932

Davon war nach dem Krieg nicht mehr viel übrig, die Gebäude waren entweder völlig oder stark zerstört. An der Grenze dreier Besatzungssektoren gelegen, befand sich hier der wichtigste Schwarzmarkt der Nachkriegszeit. Einige Gebäude wurden in den Folgejahren wieder als Kaufhäuser oder Restaurants hergerichtet. Beim Volksaufstand 1953 wurden das reparierte Haus Vaterland und das Columbus-Haus niedergebrannt. Durch den Bau der Berliner Mauer 1961 wurde das Gelände zum Brachland.

Auf Ost-Berliner Seite räumte man einen breiten Streifen völlig leer und erklärte ihn zum Grenzgebiet. Nirgendwo sonst um West-Berlin herum gab es einen breiteren Todesstreifen. Der U- und der S-Bahnhof wurde geschlossen. Die hier unterirdisch fahrende S-Bahn war ohnehin nur für West-Berliner zu nutzen, sie fuhr nur mit einem Halt am Bahnhof Friedrichstraße unter Ost-Berlin hindurch. Der Potsdamer Platz war tot. Die Ruinengrundstücke auf West-Berliner Seite wurden nach und nach vom Land Berlin aufgekauft und abgeräumt, man wollte hier eine Stadtautobahn bauen.

Von 1984 bis 1991 verlief hier auch die Versuchsstrecke für eine Magnetschwebebahn. Hin und wieder kamen Touristenbusse vorbei, die Besuchergruppen zu den Podesten fuhren, von denen aus man in den Osten hinübersehen konnte. Souvenirstände und Imbissbuden vervollständigten das Bild.

Mit dem Mauerfall 1989 rückte das Areal des Potsdamer Platzes über Nacht ins Zentrum des wiedervereinigten Berlins und damit auch ins Zentrum des Interesses internationaler Investoren. Jetzt begannen unter der Leitung von Renzo Piano die Planungen für den Neubau eines ganzen Stadtviertels, das als neues, gemeinsames Stadtzentrum Berlins konzipiert wurde. Es gibt ja so vieles in Berlin zweimal, so auch Stadtzentren: City Ost rund um den Alexanderplatz, City West rund um die Gedächtniskirche. Hier sollten nun die Berliner beider Stadtteile und ihre Gäste zusammenkommen, „zusammenwachsen, was zusammen gehört". Deshalb findet man hier zahlreiche Orte zum Zusammenkommen: Theater, Kinos, jede Menge Einkaufsmöglichkeiten, Restaurants und Ho-

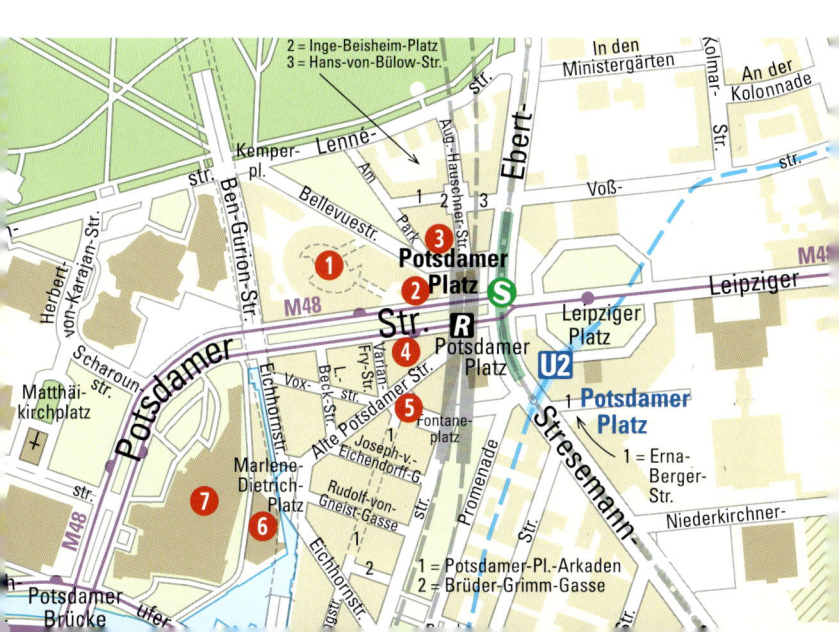

Museum für Film und Fernsehen
Di–So 10–18 Uhr,
Do bis 20 Uhr
6 Euro / 4,50 Euro / 2 Euro
www.deutsche-kinemathek.de
Museum der Deutsche Kinemathek im Sony Center. Schwerpunkte der ständigen Ausstellung: Die Entwicklung der Berliner Filmindustrie und ihrer Stars.

Legoland im Sony Center
Tgl. 10–19 Uhr
Einlass bis 17 Uhr
15,95 Euro / Kinder (3–11 Jahre) 12,95 Euro, Kombiticket mit Sealife-Center und/oder Madame Tussauds möglich.
Hier kann man u. a. die Herstellung von Lego-Steinen verfolgen.

tels. Für den Bau der „Daimler-City" machte der Senat entsprechende Vorgaben. Unter anderem sollten die Fassaden geklinkert oder aus Terrakotta sein, jedes Haus sollte Arkaden haben, um auch bei Regenwetter einen gemütlichen Spaziergang zu ermöglichen. Um die neue Innenstadt zu beleben, sollten mindestens 20 Prozent der Bruttogeschossflächen Wohnungen sein.

Obwohl die Vergabe der Stadtplanung an private Investoren in der Öffentlichkeit stark umstritten war, ist das Ergebnis bemerkenswert. Innerhalb von nur 10 Jahren wurde die gesamte Daimler-City errichtet, immerhin ein Territorium von 58 000 Quadratmetern! Beteiligt waren namhafte Architekten aus aller Welt, darunter Hans Kollhoff, Christoph Kohlbecker, Arata Isozaki, José Rafael Moneo und Richard Rogers.

Hinzu kamen auf der anderen Seite der Potsdamer Straße das Sony Center von Helmut Jahn (mit 27 000 Quadratmetern!) und das Beisheim-Center.

Wir beginnen unseren Rundgang auf der linken Seite am Sony Center, in dem u. a. die europäische Zentrale des japanischen Konzerns untergebracht ist.

Das **Sony Center** ❶ besteht aus sieben Gebäuden, die in Form eines Dreiecks angeordnet sind. Es gibt wohl niemanden, der beim Betreten des Innenbereichs seinen Blick nicht in die Höhe lenkt, um das interessante

Nachts erstrahlt das Dach des Sony Centers in wechselnden Farben

KAISERSAAL

Ein Saal zieht um. Das Hotel Esplanade stand etwa 70 Meter weiter Richtung Potsdamer Straße und war im Krieg weitgehend zerstört worden, allerdings hatten der Frühstücks- und der Kaisersaal (Wilhelm II. hielt hier gelegentlich Herrenabende ab) die Bombardements überstanden. Die Ruine stand unter Denkmalschutz und musste in den Neubau des Sony Centers integriert werden. Um das zu ermöglichen, wurde der gesamte Kaisersaal (1300 Tonnen schwer!) in einem spektakulären Prozess auf Luftkissen gesetzt und dann im Verlauf mehrerer Tage an den jetzigen Ort verschoben. Der Frühstücksraum wurde in Einzelteile zerlegt und wieder an den verlegten Kaisersaal angebaut. Beide Räume kann man heute für Events aller Art mieten.

Zeltdach zu betrachten. Es besteht aus einzelnen gespannten Stoffplanen, die die Form des heiligen Berges der Japaner, des Fujiyamas, bilden. Nach japanischem Glauben leben in den Bergen göttliche Wesen, die Kami, die sehr hilfreich sein können. Da es im näheren Umkreis des Sony Centers keine Berge gibt, wurde durch die Zeltdachkonstruktion sozusagen ein künstlicher Berg als Heimat für die Kami geschaffen. Und so wachen sie über Sony, aber auch über die zahlreichen Besucher der Filmpremieren im CineStar Filmtheater. Vor allem an Familien richten sich die Angebote des IMAX 3 D-Kinosaales im gleichen Haus.

Jede Menge Restaurants und Cafés laden zum Verweilen ein. An die Tradition des Potsdamer Platzes der Vorkriegszeit erinnert das Café Josty, einst Stammlokal von Erich Kästner. Vor allem aber verwundert ein historisches Bauteil, das in den Neubau des Centers integriert wurde – der **Kaisersaal** des Hotel Esplanade.

Wenn wir hier das Forum des Sony Centers verlassen, kommen wir auf den eigentlichen Potsdamer Platz. Der 103 Meter hohe **Bahntower** ❷ gehört noch zum Center, bildet aber gemeinsam mit dem Hochhaus auf der anderen Straßenseite eine Art Tor (tatsächlich befand sich hier bis zum 19. Jahrhundert das Neue Potsdamer Thor). Links vom Tower das **Beisheim Center** ❸, das aus fünf Gebäuden besteht. Die Planung übernahmen die Architekten des Büros Hilmer & Sattler, die auch die beiden

MAUERRESTE IM STADTGEBIET

Gedenkstätten, Kunstwerke, Mahnmale. Auf dem Potsdamer Platz erinnern nahe des markanten, quaderförmigen Bahnhofseingangs einige Original-Mauerstücke an die Geschichte dieses Ortes. Diese Beton-Mauer ersetzte in den 70er Jahren die bis dahin weitgehend gemauerte Variante der 60er Jahre. Die Betonelemente waren alle 0,80 Meter breit, 3,60 Meter hoch und oben noch mit einer Art Betonrohr versehen, um zu verhindern, dass man sich mit einem Haken am Seil über die Mauer hangelt. Der breitere Mauerfuß auf der Ost-Berliner Seite sollte das Umfallen verhindern, falls jemand von West-Berliner Seite dagegengefahren wäre.

Insgesamt sollen 125 Menschen an der Berliner Mauer bei Fluchtversuchen ums Leben gekommen sein. Die genaue Zahl ist bis heute umstritten. Wer lebend gefasst wurde, wanderte oft für viele Jahre wegen „Republikflucht" ins Gefängnis. Familienangehörige mussten mit Repressalien rechnen.

Die Mauerteile stehen hier am Potsdamer Platz an der Originalstelle. Eine Pflastersteinlinie markiert den Mauerverlauf. Folgt man der Linie Richtung Süden (Richtung Abgeordnetenhaus), kommt man noch an weiteren „Erinnerungsstücken" vorbei. So befindet sich linker Hand in einer kleinen Seitenstraße (Erna-Berger-Straße) einer der letzten erhaltenen Wachtürme der DDR-Grenztruppen. Wer etwa 400 Meter weitergeht, findet in der heutigen Niederkirchnerstraße noch originale Mauerstücke (▸ Seite 151).

Mauerreste gibt es außerdem an der Mühlenstraße in Friedrichshain zu sehen, dort bunt bemalt als Eastside Gallery. 1990 bemalten über 100 Künstler aus aller Welt dort ein Stück ehemaliger Hinterlandmauer entlang der Spree, die in diesem Bereich Grenze war zwischen Friedrichshain und Kreuzberg. Aus Anlass des 20. Jahrestages des Mauerfalls wurden die Bilder aufwendig saniert. Die schönste Brücke Berlins – die Oberbaumbrücke – gibt's bei einem Besuch als Bonbon obendrauf! An diesem ehemaligen Grenzübergang finden sich ebenfalls Mauerreste, genau wie am Übergang Bornholmer Straße. Außerdem in der Kieler Straße, im Schlesischen Busch und an der Sacrower Heilandskirche in Potsdam.

Daneben gibt es zahlreiche weitere Orte in Berlin, die an die Mauer erinnern: Am Checkpoint Charlie dokumentiert eine Open-Air-Ausstellung Mauerbau, -verlauf und -geschichte und stellt diese vor allem in einen internationalen Kontext. Die Zentrale Gedenkstätte Berliner Mauer befindet sich in der Bernauer Straße 111 – ein historischer Ort, der weit über die Grenzen Deutschlands hinaus bekannt ist. Hier verlief die Sektorengrenze direkt entlang der Hausfassaden. Wer den Kopf aus dem Fenster hielt, schnupperte West-Luft, der Rest war noch im Osten. So versuchten besonders in den Tagen nach dem Mauerbau am 13. August 1961 viele Menschen, durch einen Sprung aus dem Fenster in den Westen zu gelangen. Die Bilder gingen um die Welt und sind auch heute noch Teil jedes Dokumentarfilms zum Mauerbau. Neben einem Stück Berliner Mauerstreifen gibt es ein Dokumentationszentrum, das über die Ursachen und die Chronik des Mauerbaus informiert (▸ Seite 273).

Hochhäuser entworfen haben. Deren Fassaden sind im Art Déco-Stil gestaltet, die dahinterliegenden Gebäude (von David Chipperfield) eher zurückhaltend an den Bauhaus-Stil angelehnt. Hier gibt es keine Einkaufspassagen, dafür bieten die Häuser sowohl kleine Geschäfte und Büroraum als auch viel Platz für ruhiges, exklusives Wohnen. Im unteren Teil des Hochhauses bietet das Hotel The Ritz-Carlton seinen Gästen ausgewählten Luxus, im oberen Teil befinden sich Wohnungen und Appartements, für die man ebenfalls etwas tiefer in die Tasche greifen muss.

Auf dem **heutigen Potsdamer Platz** fallen vor allem zwei Merkwürdigkeiten auf: Auf der Seite der Daimler City steht mitten auf dem Platz ein Nachbau der allerersten elektrischen Ampel in Berlin, die heute ein beliebter Treffpunkt ist. 1924 wurde dieser Verkehrsturm errichtet, damals waren die Signallichter noch horizontal angeordnet. Ein Schutzpolizist, kurz Schupo genannt, saß oben im „Turmzimmer" und schaltete die Signale per Hand. Schon 1937 galt die Anlage als veraltet und wurde abgebaut. Erst im Zuge der Neubebauung des Potsdamer Platzes wurde hier eine Kopie der Ampel aufgestellt.

Die zweite Merkwürdigkeit sind die dicken Rohre, die an mehreren Stellen schräg aus dem Boden ragen. Wer sie genauer betrachtet, entdeckt Spiegel, die an der Spitze befestigt sind. Mit Hilfe dieser Spiegel wird das Tageslicht unter die Erde geleitet, und beleuchtet – zumindest tagsüber – den Bahnhof, über dem wir hier stehen. Der Bahnhof Potsdamer Platz ist Teil des Nord-Süd-Tunnels, hier halten Regionalzüge und die Züge des Interconnex, eines privaten Fernverkehrsanbieters.

Einigen Gebäuden der **Daimler-City** sollte man aber doch etwas mehr Aufmerksamkeit schenken. Dazu gehört das steil aufragende **Kollhoff-Haus** ❹ (Potsdamer Straße 1) mit seiner charakteristischen Klinkerfassade.

Neben dem Kollhoff-Haus ragt ein weiteres Hochhaus in den Himmel und gleichzeitig spitz in den Platz hinein. Renzo Piano entwarf dieses Bürohaus, in dem auch ein Restaurant integriert ist. Das Mommsen-Eck lockt als „Haus der 100 Biere" auch mit preiswerter, guter Berliner Küche.

Daran schließt sich das einzige Gebäude an, das die Kriegs- und Abrisszeiten überstanden hat, das **Weinhaus Huth** ❺. Der Grund für die Widerstandskraft: um das schwere Flaschenlager der Weinhandlung sicher abzustützen, hatten die Baumeister 1910 das Haus als ei-

🚌 *M48*
S + U Potsdamer Platz

Kollhoff-Haus
Tgl. 11–20 Uhr
5 Euro / 4 Euro
Mit dem schnellsten Aufzug Europas gelangt man auf die zweistöckige Aussichtsplattform, traumhafter Blick über Berlin garantiert!

Mommsen Eck am Potsdamer Platz
(030) 25 29 66 35
www.mommseneck.de

Diekmann im Weinhaus Huth
(030) 25 29-75 24
www.diekmann-restaurants.de

nes der ersten Stahlbetonbauten in Berlin errichtet. Da konnten auch Bomben nichts ausrichten. Heute beherbergt das Gebäude wieder ein nobles Restaurant. Das „Diekmann" bietet französisch inspirierte Küche auf gehobenem Niveau.

Potsdamer Platz Arkaden
Mo–Sa 10–21 Uhr

Die **Potsdamer Platz Arkaden** nebenan vereinen über 130 Geschäfte unter ihrem Glasdach. Auch wenn Sie nicht auf Shopping-Tour sind, lohnt sich ein Blick ins Innere. Im Erdgeschoss stehen zwei Modelle des Potsdamer Platzes, die dem Betrachter das Ausmaß der Bautätigkeit in den 90er Jahren an dieser Stelle verdeutlichen.

Wenn man die Arkaden auf der gegenüberliegenden Seite verlässt (Schellingstraße), steht man vor den Gebäuden der Volksbank (von Arata Isozaki) und der ehemaligen **Debis-Zentrale** (heute Daimler FinanzAG). Das Haus ist ein Werk von Renzo Piano und fällt auch wegen seines Turmes auf, der von einem grünen (Debis-)Würfel gekrönt wird. Dieser Turm ist eigentlich ein Schlot, direkt neben dem Hochhaus beginnt der **Tiergartentunnel**, ein Autotunnel, der bis zum Hauptbahnhof führt. Die Abgase werden durch den Schlot geleitet und gereinigt. Rund um die Gebäude finden sich zahlreiche **Wasserflächen**, die das Klima zwischen den Hochhäusern verbessern sollen und etwas Ruhe und Abwechslung bieten. Eine rostige Skulptur steht mitten im Wasser („Galileo" von Mark di Suvero). Wenn Sie über der Schellingstraße eine weitere Skulptur am Daimler-Turm entdecken: Auke de Vries nannte sein Werk recht treffend „Gelandet". Keine Angst, die Plastik ist fest montiert, so dass selbst bei Sturm keine Gefahr für Passanten besteht ...

Renzo Piano hat auch die benachbarten Bauten entworfen, darunter das (ehemalige) IMAX-Kino, das heute der Blue Men Group mit ihren farbenprächtigen Vorführungen als Spielstätte dient und jetzt **Bluemax Theater** ❻ heißt.

Blue Men Group
Karten unter:
www.ticketonline.com
oder an der Abendkasse.
Die Plätze in den ersten
Reihen sind hier ausnahmsweise NICHT die
besten. Für diese Sitze
werden zum Schutz vor
Farbspritzern Regenmäntel
ausgegeben.

Und natürlich das **Musical-Theater**, das sozusagen das kulturelle Zentrum des Areals bildet. In seiner Form ist es an die rückwärtig anschließende **Staatsbibliothek** ❼ angelehnt – ein unregelmäßiger Grundriss nimmt die Scharounschen Architekturideen (▶ Seite 132) wieder auf. Trotz seines Namens gibt es im Musical-Theater nicht nur Musicals. Seit 2000 werden hier jedes Jahr im Februar die Goldenen und Silbernen Bären der Berlinale vergeben. Dann fahren hier die Filmstars und -sternchen im Minutentakt vor, zeigen Hunderten von Journalisten und Zaungästen ihr schönstes Lächeln und die tollsten Kleider, bevor sie im großen Saal verschwinden. Wer einen Preis bekommt, kann anschließend gleich im Keller des Hauses feiern, in der Diskothek Adagio, oder eine der anderen zahlreichen Berlinale-Parties besuchen. Bei plötzlich auftretender Müdigkeit böte sich ein Schönheitsschlaf im benachbarten **Hotel Hyatt** an (gebaut von José Rafael Moneo).

Bei der Planung des gesamten Geländes hat die Daimler-AG auch Wert auf die Einbeziehung moderner Kunstwerke gelegt und mehrere Werke in Auftrag gegeben. Eine besonders auffällige Skulptur steht vor dem Theater auf dem **Marlene-Dietrich-Platz,** die „Baloon Flower" vom König des Kitsches Jeff Koons. Bei der Aufstellung zunächst etwas umstritten, ist die Ballonblume heute ein beliebtes Fotomotiv und ein Treffpunkt für Flaneure und Leute, die ihr Glück im benachbarten Casino auf die Probe stellen möchten.

Wer dem Wasserlauf nach rechts folgt, kommt wieder zur **Potsdamer Straße** und kann an der Ecke noch die rot-blaue Skulptur von Keith Haring bewundern. Eigentlich hieß sie „Untitled". Das war aber nun doch vielen Besuchern nicht aussagekräftig genug, und deshalb firmiert die Skulptur heute unter dem Titel „Die Boxer".

Moderne Architektur am Potsdamer Platz: Beisheim Center

Leipziger Straße & Checkpoint Charlie

M48
S + U Potsdamer Platz

Der **Leipziger Platz,** der an den Potsdamer Platz anschließt, ist noch nicht ganz fertig, ungeklärte Eigentumsverhältnisse sind daran ebenso schuld wie fehlende Geldgeber. Immerhin hat man hier zum Teil Attrappen aufgestellt, um mögliche Investorenfantasien etwas auf die Sprünge zu helfen. Die **Kanadische Botschaft** ❶ links der Potsdamer Straße ist schon seit 2005 fertig und auch für die Öffentlichkeit zugänglich, zumindest im Erdgeschoss.

Die achteckige Form des Platzes geht auf Planungen aus dem 18. Jahrhundert zurück, als der Leipziger Platz noch direkt an der Akzisemauer lag. Mitten auf dem Platz stehen ein paar Mauerteile und zeigen das Ausmaß des ehemaligen Todesstreifens an.

Auf der rechten Seite schließt sich – neben den letzten Resten des Kolonnenwegs der DDR-Grenztruppen – der imposante Bau des ehemaligen Preußischen Herrenhauses an, heute Sitz des **Bundesrates** ❷ (Leipziger Straße 3–4). Es wurde 1904 von Friedrich Schulze-Colbitz erbaut und beeindruckt vor allem mit seinem gewaltigen Mittelbau, der von Säulen und zahlreichen Skulpturen geschmückt wird. Viele dieser Figuren wurden von Otto Lessing geschaffen, einem Nachfahren des Dichters Gotthold Ephraim Lessing. Die beiden Seitenflügel rahmen den Ehrenhof ein, der heute wieder in alter Pracht erstrahlt und in kleinen Rabatten mit – je nach Jahreszeit – Rhododendren oder Hortensien bepflanzt ist.

Preußisches Herrenhaus um 1900

Dali-Museum
Leipziger Platz 7
Mo-Sa 12–20 Uhr,
So 10–20 Uhr
11 Euro / 9 Euro
www.daliberlin.de
Seit 2009 gibt es hier über 400 Werke des spanischen Surrealisten und Exzentrikers zu bestaunen

Nichts erinnert daran, dass an dieser Stelle im 18. und 19. Jahrhundert die Häuser berühmter Berliner standen. Beide Grundstücke erwarb im 18. Jahrhundert der aus Polen eingewanderte Johann Ernst Gotzkowsky, der in Berlin eine steile Karriere hinlegte. Er gründete zahlreiche Unternehmen, unter anderem in der Leipziger Straße 3 eine Seidenweberei und im Haus Nr. 4 eine Porzellanmanufaktur. Leider hielt sein Glück nicht an: er ging bankrott und musste seine Unternehmen und Anwesen

Leipziger Straße & Checkpoint Charlie 147

verkaufen. Seine Porzellanmanufaktur wurde 1763 von Friedrich II. erworben und zur Königlichen Porzellanmanufaktur (KPM).

Im Haus Leipziger Straße 3 wohnte ab 1825 die Bankierfamilie Mendelssohn Bartholdy, deren Kinder Felix und Fanny sonntags legendäre Konzerte gaben. Das Anwesen galt vielen als preußisches Arkadien, denn gleich nebenan, an der langsam zerfallenden Stadtmauer, grasten Schafe und Kühe.

1851 erwarb der preußische Staat das Grundstück für den Neubau des gerade abgebrannten Preußischen Herrenhauses, vergleichbar dem „House of Lords" in Großbritannien. Auch hier wurde die Mehrheit der Abgeordneten durch den preußischen König ernannt und nicht gewählt. Nach der Gründung des Norddeutschen Bundes 1867 reichte der Platz im Herrenhaus nicht mehr aus, ein Anbau wurde fällig. Man kaufte das Nachbargrundstück Leipziger Straße 4 (die KPM) dazu und erweiterte das Gebäude.

Hier war nun auch Platz für den Reichstag, das Parlament des Kaiserreiches, der bis zur Fertigstellung seines eigenen Parlamentsgebäudes 1894 hier Unterschlupf fand. Aber erst nach dem Umzug des Reichsparlaments in sein eigenes Gebäude dachte man über einen Neu-

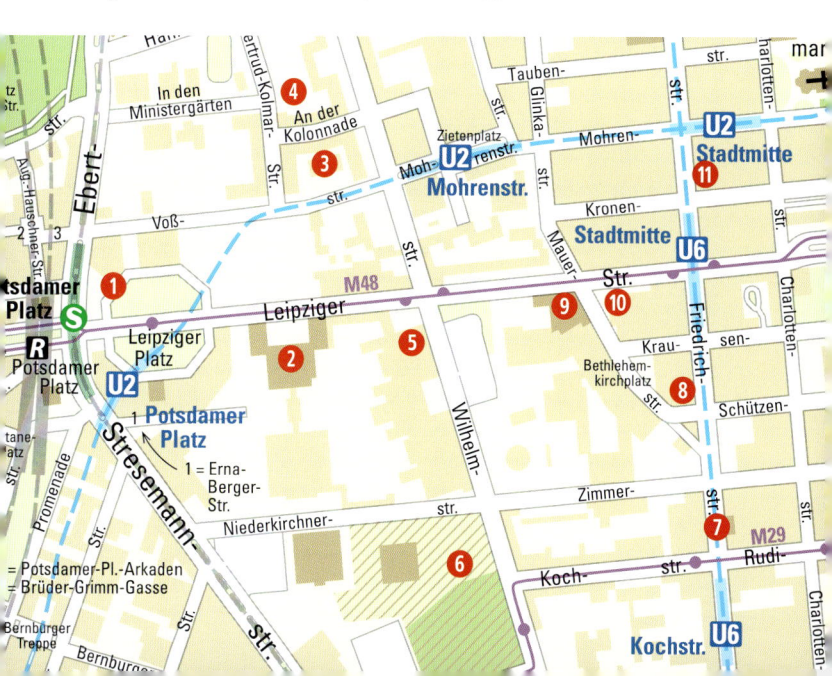

HISTORISCHES KAUFHAUS

Wertheim an der Leipziger Straße. Direkt gegenüber des heutigen Bundesratsgebäudes gibt es eine große Brache. Hier stand vor dem Krieg das berühmteste Kaufhaus Berlins, das Kaufhaus Wertheim. Es war in mehreren Bauabschnitten ab 1897 errichtet worden und galt als schönstes und größtes Kaufhaus Europas. Allein an der Leipziger Straße war die Schaufensterfassade 240 Meter lang, dazu kamen noch einmal 90 Meter entlang des Leipziger Platzes. Die Fläche reichte bis zur dahinterliegenden Voßstraße.

Obwohl der jüdische Besitzer Georg Wertheim 1934 seinen gesamten Besitz seiner nichtjüdischen Frau schenkte, wurde der Konzern, zu dem noch weitere Kaufhäuser in Berlin und anderen Städten gehörten, von den Nazis als rein jüdisch eingestuft und 1937 enteignet. Bei einem Bombenangriff 1944 wurde das Gebäude zerstört, nur der Tresorraum blieb übrig – 1991 der Gründungsort des ersten und wohl berühmtesten Berliner Techno-Clubs, dem Tresor (heute im alten Heizkraftwerk Köpenicker Straße). Die Auseinandersetzungen zwischen den Wertheim-Erben bzw. der Jewish Claims Conference (▶ Seite 206) einerseits und dem Karstadt-Konzern auf der anderen Seite haben die Entwicklung des gesamten Gebietes stark verzögert. Der Investor geriet 2009 in den Sog der Bankenkrise und musste das Grundstück verkaufen. Unter dem neuen Eigentümer wird auf dem 22 000 Quadratmeter großen Areal ein dreigeschossiges Einkaufszentrum entstehen. Daneben sind Büros und Wohnungen geplant.

---

bau nach. Der Architekt Schulze-Colbitz entwarf ein Ensemble aus Preußischem Herrenhaus und Preußischem Landtag, das von der Leipziger Straße bis zur damaligen Prinz-Albrecht-Straße (heute Niederkirchnerstraße) reicht. Eröffnet wurde der Preußische Landtag allerdings weder im Abgeordnetenhaus noch im Herrenhaus, sondern im königlichen Schloss, in das die Abgeordneten befohlen wurden. Die verkrusteten Strukturen wurden von der Revolution im November 1918 hinweggefegt, das Herrenhaus kurzerhand abgeschafft.

Ab 1921 zog der Preußische Staatsrat in das nun ungenutzte Gebäude, eine Art zweite Kammer neben dem Preußischen Landtag. Es war eine ähnliche Honoratiorenversammlung wie das alte Herrenhaus, die nur wenige Male im Jahr zusammentrat. Allerdings waren die Mitglieder von Städten und Gemeinden gewählt und wählten wiederum ihren Präsidenten, der in der gesamten Zeit der Weimarer Republik der Gleiche war: Konrad Adenauer, der schon im Preußischen Herrenhaus als Ver-

Leipziger Straße & Checkpoint Charlie   149

treter von Köln residiert hatte.

Nach der Machtergreifung der Nazis 1933 wurde der Staatsrat aufgelöst. Hermann Göring, der offiziell den Titel eines Preußischen Ministerpräsidenten trug, bemächtigte sich des Anwesens und gründete eine Stiftung Preußenhaus, deren Chef er selbst war. 1935 wurde das Herrenhaus zum Haus der Flieger und zum Klubhaus des Deutschen Aero-Clubs. Nach Kriegsende war das Gebäude stark beschädigt, wurde aber von der ostdeutschen Regierung als wiederaufbaufähig eingeschätzt. Eigentlich sollte hier das ostdeutsche Regierungsviertel entstehen, aber die Lage an der Sektorengrenze ließ die Situation unsicher erscheinen. So zog die Akademie der Wissenschaften der DDR in das wiederaufgebaute Gebäude ein. Unbeachtet von der Außenwelt lag das Haus direkt neben der Hinterlandmauer. Nach dem Ende der DDR wurde es – ebenso wie die Nachbargebäude – saniert. Der Bundesrat in Bonn tat sich allerdings schwer damit, nach Berlin umzuziehen. Erst 1996, sechs Jahre nach der Vereinigung beider deutscher Staaten, wird ein Umzugsbeschluss gefasst und das ehemalige Preußische Herrenhaus zum Sitz des Deutschen Bundesrates gewählt. Der Architekt Peter Schweger wird mit dem Umbau betraut und 2000 findet die erste Sitzung des Bundesrates im neuen alten Haus statt.

Das Brachland gegenüber reicht bis zur **Voßstraße**. Wo heute Nobelplattenbauten aus den frühen 80er Jahren stehen, ließ sich Hitler ab 1937 von Albert Speer seine **Neue Reichskanzlei** ❸ errichten, ein riesiges Gebäude, dessen Architektur vor allem einem Zweck diente: Besucher möglichst klein und unbedeutend wirken zu lassen. Das Gebäude selbst war in seiner Fassade 427 Meter lang, zog sich also von der Ebertstraße am Tiergarten bis zur Wilhelmstraße hin. Die Räume hatten gewaltige Höhen, die Türen waren über fünf Meter hoch. Von den Bombenangriffen wenig betroffen, wurde die Neue Reichskanzlei erst in den 50er Jahren gesprengt und abgetragen. Die DDR ließ an der Stelle des Haupteingangs einen Kindergarten errichten. Lange Zeit erinnerte nichts mehr an die Geschichte dieses Ortes. Erst zu Beginn des neuen Jahrtausends wurde in der heutigen **Gertrud-Kolmar-Straße** über dem 1943

🚌 *M48*

Wer auf dem Weg zum Checkpoint Charlie die Topografie des Terrors anschauen möchte, muss Ecke Leipziger Straße/Wilhelmstraße aussteigen. „Fußlahme" fahren bis zur nächsten Haltestelle (U Stadtmitte/Leipziger Straße) und von dort mit der Linie U6 eine Station bis zur Kochstraße.

An dieser Stelle befand sich der Führerbunker

im Garten der Reichskanzlei angelegten **Führerbunker** ❹ eine Informationstafel aufgestellt.

Eine Ahnung von der „Führerarchitektur" bekommen wir bei dem sich an den Bundesrat anschließenden Gebäude, dem ehemaligen Reichsluftfahrtministerium an der Ecke Leipziger Straße/Wilhelmstraße, in dem sich heute das **Bundesfinanzministerium** ❺ befindet. Ernst Sagebiel baute 1935 im Auftrag von Hermann Göring in nur neun Monaten das größte Bürogebäude der damaligen Zeit: auf 56 000 Quadratmetern finden sich über 2000 Büros. Damit empfahl sich Sagebiel auch für den Bau des neuen Flughafens Tempelhof, der allerdings – bedingt durch den Kriegsbeginn – nicht fertiggestellt werden konnte.

Das Gebäude wurde im Krieg nur wenig beschädigt und diente deshalb ab 1949 zunächst als Sitz des DDR-Parlaments, der Volkskammer, später wurde es zum „Haus der Ministerien".

Nach dem Ende der DDR zog die Treuhandanstalt in

MARSCH ZUM HAUS DER MINISTERIEN

Ein Bauarbeiterstreik wird zur Protestbewegung. Das Prachtstück sozialistischen Realismus' im Säulengang des heutigen Finanzministeriums Ecke Wilhelmstraße zeigt die Visionen der damaligen Zeit: Fröhliche Menschen bauen gemeinsam eine neue Zukunft auf. Das taten sie tatsächlich, allerdings waren sie nicht mehr so fröhlich, als im Juni 1953 von der DDR-Regierung die Arbeitszeitnormen auf dem Bau erhöht wurden. Die Bauarbeiter traten in den Streik und marschierten zum Haus der Ministerien, um ihrem Unmut Luft zu machen. Die Protestbewegung erfasste in Windeseile das gesamte Land, woran die Berichterstattung westlicher Radiostationen nicht ganz unbeteiligt war. Die Regierung kam den Forderungen der Demonstranten nach und nahm die Normerhöhungen zurück, die Forderungen hatten sich aber bereits verändert. Nun gab es den Ruf nach Regierungsrücktritt und Neuwahlen. Am Potsdamer Platz gingen Gebäude in Flammen auf und Gefängnisse wurden gestürmt. Die DDR-Regierung wurde der Lage nicht mehr Herr und floh nach Karlshorst, um sich von den dort stationierten sowjetischen Truppen schützen zu lassen. Die schickten ihre Panzer unter anderem zum Potsdamer Platz und schlugen den Aufstand blutig nieder. Daran erinnert heute eine Glasintarsie im Boden vor dem Säulengang, ein Werk des Berliner Bildhauers Wolfgang Rüppel.

das Gebäude. Diese Einrichtung war von der letzten DDR-Regierung gegründet worden, um die DDR-Betriebe von Volkseigentum in die freie Marktwirtschaft zu überführen. Auch die Klärung offener Vermögensfragen, wie zum Beispiel die Frage der Eigentumsverhältnisse von Grund und Boden, das Auffinden von Erben und Erbengemeinschaften usw. gehörte zu den Aufgaben, die auch nach dem Austausch der ostdeutschen Verantwortlichen durch westdeutsche, angeblich „marktwirtschaftlich erfahrene Führungskräfte" nur unzureichend erfüllt wurden. Mangelnde Kontrolle eröffnete der Misswirtschaft ein weites Feld. Zahlreiche Fälle von persönlicher Bereicherung, Freundschaftsdiensten gegenüber eher dubiosen Geschäftemachern, Bevorzugung westdeutscher Bieter gegenüber ostdeutschen beim Verkauf der Unternehmen wie auch einfache Arroganz gegenüber den Betroffenen führten zu einer eher negativen Haltung gegenüber der Treuhandanstalt. Die Treuhand, wie die Einrichtung kurz genannt wurde, wurde zum Feindbild Nummer 1 für viele – auch für die RAF, die 1991 den Treuhand-Vorstandsvorsitzenden Detlev Rohwedder ermordete. Seitdem trägt das Gebäude seinen Namen, auch wenn die Nachfolgeeinrichtungen der Treuhand heute unter anderen Namen und Adressen firmieren. Der Haupteingang des Bundesfinanzministeriums befindet sich heute wieder in der Wilhelmstraße.

Niederkirchnerstraße mit Mauerresten

Die Brachflächen gegenüber dem Gebäude gehen nicht auf Kriegseinwirkungen zurück, sondern – wieder einmal – auf Albert Speers Pläne für Germania.

Der Weg zum Checkpoint Charlie führt nach links in die Wilhelmstraße und weiter zur Niederkirchnerstraße. Entlang der Niederkirchnerstraße sind neben dem neuerrichteten Dokumentationszentrum **Topografie des Terrors** 6 auch Originalmauerreste (▸ Seite 142) zu sehen. Die **Niederkirchnerstraße** hieß früher Prinz-Albrecht-Straße und war eine gefürchtete Adresse: 1933 bezog die Geheime Staatspolizei (Gestapo) in der Nummer 8 ein Gebäude, in dessen Keller ein eigenes Gefängnis eingerichtet wurde. Später zog hier auch das Reichssicherheitshauptamt (RSHA) ein. Das benachbarte Hotel Prinz Albrecht nahm ein Jahr später die SS unter Heinrich Himmler in Beschlag. Gleich um die Ecke, in dem

Topografie des Terrors
Open-Air Ausstellung
Niederkirchnerstrasse 8
Okt.–Apr. tgl. 10– 18 Uhr
(bzw. bis Einbruch der Dunkelheit)
Mai–Sept. tgl. 10–20 Uhr

Aussichtsballon Hi-Flyer
*Ecke Wilhelmstraße/
Zimmerstraße
Sommer: So–Do 10–22,
Fr/Sa 10–00.30 Uhr
Winter: So–Do 11–18,
Fr/Sa 11–19 Uhr,
kein Betrieb bei starkem
Wind (Wind-Hotline:
(030) 2 26 67 88-11)
19 Euro / 13 Euro, Familienticket 2 x 2: 49 Euro
Der Fesselballon steigt 158
Meter hoch und ist einer
der größten Helium-Ballone der Welt.*

E-Werk
*Das ehemalige Kraftwerk
beherbergte von 1991 bis
1997 einen der berühmtesten Techno-Clubs der
Welt. Heute kann man
die ehemaligen Werksräume für Veranstaltungen
mieten. Vom Dach bietet
sich ein wunderbarer Blick
über Berlin.*

Und wer bitte ist Charlie?
*Wer war dieser Charlie,
nach dem der Kontrollpunkt benannt war? Charlie ist schlicht der dritte
Buchstabe des US-Piloten-Alphabets. Die alliierten
Truppen nutzten drei
Übergänge zum Wechsel
„zwischen den Systemen":
Checkpoint Alpha (in
Helmstedt) als Übergang
zwischen Westdeutschland und Ostdeutschland,
Checkpoint Bravo (Berlin-Dreilinden) zwischen West-Berlin und Ostdeutschland
und Checkpoint Charlie
zwischen West- und Ost-Berlin.*

von Schinkel erbauten Prinz-Albrecht-Palais (Wilhelmstraße 102) quartierte sich der Sicherheitsdienst der SS (SD) ein. 1941 wurde das Gebäude zum repräsentativen Dienstsitz von Reinhard Heydrich umgebaut, dem Chef des Reichssicherheitshauptamtes. So waren hier auf engstem Raum die gefürchtetsten Institutionen des Dritten Reiches vereint. Hier wurden Beschlüsse gefasst, die das Schicksal von Millionen Menschen besiegelten: ob politische Gegner in Deutschland, russische Kriegsgefangene in den Konzentrationslagern oder Juden in ganz Europa – für sie alle hatten die Entscheidungen, die in der Wilhelm- und Prinz-Albrecht-Straße getroffen wurden, den Tod zur Folge.

In den letzten Kriegstagen hatten sich hier SS-Truppen verschanzt, um die Rote Armee aufzuhalten, die immer weiter auf die Reichskanzlei in der Voßstraße vorrückte. So blieben von den Gebäuden nur Ruinen übrig. In der Nachkriegszeit wurden sie abgetragen, das Gelände planiert. Erst zu Beginn der 80er Jahre begann man sich wieder für die Geschichte dieses Ortes zu interessieren und fand bei Ausgrabungen die Folterkeller, in denen einst NS-Gegner wie Dietrich Bonhoeffer oder die Mitglieder der Widerstandsgruppe Rote Kapelle gequält wurden.

Man kann von der Topographie des Terrors aus dem Mauerverlauf folgen, der hier wieder durch eine doppelte Pflastersteinreihe im Boden dokumentiert ist. Über die Wilhelmstraße hinüber gelangt man in die **Zimmerstraße**. Dort haben sich in den letzten Jahren eine ganze Reihe von Galerien und skurrilen Geschäften angesiedelt, die Kunst und ausgefallene Souvenirs aus Berlin anbieten. Das Brachland auf der linken Straßenseite ist noch ein letztes Stück Todesstreifen, der sich hier erstreckte. Ein sehr schön restauriertes Gebäude diente ursprünglich als Geschäftshaus für eine dahinterliegende Markthalle, die sich von hier bis zur Mauerstraße erstreckte. Zu einem Ballhaus umgebaut, war die Halle 1943 Sammellager für die während der so genannten Fabrikaktion verhafteten Juden, die von hier aus den Weg in die Vernichtungslager antreten mussten. Die Halle wurde während des Krieges zerstört, nur das Vorderhaus existierte heute noch. Durch den Toreingang sieht man die Gebäude des **E-Werks**, des ehemaligen Umspannwerkes.

Weiter geht es zu einem international bekannten Ort: dem **Checkpoint Charlie** ❼, im Westen offiziell Kontrollpunkt Friedrichstraße, im Osten Grenzübergangs-

CHECKPOINT CHARLIE
Fluchtversuche und Grenzgänge.
Der Checkpoint Charlie gilt als der Ort der meisten erfolgreichen Fluchtversuche an der innerdeutschen Grenze. Das lag daran, dass er nur für Ausländer geöffnet war, Deutsche durften ihn nicht benutzen. Die meisten Ausländer in Berlin vor dem Mauerfall waren Mitglieder der alliierten Truppen oder auch des Diplomatischen Corps in Ost-Berlin. Wenn nun ein Ostdeutscher in den Westen wollte, aber keinen Ausreiseantrag stellen wollte, dann war es vielleicht eine gute Idee, sich einen Freund oder eine Freundin zu suchen, der/die Mitglied einer alliierten Armee oder beim Diplomatischen Corps war – und in einem günstigen Moment in das Fahrzeug dieses Freundes zu schlüpfen. Diese Fahrzeuge waren „exterritoriales Gebiet", die ostdeutschen Grenzer durften diese Fahrzeuge nicht anhalten und kontrollieren, schon gar nicht jemanden herausholen.

Zuvor hatten DDR-Grenzer Angehörigen der US-Militärkommission wiederholt den Zugang nach Ost-Berlin verweigert. Diese hatten es abgelehnt, sich kontrollieren zu lassen.

Berühmt wurde ein folgenreicher Grenzübertritt im Oktober 1961: Nachdem DDR-Grenzsoldaten US-Alliierten wiederholt die kontrolllose Einreise nach Ost-Berlin verweigert hatten, fuhren bald darauf amerikanische Panzer an der weißen Linie auf, die den Grenzverlauf markierte. Am nächsten Tag standen ihnen auf Ost-Berliner Seite sowjetische Panzer gegenüber. Zwei Tage hielt die Welt den Atem an. Nach etlichen Telefonaten zwischen Washington und Moskau gab es dann für beide Seiten den Befehl zum Rückzug. Zentimeterweise rückten die Panzer auf beiden Seiten ab und die Welt konnte endlich aufatmen. Nach diesem Zwischenfall wurden alliierte Fahrzeuge nur noch durchgewunken.

Jeder Flüchtling, der auf diese Weise nach West-Berlin kam, wurde zunächst von der CIA verhört, die ihre Büros im ersten Stock der Hauses Friedrichstraße 206, genau über dem Café Adler hatte. Erst danach wurden die Flüchtlinge an die deutschen Behörden übergeben.

November 1989: Trabbis überqueren die Grenze am Checkpoint Charlie

Checkpoint Charlie-Museum
Friedrichstraße 43-45
Tgl. 9–22 Uhr,
12,50 Euro / 9,50 Euro
Seit 1963 werden direkt am Grenzübergang gelungene und missglückte Fluchtversuche dokumentiert, z. B. mit Ballons, umgebauten Autos und sogar einem Mini-U-Boot.

Deutsches Currywurst-Museum
Schützenstraße 70
Tgl. 10–22 Uhr
11 Euro / 8,50 Euro / 7 Euro
(030) 88 71 86 47
www.currywurstmuseum.de
Alles rund um diese Berliner Spezialität, man kann sich sogar in eine echte Currywurstbude stellen. Nur zu essen gibt es nichts!

stelle (GÜSt) Friedrich-/Ecke Zimmerstraße genannt. Eine Open-Air-Ausstellung an der Ecke Friedrichstraße/Zimmerstraße zeigt den Mauerverlauf sowie zahlreiche Fotos und Dokumente zur Mauergeschichte.

Nach dem Bau der Mauer am 13. August 1961 war der Besuch am Checkpoint Charlie für die meisten Politiker Pflichtprogramm. John F. Kennedy war hier ebenso wie Ronald Reagan, der bei seinem ersten Berlin-Aufenthalt 1982 sogar auf der weißen Linie entlangbalancierte und kokett einen Fuß in den Osten setzte.

Auch wir überschreiten diese Linie und wandern an der Open-Air-Ausstellung entlang. Die Gebäude, die hier an der Friedrichstraße stehen, wurden erst in den 90ern errichtet. Sie sollten vor allem US-amerikanische Unternehmen beherbergen, man spekulierte darauf, dass das Zauberwort Checkpoint Charlie sie anlocken würde. Das Haus auf der linken Seite ist das **Philip-Johnson-Haus** ❽, benannt nach dem amerikanischen Architekten, der seine Lehrjahre in Berlin verbrachte und sich vor allem für die Bauten von Mies van der Rohe begeisterte. Es war eines der ersten Gebäude, das nach dem Mauerfall an der Friedrichstraße entstand, und wurde typisch für die Neubebauung. Statt einzelner Häuser mit Innenhöfen, die ein so genanntes Quarré bilden, baute man in den 90ern auf der gesamten Fläche zwischen vier Straßen

MUSEUM FÜR KOMMUNIKATION

Vom Brief zur Email. Das heutige Museum für Kommunikation ging aus dem Reichspostmuseum hervor, das der Generalpostmeister des Deutschen Reiches, Heinrich von Stephan, 1872 begründet hatte. Zunächst eine Sammlung von Briefkästen der verschiedenen Landespostanstalten, kamen bald weitere Gerätschaften hinzu. Heute kann man hier die gesamte Geschichte der Kommunikation verfolgen. Erwähnenswert ist auch die Briefmarkensammlung des Museums, die u. a. die Rote und Blaue Mauritius beinhaltet. Sie und weitere Marken des „Mauritius Tableux" waren nach dem Krieg verschwunden und tauchte erst 1976 in den USA wieder auf – der Verkäufer war ein ehemaliger US-Soldat, der 1945 mit der Rückführung der Briefmarkensammlung aus ihrem Kriegsversteck nach Berlin beauftragt worden war. Er hatte sich ganz offensichtlich ein gewisses Erfolgshonorar gesichert ...

nur ein einziges Gebäude. Die **Mauerstraße** links führt zum Vorplatz, der heute **Bethlehemskirchplatz** heißt. Der bereits mehrfach erwähnte Soldatenkönig Friedrich Wilhelm I. hatte im 18. Jahrhundert böhmische Siedler ins Land geholt. Er schenkte ihnen Bauland in dieser Gegend, die Friedrichstadt genannt wurde, und stellte auch das Baumaterial zur Verfügung. Die erste böhmische Kirche entstand 1734–1737 hier auf diesem Platz, ihr Grundriss ist im Pflaster nachgebildet. Ins Auge fällt aber als erstes die bunte Skulptur „Houseball", die die spärliche Habe der Einwanderer symbolisiert. Geschaffen wurde sie von dem amerikanischen Ehepaar Claes Oldenburg und Coosje van Bruggen.

Reich verzierte Fassade des Museums für Kommunikation

Die Mauerstraße führt uns wieder zurück zur **Leipziger Straße**. An der Ecke links ein wunderschönes Gebäude aus der Kaiserzeit, das heute das **Museum für Kommunikation** ❾ beherbergt.

Neben dem Museum für Kommunikation, an der Ecke Mauerstraße/Leipziger Straße rechts, befindet sich die **Bulgarische Botschaft** ❿, die in den 80er Jahren errichtet wurde. Seit 2006 steht die Skulptur „Mensch geht durch Mauer" von G. Chapkanov auf dem Botschaftsgelände. Auf der gegenüberliegenden Seite das sehr schön restaurierte **WMF-Haus** ⓫, das ein bemerkenswertes Relief an seiner ehemaligen Toreinfahrt präsentiert. Wie alle Gebäude in der Leipziger Straße war auch dieses Haus im Krieg zerstört worden. Es wurde jedoch als erhaltenswert eingestuft, so dass die Ruine gesichert wurde. Das Gebäude vermittelt daher heute einen Eindruck von der Vorkriegsarchitektur in dieser Straße, in der Geschäfts- mit Warenhäusern um die imposantesten Fassaden wetteiferten. Berühmt wurde das WMF-Haus zu Beginn der 90er Jahre durch den Einzug eines zunächst illegalen Clubs in den Kellerräumen, der heute als WMF-Club weit über die Grenzen Berlins hinaus bekannt ist – auch wenn er mittlerweile mehrfach umziehen musste und jetzt in der Klosterstraße 44 zu finden ist.

Museum für Kommunikation
Leipziger Straße 17
Di–Fr 9–17 Uhr,
Sa/So/Fei 10–18 Uhr
3 Euro / 1,50 Euro
(030) 20 29 40

Gendarmenmarkt & Friedrichstraße

M48
*U Stadtmitte/
Leipziger Straße*

Die Leipziger Straße führt weiter zur Friedrichstraße, wo wir uns links halten. Die **Friedrichstraße** ist in diesem Bereich eine noble Einkaufsadresse geworden. Nur wenige Gebäude stammen noch aus DDR-Zeiten. Die meisten wurden – als große Blöcke, so genannte Quartiere – in den 90er Jahren errichtet. So stellt die Friedrichstraße in diesem Bereich eine ernstzunehmende Konkurrenz für den Kurfürstendamm dar, zumal sich in der Nähe zahlreiche Fünf-Sterne-Hotels befinden. Teure Geschäfte sind nicht nur oberirdisch, sondern auch unter der Erde zu finden: An der Mohrenstraße beginnt im **Quartier 205** ❶ eine Einkaufspassage, die bis zum Kaufhaus **Galeries Lafayette** ❷ (im Quartier 207) an der Französischen Straße führt. Der 1996 eröffnete Glasbau von Jean Nouvel ist durchaus einen genaueren Blick wert.

Doch vorher schauen wir uns an der **Mohrenstraße** um. Sie war ursprünglich die Straße der Schokoladenmacher, noch heute hat ja eine einstige Berliner Schokoladenmarke deshalb einen „Mohren" im Logo. Tatsächlich geht der Name auf die Mitglieder einer Musikkapelle

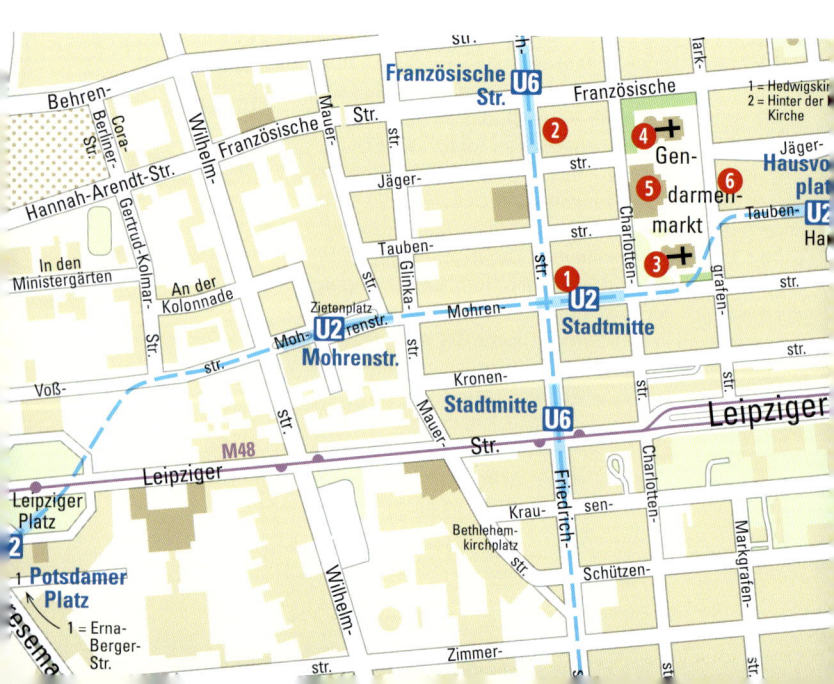

FRANZÖSISCHE BESIEDLUNG

Wie die Frikadelle zur Boulette wurde. Gegen Ende des 17. Jahrhunderts kamen zahlreiche Franzosen in die Mark Brandenburg. Hier waren sie überaus willkommen, denn nach dem Dreißigjährigen Krieg waren weite Landstriche menschenleer. Man brauchte dringend Siedler, und der Große Kurfürst Friedrich Wilhelm von Brandenburg erließ 1685 das Edikt von Potsdam, das die in Frankreich verfolgten Hugenotten einlud, sich in der Mark Brandenburg niederzulassen. Sie bekamen einen „Existenzgründungszuschuss" in Form von Steuererleichterungen und Zollbefreiungen, außerdem bezahlte der Staat die Gehälter für die französischen Pfarrer. Die Flüchtlinge brachten neue Technologien sowie neue Gemüse- und Obstpflanzen mit. Es waren Seidenproduzenten und -weber, Strumpfwirker, Kunsttischler, Optiker und Apotheker, aber auch Zuckerbäcker und Konditoren. Die Brandenburger Wirtschaft erlebte dadurch einen großen Aufschwung.

Im Jahre 1700 hatte Berlin 30 000 Einwohner, davon waren 6000 Franzosen. Die Berliner Sprache blieb davon nicht unbeeinflusst: Berliner gehen in Destillen oder Budiken, wenn sie Durst haben, mögen keine Fisimatenten und keine Leute, die etepetete sind – und auch die Bulette, eine Berliner Spezialität, heißt anderswo Frikadelle oder Fleischpflanzerl und hat ihren Ursprung im Französischen. „Boule" ist die Kugel, „boulette" ein Kügelchen. Ein Fleischkügelchen also, das einst neben der Currywurst als Highlight der Berliner Küche galt. Zum Glück gibt es heute eine größere Bandbreite an wohlschmeckenden Gerichten. Vor allem rund um den Gendarmenmarkt haben sich seit den 90er Jahren eine ganze Reihe guter Restaurants angesiedelt.

---

zurück, ein Geschenk des holländischen Königs an die preußische Verwandtschaft. Die Musiker stammten aus den Kolonien der Niederlande und hatten hier im 18. Jahrhundert ihre Unterkunft. In den letzten Jahren kamen – regelmäßig im so genannten Sommerloch – Diskussionen auf, die Straße umzubenennen, weil die Bezeichnung „Mohr" rassistisch sei. Deshalb können Sie vielleicht auf den Straßenschildern auch Möhrenstraße lesen, denn regelmäßig verändern „Aktivisten" die Schreibweise und sorgen damit für Verwirrung bei Berlin-Besuchern.

Ein Schokoladenfabrikant ist in die Mohrenstraße zurückgekehrt. Im Laden von **Fassbender & Rausch** kann man nicht nur in einer unglaublichen Auswahl von Schokoladen und Pralinen schwelgen, sondern auch den Reichstag, das Brandenburger Tor oder die Gedächtniskirche in Schokolade bestaunen. Gegenüber des Schokoladenladens liegt der schönste Platz Berlins: der **Gendarmenmarkt**. Schon sein Name verweist auf französische Siedler, die Ende des 17. Jahrhunderts nach Berlin kamen.

Diesen Namen bekam der Platz allerdings erst Ende des 18. Jahrhunderts, als das Garderegiment „Gens

Fassbender & Rausch Schokoladenfabrik
*Charlottenstraße 60
Mo–Sa 10–20 Uhr,
So 11–20 Uhr
www.fassbender-rausch.de
Ein kleines Café bietet schokoladige Leckereien, im ersten Stock gibt es sogar ein richtiges Schokoladenrestaurant.*

Friedrichstraße

Ausstellung „Wege – Irrwege – Umwege" im Deutschen Dom
*Di–So 10–18 Uhr
Eintritt frei, Führungen tgl. 11, 13 und 16 Uhr.
Ausstellung zur Geschichte des Parlamentarismus in Deutschland*

Konzerthaus am Gendarmenmarkt
*Besucherservice gegenüber dem Französischen Dom
Mo–Sa 12–19 Uhr,
So 12–16 Uhr
Führungen Sa 13 Uhr,
3 Euro
Beginn im „Café Konzerthaus" nebenan. Spezialität des Konzerthauses: Kinderprogramme.*

d´armes" hier seine Wache und seine Stallungen hatte. Daran erinnert heute nichts mehr. Der Platz wird stattdessen von zwei sehr ähnlichen Kirchenbauten geprägt, die ihn an der Süd- (Mohrenstraße) und an der Nordseite (Französische Straße) begrenzen. Der Bau an der Mohrenstraße ist der **Deutsche Dom** ❸, der an der Französischen Straße der **Französische Dom** ❹. Die eigentlichen Kirchen sind nur die kleinen runden Gebäude hinter den turmartigen Vorbauten. Beide wurden etwa zu Beginn des 18. Jahrhunderts erbaut. Friedrich II. wollte den Platz etwas aufhübschen und ließ von seinem Baumeister Carl von Gontard die Türme vor die kleinen Kirchen setzen, seitdem spricht man von Domen (nach frz. „dome" für Kuppel). Wie alle Gebäude in dieser Gegend wurden auch die Bauten an diesem Platz im Krieg schwer zerstört. Erst Ende der 70er Jahre begann der Wiederaufbau.

Zwischen den beiden Kirchenbauten befindet sich ein weiteres eindrucksvolles Gebäude: Das Königliche Schauspielhaus, heute das **Konzerthaus am Gendarmenmarkt** ❺, wurde von Karl Friedrich Schinkel erbaut. Es war der dritte Theaterbau an dieser Stelle. Die Kerzenbeleuchtung in den Theatern führte immer wieder zu Bränden, und so war auch der Vorgängerbau, der so genannte „Koffer" von Carl Gotthard Langhans, den

Gendarmenmarkt & Friedrichstraße

Flammen zum Opfer gefallen. Schon kurz nach seiner Eröffnung 1821 fand die Uraufführung der Oper „Der Freischütz" von Carl Maria von Weber statt.

1934 wurde Gustaf Gründgens Intendant des mittlerweile in Staatstheater umbenannten Hauses. In den letzten Kriegstagen versank das Gebäude in Schutt und Asche, eine SS-Division hatte sich hier verschanzt und versuchte vergeblich, die vorrückende Rote Armee aufzuhalten. Erst 1979 konnte mit dem Wiederaufbau begonnen werden. Allerdings wurde das Schauspielhaus nicht als Theater wiedererrichtet. Sprechtheater gab es ausreichend in Ost-Berlin, es fehlte aber ein repräsentativer Konzertsaal. Deshalb wurde das Schauspielhaus zum Konzerthaus umgebaut.

Den Namen Konzerthaus am Gendarmenmarkt erhielt es erst zu Beginn der 90er Jahre. Es ist die Heimstatt des Konzerthaus-Orchesters Berlin (bis 2006 Berliner Sinfonie-Orchester. Neben Konzerten finden im Haus auch Staatsakte und Empfänge statt.

An die glanzvolle Zeit des heutigen Konzerthauses als Sprechtheater erinnert das **Schiller-Denkmal,** das seit

Französischer Dom und Hugenottenmuseum
Halbstündiges Orgelkonzert: Di 15 Uhr
Rundbau: Di–So 12–17 Uhr
Turmbesteigung: Mo–Fr 10–20, Sa/So bis 21 Uhr
2,50 Euro / 2 Euro
Fantastischer Ausblick auf Berlins historische Mitte und das Turm-Glockenspiel (spielt jede volle Stunde)
Hugenottenmuseum:
Di–Sa 12–17, So 11–17 Uhr
2 Euro / 1 Euro
Restaurant „Refugium":
Gehobene Gastronomie in den historischen Kellergewölben

DEUTSCHER DOM

Märzrevolution in Berlin. Der Deutsche Dom ist heute keine Kirche mehr. Hier befindet sich jetzt eine Ausstellung zur Geschichte des Parlamentarismus in Deutschland. In gewisser Weise gibt es dabei einen Bezug zur Vergangenheit dieses Ortes: Auf den Stufen des Deutschen Domes wurde 1848 ein Teil der Märzgefallenen aufgebahrt, 183 Menschen, die während der Aufstände am 18. und 19. März erschossen wurden. Sie hatten für demokratische Rechte wie Rede- und Versammlungsfreiheit, Pressefreiheit und Wahlrecht gekämpft. Der damalige König Friedrich Wilhelm IV. war der Situation nicht gewachsen. Sein Bruder, der Kartätschenprinz, spätere König und erste Kaiser Wilhelm I. ließ auf die friedlichen Demonstranten schießen. Bei den darauffolgenden Barrikadenkämpfen starben insgesamt 270 Menschen, darunter auch Frauen und Kinder. Die Aufbahrung der Märzgefallenen wurde von Adolph Menzel in einem bekannten Gemälde festgehalten. Der Trauerzug führte nach der Aufbahrung am Stadtschloss vorbei zu einem extra angelegten Friedhof im heutigen Friedrichshain. Dabei wurde Friedrich Wilhelm IV. gezwungen, den Gefallenen die letzte Ehre zu erweisen.

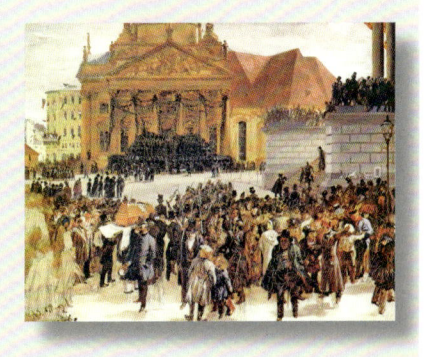

1869 auf diesem Platz steht. Friedrich Schiller war seinerzeit eine Art Pop-Star in Berlin – alle seine Stücke wurden hier aufgeführt. Er schaffte es allerdings nicht, in Preußen eine gut bezahlte Anstellung zu erhalten. Dabei war er 1804 extra deshalb nach Berlin gereist, wartete aber vergebens auf eine Audienz bei Königin Luise. Seine etwas aufmüpfigen Stücke entsprachen wohl dem Empfinden des Publikums, aber weniger den Vorstellungen der Herrschenden.

Es dauerte bis zum 100. Geburtstag Friedrich Schillers, bis ihm in Berlin eine offizielle Ehrung zu Teil wurde: der Grundstein für sein Denkmal wurde 1859 gelegt, aber erst nach 12 Jahren war die Skulptur von Reinhold Begas (dem Schöpfer des Neptunbrunnens am Roten Rathaus) fertiggestellt. Das Denkmal stand hier zunächst inmitten des regen Markttreibens, erst 1886 wurde der Markt aufgegeben und der Platz begrünt. 1936 ließen die Nazis das Denkmal abmontieren und den ganzen Platz in Schachbrettform pflastern – das erleichterte den Hitlerjungen die Aufstellung zu Appellen und Paraden. Nach dem Krieg lagerte die Skulptur in West-Berlin und wurde erst 1987 zurückgebracht. Zu diesem Zeitpunkt wurde der Platz neu gestaltet und dabei auch Zitate ins Pflaster eingelassen: Schiller mit dem Ausspruch „Dass ein längerer Aufenthalt in Berlin mich fähig machen würde, in meiner Kunst vorzuschreiten (...) ich zweifle keinen Augenblick" und Hegel mit „Ein Berliner Witz ist mehr wert als eine schöne Gegend". Andere Zitate, etwa von Erich Honecker, wurden in den 90er Jahren entfernt.

Mit Schiller im Rücken blicken wir auf ein großes, repräsentatives Gebäude aus der Kaiserzeit. Es handelt sich um die **Preußische Seehandlung** ❻, der späteren preußischen Staatsbank, die sich hier 1902 im Banken- und Versicherungsviertel ein nobles Haus errichten ließ. Im ehemaligen Kassensaal befindet sich seit 2002 das Veranstaltungszentrum der Berlin-Brandenburgischen Akademie der Wissenschaften.

Traditionslokal Lutter & Wegner
Der Schauspieler Ludwig Devrient saß nach jeder Vorstellung im Weinkeller von Lutter & Wegner nahe des Schauspielhauses. Zusammen mit Adelbert von Chamisso, Clemens Brentano und dem jungen Heinrich Heine lauschte er den Erzählungen von Ernst Theodor Amadeus Hoffmann. Sie probierten ausgiebig die hier kredenzten Weine; Hoffmann soll bei seinem Tod eine offene Rechnung von 1116 Reichstalern und 21 Groschen gehabt haben. Heute gibt es in der Charlottenstraße wieder ein Restaurant namens Lutter & Wegner, dort, wo E. T. A. Hoffmann und Ludwig Devrient einst wohnten.

Schillerdenkmal auf dem Gendarmenmarkt

Jägerstraße & Hausvogteiplatz

Links der Akademie der Wissenschaften, in der Jägerstraße 22, erinnert eine Gedenktafel an das Geburtshaus von Alexander von Humboldt. Die **Jägerstraße** ist ohnehin voll Historie. Im 19. Jahrhundert wohnten hier die berühmten Salonières: gebildete Damen der Gesellschaft, die den Berliner Geistesgrößen ein Forum boten für den Ideenaustausch über Religions- und Standesgrenzen hinweg.

Die berühmteste Salonbetreiberin Berlins war die Jüdin Rahel Lewin, die sich 1814 zum Zwecke der Heirat taufen ließ und heute als Rahel (Antonie Friederike) Varnhagen van Ense bekannter ist. Ab 1793 lud sie in ihren Salon in der Jägerstraße 54 Intellektuelle, Adlige und Künstler jüdischer und christlicher Herkunft sowie unterschiedlichster Interessen und Überzeugungen ein. Heinrich Heine nannte sie die „geistreichste Frau des Universums". Bei ihr trafen sich zum Beispiel die Schriftsteller Achim von Arnim, Clemens Brentano und Jean Paul, der Bildhauer Friedrich Tieck und sein Bruder, der Schriftsteller Ludwig Tieck, die Brüder Alexander und Wilhelm von Humboldt oder der Theologe Friedrich Schleiermacher.

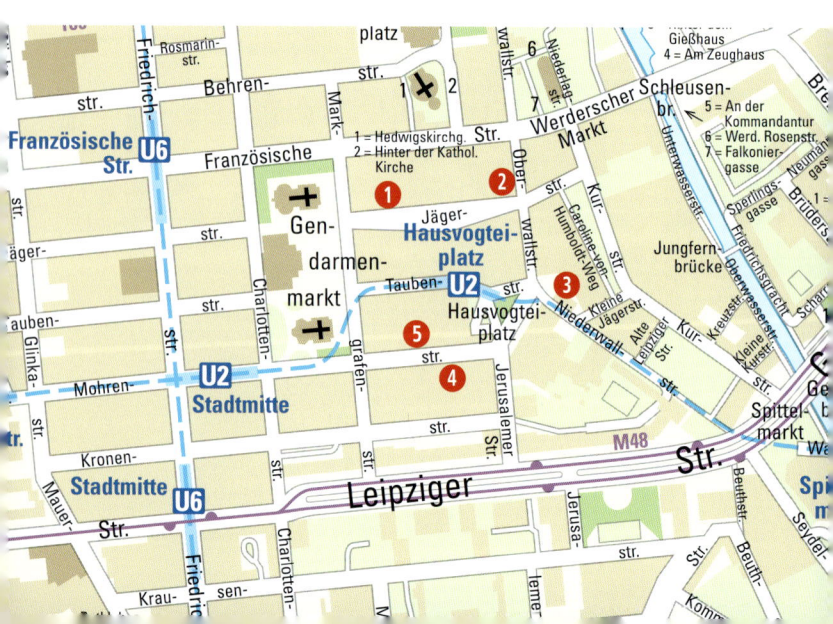

An der Stelle ihres Wohnhauses wurde 1914 das **Bankhaus Ebeling** ❶ errichtet, in dem die Griechische Botschaft ein Interimsquartier bezogen hat und das „VAU" zu Hause ist. Dessen Koch kennt vermutlich jeder, der mal im ZDF zu später Stunde beim „Topfgucken" hängengeblieben ist. Kolja Kleeberg bietet neben flotten Sprüchen auch noch gutes Essen und einen gewissen Promi-Faktor.

Bankhaus Mendelssohn

Direkt nebenan (Jägerstraße 52–53) ein umgebauter Plattenbau aus DDR-Zeiten, heute kaum noch als solcher erkennbar: Die **Belgische Botschaft** mit den großen rotbraunen Säulen vor dem Eingang ist hier wieder an ihren Vorkriegs-Standort zurückgekehrt.

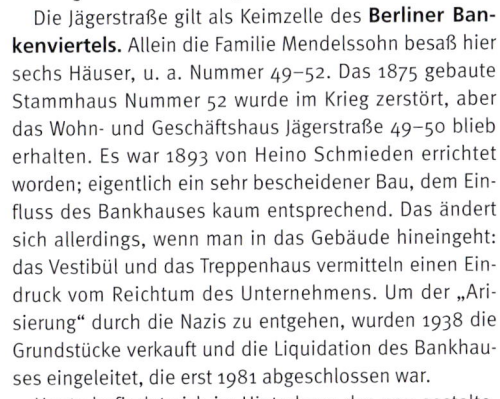

Die Jägerstraße gilt als Keimzelle des **Berliner Bankenviertels**. Allein die Familie Mendelssohn besaß hier sechs Häuser, u. a. Nummer 49–52. Das 1875 gebaute Stammhaus Nummer 52 wurde im Krieg zerstört, aber das Wohn- und Geschäftshaus Jägerstraße 49–50 blieb erhalten. Es war 1893 von Heino Schmieden errichtet worden; eigentlich ein sehr bescheidener Bau, dem Einfluss des Bankhauses kaum entsprechend. Das ändert sich allerdings, wenn man in das Gebäude hineingeht: das Vestibül und das Treppenhaus vermitteln einen Eindruck vom Reichtum des Unternehmens. Um der „Arisierung" durch die Nazis zu entgehen, wurden 1938 die Grundstücke verkauft und die Liquidation des Bankhauses eingeleitet, die erst 1981 abgeschlossen war.

Heute befindet sich im Hinterhaus des neu gestalteten Hauses Jägerstraße 51 (die Remise war einstmals Kassenhalle, später Kutschenhaus) der Sitz der **Mendelssohn-Gesellschaft** und der **Geschichtsmeile Jägerstraße**.

Auf der gegenüberliegenden Straßenseite fällt neben der Lückenbebauung aus den 80er Jahren ein sehr schönes Wohn- und Geschäftshaus ins Auge: das Haus Jägerstraße 28 wurde 1895 für den Kaufmann David Münzer errichtet. Dieser Bautyp – die Mischung von Wohnen und Arbeiten – war in dieser Gegend nur kurzzeitig in Mode, später wurden reine Geschäftshäuser errichtet. Im Erdgeschoss und im ersten Stock waren Verkaufsräume, deshalb die großen Schaufenster, deren Auslagen man von der Straße aus bewundern konnte. Der obere Be-

Mendelssohn-Ausstellung
Jägerstraße 51
Do–Di 12–19 Uhr
Eintritt frei, Spenden erbeten
(030) 81 70 47 26
Die Dauerausstellung „Die Mendelssohns in der Jägerstraße" widmet sich der Familien- und Bankengeschichte

reich war privat, und wer am Erkerfenster saß, konnte die gesamte Straße bequem beobachten. Leider ist das **Münzer-Haus** in dieser Straße das einzige in dieser Form erhaltene. Im Nachbarhaus waren nur noch zwei Etagen vorhanden, und der neue Besitzer dieser Quartiers, die Leo-Kirch-Gruppe, ließ in den 90er Jahren kräftig aufstocken. Der Komplex, der bis 2009 die SAT 1 Satelliten-Fernsehen GmbH beherbergte, erstreckt sich von der Jägerstraße bis zum Hausvogteiplatz/Taubenstraße. Mit dem Eigentümerwechsel bei SAT 1 wurde der Berliner Standort aufgeben, seitdem steht das Gebäude leer.

An der linken Ecke zur Oberwallstraße (Jägerstraße 42–44) befindet sich ein riesiges Gebäude in Klinkerbauweise. Es reicht bis zur Französischen Straße auf der Rückseite, wo sich heute der Eingang zur Hauptstadtrepräsentanz der Deutschen Telekom befindet. Der älteste Teil dieser Anlage befindet sich an der Oberwallstraße 4a. Es ist das **älteste erhaltene Postgebäude** ❷ in Berlin und war Teil des Generaltelegraphenamtes, das 1864 nach Plänen von Wilhelm Salzenberg und Adolph Lohse als erstes Telegraphenamt in Deutschland entstand. 1877–1878 wurden Post und Telegraphie vereinigt und der Erweiterungsbau des nun Haupttelegraphenamt genannten Komplexes in der Jägerstraße 42–44 begonnen. Carl Schwatlo entwarf einen Bau im Stil venezianischer Renaissancepaläste. Die Fenster sind mit Formsteinen gestaltet, die Türen mit schmiedeeisernen Gittern. Das Gebäude ist 2001 sehr schön von der Telekom saniert worden. Aber wer genau hinsieht, kann immer noch die Spuren der Zeit, und zwar besonders der letzten Kriegstage, an den Fassaden ablesen, denn in den Ziegeln sind die Einschusslöcher von Maschinengewehren und Granatsplittern deutlich sichtbar.

Das ehemalige Konfektionshaus Manheimer

An der rechten Ecke zur **Oberwallstraße** (Jägerstraße 33) steht ein beeindruckendes Gebäude, ein Erweiterungsbau für das **Konfektionshaus Manheimer,** das bereits ein riesiges Gebäude in der Oberwallstraße 6–7 besaß. 1839 hatte der Schneider Valentin Manheimer in Berlin eine Firma zur Herstellung von Pelerinen und Mänteln gegründet. Zum ersten Mal kam Kleidung von der

Stange und begründete damit die Berliner Konfektionsindustrie, die sich rund um den Werderschen Markt und den Hausvogteiplatz etablierte.

Ende der 1990er Jahre wurde das Gebiet zwischen Werderschem Markt und Leipziger Straße fast vollständig neu bebaut. Der Senat setzte dabei zum größten Teil auf private Bauherren: das Gelände wurde parzelliert für so genannte „Townhouses". Auf Wunsch der verantwortlichen Senatorin sollten hier bis zu fünfgeschossige Häuser entstehen, in deren Erdgeschossen „kleine Läden, Cafés und Restaurants die Gegend beleben" sollten. Im ersten Stock stellte sie sich die „Kanzleien, Praxen und Büros" der Hausbesitzer vor, die darüber mit ihren Familien wohnen würden. Bedingung war diese Gestaltung nicht, weshalb wir hier heute kaum Läden und Cafés finden. Die Bauherren waren mehr an einer intensiven Baugrundnutzung interessiert; die meisten errichteten ein Gästehaus im Hof, wo sich die Bausenatorin Gärten erträumt hatte. In der Oberwallstraße wurde bis an den Straßenrand gebaut, in Richtung des Auswärtigen Amtes am Ende der Jägerstraße gibt es einen schmalen Grünstreifen, der einen Sicherheitsabstand zum Ministerium garantiert.

Wir gehen nach rechts durch die Oberwallstraße, am ehemaligen Konfektionshaus Manheimer und der früheren Konzernzentrale von SAT 1 vorbei zum Hausvogteiplatz.

Der **Hausvogteiplatz** hat eine dreieckige Form und verweist damit auf seine Vergangenheit als Bastion vor den Toren Berlins. Tatsächlich verlief die Stadtmauer von der Straße Unter den Linden (Straße Am Festungsgraben) entlang der Oberwallstraße und der Niederwallstraße zur Wallstraße. Der Name des Platzes stammt von der Hausvogtei, dem Stadtgefängnis, das sich an der Ostseite befand. Ein kleiner Gebäu-

Das „Haus Berolina" ist als einziges Geschäftshaus am Hausvogteiplatz komplett erhalten

detail steht noch an der Niederwallstraße, hier ist heute die **Botschaft von Marokko** ❸ zu Hause. Auf dem Platz selbst wurden auch Strafen öffentlich ausgeführt, so wurde noch 1853 eine Frau wegen Meineids an den Pranger gestellt.

Um 1860 hatten sich um den Hausvogteiplatz zwanzig Konfektionsfirmen angesiedelt, zehn Jahre später waren es schon doppelt so viele. Um die Jahrhundertwende lebte das ganze Stadtviertel von der Textilbranche. Die bekanntesten Textilunternehmer waren David Leib Levin, Rudolph Hertzog und Herman Gerson. Ihre Modehäuser wurden zu Zentren des gesellschaftlichen Lebens, wo man sich zu Modenschauen, zum Tee oder zu Soirees traf.

Die hier entworfene Mode wurde als „Berliner Chic" berühmt und erlebte besonders nach dem Ersten Weltkrieg einen großen Aufschwung. Man orientierte sich zwar an der Pariser Mode, gab den Kleidern für die Berlinerinnen aber ein bisschen mehr Pep, ein wenig Frivolität und jede Menge Eleganz und Funktionalität – genau das Richtige, um sich je nach Geldbeutel in der Friedrichstraße oder am Kurfürstendamm zu amüsieren. Aber auch im Ausland war die Mode beliebt: man exportierte nach Holland, den USA, in die Schweiz und nach Großbritannien.

Im Gebiet um den Hausvogteiplatz wurde hauptsächlich entworfen und verkauft; die eigentliche Herstellung verteilte man auf etwa 600 selbstständige Subunternehmer, die so genannten Zwischenmeistereien. Sie beschäftigten etwa 100 000 Frauen, die unter oft sehr elenden Bedingungen in den Mietskasernen des Berliner Nordens und Ostens in Heimarbeit für den Berliner Chic arbeiteten.

Da die meisten Konfektionsfirmen Juden gehörten, waren die Unternehmer nach der Machtergreifung der Nationalsozialisten im Jahre 1933 schweren Repressalien ausgesetzt. Wer irgend konnte, verließ Deutschland. Die jüdischen Betriebe wurden „arisiert", das heißt, sie wurden zwangsweise an nichtjüdische Mitarbeiter oder nichtjüdische Konkurrenten vergeben oder ganz aufgelöst. An diese Vergangenheit des Platzes erinnern heute zwei Kunstwerke: Drei hohe Spiegel, die Ankleidespiegeln ähneln, informieren auf Tafeln im Innenraum über die Geschichte des Ortes. An den Stufen des U-Bahn-Einganges befindet sich das zweite Kunstwerk. Dort verweisen zahlreiche Namen und Adressen von Modefirmen

Erinnerung an die Vergangenheit als Modezentrum

rund um den Hausvogteiplatz auf den Verlust der Tradition des Platzes als Zentrum der Berliner Konfektion.

Heute haben sich am Hausvogteiplatz PR- und Kommunikationsagenturen angesiedelt. Strategisch günstig, denn zwei Bundesministerien befinden sich in unmittelbarer Nähe: das **Bundesjustizministerium** ❹ in der Mohrenstraße und das **Auswärtige Amt** (▸ Seite 40) an der Kurstraße. Diese Nähe zum Außenministerium schätzen auch diverse Botschaften. In der Mohrenstraße 42 sind u. a. die **Botschaften von Chile, Peru, Liechtenstein** sowie das **Konsulat von Nepal** ❺ eingezogen, im historischen Gebäude „Am Bullenwinkel" (Hausvogteiplatz 3–4) ist die **Botschaft von Slowenien** zu Hause.

Rund um das historische **Haus zur Berolina** (Hausvogteiplatz 12, die Berolina steht davor) sind neue Gebäude entstanden, die Restaurants und Cafés beherbergen. Das Haus zur Berolina selbst weist noch die traditionelle Bauweise mit mehreren Hinterhöfen auf, die allerdings nicht für die Öffentlichkeit zugänglich sind. Hier befinden sich seit 2003 auch die Redaktionsräume der einzigen überregionalen jüdischen Wochenzeitung in Deutschland, der Jüdischen Allgemeinen.

Vom Hausvogteiplatz geht es weiter durch die Niederwallstraße Richtung Spittelmarkt.

Auf der rechten Seite neben der Hotelfachschule steht in der **Niederwallstraße** ein **ehemaliges katholisches Krankenhaus**, gebaut 1892 für die Kongregation der Grauen Schwestern von der Heiligen Elisabeth. Auffällig ist die neugotische Fassade mit den weißen Verblendziegeln, die man normalerweise seit Ende des 19. Jahrhunderts vor allem für die Innenhöfe einsetzte. Bis in die 90er Jahre übernahmen hier Nonnen die medizinische Versorgung der Berliner Bevölkerung, dann wurde das Haus umgebaut. Heute ist es der Sitz des Erzbischöflichen Ordinariats und des Diözesanrats der Katholiken im Erzbistum Berlin.

Fischerinsel

🚌 *M48 Fischerinsel*
Ⓤ *Spittelmarkt*

Wir folgen der Niederwallstraße bis zum **Spittelmarkt**, halten uns dort links und überqueren die Gertraudenbrücke.

Die **Gertraudenbrücke** ist benannt nach der Schutzpatronin der Wandergesellen und Hospitäler und Beschützerin der häuslichen Vorräte. Ihr Denkmal steht

DIE JUNGFERNBRÜCKE

Knarrende Planken und jungfräuliche Bräute. Die von der Gertraudenbrücke aus gesehen zweite Brücke über den Kupfergraben in nördlicher Richtung ist die Jungfernbrücke. Sie ist die älteste Brücke Berlins und wurde im 17. Jahrhundert errichtet. Es gab noch acht weitere Brücken gleicher Bauart, die auf die holländische Herkunft der damaligen Baumeister hinweist. Diese sind leider nicht erhalten und auch die Jungfernbrücke ist nicht mehr im Original zu bestaunen. In den 30er Jahren wurde der Graben vertieft und dadurch der Klappmechanismus der Brücke stillgelegt, so dass ein fester Übergang gebaut werden musste. Man erhöhte die Brücke bei dieser Gelegenheit, daher wurden Treppen zum Übergang notwendig, was sie heute nur noch für Fußgänger passierbar macht. Woher der Name Jungfernbrücke stammt, ist nicht bekannt. Man vermutet, dass es auf zwei ledige Damen zurückgeht, die in der Friedrichsgracht wohnten, Handarbeiten zum Verkauf anboten und für ihren Stadtklatsch berühmt waren. Beliebter aber ist die folgende Erklärung: Brautpaare mussten die Brücke passieren und wenn es Zweifel an der Jungfräulichkeit der Braut gab, knarrten die Planken (sie knarrten immer!).

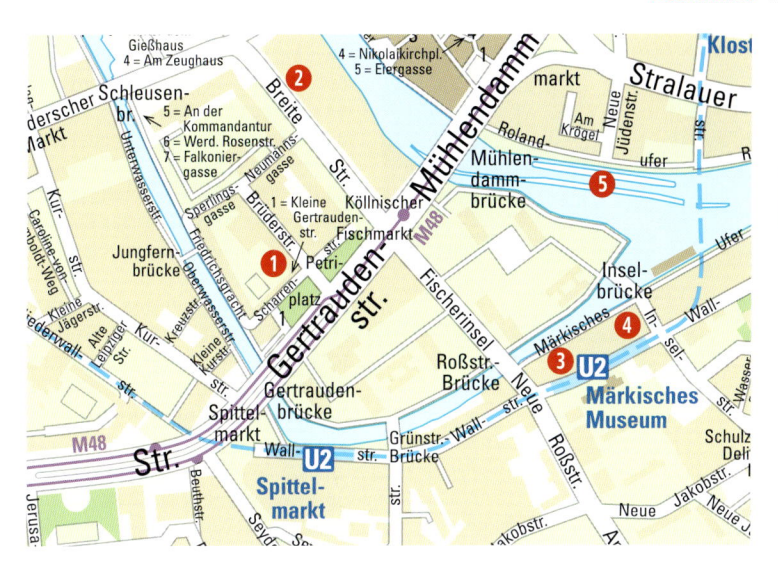

auf der nördlichen Seite der Brücke, nahe der Friedrichsgracht. „Mäuse und Rattengezücht/ machst Du zunicht'/ aber den Armen im Land/ reichst Du die Hand" steht am Sockel der von Mäusen umwimmelten Gertraude, die einem erschöpften Wanderer einen Krug reicht.

Neben der Gertraudenbrücke stehen noch einige Häuser, die das Bombardement des Krieges überstanden haben. Das gelbe, mit Wein bewachsene Backsteinhaus ist das Pfarrhaus der Petrikirche, die heute nicht mehr existiert. Das große Geschäftshaus an der Gertraudenstraße – heute das „Hochzeitshaus" – wurde 1898 für einen Goldwarenhändler erbaut und vermittelt einen Eindruck von der Pracht, mit der man damalige Handels- und Kaufhäuser ausstattete. Die Häuser wurden 1975 originalgetreu restauriert, im Sinne der Museums- bzw. Schlossinsel, auf der sie sich befinden. Nach ihren ersten Siedlern heißt das Eiland hier allerdings **Fischerinsel**. In dieser Gegend befand sich der Ursprung der Stadt Cölln, von der ein Dokument aus dem Jahre 1237 existiert. Die erste urkundliche Erwähnung Berlins auf der anderen Spreeseite stammt von 1244. Die Cöllner waren Fischer, also bauten sie ihre Kirche (auf dem Petriplatz) zu Ehren des Heiligen Petrus. Die Kirche brannte mehrfach ab, der letzte Bau, von 1846 bis 1853 im neogotischen Stil errichtet, wurde im Krieg zerstört und die Reste in den 60er Jahren abgetragen. Nach umfangrei-

BUS *M48*
Fischerinsel

Petrigasse um 1880

chen archäologischen Untersuchungen in den letzten Jahren wird nun mit der Bebauung des gesamten Areals begonnen. Dabei wird hoffentlich endlich ein Investor für das Gebäude an der Ecke Scharren-/**Brüderstraße** gefunden, in dem früher das Berliner Traditionskaufhaus von Rudolph Herzog ansässig war.

Fast zeitgleich mit dem Kaufhaus entstand das Gebäude der Berlinischen Feuer-Versicherungs-Anstalt (Brüderstraße 11–12), in dem heute die **Landesvertretung des Freistaates Sachsen** zu Hause ist. Die historisch interessanteren Bauten befinden sich aber links und rechts der Landesvertretung, nämlich zwei Wohnhäuser aus dem 17. Jahrhundert. Das Galgenhaus in der Nummer 10 und das Nicolaihaus in der Nummer 13 stammen aus einer Zeit, als die Brüderstraße noch eine noble Wohnadresse war und bis zum Schlossplatz führte.

Das **Nicolaihaus** ❶ stammt aus dem Jahr 1674 und verweist mit zahlreichen Gedenktafeln auf seine ruhmreiche Vergangenheit. Benannt ist es nach Christoph Friedrich Nicolai, der gleichzeitig Schriftsteller, Verleger und Buchhändler war. Er erwarb das Haus 1787 und begründete hier einen Treffpunkt der deutschen Aufklärung. In seinem Haus verkehrten die Kunst- und Geistesgrößen seiner Zeit: Hegel, Hufeland, Schadow, Schinkel und Chodowiecki.

Das Haus ist eines der letzten Zeugnisse barocker Baukunst in Berlin, auch wenn es seit seiner Errichtung

KAUFHAUS HERTZOG

Und noch ein Traditions-Kaufhaus. Das Kaufhaus von Rudolph Hertzog an der Ecke Scharren-/Brüderstraße war eines der bedeutendsten Warenhäuser Berlins. Rudolph Hertzog hatte 1839 mit einer kleinen „Manufactur-Waaren-Handlung" an der Breite Straße begonnen und baute sein Geschäft immer weiter aus, bis es fast das gesamte Quarré zwischen Neumannsgasse, Brüder-, Scharren- und Breite Straße einnahm. Der größte Teil des Gebäudekomplexes existiert nicht mehr, stattdessen wurde das DDR-Bauministerium errichtet (das demnächst abgerissen werden soll). Der Gebäudeteil Brüderstraße 26, im Jahr 1908 von Gustav Hochgürtel erbaut, ist als einziges noch erhalten. Zu DDR-Zeiten war das Haus ein sehr beliebtes Einkaufsziel für junge Leute, da es eine so genannte JUMO-Verkaufsstelle (JUgendMOde) war. Das Geschäft wurde 1991 geschlossen und steht seitdem leer, was schade ist, denn im Inneren ist das Haus noch in der Originalausstattung erhalten.

mehrfach umgebaut wurde. Bis 1990 war hier das Institut für Denkmalpflege der DDR ansässig, danach wurde es von der Stiftung Stadtmuseum genutzt. 2009 wurde es an den Suhrkamp-Verlag verkauft, der demnächst einziehen wird.

Das **Galgenhaus** (Brüderstraße 10), erbaut 1688, war ab 1737 die Propstei der Petrikirche. Vermutlich wollte niemand in diesem Haus wohnen, denn schon damals trug es seinen schauerlichen Namen. 1735 soll eine Dienstmagd wegen des Diebstahls eines silbernen Löffels vor dem Haus gehenkt worden sein. Allerdings wurde der Löffel eine Woche später gefunden und die Unschuld der Magd damit erwiesen. Aber vielen wurde nun wahrscheinlich etwas unwohl, wenn sie an dem Haus vorbei mussten ... Insofern konnte die Kirche den Ruf nur verbessern. Eine Gedenktafel erinnert an Johann Peter Süßmilch, der hier lebte und arbeitete. Er schrieb 1741 „Die Göttliche Ordnung in den Verhältnissen des menschlichen Geschlechts, aus der Geburt, dem Tode und der Fortpflanzung desselben erwiesen", das erste Statistische Jahrbuch sozusagen, in dem er Geburten, Todesfälle, -alter und -ursachen in seiner Gemeinde auflistete. Er gilt damit als Begründer der Bevölkerungsstatistik. Das Haus wird gegenwärtig von der Stiftung Stadtmuseum genutzt und beherbergt die Fotografische Sammlung. Leider ist es für die Öffentlichkeit nicht mehr zugänglich.

Die **Brüderstraße** endet an der **Sperlingsgasse,** in der heute nur noch ein einziges Gebäude steht. Der Name Sperlingsgasse geht auf den bekannten Roman von Wilhelm Raabe zurück, der 1854/55 in der Nummer 11 wohnte, als die Straße noch Spreestraße hieß. Ursprünglich befanden sich hier Fachwerkhäuser, die aber schon vor Kriegsbeginn in erbarmungswürdigem Zustand waren. Die letzten Kriegstage

Landesvertretung Sachsen

Renaissance-Fassade des Ribbeck-Hauses

gaben ihnen den Rest: in den 50er Jahren wurden die verfallenen Ruinen abgerissen. Die gegenüberliegende Seite wurde in den Park des Staatsratsgebäudes (▸ Seite 40) einbezogen.

Durch die **Neumannsgasse** *gelangen wir zur* **Breite Straße***, die ihrem Namen im Moment noch alle Ehre macht.*

Bei der Stadtumgestaltung in den 30er Jahren wurde die Straße verbreitert, jetzt soll sie wieder schlanker werden. Das ehemalige DDR-Bauministerium wird abgerissen und das durch Abriss und Verschmälerung der Straße entstehende Bauland parzelliert und verkauft, um auch hier „Townhouses" zu errichten, wie am Auswärtigen Amt bereits geschehen.

Auf der gegenüberliegenden Seite befindet sich links in Richtung Schlossplatz das **Ribbeck-Haus** ❷ (Breite Straße 35), das einzige noch erhaltene Renaissance-Haus Berlins. Es wurde laut Inschrift über dem Portal 1624 vom Geheimen Rat Hans Georg von Ribbeck und seiner Frau Katharina von Brösicke erbaut. Es ist mehrfach umgebaut worden. Heute befindet sich hier das Zentrum für Berlin-Studien der Zentral- und Landesbibliothek Berlin. Die Berliner Stadtbibliothek befindet sich gleich nebenan in einem Gebäude von 1966 (Breite Straße 32–34). Hier fällt das Eingangsportal besonders ins Auge: 117 Täfelchen mit dem Buchstaben A in unterschiedlichsten Ausführungen zieren den „A-Teppich", ein Werk von Fritz Kühn.

Wer in dieser Gegend eine ruhige Ecke zum Ausruhen sucht, wird auf der anderen Seite der Gertraudenstraße

VEREINTE MACHT

Haus der Wirtschaft. Seit den 90er Jahren befindet sich in der Breite Straße 20–21 das Zentrum der wirtschaftlichen Macht in Deutschland. Das Haus der Spitzenverbände der deutschen Wirtschaft wurde 1997–1999 vom Architekturbüro Schweger & Partner errichtet. Eigentlich sind es ja drei Gebäude, die miteinander verbunden sind. Sie dienen drei Organisationen als Repräsentanz: dem Deutschen Industrie- und Handelskammertag (DIHK), dem Bundesverband der Deutschen Industrie (BDI) sowie der Bundesvereinigung der Deutschen Arbeitgeberverbände e.V. (BDA), die hier erstmalig unter einem Dach vereint sind. Zu den hier stattfindenden Kongressen erscheinen auch schon mal die aktuellen Bundesminister und der/die Bundeskanzler/in.

fündig: Vorbei an Hochhäusern aus den 70er Jahren gelangt man über die Straße „Fischerinsel" zum Wasser. Wir überqueren die Roßstraßenbrücke und biegen links ab zum Märkischen Ufer.

Hier sind einige historische Gebäude wiederaufgebaut worden, die sich früher an anderer Stelle befanden. So zum Beispiel das **Ermeler-Haus** ❸ (Märkisches Ufer 10), heute Teil eines Hotels. Der ursprüngliche Standort war in der Breite Straße 11, dort war das Haus aber der Neugestaltung der Straße in den 60er Jahren im Wege. Da es sich bei dem Gebäude um eines der letzten Patrizier-Häuser Berlins handelt (seine Grundmauern stammen von 1567, es wurde mehrfach umgebaut), wurde es abgetragen und hier wieder aufgebaut. Der Name bezieht sich auf einen der früheren Besitzer, Wilhelm Ferdinand Ermeler, der die Tabakindustrie in Berlin begründete („Wo kommt der beste Tabak her? Merk auf, mein Freund: Von Ermeler!"). Der Geschäftsmann etablierte in seinem Haus einen Treffpunkt der Berliner Gesellschaft. Auch das barocke Gebäude mit der hohen Treppe nebenan (Märkisches Ufer 12) stand ursprünglich an anderer Stelle, nämlich schräg gegenüber. Es gehört heute, wie das Ermeler-Haus, zum Artotel.

Die benachbarten Häuser (Märkisches Ufer 16 und 18) sind die einzigen Originalgebäude der Uferpromenade

Otto-Nagel-Haus
Die Bezeichnung Otto-Nagel-Haus für das Gebäude Märkisches Ufer Nummer 16 erinnert daran, dass sich hier bis zur Auflösung der Sammlung in den 90er Jahren eine Ausstellung zum Lebenswerk dieses Künstlers befand. Otto Nagel lebte und arbeitete im Fischerkiez und hielt die Lebensbedingungen der hiesigen Bevölkerung in seinen Bildern fest. Er war eng mit dem – heute viel bekannteren – Maler und Fotografen Heinrich Zille befreundet, dessen Sujet ebenfalls die hiesigen Verhältnisse waren. Von ihm stammt der Ausspruch „Man kann einen Menschen mit einer Wohnung genauso erschlagen, wie mit einer Axt".

Mühlendammbrücke

ES KLAPPERT DIE MÜHLE ...

... an der Spree. Der Mühlendamm bzw. die Mühlendammschleuse haben ihren Namen von den einst auf dem Fluss liegenden königlichen Mühlen: Loh-, Walk-, Schneide- und Kornmühlen nutzten an dieser Stelle die Wasserkraft und ließen nur einen schmalen Durchlass für Schiffe. Die Mühlenprodukte wurden gleich vor Ort verkauft. Den Mohlen, später Molken, genannten Mühlen verdankt der Molkenmarkt (▶ Seite 228) seinen Namen.

und stammen aus dem 18. Jahrhundert. Die Nummer 16 ist das **Otto-Nagel-Haus**. Es gehört heute der Stiftung Preußischer Kulturbesitz, die hier ihr Bildarchiv untergebracht hat. In unregelmäßigen Abständen gibt es Ausstellungen.

Bemerkenswert ist das Eingangstor zu Nummer 18: es soll das Eingangstor zu einer Grabgruft in der Nikolaikirche gewesen sein.

Weiter entlang am Kupfergraben kommen wir zum **Historischen Hafen** ❹. Berlin ist ja, wie man sagt, „aus dem Kahn erbaut", das heißt die Baumaterialien wurden auf dem Wasserweg nach Berlin gebracht. Im Historischen Hafen gibt es zahlreiche alte Lastkähne zu besichtigen, die die Entwicklung der Binnenschifffahrt dokumentieren.

Die Inselbrücke führt uns zurück auf die Fischerinsel. Dort findet sich am südöstlichen Zipfel, unterhalb des lebhaften Verkehrs auf der Mühlendamm-Brücke, eine grüne Idylle mit Blick auf die **Mühlendammschleuse** ❺. Schleusen gibt es hier schon seit dem Mittelalter, diese hier wurde 1936 bis 1942 erbaut. Sie ermöglicht Schiffen bis 1000 Tonnen die Durchfahrt in die höher gelegenen Teile der Spree. Die technischen Daten sind beeindruckend: 140 m lang, 12 m breit und 3 m tief – und das gleich in doppelter Ausführung, denn die Passage ist gleichzeitig in beiden Richtungen möglich.

Historischer Hafen
(0 33 42) 30 14 72
www.historischer-hafen-berlin.de
Di–So 11–18 Uhr
oder nach Vereinbarung
Ausstellung „Geschichte der Binnenschifffahrt auf Spree und Havel"
auf einem historischen Ausstellungskahn

Am Historischen Hafen

Nikolaiviertel

M48
Fischerinsel oder
Berliner Rathaus

Wir kehren zurück zur Gertraudenstraße, die hier zum Mühlendamm wird, und überqueren die Mühlendammbrücke.

Von der Mühlendammbrücke aus hat man einen wunderbaren Blick bis zur Museumsinsel. Aber auch das Gebiet links der Brücke, das **Nikolaiviertel,** zieht die Aufmerksamkeit auf sich. Hier stand die Wiege Berlins. Rund um die Nikolaikirche entstand die Stadt im 13. Jahrhundert, anfänglich war sie nur ein Handelsposten. Bei Hochwasser wurden hier Waren feilgeboten, bis das sinkende Wasser der Spree wieder eine Durchfahrt auf die andere Seite gestattete, wo die Straße von Lübeck weiter nach Leipzig und Nürnberg führte.

Das Nikolaiviertel ist heute ein beliebtes Touristenziel. Dabei sieht es wesentlich älter aus als es ist: die meisten Gebäude wurden erst in der Zeit von 1981 bis 1987 erbaut, als Reminiszenz an die 750-Jahr-Feier der Stadt Berlin (die eigentlich die 750-Jahr-Feier der Stadt Cölln war, denn der Name Berlin taucht erst 1244 in einer Urkunde auf). Unter der Leitung des Architekten Günter Stahn wurde hier erstmalig in der DDR-Architekturgeschichte versucht, ein ganzes Stadtviertel zu rekonstruieren, vergleichbar vielleicht mit dem Wiederaufbau der Warschauer Altstadt. Allerdings ergänzte man die wenigen, noch erhaltenen Bauten in diesem Gebiet mit Gebäuden, die zum Teil anderswo abgetragen worden waren – und auch eine ganze Reihe Neubauten wurden eingefügt, zum Teil als solche erkennbar, zum Teil nach historischen Fotos aus den 20er Jahren rekonstruiert. Das Ergebnis, einst durchaus umstritten, hat aufgrund der Besucherresonanz die Kritiker längst verstummen lassen.

Ephraimpalais
Di, Do–So 10–18 Uhr,
Mi 12–20 Uhr
5 Euro / 3 Euro
Sehenswert ist das original wiederhergestellte, ovale Treppenhaus. Im Museum gibt es wechselnde Ausstellungen zur Berliner Kunst- und Kulturgeschichte, außerdem die Graphische Sammlung des Stadtmuseums.

Wir beginnen unseren Spaziergang durch das Nikolaiviertel an Berlins schönster Ecke, am **Ephraimpalais** ❶. Es wurde 1766 zum ersten Mal erbaut, seine Fassade mit den zierlichen geschwungenen Balkonen ist ein wunderbares Beispiel für den Baustil, der allgemein als Friederizianisches Rokoko bezeichnet wird.

Das Gebäude wurde 1936 abgetragen, um die Mühlendammbrücke zu verbreitern. Die wichtigsten Fassadenteile und der Figurenschmuck wurden eingelagert, befanden sich aber nach Kriegsende in West-Berlin. Erst zu Beginn der 80er Jahre wurden die Einzelteile zurück nach

Ost-Berlin gebracht, zum Austausch für das in Ost-Berlin lagernde Archiv der Königlichen Porzellanmanufaktur. Das Gebäude wurde bis 1987 nur etwa 12 Meter von seinem ursprünglichen Standort wiederaufgebaut. Es ist heute Teil der Stiftung Stadtmuseum und zeigt wechselnde Ausstellungen.

Die Nachbarhäuser des Ephraimpalais entlang des Mühlendamms wurden nach Fotografien aus den 20er Jahren errichtet. Die Reihe beginnt mit dem Nachbau der historischen Schankwirtschaft „Zur Rippe", die erstmals 1665 errichtet wurde und ihren Namen von der Rippe eines Wals herleitet. Woher diese Rippe stammt, ist nicht bekannt. Eine von zwei Legende besagt, dass sie bei Ausschachtungsarbeiten für den Bau des Hauses gefunden worden sei; die andere, dass sie von Kuriositätenhändlern nach Berlin gebracht wurde. Die heute an der Fassade befindliche Rippe ist jedenfalls eine Kunststoffnachbildung.

An das Restaurant schließen sich Bauten an, von denen man vom Mühlendamm aus eigentlich nur die Rückseite sehen kann. Es handelt sich um Nachbauten nach einem Kupferstich von 1820 (▸ Seite 179).

Am Ephraim-Palais führt links eine Treppe hinunter zur **Poststraße**.

Dort, direkt neben dem Palais gelegen ein Bau, der etwas befremdlich anmutet: das **BEMAG-Haus** wurde 1935 von Paul Baumgarten als Verwaltungsgebäude der Berliner Müllabfuhr AG erbaut. Es ist das letzte Zeugnis des Versuches, in diesem Viertel nach dem Ende des Kaiserreiches etwas Neues, Modernes zu errichten. Baumgarten als Vertreter der Moderne schuf eine streng geometrisch gegliederte Fassade, die mit Siegelsburger Kacheln ver-

Hanf-Museum
Mühlendamm 5
Di–Fr 10–20 Uhr,
Sa/So 12–20 Uhr
3 Euro
Das Museum möchte den Hanfanbau in Deutschland wieder salonfähig machen und informiert über die vielfältigen Möglichkeiten der Hanfverwertung.

> **VEITEL HEINE EPHRAIM**
> **Meister der Mogel-Münzen.** Bauherr des Ephraim-Palais war Veitel Heine Ephraim, ein „Königlicher Schutzjude" und Vorsteher der jüdischen Gemeinde, der schon dem Kronprinzen Friedrich finanziell unter die Arme gegriffen und sich so das Wohlwollen des zukünftigen Königs erworben hatte. Später finanzierte er die Kriege Friedrichs II., u. a. erwarb er das Monopol für die Kornlieferungen an das preußische Heer – eine risikoreiche Spekulation, die sich aber als sehr gewinnträchtig erwies. Vor allem aber war Ephraim mit der allgemeinen Geldbeschaffung für den chronisch klammen Friedrich befasst. Auf dessen Befehl hin „streckte" er das Silber für die Münzherstellung, das enthaltene Blei färbte die Finger schwarz. „Von außen schön, von innen schlimm. Von außen Friedrich, von innen Ephraim." Diese Ephraimiten erzielten einen geradezu märchenhaften Gewinn: schon vier Monate nach Beginn seiner Fälscheraktion konnte Ephraim 200 000 Reichstaler an die Kriegskasse in Berlin liefern. Natürlich richtige Silbermünzen.

kleidet wurde. Es wirkt zwischen den historischen Bauten zu beiden Seiten schon etwas deplaziert. Heute beherbergt es die Verwaltung der Stiftung Stadtmuseum Berlin.

Auf der gegenüberliegenden Seite befindet sich das **Knoblauchhaus** (Poststraße 23), das heute Teil des Stadtmuseums ist. Die Knoblauchs waren eine reiche jüdische Familie, die ihr Vermögen mit der Herstellung von Nadeln und später auch Seidenbändern verdient hatte. Zur Familie gehörten auch so berühmte Vertreter wie Eduard Knoblauch, der Architekt der Neuen Synagoge. 1759–1761 als Wohnhaus errichtet und im 19. Jahrhundert klassizistisch modernisiert, ist das Knoblauchhaus eines der wenigen, noch original erhaltenen Häuser des Nikolaiviertels.

Rechts neben dem Knoblauchhaus schließt sich das Geschäftshaus der Strickgarnfabrik Schubert an, das schon 1957 wiedererrichtet und im Baustil an das Knoblauchhaus angepasst wurde.

Wir befinden uns nun schon fast auf dem **Nikolaikirchplatz.** Hier im Zentrum des Nikolaiviertels steht auch die namensgebende **Nikolaikirche** ❷. Der Heilige Nikolaus von Myra gilt u. a. als der Schutzpatron der Händler und Seefahrer. Die ältesten Teile der Kirche stammen aus der Zeit um 1230. Gelegentliche Brände

Knoblauchhaus
Di, Do–So 10–18 Uhr,
Mi 12–20 Uhr
Eintritt frei
Ausstellung zu Wohnwelten des Bürgertums in der Biedermeier-Zeit
(1. Etage)

Nikolaikirche
Tgl. 10–18 Uhr,
Ausstellung zur Geschichte der Kirche

wie auch der zunehmende Wohlstand der Berliner führten zu mehreren Neu-, Um- und Ausbauten, die heutige Form mit zwei neogotischen Türmen stammt aus dem Jahr 1878.

Die Kirche war im 17. Jahrhundert Wirkungsstätte des Kirchenliedkomponisten Johann Crüger, 1622 bis 1662 Kantor der Nikolaikirche, und des bedeutenden protestantischen Kirchenlieddichters Paul Gerhardt, der hier von 1657 bis 1667 als Pfarrer tätig war.

Im Jahre 1938 wurde die Nikolaikirche Staatseigentum und damit profaniert. Sie wird heute von der Stiftung Stadtmuseum genutzt.

Auf dem Nikolaikirchplatz befindet sich auch der **Gründungsbrunnen,** den Günter Stahn nach Vorbildern aus dem Spätmittelalter und der Renaissance entworfen hatte. Gefertigt wurde er von dem Bildhauer Gerhard Thieme, der auch die Gedenktafel an der Nikolaikirche und verschiedene Skulpturen, wie etwa den Leierkastenmann, den Angler oder den Eckensteher „Nante" für das Nikolaiviertel schuf. Am Brunnen finden sich die Zunftzeichen Berliner Handwerke. Der Bär als Berliner Wahrzeichen hält das brandenburgische Wappen mit dem Adler in seinen Tatzen.

Daneben, im Schatten der Kirche, zwei Statuen: Clio, die Muse der Geschichtsschreibung, und eine Allegorie der Wissenschaften. Beide Figuren gehörten zu dem im Krieg zerstörten Denkmal für Friedrich Wilhelm III., das auf der Museumsinsel vor dem Alten Museum stand.

Wir umrunden die Nikolaikirche entgegen dem Uhrzeigersinn.

Die Häuser am Nikolaikirchplatz sind einem Kupferstich aus dem 18. Jahrhundert nachgestaltet, Stufen führen zu kleinen Lädchen hinauf. Hier befindet sich auch das **Lessing-Haus,** in dessen Vorgängerbau sich die Vertreter der Berliner Aufklärung Gotthold Ephraim Lessing, Moses Mendelssohn und Friedrich Nicolai trafen. Die Kopfsteinpflasterung ist für Stiletto-Trägerinnen nicht geeignet, vermittelt aber eine Vorstellung von der Welt des 18. Jahrhunderts.

Die **Eiergasse,** auf die wir rechts treffen, ist die kürzeste Straße in Berlin. Hier befindet sich das Restaurant Zum Paddenwirt. „Padde" ist ein ur-

Knoblauchhaus

berlinisches Wort für eine Kröte bzw. für einen Frosch.

Bei der weiteren Umrundung der Nikolaikirche stoßen wir auf die Gaststätte **Am Nußbaum** *an der Probststraße.*

Im kleinen Biergarten wurde der Namensgeber gepflanzt, das Gebäude selbst ist ein Nachbau, ursprünglich stand an dieser Stelle die Propstei der Nikolaikirche. Die Gaststätte Zum Nussbaum befand sich in der Fischergasse 21 auf der Fischerinsel. Im Jahr 1596 wurde sie zum ersten Mal, 1705 zum zweiten Mal gebaut und 1943 bei einem Bombenangriff zerstört. Nun war diese Gasse und ihre Nachbarstraßen seit dem Ende des 19. Jahrhunderts eine sehr ärmliche und ziemlich heruntergekommene Gegend. Zahlreiche Künstler zog dieser Verfall magisch an, sie malten und fotografierten hier. Dazu gehörten Otto Nagel und Heinrich Zille (▸ Seite 173), aber auch die Sängerin und Chansonette Claire Waldoff kam gern mal auf ein Bier in den Nussbaum, den man heute vielleicht als Spelunke bezeichnen würde.

Mit dem heutigen Bau im Nikolaiviertel hat das Gasthaus nur noch den Namen und den Bauplan gemein. Es ist ein gediegenes Bierlokal mit typischer Berliner Küche.

In der **Poststraße** rechts der Propststraße finden sich noch einige Bauten, die erhalten sind oder hier als Kopien bekannter Bauten einen Platz fanden. Die **Theodor-Fontane-Apotheke** verweist auf die Tatsache,

Die Muse der Geschichtsschreibung vor der Nikolaikirche

dass der berühmte Schriftsteller um die Ecke an der Spandauer Straße in der „Apotheke zum weißen Schwan" seine Apothekerausbildung absolvierte. Die Pumpe, die direkt davor an der Straße steht, funktioniert übrigens noch.

Links neben der Theodor-Fontane-Apotheke steht die **Gerichtslaube,** heute ein Restaurant. Ursprünglich war das 1270 erbaute Gebäude ein Symbol der Berliner Gerichtsbarkeit. Es stand an der Stelle, wo sich heute das Rote Rathaus erhebt, und wurde 1871 wegen dieses Baues abgerissen. Kaiser Wilhelm I. ließ sich die Reste der Gerichtslaube schenken und im Park Babelsberg als gotischen Teepavillon wieder aufstellen. Hier im Nikolaiviertel steht nun ein Gebäude, das der Form von 1720 nachempfunden ist. Sogar ein „Kaak" wurde angebracht, ein merkwürdiges vogelähnliches Wesen, das als Symbol des Spottes galt. Auch ein Pranger befand sich an der Gerichtslaube.

Nikolaikirchplatz um 1880

Gleich nebenan hat ein Edelrestaurant in einem ebenfalls erhaltenen Bau Einzug gehalten. Das **Lesser & Hardt-Haus** erinnert mit seiner Muschelkalkfassade an die Geschäftshäuser Unter den Linden und stammt auch aus der gleichen Zeit, nämlich von 1907. Solche Bauten prägten die Berliner Innenstadt und waren ein Ausdruck für den wirtschaftlichen Aufschwung, der in der zweiten Hälfte des 19. Jahrhunderts begann und sich bis zum Ersten Weltkrieg fortsetzte.

Die benachbarten Häuser sind Neubauten und auch als solche zu erkennen. Extra für das Nikolaiviertel wurde ein neuer Typ Wohnhäuser entwickelt, mit Bogengängen und Giebeln, die ein bisschen hanseatisch anmuten. Tatsächlich war Berlin im Mittelalter Mitglied der Hanse, und dieser Baustil soll daran erinnern. Angeknüpft wurde auch an den Baustil des Roten Rathauses: die dortige „Steinerne Chronik" wird entlang der Rathausstraße an den Plattenbauten fortgesetzt.

Die „Schwalbennester" an der Ecke Rathausstraße sind allerdings etwas gewöhnungsbedürftig. Hier entstand in den 80er Jahren eines der ersten China-Restaurants der DDR – und auch heute kann man hier noch die Stäbchen schwingen.

Die **Propststraße** führt direkt zur Spree, wo der Heilige Georg gerade mit einem Drachen kämpft. Die Skulptur schuf August Kiss im Jahr 1859, bis zur Sprengung der Ruinen des Stadtschlosses stand sie im Großen Hof des Schlosses. Sie war anlässlich der Heirat von Kronprinz Friedrich Wilhelm (der spätere Friedrich III.) mit der englischen Prinzessin Victoria geschaffen worden, deren Schutzpatron der Heilige Georg war. Heute fühlt sich beschützt, wer hier im Biergarten des „Georgbräu" eine der hausgemachten Spezialitäten probiert. Es gibt deftige Berliner Kost, der Knüller ist das Berliner Eisbein mit Sauerkraut, Erbspüree und Salzkartoffeln, dazu ne Molle und n Korn, also ein Bier aus eigener Produktion und ein Schnaps. Da wird jeder satt!.

Zille-Museum
Propstraße 11
Tgl. 11–18 Uhr,
im Sommer bis 19 Uhr
4 Euro / 3 Euro
Führungen nach Anmeldung: (030) 24 63 25 00
Kleines, aber feines Museum, das sich Leben und Werk des bis heute sehr populären Künstlers widmet.

An der Promenade „Am Spreeufer" findet sich noch ein Gebäude, das die Kriegshandlungen relativ gut überstanden hat. Das aus rotem Sandstein errichtete **Kurfürstenhaus** ❸ ist heute ein Highlight und ein wunderbares Beispiel für den deutschen Historismus. Ende des 19. Jahrhunderts erbaut, zeigt es süddeutsche Einflüsse aus dem 16. Jahrhundert. Tatsächlich hielt man im Kaiserreich diese Architektur für typisch deutsch und kopierte sie gerade in Berlin gern. Nur wenige dieser Gebäude sind noch im Original erhalten.

Seinen Namen hat das Kurfürstenhaus von seinem Vorgängerbau übernommen. Hier residierte nämlich Kurfürst Johann Sigismund, der von 1608 bis 1619 regierte und sich weigerte, im Schloss Quartier zu beziehen – es hieß damals, es spuke im Schloss. Heute steht Sigismund – mit Kurhut und Richtschwert – als Bronzestatue an der Fassade des Gebäudes, das bis zur Poststraße reicht.

🚌 *M48*
Berliner Rathaus

Weiter geht es entlang des Spreeufers zur Rathausstraße, wo wir rechts zum **Berliner Rathaus** ❹ (▸ Seite 25) abbiegen. Unter den Arkaden der Rathausstraße gelangen wir zur **Spandauer Straße**. Dort erinnert vor dem Rathaus-Café ein Berliner Stolperstein (▸ Seite 194) an eines der bekanntesten Kaufhäuser Berlins, das Kaufhaus Nathan Israel, das 1939 „arisiert" wurde.

Die Fußgänger folgen der Rathausstraße über die Spandauer Straße hinweg am Roten Rathaus vorbei und gelangen so wieder zum Alexanderplatz. Der Bus hält noch einmal an der Ecke Spandauer Straße/Marienkirche und fährt dann ebenfalls zum **S- und U-Bahnhof Alexanderplatz**. Unsere Rundfahrt durch Berlin ist damit komplett.

183

*Das Lessinghaus und die Gaststätte
Zum Paddenwirt liegen hinter der Nikolaikirche*

In der Bergmannstraße in Kreuzberg

Spaziergänge

Jugendstilfassade in den Hackeschen Höfen

Spandauer Vorstadt

Dieser Spaziergang führt in eines der ältesten und lebendigsten Stadtviertel Berlins. In der Spandauer Vorstadt lag auch das Zentrum des jüdischen Lebens, dessen Spuren man heute wieder findet. Schmale Gassen und verwinkelte Höfe prägen den Stadtteil, in dem sich seit der Wende viele Galerien, kleine Läden und Restaurants angesiedelt haben.

S U *Alexanderplatz*

Wir beginnen unseren Spaziergang an der **Marienkirche** ❶ (▸ Seite 24) nahe des Alexanderplatzes. Gegenüber der Marienkirche führt ein Durchgang zwischen den Bauten entlang der Karl-Liebknecht-Straße zur **Rosenstraße**. Nur wenige Gebäude aus der Vorkriegszeit sind hier erhalten. Ihnen gegenüber steht inmitten einer kleinen Grünfläche ein Denkmal. Es erinnert an den Widerstand deutscher Frauen gegen die so genannte Fabrikaktion: 1943 wurden die letzten noch in Berlin verbliebenen Juden an ihren Arbeitsplätzen verhaftet und in verschiedene Sammellager gebracht, von wo aus sie in die Vernichtungslager Riga und Auschwitz deportiert werden sollten. Hier in der Rosenstraße befand sich das jüdische Gemeindehaus, das zu einem solchen Sammellager umgestaltet worden war. Über 2000 Menschen wurden nach der Razzia hier eingeliefert. Es handelte sich um Juden, die aus verschiedenen Gründen einen Sonderstatus besaßen und deshalb nicht schon früher deportiert worden waren; viele waren mit „arischen" Bürgerinnen verheiratet. Das Gerücht der Verhaftungswelle verbreitete sich schnell in ganz Berlin und die Ehefrauen kamen auf der Suche nach Informationen hierher. Sie ließen sich auch von der daraufhin angeforderten Polizei nicht vertreiben. Mit ihrem Protest erreichten sie die Freilassung ihrer Ehemänner, von denen viele in den darauffolgenden Tagen untertauchen konnten. Das Denkmal von Ingeburg Hunzinger erinnert an dieses Geschehen in der Rosenstraße, Margarethe von Trotta drehte einen gleichnamigen Fernsehfilm darüber. Am Eingang zur Rosenstraße kann man an einer Litfaßsäule Einblick in historische Dokumente nehmen.

Gleich neben der Rosenstraße, in der **Heidereutergasse**, die heute nur noch als kleiner Fußweg am benachbarten Hochhaus existiert, wurde die **erste jüdische Synagoge** in Berlin errichtet. Im Jahre 1671 kamen die ersten jüdischen Familien nach Berlin. Sie waren aus

Der Hackesche Markt um 1900

Wochenmarkt am Hackeschen Markt
*Do 9–18, Sa 9–16 Uhr
Waren aus dem Umland, jede Menge erlesene Delikatessen und ein wenig Kunst*

Wien vertrieben worden, wo damals alle Juden ausgewiesen wurden, weil sie angeblich für die Türken spionierten. Also hatte der Große Kurfürst Friedrich Wilhelm die Auswahl und bot fünfzig wohlhabenden Juden Bleiberecht in Brandenburg. Brandenburg lag nach dem Dreißigjährigen Krieg in weiten Teilen brach, man brauchte Siedler, aber auch Geld, um das Land wiederaufzubauen. Die ankommenden Juden durften sich in Berlin überall niederlassen; ein Ghetto oder ein Schtetl hat es hier nie gegeben. Allerdings wollten die meisten Juden ihre Synagoge am Schabbat zu Fuß erreichen und siedelten sich deshalb in den Straßen rund um die Synagoge in der Heidereutergasse an. Das gesamte Wohngebiet, vor allem die Spandauer Vorstadt, ist durch diese jüdische Besiedlung geprägt worden.

Wenden wir uns nun in Richtung Stadtbahnviadukt, vorbei an dem gerade neu gebauten **Hackeschen Viertel,** das ein bisschen von der Beliebtheit der Hackeschen Höfe (▸ Seite 190) profitieren möchte. Die Spandauer Vorstadt selbst befand sich, wie der Name schon vermuten lässt, vor den Toren der Stadt: Die Stadtbefestigung verlief dort, wo sich heute die Stadtbahn entlang schlängelt. Der **S-Bahnhof Hackescher Markt** ist sehenswert: seine reich geschmückte Klinkerfassade erinnert daran, dass hier einstmals die betuchten Bankiers ausstiegen, denn direkt am Ufer der Spree in der Burgstraße befand sich die Berliner Börse. Heute befinden sich in den Stadtbahn-Bögen zahlreiche Restaurants, von denen einige prominente Besitzer haben.

Der **Hackesche Markt** erhielt seinen Namen von dem Stadtkommandanten Hans Friedrich Christoph Graf von Hacke, der im Dienste Friedrich II. stand und hier einen Markt einrichten durfte. Friedrich hatte die Stadtmauer an dieser Stelle niederreißen lassen; der vorgelagerte Platz lässt noch heute die dreieckige Form einer Bastion erkennen. Im Pflaster des Platzes ist auch der Verlauf des „Zwirngrabens" zu erkennen, der einst Teil des Wassergrabens rund um das mittelalterliche Berlin war. Nachdem der Platz lange Zeit nur wichtiger Straßenbahnknotenpunkt war, findet heute wieder regelmäßig ein Wochenmarkt statt.

Wir wenden uns zu den **Hackeschen Höfen** ❷ an der Rosenthaler Straße 40/41. Es handelt sich um ein einzigartiges Architekturensemble, das 1907 erbaut wurde und zwei Weltkriege relativ unbeschadet überstanden hat. Es ist ein Komplex von Gebäuden mit unterschiedlichster Nutzung, die um acht miteinander verbundene Innenhöfe gruppiert sind. Man kann also von einem Hof in den nächsten gehen.

Der **erste Hof** bietet auch gleich die erste Überraschung: Die Fassaden der Gebäude im Innenhof sind mit bunten Ziegeln reich verziert. Heute beherbergt das erste Hinterhaus ein Kino, außerdem ein Varieté-Theater und im Erdgeschoss das Oxymoron, ein Restaurant mit Diskothek. Ursprünglich war dieses Quergebäude mit Festsälen gebaut worden, die man für Vereine und auch private Feiern mieten konnte. Im Erdgeschoss war ein Weinrestaurant. 1916 zog der Mädchenclub des Jüdischen Frauenverbandes in einen der Säle ein.

Der **zweite Hof** ist im Vergleich zum ersten eher schlicht gestaltet: weiße Ziegel reflektieren das Tageslicht in die großen Fenster der ehemaligen Produktionsräume. Hier waren Unternehmen der Textilbranche ansässig. Heute beherbergen die Gebäude nur noch stilles Gewerbe. Vor allem Werbe- und PR-Agenturen sind

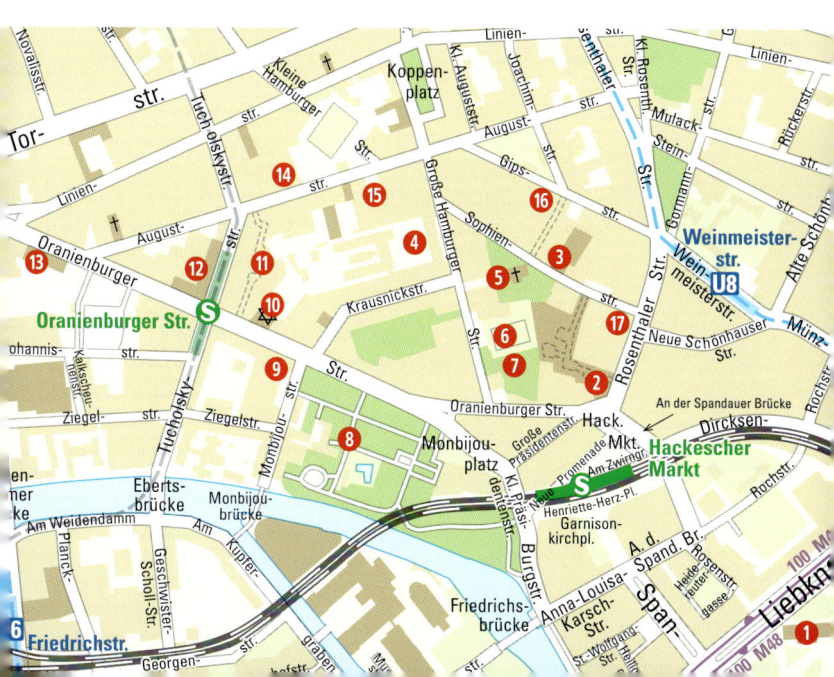

HACKESCHE HÖFE

Konzept gesundes Wohnen. Baumeister der Hackeschen Höfe waren die Architekten Kurt Berndt und August Endell, die hier ein wunderbares Beispiel für die Architektur der deutschen Reformbewegung schufen. In der zweiten Hälfte des 19. Jahrhunderts entdeckte man den Zusammenhang zwischen Gesundheit und frischer Luft, Sonne, Sport und gesunder Ernährung. Man wollte mit der Rückkehr zu einer naturgemäßen Lebensweise Zivilisationsschäden entgegenwirken. Es entstanden verschiedene Bewegungen: Sport- und Wandervereine wurden gegründet, die Freikörperkultur und vegetarische Lebensweise propagiert, man trug Reformkleider und kaufte im Reformhaus ein.

An der Architektur der Hackeschen Höfe kann man dieses Umdenken nachvollziehen: waren bis dahin die Vorderhäuser immer mit repräsentativen, reich verzierten Fassaden versehen, so dienen die schlichten Fronten hier als Reklametafeln für die ansässigen Unternehmen. Waren früher im Vorderhaus die repräsentativsten Wohnungen, so befinden sich hier Verkaufsräume und Büros. Die Wohnungen wurden in den hinteren Teil des Bauensembles verlagert; abgeschirmt vom Lärm der Straßen und der Fabriken, konnte man ruhig schlafen und frische Luft atmen, denn die Wohnhöfe hatten Zugang zu grünen Oasen oder waren selbst welche.

hier Mieter, dazu kommen Geschäfte und Galerien, die auf die zahlreichen Touristen setzen, die hier hindurch schlendern.

Vom zweiten Hof gibt es geradezu den Durchgang zum **Hof III,** der im linken Teil noch Produktionsgebäude, im rechten aber schon Wohngebäude aufweist. Hinter der Mauer befindet sich der ehemalige Jüdische Friedhof, den wir später noch besuchen werden. Ganz bewusst wurde hier auf eine Bebauung verzichtet, so dass die Bewohner frische Luft und Sonne in ihren Hinterhof bekommen.

Zurück in den zweiten Hof und von da nach links in den **vierten Hof,** für mich der romantischste Hof dieses Ensembles: Der Brunnen plätschert leise, der urige Baum spendet Schatten im Sommer.

Von hier aus geht es zu **Hof V,** der einen Zugang zur Frischluft des benachbarten Friedhofs bietet. Hier findet man einen besonderen Souvenirladen: Ein Ampelmännchen-Shop bietet das Ost-Ampelmännchen in unterschiedlichsten Ausführungen und auf so ziemlich jedem Gegenstand, den man sich als Souvenir vorstellen kann.

Beim Rückweg wenden wir uns nach links; der nächste Hof ermöglicht den Durchgang zu Hof VII und VIII sowie den Ausgang zu verschiedenen Straßen. Außerdem gibt es einen Durchgang zu den Rosenhöfen (▸ Seite 209).

Wir nehmen den Ausgang an der **Sophienstraße**. Die Sophienstraße ist eine der wenigen Straßen im Stadtzentrum, deren historische Bebauung erhalten ist. Die Häuser stammen fast alle aus dem 19. Jahrhundert. Im Zuge der 750-Jahr-Feier der Stadt Berlin 1987 wurde die gesamte Straße saniert und in den kleinen Läden vor allem seltene Handwerke angesiedelt. Die meisten haben die Wende zur freien Marktwirtschaft nicht überstanden. Heute findet man stattdessen Restaurants und Kneipen.

Wir wenden uns nach links und finden nur wenige Meter weiter auf der rechten Seite in der Sophienstraße 18 ein reich geschmücktes Doppelportal mit Ziegelornamenten und der Inschrift Berliner Handwerker Verein. Der Verein war 1844 zur Bildung von Handwerkern und auch den ersten Industriearbeitern gegründet worden. Dieses Gebäude ließ der Verein 1905 errichten, im Saalgebäude (mit Platz für 3000 Leute!) fanden neben geselligen Abenden auch politische Veranstaltungen statt. Eine Tafel in der Torduchfahrt zum Innenhof erinnert da-

BERLINER AMPELMÄNNCHEN

Knuffige Kerle. Wer an einer Berliner Ampel auf Grün wartet, dem fallen vielleicht die Ampelmännchen auf: es gibt in Berlin zwei verschiedene, einen Ost- und einen West-Ampelmann. Der Ost-Ampler ist klein, etwas übergewichtig und in altmodischer Weise mit Hut unterwegs. Dafür sperrt er als Roter sehr energisch die Straße ab und stürmt als Grüner mit Riesenschritten los.

Der West-Ampler dagegen ist größer (na ja, länger), schlank und dynamisch, erscheint aber etwas lässiger im Auftritt. Als Berlin wieder zusammenwachsen sollte, gab es tatsächlich Ideen, die Ost-Ampelmännchen aus dem Stadtbild zu verbannen und durch „Wessis" zu ersetzen. Abgesehen davon, dass das Geld woanders sinnvoller einzusetzen war – es gründete sich damals so etwas wie eine „Ampelmännchen-Rechtsbewegung", die sich für den Erhalt dieser knuffigen Kerle stark machte. Mit dem Ergebnis, dass seit einigen Jahren jede neue Fußgängerampel in Berlin mit dem „Ossi" ausgestattet wird.

ran. Das Gebäude diente nach dem Krieg als Theaterwerkstatt für das Maxim-Gorki-Theater, nach der Wende zog die Tanzkompanie von Sasha Waltz hier ein. Auch wenn Sasha Waltz mittlerweile im „Radialsystem" zu Hause ist – die Sophiensäle sind heute Treffpunkt für Theater- und Ballett-Fans.

Der schräg gegenüberliegende Friedhof der Sophiengemeinde ist schon 1869 in eine kleine Parkanlage umgestaltet worden. Nur wenige Gräber sind heute noch zu entdecken. Die beiden Pfarrhäuser Sophienstraße 2 und 3 wurden ebenfalls erst nach der Friedhofsschließung erbaut, im Jahr 1882.

Unbedingt sehenswert ist der **Paulinenhof** ❸ (Sophienstraße 28/29). Ein Getreidehändler und Fuhrunternehmer hatte das Haus 1842 erbauen lassen. Man kann in den Innenhof gehen. Hier ist die originale Bebauung noch erhalten, auch wenn sie heute anders genutzt wird als im 19. Jahrhundert; denn in den niedrigen Seitengebäuden befanden sich damals die Pferdeställe und in den Dachkammern darüber wohnte das Gesinde. Heute ist hier u. a. die Heinz-Schwarzkopf-Stiftung Junges Europa zu Hause. Im Durchgang erinnert eine Gedenktafel an die jüdischen Bewohner des Hauses, die während der Nazizeit deportiert und ermordet wurden.

Am Ende der Sophienstraße befindet sich an der Ecke zur **Großen Hamburger Straße** noch ein besonders schön gestaltetes Haus mit Restaurant. Dieses sowie die

ST. HEDWIG-KRANKENHAUS

Traditions-Krankenhaus mit Renomee. Das Krankenhaus wurde von Nonnen der Kongregation des Heiligen Karl Borromäus zu Trier begründet und wird bis zum heutigen Tage von ihnen betreut. Das heißt, auch zu DDR-Zeiten arbeiteten hier Nonnen in der Krankenbetreuung und Schwesternausbildung. Man sagt, dass sich damals selbst stramme SED-Genossen bei anstehenden Operationen gern hier einweisen ließen, denn das Krankenhaus wurde vom westdeutschen Caritas-Verband unterstützt und besaß eine der modernsten Ausstattungen in Ost-Berlin.

Auf historischen Spuren in der Sophienstraße

Nachbarhäuser in der Großen Hamburger Straße wurden um 1840 für verschiedene Handwerksmeister errichtet. Direkt gegenüber erstreckt sich der riesige Ziegelbaukomplex des **St. Hedwig-Krankenhauses** ❹. Dieses katholische Krankenhaus, das heute Akademisches Lehrkrankenhaus der Charité ist, wurde schon im 18. Jahrhundert gegründet. In der Großen Hamburger Straße ist es seit 1850 ansässig.

Ein Stück weiter nach links, heute in einer kleinen Privatstraße versteckt, liegt der Eingang zur evangelischen **Sophienkirche** ❺, deren Kirchenschiff man schon von der Sophienstraße aus sehen konnte. Benannt ist die Kirche nach ihrer Stifterin, der Königin Sophie Luise, dritte Frau von Friedrich I. Die Kirche wurde 1713 als Gemeindekirche für die damals neu entstehende Spandauer Vorstadt erbaut. Es war einer der ersten Quersaalbauten, bis dahin baute man Kirchen meist in der Form eines Kreuzes. Zunächst hatte sie keinen Turm; der wurde erst zwanzig Jahre später von Johann Friedrich Grael angefügt. Besonders markant ist die Turmhaube. Es ist übrigens die einzige noch erhaltene Barockkirche in Berlin.

Die Wohnhäuser im vorderen Bereich der Sophienkirche wurden 1905 auf Wunsch der Sophiengemeinde so errichtet, dass die kleine Straße zwischen ihnen direkt auf den Turm der Kirche zuführt. Die Eckgebäude

Sophienkirche
Mi 15–18, Sa 15–17 Uhr

Stolpersteine
Die glänzenden Steine wie zum Beispiel vor dem Haus Nummer 29 in der Großen Hamburger Straße sollen an die Opfer von Holocaust und Euthanasie in der Zeit des Nationalsozialismus erinnern. Die Idee stammt von Gunter Demnig, einem Kölner Künstler. Seit 1996 arbeitet er diese kleinen Messing-Gedenktafeln in die Gehwege vor den früheren Wohnorten der Opfer ein. „Ein Mensch ist erst vergessen, wenn sein Name vergessen ist", meint Gunter Demnig.

bilden mit ihren kleinen Türmchen eine Beziehung zum Kirchturm.

Das linke Haus wurde zu Beginn der 90er Jahre saniert, das rechte allerdings zeigt noch die Spuren des Häuserkampfes. In der Berliner Innenstadt wurde in den letzten Kriegstagen um jedes einzelne Haus erbittert gekämpft. Einschusslöcher von Maschinengewehrkugeln und Granatsplittern „zieren" noch heute die Fassade am Haus Nummer 29. Direkt vor den Gebäuden, die der Gemeinde gehören, befinden sich zahlreiche Stolpersteine im Boden. Sie erinnern an die jüdischen Bewohner dieser Häuser und ihr Schicksal zur Zeit der Nazidiktatur.

Schräg gegenüber fällt ein gelber Gebäudekomplex mit grünen Fensterläden auf. 1911 hatte sich der Verlagsbuchhändler Spaeth dieses Mietshaus errichten lassen, mit mehreren Gebäudeteilen, Seitenflügeln, Hinterhaus und Innenhöfen. Der Mittelteil fehlt seit dem Krieg, das Kunstwerk „Das fehlende Haus" oder, international gesprochen, „The Missing House" des französischen Künstlers Christian Boltanski entstand 1990. Der damalige Gastprofessor an der Hochschule der Künste hatte die Baulücke entdeckt und begann nach den Schicksalen der ehemaligen Bewohner zu forschen. Die gefundenen Informationen schrieb er auf Metallplatten, die in ihrer Gestaltung an Todesanzeigen erinnern und an den Brandmauern der Nachbarhäuser befestigt wurden. So erinnert uns der Künstler im Vorbeigehen an die Geschichte der Bewohner.

Lammert-Skulptur „Jüdische Opfer des Faschismus" vor dem jüdischen Friedhof

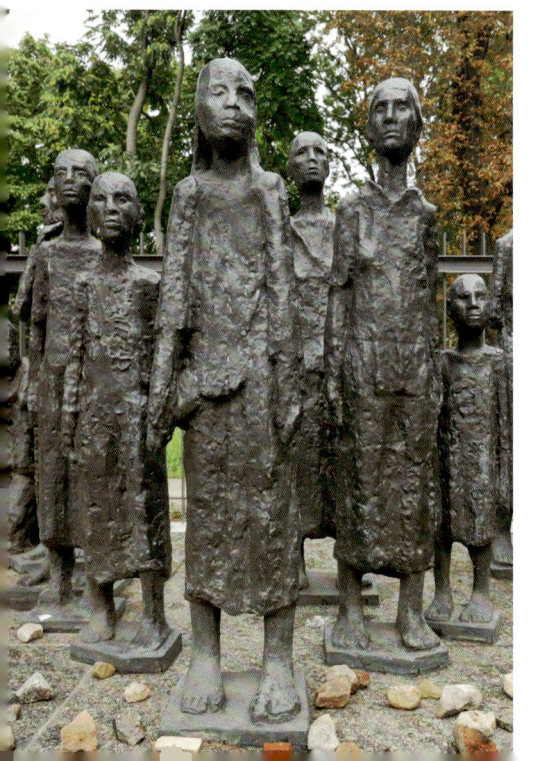

Auf der linken Seite schließt sich nun – streng bewacht – die **ehemalige Jüdische Knabenschule** ❻ an. Der Architekt Johann Hoeniger erhielt 1906 den Auftrag für den Bau, nachdem er der Jüdischen Gemeinde Berlin bereits mit einem Verwaltungs- und einem Schulbau in der heutigen Tucholskystraße sein Können unter Beweis ge-

JÜDISCHE BILDUNGSEINRICHTUNGEN

Die Knabenschule. Die Jüdische Knabenschule wurde 1931 mit einer Jüdischen Mädchenschule vereinigt und hatte 1934 über 1000 Schüler und Schülerinnen. 1942 musste die Schule auf Anweisung des Reichssicherheitshauptamtes geräumt werden, danach diente sie vorübergehend als Sammellager für Berliner Juden, die von hier aus in die Vernichtungslager deportiert wurden. Nach dem Krieg zog eine Berufsschule ein, nach deren Schließung 1991 wurde das Gebäude wieder an die Jüdische Gemeinde übergeben, die zunächst eine Jüdische Grundschule einrichtete. 1993 eröffnete ein Jüdisches Gymnasium mit einer Realschulklasse und einer Gymnasialklasse.

stellt hatte (▶ Seite 203). Ein kleiner Vorplatz ermöglichte das Versammeln der Schüler vor Unterrichtsbeginn. Auf aufwendigen Fassadenschmuck wurde weitgehend verzichtet, nur das Eingangsportal und die großen Aulafenster im Obergeschoss wurden verziert.

An den Schulhof schließt sich eine Freifläche an. Hier befand sich das **erste Jüdische Altersheim** Berlins. Ab 1941 wurde das Gebäude als Sammellager für die zur Deportation in die Vernichtungslager Auschwitz und Theresienstadt bestimmten Berliner Juden genutzt. Ein anrührendes kleines Denkmal von Will Lammert erinnert an diese Geschehnisse. Dass nur Frauen und Kinder zu sehen sind, hat seine Ursache darin, dass diese Skulptur ursprünglich für die Gedenkstätte in Ravensbrück vorgesehen war, 1985 aber hier aufgestellt wurde. Bis dahin gab es hier nur den Gedenkstein, der heute in die Mauer eingelassen ist.

Hinter der Gedenkstätte erstreckt sich die Grünfläche des **ersten Jüdischen Friedhofs** ❼, der in Berlin eingerichtet wurde. Von 1672 bis 1827 wurden hier die Mitglieder der Jüdischen Gemeinde bestattet, darunter so bekannte Männer wie der Finanzier Friedrich II., Veitel Heine Ephraim (▶ Seite 178), der Rabbi David Fraenkel und der Arzt und Leiter des Jüdischen Krankenhauses Marcus Herz. Letzterer wurde vor allem wegen seiner Frau, der berühmten Salonière Henriette Herz, bekannt. Das berühmteste Grab allerdings ist das von Moses Mendelssohn, der mit Lessing befreundet war und das Vorbild für dessen „Nathan" darstellte. Mendelssohn gilt als der Begründer der jüdischen Aufklärung.

1943 ließen die Nazis den Friedhof zerstören; man legte auf dem Gelände einen Splittergraben an, die jahrhundertealten Grabsteine dienten dabei als Baumaterial. Nur die in die Südmauer eingelassenen Gedenktafeln überstanden diese Zerstörung. In den letzten Tagen des Krieges wurden auf dem Friedhofsgelände Massengräber ausgehoben – über 2400 Tote wurden hier bestattet, eine Gedenktafel erinnert daran.

Nach dem Krieg wurde der Friedhof wieder der Jüdischen Gemeinde übergeben. 1962 rekonstruierte man das Grab von Moses Mendelssohn. Es befindet sich ungefähr an der gleichen Stelle wie das ursprüngliche Grab, die genaue Lage war jedoch nicht mehr bekannt.

Auf der gegenüberliegenden Seite der Großen Hamburger Straße finden sich noch zwei niedrigere Häuser, die gleichzeitig die **ältesten noch erhaltenen Gebäude** dieser Straße sind. Das Haus Nr. 17 stammt von 1828, wurde aber mehrfach umgebaut. 2009 begann eine grundlegende Sanierung und Umgestaltung des Hauses und des Hinterhofes (inklusive Kellergewölbe, einst Sitz des legendären Mudd-Clubs).

Das Baujahr des ältesten Wohnhauses der Spandauer Vorstadt, Große Hamburger Straße 19a, konnte durch Untersuchungen des Dachstuhlholzes ermittelt werden: Die Balken stammen aus dem Jahr 1691. Ursprünglich war das Vorderhaus etwa doppelt so lang wie der erhaltene Hausteil. Im 19. Jahrhundert wurde das Grundstück geteilt und das Haus mit einer klassizistischen Fassade versehen.

Die Große Hamburger Straße endet an der **Oranienburger Straße,** die linker Hand noch zum großen Teil Originalbebauung aus dem 19. Jahrhundert zeigt. Auch wenn sich das Gebiet gerade im Wandel befindet und die vielen kleinen Geschäfte großen Handelsketten – vor allem aus dem Mode- und Sportbereich – und ständig wechselnden Bars und Cafés weichen müssen, so ist doch immer noch eine bemerkenswerte Vielfalt unterschiedlichster Angebote zu finden. Unser Spaziergang führt uns allerdings an diversen Neubauten vorbei nach rechts, zum **Monbijoupark** ❽. Der Park beherbergte ursprünglich ein barockes Lustschloss von 1703.

Durch den Park hindurch schlendern wir zum Spreeufer. An der Monbijoubrücke biegen wir vom Wasser in die **Monbijoustraße** ein. Auf der linken Straßenseite befinden sich schon die ersten Gebäude der Charité, genauer der ehemaligen Universitäts-Frauenklinik. Die Gebäude direkt am Ufer waren Wohnhäuser für die Direktoren, dahinter sind Labors, Operationssäle, Behandlungszimmer und Bettenstationen untergebracht. In der Mitte des Komplexes liegt ein Hörsaal. Das prachtvolle Gebäude war 1911 von einer privaten Stiftung für „Frauen

---

**Strandbar Mitte
im Monbijoupark**
Direkt am Spreeufer, eine der schönsten Strandbars Berlins: Feiner weißer Sand und Liegestühle laden zum Verweilen ein, der Blick aufs Wasser und das gegenüberliegende Bode-Museum inklusive.

**Hexenkessel Hoftheater
im Monbijoupark**
*Am Spreeufer,
nur im Sommer
www.
hexenkesselhoftheater.de
Shakespeare Stücke sind in lauen Sommernächten die absoluten Renner*

Märchenhütte
*Im ehemaligen Bunker an der Monbijoustraße, nur in den Wintermonaten
(030) 24 04 86 50
www.maerchenhuette.de
Geschichten von Riesen und Zwergen, Hexen und Zauberern, Prinzessinnen und Rittern für Klein und Groß bei Tee und Gebäck.*

mit verfeinerten Lebensgewohnheiten" errichtet worden, also für Damen der besseren Gesellschaft.

Auf der rechten Seite stehen noch die Häuser ehemaliger Schlossbediensteter. Sie muten ein bisschen holländisch an, und tatsächlich wollte man bei ihrem Bau 1911 an die Zeit des Großen Kurfürsten Friedrich Wilhelm erinnern, als brandenburgische Kurfürsten mit Vorliebe holländische Prinzessinnen heirateten und holländische Baumeister ins Land holten.

Auf der linken Seite ein riesiger Gebäudekomplex: das **Haupt-Telegrafenamt** ❾, das bis in die Oranienburger Straße reicht, ließ die Berliner Oberpostdirektion von 1910–1916 errichten. Der Entwurf stammt von Postbaurat Wilhelm Walter. Das Gebäude war mit der damals modernsten Telegrafentechnik ausgerüstet und bis in die 1920er Jahre das Entwicklungszentrum des deutschen Funkverkehrs. Ab 1919 war hier auch die Stadtrohrpostzentrale untergebracht.

Auch die benachbarten Häuser in der Oranienburger Straße gehören zum Gebäudekomplex des Haupt-Telegrafenamtes. Besonders zu erwähnen ist das **Logenhaus** (Oranienburger Straße 71/72) von Christian Friedrich Becherer, der es 1791 für die Große Landesloge der Freimaurerei in Deutschland errichtete. Im 19. Jahrhundert wurde das Gebäude aufgestockt. Von der einstigen

Panoramablick auf die Museumsinsel – Strandbar Mitte am Monbijoupark

JÜDISCHES LEBEN IN BERLIN

Kurzer geschichtlicher Abriss. 1812 war mit dem Preußischen Judenedikt die rechtliche Gleichstellung von in Preußen lebenden Juden vollzogen worden. Juden galten fortan nicht mehr als Ausländer oder „heimatlose Gesellen", sondern wurden preußische Staatsbürger. Preußen und natürlich seine Hauptstadt Berlin wurde ein Fluchtpunkt für verfolgte Juden aus ganz Europa. Besonders aus Galizien kamen viele Flüchtlinge, um den Pogromen der polnischen Bevölkerung zu entgehen. Viele von ihnen kamen bei Verwandten im Gebiet westlich des Alexanderplatzes, im Scheunenviertel (▶ Seite 20) und in der Spandauer Vorstadt unter. Im Jahre 1932 waren 162 000 Mitglieder bei der Jüdischen Gemeinde von Berlin verzeichnet, das heißt ein Drittel aller in Deutschland lebenden Juden lebte in Berlin. Nach dem Krieg waren es noch 7000. Etwa 100 000 Juden gelang die Flucht ins Ausland, aber 55 000 Menschen wurden in die Vernichtungslager deportiert und ermordet.

Durch die Spaltung Berlins nach dem Zweiten Weltkrieg wurde auch die Jüdische Gemeinde geteilt. Besonders in Ost-Berlin schrumpfte die Zahl der Mitglieder in den folgenden Jahren: In den frühen 50er Jahren gab es nach dem Vorbild der Sowjetunion stalinistische „Säuberungsaktionen", die viele Überlebende ins Ausland vertrieb. Nach Stalins Tod wurden die Opfer zwar rehabilitiert und die Verfolgungen eingestellt, nun schrumpfte die Zahl der Juden in der DDR aber aus Altersgründen. 1989 gab es in Ost-Berlin noch etwa 250 Mitglieder in der Jüdischen Gemeinde.

Dagegen wurde die Jüdische Gemeinde West-Berlins das Ziel der jüdischen Emigranten aus dem Ostblock, vor allem aus Polen und der ehemaligen Sowjetunion. Der Berliner Senat hatte sich nach Intervention durch den damaligen Vorsitzenden der Jüdischen Gemeinde, Heinz Galinsky, bereiterklärt, diese Flüchtlinge aus „humanitären Gründen" aufzunehmen. Aber erst nach dem Fall der Mauer bzw. dem Zusammenbruch des Warschauer Paktes setzte eine massive Zuwanderung nach Berlin ein.

Heute hat Berlin wieder die größte jüdische Gemeinde in Deutschland mit etwa 14 000 Mitgliedern, und die Zahl steigt weiter an. Zahlreiche, vor allem orthodoxe Gemeinschaften wirken mittlerweile ebenfalls in Berlin, so dass die traditionell eher liberal orientierte Berliner Gemeinde ein bisschen ins Hintertreffen geraten ist.

Die jüdische Gemeinde Berlins galt als besonders fortschrittlich, eine Entwicklung, die schon zu Moses Mendelssohns Zeiten einsetzte. So befindet sich in der Krausnickstraße 6 eine Gedenktafel für die erste Rabbinerin der Welt, Regina Jonas, die bis zu ihrer Deportation nach Theresienstadt 1942 hier wohnte. Auch wenn sie in der Neuen Synagoge nicht predigen durfte – dafür war der Widerstand der männlichen Kollegen damals denn doch zu groß – so hat sie sich besonders in der Seelsorge für die Gemeindemitglieder verdient gemacht, in der schweren Zeit der Massendeportationen in Berlin wie auch in Theresienstadt.

Diese weibliche Tradition wird heute fortgeführt: Gesa S. Ederberg ist die Rabbinerin der kleinen Synagoge im Haus der Neuen Synagoge, und mit Lala Süsskind hat seit 2008 erstmals eine Frau den Vorsitz in der Jüdischen Gemeinde Berlin.

Pracht ist leider nur wenig erhalten, der größte Teil der Räumlichkeiten wurde im Krieg zerstört. Trotzdem ist das Haus für die Freimaurer in Deutschland auch heute noch von großer Bedeutung.

So sind wir also wieder in die Oranienburger Straße zurückgekehrt. Auf der gegenüberliegenden Seite führt die **Krausnickstraße** zur Großen Hamburger Straße zurück, auf der linken Seite (Krausnickstraße 23) befindet sich ein Wallfahrtsort für Liebhaber der Punkmusik und -kultur, das **Ramones Museum Berlin**.

In der Oranienburger Straße ist natürlich die Neue Synagoge das bedeutendste Bauwerk. Sehenswert sind aber auch die benachbarten Innenhöfe, zum Beispiel der **Kunsthof** (Oranienburger Straße 27). Die spätklassizistische Anlage wurde 1840 als Wohnhaus mit Gewerbehof erbaut. Das ist auch heute noch gut zu erkennen. In der Tordurchfahrt sieht man noch eiserne Schienen (wie in vielen Häusern des 19. Jahrhunderts in Berlin). Sie verhinderten, dass Pferdewagen aus der Spur gerieten und die Hausmauern beschädigten. An den Toreinfahrten gab es zu diesem Zwecke auch Prellsteine links und rechts.

In den 90er Jahren restaurierte man die Hofanlage als Kunsthof, zahlreiche Galerien und Restaurants siedelten sich an. Es gibt eine gewisse Fluktuation und die Mieter wechseln öfter. Besonders im Sommer bietet der Innenhof ein bisschen Ruhe vom Trubel in der stark befahrenen Straße – und ein bisschen Kunst.

Gleich nebenan bietet ein Restaurant koschere Mahlzeiten an. Es befindet sich im Verwaltungsgebäude der Jüdischen Gemeinde von Berlin, auch die Jüdische Volkshochschule hat hier ihren Sitz. Unübersehbar thront direkt daneben die **Neue Synagoge** ⑩, deren 50 Meter hohe goldene Kuppel schon von weitem über den Dächern der Spandauer Vorstadt zu sehen ist. Sie ist auch ein Symbol für die bedeutende Rolle, die die jüdische Gemeinde im Berliner Gemeinwesen spielte.

Die Neue Synagoge wurde nach siebenjähriger Bauzeit zum jüdischen Neujahrsfest 1866 eingeweiht. Architekt war Eduard Knoblauch, der sich die spanische Alhambra zum Vorbild nahm. Nach dem Tod Knoblauchs führte sein Freund und Kollege Friedrich August Stüler den Bau zu Ende. Bemerkenswert ist in diesem Zusammenhang vielleicht, dass Stüler preußischer Ministerialbaudirektor und Dezernent für Kirchenbau war.

Die Neue Synagoge war nicht nur ein Ort des Gebets,

Café Mania im Ramones Museum
Di–Fr 8–18, Sa–Mo 12–18, Fr/Sa bis 20 Uhr
(030) 75 52 88 90
Auch wenn man kein Fan von Punkrock ist: sehr guter Kaffee und etwas Ruhe zum Verschnaufen

Neue Synagoge
So–Do 10–18, Fr 10–14 Uhr
März–Okt.
So–Do bis 20 Uhr
Apr.–Sept. So–Do bis 17 Uhr
3 Euro / 2 Euro
(030) 88 02 83 00
www.cjudaicum.de
Im wiederaufgebauten Gebäudeteil gibt es eine Ausstellung zur Geschichte der Synagoge mit Bibliothek und Vortragsräumen.

sondern auch des gesellschaftlichen Lebens. Louis Lewandowski, Komponist jüdischer Synagogalmusik, wirkte hier ab 1866. Er war der erste jüdische Meisterschüler, der in die Preußische Akademie der Künste aufgenommen wurde. 1930 gab Albert Einstein ein Violinenkonzert in der Neuen Synagoge. Die Neue Synagoge symbolisierte das Zentrum jüdischen Lebens in Berlin: in ihrem Umkreis waren mehr als 100 jüdische Institutionen der Wohlfahrtspflege, der Bildung und Wissenschaft angesiedelt.

Ab 1940 missbrauchte die Wehrmacht das Gebäude der Synagoge als Lagerhaus, bis es 1943 bei einem Bombenangriff getroffen wurde und ausbrannte. In den 50er Jahren wurde die Ruine gesichert und zum Teil abgetragen. Die zerstörte Fassade sollte als Mahnmal erhalten bleiben, die linke Gedenktafel an der Vorderfront erinnert daran. Erst Mitte der 80er Jahre wurde der Wiederaufbau beschlossen. 1995 war er im vorderen Bereich abgeschlossen und der Bau wurde als Centrum Judaicum eröffnet. Der ursprüngliche Betsaal im hinteren Bereich wurde nicht wieder aufgebaut. In der dritten Etage gibt es heute wieder eine kleine Synagoge und im rechten Turmuntergeschoss ein rituelles Bad, eine so genannte Mikwe.

Im Nachbarhaus (Oranienburger Straße 31), zur Linken der Neuen Synagoge, befand sich ursprünglich ein Jüdisches Krankenhaus. Ab 1933 war hier das erste Berliner Jüdische Museum untergebracht, das u. a. eine umfangreiche Sammlung zum Wirken von Moses Mendelssohn besaß. Nach dem Pogrom von 1938 wurde das Haus geräumt und diente danach als Bürohaus. Jetzt ist hier eine Galerie ansässig, im hinteren Bereich wurde eine moderne Turnhalle für das Jüdische Gymnasium gebaut. Heute hat auch Berlin wieder ein Jüdisches Museum (▶ Seite 273). 2001 wurde es im Bezirk Kreuzberg eröffnet, Architekt des modernen Baus war Daniel Liebeskind.

Süßer Bonbonduft in den Heckmann-Höfen

Eine große Toreinfahrt markiert den Eingang zu den **Heckmann-Höfen** ⓫, für mich persönlich die schönste Hofanlage der Spandauer Vorstadt. Das Haus an der Oranienburger Straße 32 wurde um 1890 für einen Holzhändler erbaut, der Name geht

Cafékultur in der Oranienburger Straße

auf einen späteren Besitzer, den Fabrikanten Heckmann, zurück. Dessen Nachfahren wurde das Grundstück 1995 rückübertragen. Sie ließen es aufwändig sanieren und schufen eine interessante Mischung aus Wohnbauten, Gewerbe, Kunst und Gastronomie.

Der Durchgang führt in einen ersten Hof, der vom süßen Duft einer Bonbonmacherei erfüllt ist. Hier kann man dem einzigen Berliner Bonbonmacher bei seiner Arbeit über die Schulter schauen und die Produkte gleich erwerben. Da werden Kindheitserinnerungen wach!

Bonbonmacherei in den Heckmann-Höfen
Mi–So 12–20 Uhr
Juli–Aug. geschlossen
(030) 44 05 52 43
www.bonbonmacherei.de

Wer weitergeht, gelangt in den wunderschön grünen, zweiten Innenhof. Natürlich hatte ein Holzhändler Ende des 19. Jahrhunderts einen eigenen Fuhrpark; seine Pferdeställe sind heute zu kleinen Läden, Cafés und sogar einem kleinen Theater umfunktioniert. Besonders schön ist die ehemalige Remise, die von einem Pferdekopf geziert wird. Ein kleiner Platz mit Springbrunnen lädt zum Verweilen ein.

Weiter geht es zum ältesten Teil der Hofanlage aus dem Jahre 1845 an der Auguststraße: Hier ist der eigentliche Hinterhof sehr eng, so wie man eben Mitte des 19. Jahrhunderts in Berlin baute. Man muss dabei bedenken, dass damals auch noch hohe Mauern die einzelnen Grundstücke voneinander abgrenzten.

Das ehemalige Postfuhramt an der Ecke Oranienburger Straße/Tucholskystraße

Zosch
*Tucholskystrasse 30
Tgl. ab 16 Uhr
(030) 2 80 76 64
www.zosch-berlin.de
In der ehemaligen Molkerei hat sich im Keller eine kleine Bühne etabliert: regelmäßige Konzerte sowie Lesungen junger Poeten*

An der Auguststraße wenden wir uns zunächst nach links und biegen dann links in die **Tucholskystraße** ein. Auf der linken Seite treffen wir auf das Zosch, das letzte Überbleibsel alternativer Kultur in dieser Straße, die ansonsten sehr nobel restaurierte Häuser aufweist.

Auf der gegenüberliegenden Seite erstreckt sich das Gebäude des **ehemaligen Postfuhramtes** ⓬. Erbaut wurde es 1881 von dem Architekten Carl Schwatlo, von hier aus starteten die Postkutschen in alle Ecken des Kaiserreiches. Die Medaillons an der reich geschmückten Fassade zeigen Persönlichkeiten des Postwesens, und die Putten symbolisieren die verschiedenen Kommunikationsmedien: hier waren ein Postamt, ein Telegrafen-Ingenieurbüro, die Post- und Telegrafenschule, ein Fernsprechamt sowie eine der vier Maschinenstationen des Berliner Rohrpostnetzes untergebracht. Im Hof gab es zweistöckige Stallungen für 240 Pferde. Nach dem Krieg wurden die unbeschädigten Teile des Gebäudes bis in die 70er Jahre von der Deutschen Post genutzt, danach begann eine umfassende Restaurierung. Heute wird die ehemalige Schalterhalle von C/O Berlin – International Forum for Visual Dialogues für Ausstellungen genutzt. Außerdem gibt es ein paar Künstler, die hier Ateliers eingerichtet haben. In der ehemaligen Schalterhalle findet sich auch eine kleine Dokumentation der Baugeschichte des Hauses. Die Fotos zeigen auch die Originalhalle, die ursprünglich bis zur Kuppel hoch reichte, aber in den 30er Jahren mit einer Zwischendecke versehen wurde. In diesem Raum unter der beeindruckenden Kuppel hat sich der Rodeo-Club eingerichtet.

Geradezu, in der Tucholskystraße 9, fällt auf der rechten Seite ein bewachtes Gebäude auf. Es ist der Bau der Hochschule für die Wissenschaft des Judentums, das Johann Hoeniger 1907 errichtete. Bis 1942 bot die Hochschule ihren Studenten hier geistige und geistliche Unterstützung, heute ist der Zentralrat der Juden in Deutschland Hausherr. Der Name **Leo-Baeck-Haus** erinnert an den wohl prominentesten Lehrherrn, den Vorsitzenden des Allgemeinen Rabbinerverbandes in Deutschland und Präsidenten der Reichsvertretung der Deutschen Juden, der Vorgängerorganisation des Zentralrates der Juden in Deutschland.

Es geht wieder zurück in die Oranienburger Straße: Obwohl sich die Straße in den Nachwendejahren zu einem Touristenzentrum entwickelt hat, gibt es auch heute noch ein unbebautes Areal. Hier möchte ein Investor gern Nobelwohnungen errichten, natürlich mit entsprechenden Geschäften und ähnlichen Einrichtungen. Einbezogen werden soll die Ruine nebenan, der letzte Rest der einstigen Friedrichstraßen-Passagen, heute weltweit bekannt als **Kunsthaus Tacheles** ⓭.

Die Friedrichstraßen-Passage war 1909 eröffnet worden, hier sollten Spezialgeschäfte, Amüsierbetriebe und Büros unter einem gemeinsamen Dach gegen die Konkurrenz der zahlreichen Kaufhäuser bestehen. Der luxuriös gestaltete Bau reichte von der Oranienburger Straße bis an die Friedrichstraße. Im Innenbereich befanden sich eine glasüberdachte Ladengalerie mit zahlreichen Glasbrücken und –wandelgängen und eine riesige Glaskuppel in der Mitte.

C/O Berlin –
International Forum for Visual Dialogues (Im Postfuhramt)
Tgl. 11–20 Uhr,
030) 28 09 19 25
www.co-berlin.com

ORANIENBURGER STRASSE

Das älteste Gewerbe der Welt. Abends fallen an der Oranienburger Straße die zahlreichen Damen auf, die mit sehr kurzen Röcken auf sehr hohen Stiefeln an der Straße stehen ... Auch das ist eine Tradition in dieser Straße. Schon Ende des 19. Jahrhunderts entwickelte sich hier – direkt neben der „Saufstraße" Friedrichstraße – ein reges Treiben, oder sollte ich Verkehr sagen? Es war eben eine arme Gegend, und da musste so manches Mädchen zum Unterhalt der Familie beitragen. Übrigens nicht nur Mädchen. Auf der Mitte der Straße war um 1910 ein sehr breiter Strich gemalt; links gingen die Mädchen, rechts die Jungs. Auf dem Strich selbst gingen diejenigen, die nicht eindeutig zuzuordnen waren.

Die Vermarktung klappte nicht wie geplant, schon 1914 musste der Bau zwangsversteigert werden. Er wurde zum Haus der Technik, die AEG als neuer Eigentümer nutzte das Gebäude für die Produktpräsentation. Im Krieg stark zerstört, wurden in den 80er Jahren die Trümmer im hinteren Bereich und an der Friedrichstraße abgetragen. Der Gebäudeteil an der Oranienburger Straße blieb nur deshalb stehen, weil hier noch ein kleines Kino des Staatlichen Filmverleihs betrieben wurde.

1990 kamen junge Künstler aus West-Berlin auf der Suche nach preiswerten Werkstatträumen hierher und besetzten die Ruine. Sie gründeten auch einen Verein, der sich namensmäßig auf die frühere jüdische Nachbarschaft bezog, das Kunsthaus Tacheles. Es entstanden nicht nur Werkstätten, sondern auch Kneipen, Bars und ein Kino. Seit Jahren bemüht sich der Besitzer und Investor um die Räumung des Geländes. Bisher konnten die Besetzer ihn aber mit Hilfe der deutschen Bürokratie immer wieder austricksen. Gerade kursiert das Gerücht, dass die Besetzer tatsächlich ausziehen sollen. Wenn Sie dieses Buch in der Hand halten, können Sie es selbst nachprüfen.

Zurück in Richtung Hackescher Markt geht es durch die **Auguststraße**. An der Einmündung zur Oranienburger Straße steht eine Kirche. Die **Sankt Johannes Evan-**

Umkämpfte Kaufhausruine – Kunsthaus Tacheles

gelist Kirche ist ein Ergebnis des Engagements von Kirchenjuste, wie die Berliner die Gattin von Kaiser Wilhelm II. Auguste Viktoria nannten. Sie hatte 1890 einen Kirchenbauverein gegründet, über 50 Kirchen wurden daraufhin in Berlin und im Umland errichtet. In den 70er Jahren wurde die Gemeinde der Sankt Evangelist Kirche mangels Mitgliedern auf die Nachbargemeinde aufgeteilt. Seit 2003 wird das Gebäude für Kunstprojekte und Ausstellungen genutzt.

Treppenaufgang im Inneren des Tacheles

In den letzten Jahren hat sich die Auguststraße zu einer Kunstmeile entwickelt. Zahlreiche Galerien bieten die unterschiedlichsten Genres an. Alle zwei Jahre findet hier die Biennale für Zeitgenössische Kunst statt.

Neben dem Spielplatz, hinter einem verwitterten Torbogen (Auguststraße 5a), befindet sich der Hof des Postfuhramtes. Tagsüber ist das Tor geöffnet und ein Blick in den Innenhof lohnt. Er bietet einen gewissen Charme des Verfalls – „Vintage-Look" könnte man auch dazu sagen. Interessanter Kontrast zu den piekfein restaurierten und modernisierten Häusern in der Nachbarschaft! An der linken Wand befindet sich ein sehr schön restauriertes Relief, das eine Postkutsche vor der Nikolaikirche (▶ Seite 178) zeigt. Im Sommer gibt es ein kleines Hofcafé.

Links in der Tucholskystraße 40 ist das Beth Café, das zur Israelitische Synagogen-Gemeinde Adass Jisroel gehört. Hier war 1904 im zweiten Hinterhof von Johann Hoeniger die Synagoge der orthodoxen Gemeinde errichtet worden, die dem Pogrom 1938 zum Opfer fiel. Die Ruine wurde erst 1967 abgetragen.

Direkt an der Ecke, da wo heute Wolfgang Joop seine Mode präsentiert, befindet sich eines der ältesten Häuser in der Auguststraße. Es wurde schon 1796 erbaut und im 19. Jahrhundert mehrfach umgebaut. Es ist nicht nur eines der schönsten Häuser der Straße, sondern ebenso wie die benachbarten Häuser 74 und 69 ein Beispiel für ein typisches Berliner Wohnhaus des ausgehenden 18. Jahrhunderts.

Auf der gegenüberliegenden Seite befinden sich diverse Zeugnisse des jüdischen Lebens und der jüdischen Wohlfahrtspflege. Als erstes fällt das mit dunkelroten

Jewish Claims Conference (JCC)
Die JCC ist ein Zusammenschluss jüdischer Organisationen in New York, die seit 1951 Entschädigungsansprüche jüdischer Nazi-Opfer vertritt. Die JCC war zum Beispiel bei der Rückgabe der ehemaligen jüdischen Mädchenschule an die Jüdische Gemeinde Berlin involviert.

Ziegeln verkleidete Gebäude im schlichten Bauhausstil auf der rechten Seite auf (Augustraße 11–13). Es wurde 1930 vom Architekten Alexander Beer entworfen und war bis 1942 die **Jüdische Mädchenschule,** danach wurde es als Lazarett genutzt. Zu DDR-Zeiten war es die Bertolt-Brecht-Schule. Nach der Wende wurde das Gebäude an die Jewish Claims Conference übergeben. Die gab es 2009 an die Jüdische Gemeinde Berlins zurück.

Direkt daneben, in der Augustraße 14–16, befindet sich im Hof das **ehemalige Jüdische Krankenhaus.** Das spätklassizistische Gebäude wurde 1861 von Eduard Knoblauch erbaut (dem Architekten der Neuen Synagoge, ▸ Seite 199) und galt als der modernste Krankenhausbau im damaligen Preußen. Seit der Wende steht der gesamte Gebäudekomplex leer. Er wurde ebenfalls an die Jüdische Gemeinde zurückgegeben. Der Gemeinde fehlt aber das Geld für eine Renovierung oder für Erhaltungsmaßnahmen.

Auf der linken Seite (Augustraße 69) befindet sich in einem der ältesten Bürgerhäuser der Straße die **Galerie KW** (Kunst-Werke) – Institute for Contemporary Art ⓮. Sehenswert ist das Treppenhaus im Durchgang und der Innenhof. Hier hat der Architekt Graham 1998 ein modernes Glashaus errichtet, von dem aus man bei einem Kaffee in Ruhe die wechselnde Hof- bzw. Gartengestaltung bewundern kann. Der Gebäudekomplex wird auch gern als Margarinefabrik bezeichnet, obwohl in den Hofgebäuden ursprünglich eine Seidenwaren- und eine Baumwollfabrik untergebracht waren.

Zwischen den hell verputzten Häusern fällt – nun wieder auf der rechten Seite – das schmale Haus Nummer 21 besonders auf: es handelt sich um das Lehrerwohnhaus der 10. Städtischen Realschule, die 1895 im hinteren Bereich errichtet wurde (die Grundstücke direkt an der Straße waren sehr teuer, deshalb ist das Lehrerhaus so schmal). Heute ist hier das **Kulturamt Berlin-Mitte** zu Hause.

Eine Legende des Berliner Nachtlebens findet sich in der Augustraße 24–25. **Clärchens Ballhaus** ⓯ ist weit über die Grenzen Berlins hinaus bekannt. 1913 gründete Clara Habermann das Etablissement. Bis heute tanzt hier vor allem die reifere Jugend – und auch am Interieur hat sich nicht viel verändert. Das Vorderhaus fehlt seit Kriegsende, dafür gibt es einen kleinen Kaffeegarten. Auch die Seitenflügel sind weg. Bei einem Blick auf die verwitterte Fassade sieht man noch die Wohnungstüren

Clärchens Ballhaus
*Augustraße 24–25
(030) 2 82 92 95
www.ballhaus.de*

Tanzstätte und Biergarten – Clärchens Ballhaus

der Seitenflügel-Wohnungen. Im Erdgeschoss führt links die rote Tür zum Ballsaal; das Treppenhaus rechts führt zum Spiegelsaal im ersten Stock.

Nach der Wende entstanden in der Spandauer Vorstatt einige moderne Bauten, so etwa das Stadthaus in der Auguststraße 26a. Es fällt durch seine seine schmale Form, die grüne Kachelverkleidung und die unterschiedlich großen Kastenfenster auf.

Der Weg führt weiter zur Großen Hamburger Straße, die hier mit Häusern aus den 80er Jahren bebaut ist. Ende der 70er Jahre ging der Trend im DDR-Wohnungsbau zurück in die Innenstädte, statt weiter Satellitenstädte am Stadtrand zu erbauen.

Der Klinkerbau auf der linken Seite gehört zum Umspannwerk Berlin-Mitte. Er zieht sich bis in die Große Hamburger Straße hin, die zum **Koppenplatz** führt. Benannt ist der Platz nach dem Stadthauptmann Christian Koppen, der das Gebiet Ende des 17. Jahrhunderts erworben hatte und hier den Armenfriedhof der Stadt einrichtete. Auch Selbstmörder und unbekannte Tote wurden hier beigesetzt. Als Koppen starb, wurde er auf eigenen

Das Denkmal „Der verlassene Raum" auf dem Koppenplatz erinnert an die deportierten Juden

Wunsch ebenfalls hier bestattet. Über seinem Grab errichtete Stüler ein Denkmal, das noch heute zu sehen ist.

Ab Mitte des 19. Jahrhunderts wurde der Friedhof nicht mehr genutzt und teilweise in einen Park umgestaltet, zum Teil auch bebaut. Aus dieser Zeit stammt das Gebäude der Hollmannschen Wilhelminen-Amalien-Stiftung, einer Art Altersheim für alleinstehende Berlinerinnen über 55, ein dreiteiliges Gebäude im klassizistischen Stil. Es ist auch heute noch ein Seniorenheim. Bemerkenswert ist auch das Schulgebäude mit dem kleinen Türmchen.

Im Park selbst befindet sich eine Skulptur, die an die Massendeportationen der jüdischen Bevölkerung erinnert. Das Bronzedenkmal „Der verlassene Raum" wurde 1991 von dem Bildhauer Karl Biedermann und der Gartenarchitektin Eva Butzmann geschaffen und hier aufgestellt.

Wir kehren zurück an die Ecke Auguststraße und biegen in die **Gipsstraße** ein, auch dies eine Straße mit zahlreichen Galerien. Gleich am Anfang befindet sich am Haus Gipsstraße 3 eine Gedenktafel für frühere Bewohner, Mitglieder der jüdischen Widerstandsgruppe um Herbert Baum. Im gleichen Haus ist heute eine Galerie und die Kunststiftung Poll zu Hause.

Nur wenige Meter weiter an der Gipsstraße 11 erinnert

eine Gedenktafel an Johann August Zeune, der hier 1806 in seiner Privatwohnung die erste deutsche Blindenanstalt einrichtete. Sie wurde vom Deutschen Blindenverband gestiftet und deshalb blindengerecht gestaltet. Eine zweite Tafel erinnert an eine jüdische Familie, die hier wohnte und Deutschland 1939 verlassen musste. Das Haus ist das älteste noch erhaltene Gebäude in der Gipsstraße.

Gleich nebenan (Gipsstraße 12) führt ein Tordurchgang in die **Sophie-Gips-Höfe** ❶❻. Die Fabrikgebäude im Hinterhof waren ursprünglich mal eine Nähmaschinenfabrik, zu DDR-Zeiten wurden hier medizinische Geräte montiert. Heute gehört der Gebäudekomplex zum größten Teil dem Ehepaar Hoffmann, das hier inmitten einer umfangreichen Sammlung moderner Kunst lebt. Zum Erholen lädt das Café im Innenhof ein.

Der Durchgang führt zurück in die Sophienstraße. Ganz vorne, an der Ecke zur Rosenthaler Straße, steht auf der linken Seite ein ehemaliges Warenhaus, das Alfred Messel 1903 für Wertheim errichtete, gleichzeitig mit dem Warenhausbau in der Leipziger Straße. Die vertikal gegliederte Fassade wurde zum Vorbild für viele moderne Waren- und Geschäftshäuser. Gerade an der Sophienstraße ist die Fassade noch nahezu unverändert, während an der Rosenthaler Straße die großen Schaufenster verschwunden sind.

Wir wenden uns nach rechts und gelangen zu den **Rosenhöfen** ❶❼. Diese Höfe sind – im Gegensatz zu den Hackeschen Höfen – nicht entsprechend der Denkmalschutzbestimmungen und ohne Zuschüsse saniert worden. Der Auftrag zur Umgestaltung ging an das Architektenpaar Baller, deren Werke für Kenner in Berlin leicht zu identifizieren sind: sie bevorzugen einerseits leicht verschnörkelte Geländer und Balustraden, zum anderen eine bläulich-türkise Farbgebung, so dass eine nahezu mediterrane Stimmung entsteht.

Besonders sehenswert ist das Treppenhaus mit rundem Treppenauge und schmiedeeisernem Rokokogeländer im Vorderhaus. Es ist der einzige Teil des Hauses, der noch im Original existiert. Das Haus wurde 1781 für Hofrat Kartzig errichtet. Der langgestreckte Garten wurde im 19. Jahrhundert immer weiter mit Stallungen und Nebengebäuden zugebaut. Heute befinden sich dort Geschäfte der gehobenen Preisklasse.

Beim Verlassen der Höfe brandet einem der Verkehr auf der Rosenthaler Straße entgegen. Wer sich jetzt in

Sammlung Hoffmann
Sa nach Anmeldung:
(030) 28 49 91 21
www.sammlung-
hoffmann.de

den Einkaufstrubel stürzen will, wende sich nach links in die auf der anderen Straßenseite beginnende **Neue Schönhauser Straße**. Sie wird später zur Münzstraße und führt zum Alexanderplatz. Das Gebiet um die **Münzstraße** hat sich zu einem beliebten Einkaufsviertel entwickelt. Hier wechseln sich die Läden Berliner Designer, in denen zum Teil sehr ausgefallene Kreationen in kleinen Stückzahlen angeboten werden, mit den Flagship-Stores bekannter und teurer Marken ab. Auch zahlreiche Kunstgalerien, Bars und Cafés haben sich in den Seitenstraßen niedergelassen.

Wer einen weiteren Hinterhof erkunden möchte, wendet sich nach rechts in die **Rosenthaler Straße**. Nach dem Passieren zweier sehr schön restaurierter Geschäftshäuser mit ebenfalls sehenswerten Treppenhäusern und Innenhöfen folgt ein Haus, das noch unverfälscht den Zustand der meisten Gebäude zur Zeit des Mauerfalls widerspiegelt: das **Haus Schwarzenberg** (Rosenthaler Straße 39). Es mag manchem beim Blick in den düsteren Hof etwas unwohl werden, aber der Mut zum Eintritt lohnt sich, hier gibt es Interessantes zu entdecken. Im Vorderhaus ist seit 2008 die Ausstellung „Stille Helden" zu finden. Sie widmet sich denjenigen, die zur Nazizeit Widerstand leisteten und ohne an ihre eigene Sicherheit zu denken, sich für ihre verfolgten jüdischen Nachbarn einsetzten.

Ausstellung „Stille Helden"
Rosenthaler Straße 39
Tgl. 10–20 Uhr
Eintritt frei
(030) 23 45 79 19
www.gedenkstaette-stille-helden.de

Im Boden des Torchurchgangs in den ersten Innenhof befindet sich eine Gedenktafel für Otto Weidt, der im linken Seitenflügel eine Bürstenbinderei betrieb und hauptsächlich Kriegsblinde beschäftigte, darunter 29 jüdische Mitarbeiter. Als ab 1941 Berliner Juden deportiert wurden, versteckte er von der Deportation bedrohte Mitarbeiter und deren Familien u. a. auch in den Räumen der Werkstatt, verhalf verfolgten Juden zu einer neuen Identität und versorgte sie mit Lebensmitteln. Ein jüdischer Spitzel verriet das Versteck. Die Juden wurden verhaftet und deportiert. Nur Otto Weidts Sekretärin überlebte in einem Versteck hinter Büroschränken. Viele kennen ihren Namen, denn sie wurde später Journalistin: Inge Deutschkron verarbeitete ihre Erlebnisse unter anderem in dem Buch „Ich trug den gelben Stern". Die frühere Bürstenwerkstatt ist seit 1999 ein Dokumentationszentrum.

Museum Blindenwerkstatt Otto Weidt
Rosenthaler Straße 39
Tgl. 10–20 Uhr
Eintritt frei
(030) 28 59 94 07
www.blindes-vertrauen.de

Im ersten Hinterhaus zeigt das Anne Frank Zentrum seine Ausstellung „Anne Frank. Hier und Heute". Das Gebäudeensemble selbst stammt größtenteils aus dem

Die Rosenhöfe liegen zwischen Rosenthaler Straße und Hackeschen Höfen

Jahr 1864, Teile sind noch älter. Unter den Nazis enteignet, erhielt eine jüdische Erbengemeinschaft das Anwesen 1997 zurück. Da die Erben sich aber bisher nicht auf ein gemeinsames Konzept einigen konnten, ist die Zukunft des Hauses bis heute ungewiss. Seit 1995 betreibt der Verein Schwarzenberg hier ein Kulturprojekt: es gibt Ateliers und Werkstätten, ein Kino, ein Café und eine Bar im zweiten Hinterhof. Besonders erwähnenswert ist der Buchladen im 2. Stock des Hinterhauses, der sich vor allem an Architektur- und Kunstinteressierte richtet. Von den Künstlern sind die Künstlergruppe Dead Chickens die bekanntesten. Zwei ihrer Skulpturen – „Die Schnabelschere" am 1. Hinterhaus und „Der Bloch" im 2. Hof – erwachen (mitunter) nach dem Einwurf von einem Euro zum Leben.

Anne Frank Zentrum
Rosenthaler Straße 39
Di–So 10–18 Uhr
4 Euro / 2,50 Euro
(030) 2 88 86 56 10
www.annefrank.de

Friedrich-Wilhelm-Stadt

🅂 🅄 *Friedrichstraße*

In der Friedrich-Wilhelm-Stadt nördlich der Spree entstanden in der zweiten Hälfte des 19. Jahrhunderts zahlreiche Unterhaltungsstätten. Viele existieren noch heute. Bei einem Spaziergang durch das Theaterviertel kann man auf den Spuren berühmter Schauspieler und Regisseure wandeln und noch vieles mehr entdecken.

Wir beginnen unseren Spaziergang am **S-Bahnhof Friedrichstraße**. Dieser Bahnhof dient heute wieder als Regionalbahnhof. Das war nicht immer so: Zur Zeit der Berliner Mauer war der Bahnhof ein Grenzübergang. Obwohl mitten in Ost-Berlin gelegen, konnte man hier zwischen den beiden Berlins wechseln: Die Ostberliner S-Bahn endete in der nördlichen Halle, die (oberirdische) S-Bahn aus West-Berlin in der südlichen. Auch die „Interzonenzüge" nach Westdeutschland fuhren hier ab. Beide Hallen waren damals durch eine Stahlwand voneinander getrennt. Wenn die Ostberliner auf ihre S-Bahn warteten, dann konnten sie hören, wie drüben zum Einsteigen nach Hamburg, Hannover oder Frankfurt am Main aufgefordert wurde.

Unter der Erde stoppten am Bahnhof Friedrichstraße damals die Westberliner U-Bahnlinie U6 und die Westberliner Nord-Süd-S-Bahn, die ansonsten durch die Ostberliner Bahnhöfe ohne Halt hindurchfuhren, und ermöglichten hier die Einreise in die DDR. Durch ein verwinkeltes Tunnelsystem gelangte man von den unterirdischen Gleisen zur Abfertigungshalle, die im Volksmund „Tränenpalast" genannt wurde. Bei der Einreise aus Westdeutschland wurde in der Abfertigungshalle kontrolliert, ob man eventuell Druckerzeugnisse oder andere gefährliche Dinge bei sich hatte. Nach dem 1:1-Umtausch von 25 D-Mark in DDR-Mark durfte man dann nach Ost-Berlin.

Der **Tränenpalast** ❶ steht heute noch. Er wurde in den vergangenen Jahren als Veranstaltungsort genutzt, musste aber wegen eines Büroneubaus geschlossen werden. In absehbarer Zeit soll die Halle als Teil des Gedenkkonzeptes Berliner Mauer (▸ Seite 273) wiedereröffnet werden. Viele Westberliner Besucher haben mir erzählt, dass das an ein Gefängnis erinnernde Schließsystem bei den Ein- und Ausreisekontrollen das Bedrückendste war. Nach Eintreten in die Abfertigungskabinen wurde zuerst die Tür hinter dem Eintretenden verschlossen, die Ausgangstür erst nach der Kontrolle wieder geöffnet: wenn die Tür mit einem lauten Knall hinter einem ins Schloss fiel, fühlte man sich wie in die Falle gegangen, sagte mir mal jemand.

Gleich gegenüber der ehemaligen Abfertigungshalle steht an der Friedrichstraße ein wunderschön restauriertes Theatergebäude. Der **Admiralspalast** ❷ wurde 1911 errichtet, sein Name geht auf das Admiralsviertel zurück, das sich hier befand. Als in der Gegend 1873 eine Solequelle entdeckt wurde, baute man zunächst das Admirals-Gartenbad, eines der ersten öffentlichen Bäder Berlins, und Ende des 19. Jahrhunderts eine dreigeschossige Badeanstalt. Zudem gab es im Admiralspalast eine große Eislaufarena, ein Römisches Café, vier Kegelbahnen und ein prunkvolles Lichtbild-Theater. 1922 wurde er zum Varieté-Theater umgebaut; die Fassadenverzierungen im Stil des Art Deco stammen aus dieser Zeit. Das Haus selbst überstand den Zweiten Weltkrieg relativ unbeschadet und diente bis zur Wiedereröffnung der Deutschen Staatsoper Unter den Linden als Opernhaus, später als Metropol-Operetten-Theater. 1946 fand hier der erzwungene Vereinigungsparteitag von KPD und SPD statt, auf dem die Sozialistische Einheitspartei Deutschlands (SED) gegründet wurde. Das Metropol-Theater überstand die Wende nicht, 1997 ging die neugegründete GmbH von René Kollo pleite. Erst 2003 erwarb Frank Walter, der u. a. die Konzerthalle „Arena Berlin" und das bekannte „Badeschiff" (▶ Seite 279) betreibt, das Haus, sanierte es und eröffnete 2006 als Revue-Theater.

Im Vorderhaus des Admi-

Admiralspalast
Kartentelefon:
(030) 47 99 74 99
www.admiralspalast.de.

Der Tränenpalast 1962

Kabarett „Die Distel"
Kartentelefon:
(030) 2 04 47 04
www.distel-berlin.de

Friedrichstadtpalast
Kartenbestellung:
(030) 23 26 23 26
www.friedrichstadtpalast.de

Quatsch Comedy Club
Kartenbestellung:
(0 18 05) 25 55 65
(0,14 Euro/Min.)
www.quatsch-comedy-club.de

Kabarett Berliner Brett'l
Friedrichstraße 130
(in der Dreispitzpassage)
(030) 68 80 93 00
www.berliner-brettl.de.
Kabarett und Chansons im Restaurant „Die Falle"

ralspalastes ist im ehemaligen Kasino seit 1953 das Kabarett „Die Distel" untergebracht; eine feste Adresse für Liebhaber politischer Satire, zumal einige der Protagonisten durch das Fernsehen über die Grenzen Berlins hinaus bekannt sind.

In den letzten Jahren hat sich das Umfeld des Bahnhofs Friedrichstraße rasant verändert: auf der linken Straßenseite wuchs neben dem Tränenpalast ein Hochhaus auf dem Spreedreieck, dessen Hauptmieter eine Unternehmensberatung ist.

Ein Stück weiter entlang der Friedrichstraße führt die **Weidendammer Brücke** über die Spree. Sie ist ein Meisterstück der Eisenguss- und Schmiedekunst und in dieser Form seit 1896 zu bewundern.

Wir gehen zunächst geradeaus und treffen auf der rechten Seite auf die größte Revuebühne Europas, den **Friedrichstadtpalast** ❸. 1984 wurde er eröffnet, der letzte große Repräsentationsbau der untergehenden DDR. Lästerer meinen, die Architektur erinnere an einen Bahnhof in Samarkand; aber vielleicht waren diese Kritiker auch noch nie in Usbekistan. Auf alle Fälle hat die Architektur etwas Ungewöhnliches, Märchenhaftes – und genau das wird auch drin geboten.

Rechts im Keller des Gebäudes befindet sich in der ehemaligen Kleinen Revue der **Quatsch Comedy Club** von Thomas Hermanns, der hier die erste deutsche Bühne im amerikanischen „Standup-Comedian-Style" eröffnete.

Wir wenden uns nach links in die Reinhardtstraße. Gleich neben der Dreispitzpassage führt ein schmaler Weg zur Tierklinik, die früher zur Humboldt-Universität und heute zur Freien Universität gehört. Man gelangt so auch zu einem Wohngebiet, das zum Teil in den 30er Jahren gebaut wurde. Ein riesiger Pelikan aus Bronze erinnert an das hier 1686 erbaute Spital der zugewanderten Hugenotten. Wie alle Untertanen des preußischen Königs mussten auch sie zur Zucht von Seidenraupen Maulbeerbäume pflanzen, die aber zum großen Teil den harten preußischen Wintern nicht gewachsen waren. Außer einem: der steht heute immer noch hier, wenn auch stark stützbedürftig.

Die **Reinhardtstraße** ist nach Max Reinhardt benannt, der in diesem Viertel mehrere Theater besaß. In der Reinhardtstraße 12–16 hat die **FDP ihre Parteizentrale** in einem schmucken Altbau eingerichtet.

Gleich in die nächste Straße linker Hand biegen wir ein. Sie nennt sich **„Am Zirkus"** und führt an einem Platz entlang zurück zur Spree. Hier errichtete man 1867 die erste Markthalle Berlins, die sich jedoch als völlig unwirtschaftlich erwies und schon sechs Jahre später zu einem Zirkus umgebaut wurde. Die Theaterfamilien Renz und Schumann nutzten sie, bis sie durch Max Reinhardt zum „Neuen Schauspielhaus" umgebaut wurden. Nach dem Zweiten Weltkrieg wurde das mittlerweile zum Revuetheater avancierte Haus in Friedrichstadtpalast umbenannt und der Name durch Auftritte internationaler Stars wie Ella Fitzgerald oder Louis Armstrong berühmt. 1980 musste das marode Gebäude abgerissen werden, dafür wurde in der Friedrichstraße der neue Friedrichstadtpalast gebaut (▶ Seite 214). In naher Zukunft soll hier ein neues, luxuriöses Wohn- und Geschäftshaus nach den Entwürfen von Philippe Starck entstehen.

Auf der anderen Seite des Platzes steht das **Theater am Schiffbauerdamm** ❹. Ende des 19. Jahrhunderts eröffnet, galt es als das luxuriöseste Theater Berlins. 1928 wurde hier die „Dreigroschenoper" von Bertolt Brecht und Kurt Weill uraufgeführt. Ein Omen sozusagen,

Tanzen in der Kalkscheune
Johannisstraße 2 (direkt hinter dem Friedrichstadtpalast)
Sa entweder „Die Schöne Party" oder „MaBaker Club"
(030) 59 00 43 40
www.schoeneparty.de
www.mabaker.de
Karten auch im Vorverkauf

Der Friedrichstadtpalast

BIOGRAFISCHES

Max Reinhardt. Der vielseitig begabte Schauspieler, Regisseur und Theaterleiter Max Reinhardt war auch ein erfolgreicher Unternehmer, zu dessen Theater-Imperium u. a. elf Theater in Berlin mit insgesamt über 10 000 Sitzplätzen gehörten. 1905 gründete er die Schauspielschule Berlin, organisierte 1920 die ersten Salzburger Festspiele und eröffnete 1925 das „Max-Reinhardt-Seminar" in Wien. Wegen seiner jüdischen Herkunft musste er Deutschland 1933 verlassen, seine Theater wurden „arisiert". Nach einem Zwischenstop in Österreich emigrierte Reinhardt in die USA, wo er 1943 starb.

Berliner Ensemble
im Theater am Schiffbauerdamm
Kartenbestellung:
(030) 28 40 81 55
www.berliner-ensemble.de
Man spielt Klassiker, zeitgenössische deutschsprachige Literatur und natürlich auch Brecht

Broker's Bierbörse am Schiffbauerdamm
Hier steigt und fällt der Bierpreis je nach Nachfrage

Ständige Vertretung (StäV)
Ecke Schiffbauerdamm/ Albrechtstraße
Bekanntes Promi-Lokal mit rheinischen Originalen, hier werden notleidende Exilanten aus dem Rheinland mit Kölsch und rheinischen Spezialitäten versorgt.

denn 1954 übergab der Kulturminister der DDR das Haus an das von Brecht und Helene Weigel gegründete Berliner Ensemble. Nach Brechts Tod führte die Weigel das Haus noch 15 Jahre als Intendantin und auch Regisseurin. Nach der Wende wurde es in eine GmbH umgewandelt, nach etlichen Wirren ist seit 1999 Claus Peymann Intendant und hat dem Haus wieder eine solide Basis verschafft.

Beobachtet wird das Theatertreiben vom Meister persönlich. Der sitzt seit 1988 auf einer Art symbolischer Drehbühne, in die sein Gedicht „Fragen eines lesenden Arbeiters" eingelassen ist. Die Skulptur von Fritz Cremer wurde zu Brechts 90. Geburtstag hier aufgestellt.

Wir gehen am **Schiffbauerdamm** entlang Richtung Eisenbahnbrücke. Ihren Namen verdankt die Straße dem Schiffsbaumeister Koepjohann, der hier im 18. Jahrhundert seine Werft hatte. Heute hat sich am Schiffbauerdamm eine lebhafte Restaurant- und Kneipenlandschaft etabliert. Alte Kneipen mussten weichen, und so ist auch der legendäre „Trichter" am Schiffbauerdamm 6 verschwunden, in dem etwa Heinrich George, Bertolt Brecht, Kurt Böwe und Grete Weiser ihr Bier tranken. Stattdessen gibt es heute gehobene Gastronomie im „Brechts".

Wir biegen in die schmale Albrechtstraße ein und dann nach links in die **Marienstraße**. Sie bietet ein recht einheitliches Bild: viele Häuser sind noch Originalbauten aus der Mitte des 19. Jahrhunderts. Die Häuser 19 bis 22 gehörten dem Papierhersteller Wolf Hagelberg, der hier die wichtigste deutsche Luxuspapierfabrik errichtete.

Am Straßenende hat sich in der Luisenstraße das Künstlerheim Luise eingerichtet. Jedes Gästezimmer wurde hier von einem Künstler als Gesamtkunstwerk gestaltet. Der Rittergutsbesitzer A. H. von Bülow (ein Vorfahr von Vicco von Bülow, bekannter als Loriot) bewohnte das Gebäude 1863–1877, deshalb trug es den Beinamen **Bülowsches Palais** ❺. Heutige prominente Nachbarschaft: die **Landesvertretung von Sachsen-Anhalt,** die sich in einem Gebäude aus der ersten Hälfte des 19. Jahrhunderts einquartiert hat. Das Haus beherbergte nach dem Krieg Ernst Buschs Künstlerklub Die Möwe, so benannt nach einem Theater in Moskau.

So sind wir nun am **Karlsplatz** angekommen, der heute das Zentrum der Lobbyisten ist. Etwa 700 Lobby-Organisationen gibt es mittlerweile in Berlin. So nah am Regierungsviertel möchte natürlich so manche Interessenvertretung der Industrie mit den Parlamentariern ein bisschen auf Tuchfühlung gehen, und so finden sich hier in fast jedem Haus entsprechende Organisationen (der Bundesvorstand der FDP ist praktischerweise auch in der Reinhardtstraße ansässig). Dominiert wird der Karlsplatz von dem Denkmal für Rudolf Virchow, dem berühmten Berliner Arzt und Gesundheitspolitiker.

Nach rechts geht es noch mal in die Reinhardtstraße bis zu einem grünen Platz. Hier stand früher die Kaserne des Füsilier-Bataillons des 2. Garde-Regiments zu Fuß. Davon ist nichts mehr zu sehen, lediglich das Eingangsportal zur Exerzierhalle auf der gegenüberliegenden Straßenseite ist noch erhalten. Der Entwurf dafür stammt von Schinkel.

Ein bemerkenswertes Bauwerk steht an der Ecke Reinhardtstraße/Albrechtstraße: der **Hochbunker** ❻ wurde 1943 vor allem zum Schutz des Reichsbahnpersonals des Bahnhofs Friedrichstraße gebaut. Nach dem Krieg sollte er gesprengt werden, aber das war unmöglich, ohne die letzten erhaltenen Gebäude im Umfeld ebenfalls zu zerstören. So wurde er zunächst als Lagerraum genutzt, nach der Wende fanden hier Fetisch- und Techno-Partys statt. Dann erwarb ein Kunstsammler den Bunker und ließ sich ein Penthouse (mit Pool!) aufs Dach bauen. Ein sicherer Ort, nicht nur zum Wohnen – außerdem endlich genügend Platz für die

Am Schiffbauerdamm

Sammlung Christian Boros
Kann am Wochenende besichtigt werden
10 Euro
Anmeldung nur über:
www.sammlung-boros.de

Deutsches Theater
Kartenbestellung:
(030) 28 44 12 25
www.deutschestheater.de
Breites Repertoire von klassischen deutschen Dramen über Schauspiele der Weltliteratur bis zur Gegenwart

umfangreiche **Kunstsammlung von Christian Boros**.

Der Glasbau auf dem Platz zwischen Reinhardt- und Schumannstraße beherbergt seit 2008 die Grünen-nahe **Heinrich-Böll-Stiftung** ❼. Bei der Architektur wurde Wert auf Nachhaltigkeit gelegt, leider nicht bei den Vorbereitungen: über 80 Bäume wurden für den zweigeschossigen Bau gefällt.

Wir überqueren den Platz, den zweigeschossigen Flachbau der Mensa Nord zur Linken, und erblicken – etwas zurückgesetzt von der Straße – die Gebäude des Deutschen Theaters und der Kammerspiele. Das **Deutsche Theater** ❽ ist aus dem Kasinogebäude der schon erwähnten Kaserne hervorgegangen. Eduard Titz baute es 1850 um, 1905 übernahm Max Reinhardt das Theater und ließ die Kammerspiele nebenan ausbauen. Erst 1961 wurde das Garderobenhaus auf der rechten Seite angefügt. Am Deutschen Theater wirkten einige der größten deutschen Regisseure und Schauspieler. Auf dem Theatervorplatz wurde mehreren ein Denkmal gesetzt, etwa Otto Brahm, Max Reinhardt, Wolfgang Langhoff und Heinz Hilpert.

Wir wenden uns nach links durch die Schumannstraße zurück zur Luisenstraße. Dabei kommen wir noch an einem besonders schönen Gebäude vorbei: das **Straßmann-Haus** in der Schumannstraße 18 war die Privatklinik für Frauenheilkunde und Geburtshilfe von Paul Straßmann, einem der berühmtesten Gynäkologen der Kaiserzeit. Nach der Machtergreifung der Nazis wurde ihm wegen seiner jüdischen Herkunft die Lehrbefugnis an der Charité entzogen, die Klinik geschlossen und das Gebäude „arisiert". Straßmann emigrierte in die Schweiz, wo er sich 1938 umbrachte. Er ist aber in Berlin-Wannsee begraben. Das Haus ist heute ein Bürohaus.

Vor uns erheben sich nun die ersten Gebäude der **Charité,** der ältesten und berühmtesten medizinischen Bildungseinrichtung in Deutschland.

In der **Luisenstraße** gibt es auf der rechten Seite zwischen diversen Neubauten noch einige historische Gebäude, zum Beispiel Nummer 53. Eine Gedenktafel über der Durchfahrt erinnert an Albert Lortzing, der hier 1851 starb.

Nur zwei Nummern weiter steht ein klassizistisches Palais mit Mittelbau und Seitenflügeln. Die **ehemalige Tierarzneischule der Humboldt-Universität** ❾ beherbergt heute die Humboldt Graduate School. Diese Anlage von 1840 gehört, neben den Bauten Schinkels, zu den bedeutendsten in Berlin erhaltenen Gebäuden des Klassizismus. Dahinter, zu erreichen durch den Durchlass links vom Gebäude, das 1790 errichtete Anatomischen Theater der Tierarzneischule. Der so genannte „Trichinentempel" wurde von Carl Gotthard Langhans erbaut, dem Architekt des Brandenburger Tores, und wird seit einigen Jahren restauriert. Die Fresken an den Wänden werden freigelegt und die Glasfenster mit Tierdarstellungen wiederhergestellt. Leider ist der von Lenné angelegte Park nicht mehr erhalten.

Zum Ensemble der ehemaligen Tierarzneischule gehört auch das Mietshaus nebenan: hier entdeckte Robert Koch 1882 den Tuberkelbazillus. Eine Gedenktafel erinnert daran.

Das große Gebäude Luisenstraße 58–59 wurde 1914/15 als Vereinshaus der Deutschen Gesellschaft für Chirurgie und der Berliner Medizinischen Gesellschaft von Hermann Dernburg errichtet. Das **Langenbeck-Virchow-Haus** ❿ war von 1950 bis zur Fertigstellung des Palastes der Republik 1976 Sitz der DDR-Volkskammer. Anschließend beherbergte es bis 1989 die Akademie der Künste der DDR. 2003 wurde es nach zehnjährigem Rechtsstreit an die Deutsche Gesellschaft für Chirurgie und die Berliner Medizinische Gesellschaft zurückgegeben.

Das Deutsche Theater und die Kammerspiele

CHARITÉ BERLIN

Als Pesthaus erbaut. Das erste Gebäude der Charité wurde zu Beginn des 18. Jahrhunderts errichtet. Damals kam die Pest auf Berlin zu und Friedrich I. gab den Befehl, vor den Stadttoren ein „Pesthaus" zu bauen. Die Pest blieb aus, das Haus wurde als Armenspital und Arbeitshaus genutzt. Friedrich Wilhelm I., der Soldatenkönig, wandelte es 1827 in ein Bürgerkrankenhaus um und gab ihm den Namen Charité. Schon 1713 war das „Theatrum anatomicum" eingerichtet und mit der Ausbildung von Militärärzten begonnen worden. Hier lehrten und forschten die berühmtesten Ärzte Deutschlands. Die Charité ist untrennbar verbunden mit Koryphäen wie Hufeland, Behring, Ehrlich, Koch, Virchow, Sauerbruch und vielen anderen. Um 1900 wurde das Gelände der Charité entsprechend der neuesten Erkenntnisse der Krankenpflege umgebaut. Aus dieser Zeit sind viele Gebäude erhalten, die bis heute den Campus prägen. Natürlich finden sich auch zahlreiche Denkmäler zur Erinnerung an die Ärzte, die hier wirkten. Gleich an der Ecke Luisenstraße etwa das für Albrecht von Graefe, der u. a. über 10 000 Augenoperationen zur Behandlung des Grünen Stars durchführte.

Das gewaltige **Hauptgebäude der Charité** ⑪ wurde in den 80er Jahren gebaut und dient hauptsächlich als Bettenhaus. Zum schnellen Transport von Laborproben u. ä. hat es eine hauseigene Rohrpost.

Über den vorgelagerten Parkplatz und dem dahinterliegenden Weg entlang des Anatomischen Instituts gelangen wir durch die Philippstraße zur Hannoverschen Straße. Direkt gegenüber der Philippstraße fällt ein gelber Klinkerbau ins Auge: das ehemalige **Königliche Leichenschauhaus** ⑫ wurde 1885 errichtet. Schon 1810 war für die Gerichtsmedizin ein Lehrstuhl an der Universität eingerichtet worden, an dem u. a. Fritz Strassmann wirkte. Von 1957 bis 1987 führte Otto Prokop das Institut und verschaffte ihm internationalen Ruhm. 2004 bezog die Gerichtsmedizin neue Räume in Berlin-Moabit, seitdem steht das Haus größtenteils leer.

Direkt neben dem ehemaligen Gebäude der Gerichtsmedizin sieht man schon die Mauer des Dorotheenstädtischen Friedhofs, an den sich das **Haus der Deutschen Bischofskonferenz** anschließt. Der Gebäudekomplex erstreckt sich unter dem Namen Katholische Höfe bis zur Chausseestraße.

Ein Stück weiter kommen wir an der ehemaligen Ständigen Vertretung der Bundesrepublik Deutschland in der DDR vorbei. Heute ist es der Berliner Dienstsitz des **Bundesministeriums für Bildung und Forschung** ⓑ. Die ehemalige Kaserne von 1913 wurde nach dem Krieg von Hans Scharoun für das Institut für Bauwesen der Akademie der Wissenschaften vollkommen umgestaltet. Nach der Unterzeichnung des Grundlagenvertrages 1972 richteten beide deutsche Staaten diplomatische Vertretungen im jeweils anderen Deutschland ein (weil die BRD die DDR nicht als souveränen Staat anerkannte, gab es keine Botschaften). In den 80er Jahren flüchteten sich mehrfach DDR-Bürger in das Gebäude, um ihre Ausreise erzwingen.

Wir wenden uns nach links in die **Chausseestraße.** Gleich hier an der Ecke, in der Nummer 131, bewohnte Wolf Biermann bis zu seiner Ausweisung eine geräumige Wohnung im 2. Stock, in der auch Aufnahmen für seine Platte „Chausseestraße 131" entstanden. Bemerkenswert ist das sehr schön renovierte Gründerzeit-Gebäude auf der anderen Straßenseite (Chausseestraße 5). Im Hinterhof befindet sich eine ehemalige Pianofabrik. Das Haus Chausseestraße 8 fällt durch seine Rost-Holz-Fassade auf, eine Reminiszenz an die Vergangenheit des Geländes als Lokomotivbauanstalt Borsig.

Grabstätte von Bertolt Brecht und Helene Weigel auf dem Dorotheenstädtischen Friedhof

**Sarah-Wiener Restaurant
Das Speisezimmer**
*In den Gebäuden der
ehemaligen Lokomotiv-
fabrik Borsig
(030) 8 14 52 94 30
www.sarahwieners.de
Ein Blick auf die Wandbilder im Häuser-Durchgang
lohnt, sie stammen aus
der Zeit, als hier der VEB
Tiefbau ansässig war!*

Bar Reingold
*Novalisstraße 11
(auch über den Durchgang
zwischen den Gebäuden
der ehemaligen Lokfabrik
erreichbar)
(030) 28 38 76 76
www.reingold.de
Die Bar ist seit über zehn
Jahren Anlaufpunkt für
Partygänger*

Bertolt-Brecht-Haus
*Di-Sa 10-16 Uhr,
So 11-18 Uhr
Besichtigung nur mit Füh-
rungen (max. 8 Personen)
alle 30 Min.
(So alle 60 Min.)
5 Euro / 2,50 Euro
(030) 2 00 57 18 44
Im „Kellerrestaurant" wird
(angeblich) nach Rezepten
von Helene Weigel gekocht
(tgl. ab 18 Uhr
(030) 2 82 38 43
www.brechtkeller.de)*

Kunstfabrik Schlot
*in den Edison-Höfen
(030) 448 21 60
www.kunstfabrik-schlot.de
Hier wird Jazz der unter-
schiedlichsten Stilrichtungen geboten, aber auch
junge Poeten bekommen
eine Chance.*

Am Haus Chausseestraße 13 imponiert vor allem die Sandsteinfassade im Stil der Neorenaissance. Zwei Erker umrahmen die Toreinfahrt, über der die lebensgroße Bronzefigur eines Schmiedes steht. Der Schriftzug „A. BORSIG" verweist auf den Ursprung: hier befand sich die **Borsigsche Maschinenbau-Anstalt**, die aber aus Platzmangel 1898 nach Tegel verlegt wurde. Das Gebäude wurde in den 90er Jahren restauriert und gehört heute dem Zahnärzteverband.

Auf der gegenüberliegenden Seite befindet sich der Eingang zum Dorotheenstädtischen Friedhof. Eigentlich sind es drei Friedhöfe mit einem gemeinsamen Eingangsportal: Neben dem Dorotheenstädtischen Friedhof der Friedrichswerdersche Friedhof und der Friedhof der Französisch-Reformierten Gemeinde, der durch eine Mauer abgetrennt ist. Im 19. Jahrhundert entwickelte sich der **Dorotheenstädtische Friedhof** ⑭ zu einem bevorzugten Begräbnisplatz für bedeutende Gelehrte, Künstler und Politiker. Die Gestaltung der Grabmäler wurde wesentlich durch Gottfried Schadow, Karl Friedrich Schinkel und Christian Daniel Rauch beeinflusst. Diese Meister, aber auch einige ihrer Schüler wie Tieck, Stüler und Strack, sowie zahlreiche ihrer Zeitgenossen aus dem Universitäts- und Wirtschaftsbereich fanden hier ihre letzte Ruhe, ebenso wie Lokomotivkönig August Borsig und sein Konkurrent Louis Schwartzkopf. Auch berühmte Schriftsteller und Künstler liegen hier: Bertolt Brecht und seine Frau, Heinrich Mann, Anna Seghers, Heiner Müller und Fritz Cremer. Auf Heiner Müllers Grab liegt häufig eine Zigarre, eine kleine Aufmerksamkeit seiner Fans.

Direkt neben dem Friedhof, im Haus Nummer 125, lebte **Bertolt Brecht** von 1953 bis zu seinem Tod 1956. Seine Wohnung zog sich im ersten Stock vom Seitenflügel bis ins Hinterhaus. Die großen Räume boten ausreichend Platz für Diskussionsrunden. Helene Weigel bewohnte das Stockwerk darüber. Nach Brechts Tod richtete sie in den oberen Räumen das Bertolt-Brecht-Archiv ein.

Ein Stück weiter entlang der Chausseestraße, in der Nummer 18, führt ein Weg zu den **Edison-Höfen** ⑮. Hier wurde das Stammhaus der Allgemeinen Electricitäts-Gesellschaft (AEG) von 1883 entkernt und zu noblen Wohnungen, Büros und Restaurants umgebaut. Der Gebäudekomplex reicht mit (geplanten) Neubauten bis in die Invalidenstraße.

Karl-Marx-Allee

Schnörkellose DDR-Moderne und prunkvolle Bauten im Zuckerbäckerstil machen den einstigen Prachtboulevard der DDR sehenswert.

Ⓢ Ⓤ *Alexanderplatz*

Das Haus des Lehrers (▶ Seite 23) markiert am Alexanderplatz den Eingang zur **Karl-Marx-Allee,** die in diesem vorderen Bereich eine enorme Breite aufweist. Hier fanden zu DDR-Zeiten die Mai-Demonstrationen statt: links und rechts der Straße wurden Tribünen errichtet, auf denen die DDR-Staatsführung und ihre Gäste Platz nahmen, und das gemeine Volk marschierte dann mehr oder weniger jubelnd an ihnen vorbei zum Alexanderplatz, wo zur Volksbelustigung Bratwurststände und Bühnen aufgestellt waren. Die Teilnahme an der Mai-Demonstration war Pflicht. Man marschierte sortiert nach Betrieben und die einzige Möglichkeit, sich zu verdrücken, war die Ausrede „Ich gehe bei meinem Partner/meiner Partnerin mit".

Dieser Teil der Allee ist von Bauten der DDR-Moderne geprägt: In der Nummer 33 das **Kino International** ❶. Es war zu DDR-Zeiten Premierenkino, die großen Filmplakate an der Fassade werden heute noch jede Woche von Hand gemalt. Direkt gegenüber liegt das futuristisch an-

Kino International
Karl-Marx-Allee 33
(030) 24 75 60 11
www.yorck.de
An jedem ersten Samstag im Monat ab 23 Uhr Klub International (www.klub-international.com)

Die Frankfurter Türme markieren den östlichen Eingang der Karl-Marx-Allee

mutende **Café Moskau.** Es war eines von sieben Nationalitätenrestaurants in Berlin und sollte seinen Gästen die landestypische Küche und Kultur der Bruderstaaten näherbringen. Nach dem Start des ersten Satelliten ins Weltall 1957 erhielt das Café Moskau eine Replik des „Sputnik", die noch heute auf dem Dach schwebt. Der einstige Ost-West-Treffpunkt hat sich in den letzten Jahren zu einem bekannten Club gewandelt.

Berühmt ist die Karl-Marx-Allee allerdings für den weiter östlich gelegenen Teil mit seinen „Zuckerbäckerbauten". Die neoklassizistischen Gebäude nach Moskauer Vorbild erstrecken sich über 2,3 Kilometer zwischen **Strausberger Platz** mit seinen Hochhäusern ❷ und Frankfurter Tor. Das „Haus Berlin" und das ehemalige „Haus des Kindes" wurden in den 50er Jahren errichtet. Sie symbolisieren auch das einstige Strausberger Tor, das im 17. Jahrhundert im Auftrag des Großen Kurfürsten als Teil der Stadtbefestigung hier errichtet worden war.

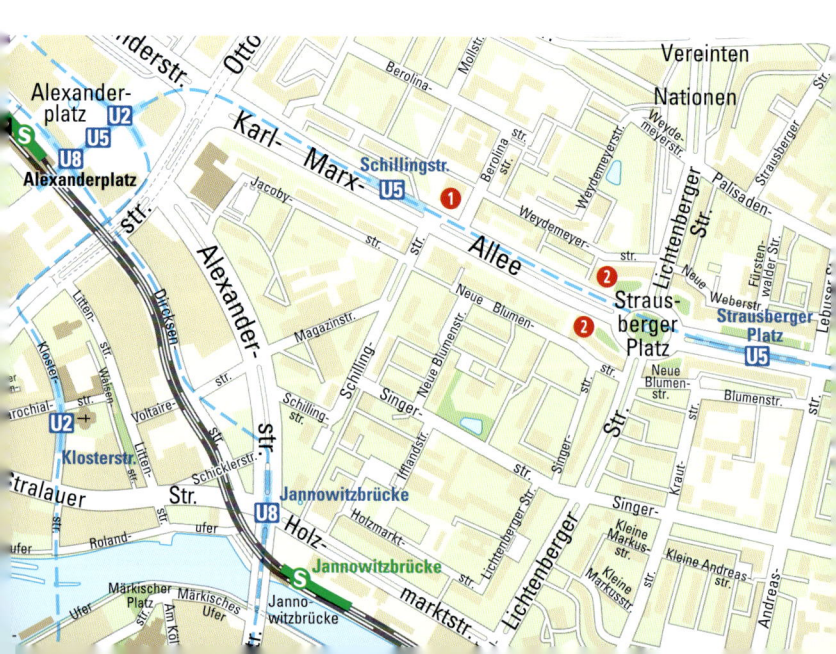

Die Wohnungen in der Karl-Marx-Allee waren als „Arbeiterpaläste" konzipiert: die säulengeschmückten Eingangshallen haben Marmorfußböden und an den Wänden farbenprächtige Mosaikarbeiten. Die Bauten entstanden zum Teil im Rahmen des „Nationalen Aufbauwerkes". Nach der regulären Arbeit kamen die Berliner und vor allem die Berlinerinnen hierher und halfen bei der Beseitigung der Trümmerwüste, die von den Vorkriegsbauten übrig war. Für jede gearbeitete Stunde gab es einen Stempel in ein Sammelheft. Wenn dieses Heft voll war, ging es in eine Tombola ein. Gewinnaussicht: ein Mietvertrag für eine Wohnung in der neuen, damals noch Stalinallee genannten Straße, mit dem damals modernsten Komfort – Parkettböden, Bad, Zentralheizung, Gemeinschaftswaschküche, gemeinsam nutzbarer Dachgarten. Für viele Ausgebombte besser als ein Sechser im Lotto! Einige dieser Erbauer wohnen übrigens immer noch in ihrem Tombola-Gewinn, obwohl die Häuser heute privaten Investoren gehören, die sie denkmalgerecht renoviert haben.

Am **Frankfurter Tor,** fast am östlichen Ende der Karl-Marx-Allee, liegt ein Höhepunkt der Prachtstraße: Die imposanten Kuppeln der beiden Turmhochhäuser ❸, die den Platz säumen, wurden vom Chefarchitekten der Karl-Marx-Allee, Hermann Henselmann, in Anlehnung an die Domkuppeln auf dem Gendarmenmarkt (▶ Seite 158) entworfen.

Auch als Ort des Volksaufstandes von 1953 wurde die Stalinallee bedeutsam: Hoher Zeitdruck, fehlendes Baumaterial und eine Erhöhung der Arbeitsnormen führten 1953 zum Generalstreik der Allee-Bauarbeiter. Der weitete sich zum Volksaufstand des 17. Juni aus (▶ Seite 150).

Café Sibylle
Karl-Marx-Allee 72
Mo–Sa 9–22, So 12–20 Uhr
(030) 29 35 22 03
Kaffeehaus mit Ausstellung über die Karl-Marx-Allee. Es gibt ein Stück von Stalins steinernem Schnurrbart zu bestaunen, ein Teil seines 1961 auf der Prachtstraße gestürzten Denkmals. Außerdem werden Allee-Führungen angeboten.

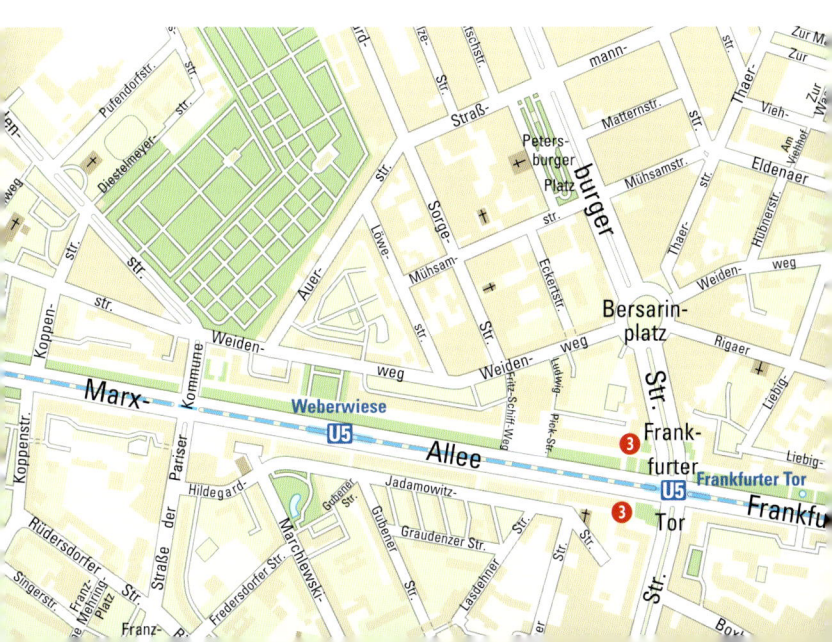

Klosterviertel

🆂 🆄 *Alexanderplatz*

Dass man nur einen Katzensprung vom Trubel des Alexanderplatz' ein historisches Kleinod entdecken kann, weiß selbst mancher Berliner nicht.

Bevor man die Großstadt hinter sich lassen kann, muss man dem Verkehr jedoch noch einmal trotzen: Zwischen den Gebäuden an der Rathausstraße hindurch gelangt man auf die vielbefahrene Grunerstraße, überquert sie vorsichtig und erreicht die Littenstraße. Auf der linken Seite befindet sich ein riesiges Gerichtsgebäude.

Als das **Landgericht** ❶ 1904 fertiggestellt wurde, war es nach dem Stadtschloss das größte Gebäude in Berlin. Das ist es heute nicht mehr, denn ein Teil des Landgerichts wurde zur Straßenverbreiterung abgerissen. Es ist aber immer noch beeindruckend, und sein Treppenhaus ist einfach nur schön: Wer Jugendstil liebt, muss unbedingt reingehen und es sich ansehen. Es diente übrigens als Vorbild für viele Gerichtsbauten der Kaiserzeit.

Auf der rechten Straßenseite ragt eine gotische Ruine in den Himmel: Das **ehemalige Franziskaner-Kloster** ❷ stammt in seinen Grundmauern aus dem 13. Jahrhundert. Nach der Einführung der Reformation in Berlin wurde es 1539 geschlossen. Im Jahre 1574 zog hier das neu gegründete Gymnasium zum Grauen Kloster ein, an dem so berühmte Schüler wie Johann Gottfried Schadow, Karl Friedrich Schinkel oder Otto von Bismarck ihr geistiges Rüstzeug erhielten. Die Gebäude wurden nach der Kriegszerstörung als Mahnmal gesichert. Zeitweilig fanden hier Sommerkonzerte statt.

Gleich neben der Klosterruine finden sich die letzten erhaltenen Reste der mittelalterlichen Stadtbefestigung aus dem 13. Jahrhundert. Ein Durchgang führt zur ältesten noch erhaltenen Gaststätte

Die Ruine des einstigen Franziskaner-Klosters

Berlins in der **Waisenstraße**. Das Lokal „Zur letzten Instanz" ist weit über die Stadtgrenzen hinaus bekannt, nicht zuletzt, weil hier so mancher Prominenter gern einkehrt. So lud der frühere Bundeskanzler Gerhardt Schröder den französischen Präsidenten Jacques Chirac hier zum Eisbeinessen ein. Der Name des Lokals verweist auf das unweit gelegene Gerichtsgebäude, angeblich haben hier früher die Anwälte und Richter die Urteile der Delinquenten verhandelt.

Die gegenüber der Gaststätte beginnende Parochialstraße führt zur Klosterstraße. An der rechten Ecke befindet sich das barocke **Podewilsche Palais** ❸. Es stammt vom Beginn des 18. Jahrhunderts, Architekt war Jean de Bodt, der auch das Palais Schwerin am Molkenmarkt (▸ Seite 229) errichtete und am Bau des Zeughauses Unter den Linden beteiligt war (▸ Seite 45). Das Palais wurde nach dem Wiederaufbau „Haus der Jungen Talente" und ist bis heute ein beliebter Veranstaltungsort.

Schräg gegenüber des Palais', in der ehemaligen Fernmeldestation in der Klosterstraße 44, residiert zur Zeit der WMF-Club, einer der berühmtesten Clubs Berlins der 90er Jahre.

Auf der linken Seite befindet sich ein weiterer Rest Alt-Berlin: Die wiederaufgebaute **Parochialkirche** ❹. Sie soll in den nächsten Jahren auch ihren Kirchturm und ihr

Restaurant
Zur letzten Instanz
Waisenstr. 14–16
Mo–Sa 12–1 Uhr
(030) 2 42 55 28
www.zurletzteninstanz.de
Das Restaurant ist nicht sehr groß, deshalb empfiehlt sich vor allem abends eine Reservierung.

Podewilsches Palais

Glockenspiel zurückerhalten. Die Parochialkirche war die erste Kirche, die 1695 extra für die reformierte Berliner Gemeinde erbaut wurde. Das Gotteshaus war im Zweiten Weltkrieg völlig zerstört worden, dennoch fanden im wiederhergestellten Teil des Gebäudes bis 1990 Gottesdienste statt. Heute kann man die Räumlichkeiten mieten.

Neben der Parochialkirche befindet sich ein ehemaliger Kaufhausbau. Die Brüder Georg und Berthold Tietz ließen sich dieses wunderschöne Jugendstilhaus zu Beginn des 20. Jahrhunderts errichten. Nach der so genannten „Arisierung" des Kaufhaus-Imperiums von Hermann Tietz wurde es Verwaltungsgebäude.

Am **U-Bahnhof Klosterstraße** (ebenfalls sehenswert, an den Wänden sind historische Fahrzeuge der Berliner Verkehrsbetriebe abgebildet!) vorbei kommt man nach der Überquerung der Stralauer Straße zum Rolandufer. Dort fällt rechter Hand der ungewöhnliche Bau der **Niederländischen Botschaft** ❺ ins Auge. Er wurde von Rem Koolhaas als Solitär errichtet, Stahl und Glas sind die bevorzugten Materialien. Besonders die schiefen Ebenen an dem umlaufenden Glasgang fallen dem Betrachter auf. Dass die Botschaft am Rolandufer direkt am Wasser gebaut wurde, ist kein Zufall: Die Holländer wollten nicht im Diplomatenviertel bauen, sondern als alte Seefahrernation nah am Wasser.

Am **Rolandufer** schlendern wir in Richtung Mühlendamm und können dabei noch einmal einen Blick auf die **Mühlendammschleuse** ❻ und den **Historischen Hafen** ❼ werfen (▸ Seite 174), diesmal von der anderen Uferseite. Eine Treppe führt zum Mühlendamm, der hier in eine große Kreuzung mündet. Hier lag einst der **Molkenmarkt,** auf dem die Produkte der an der Spree ansässigen Mühlen verkauft wurden. Aktuell ist im Gespräch, den Molkenmarkt wieder als Stadtplatz zu gestalten und dabei auch Teile des heute sehr breiten Mühlendamms und der Grunerstraße zu bebauen.

Dominiert wird der verkehrsreiche Platz vom monumentalen **Alten Stadthaus** ❽, das 1911 seiner Bestimmung übergeben wurde. Nach der Fertigstellung des Roten Rathauses stellte man nämlich fest, dass es zu klein geraten war – während seiner zwölfjährigen Bauzeit hatte sich die Bevölkerungszahl Berlins vervierfacht. Das Alte Stadthaus sollte daher als Erweiterungsbau dienen. Nach dem Krieg wurde es zum Tagungsort der Berliner Magistrats. Als 1948 die Berlin-Blockade begann, zogen die West-Berliner Abgeordneten aus Protest ins Rathaus Schöneberg um, die Ost-Berliner blieben, bis das Rote Rathaus 1955 wiederaufgebaut war. Danach wurde das Alte Stadthaus Sitz des Ministerrates der DDR. Geschichte schrieb das Gebäude 1990, als die letzte, erste frei gewählte Regierung der DDR unter Lothar de Maiziere hier den Einigungsvertrag zwischen DDR und BRD aushandelte. Danach wurde das Alte Stadthaus zunächst Außenstelle des Bundeskanzleramtes, 1993 ging es wieder in den Besitz Berlins über. Nach umfangreichen Sanierungsarbeiten strahlt es seit 1999 wieder in altem Glanz. Besonders schön ist der Bärensaal, in dem sich gern Hochzeitspaare fotografieren lassen, denn im Haus befindet sich eines der Standesämter von Berlin-Mitte. Die Fortuna steht seit 2001 wieder auf der Kuppel und schüttet ihr Füllhorn über Berlin aus.

Rechts des Alten Stadthauses sticht seit 1999 ein ungewöhnlicher Bau ins Auge: Das **Bürogebäude der Berliner Wasserwerke** mit seiner wellenförmigen Steinfassade. Es wurde von Christoph Langhof entworfen und verwendet neben Formen des Expressionismus und Kubismus Anleihen aus der Science-Fiction- und Fantasy-Architektur. Hofseitig bricht die faltige Fassade des Baus abrupt ab und kommt im Hinterhaus vergleichsweise traditionell daher.

Neben dem Langhof-Bau glänzt an der Südseite des Molkenmarkts das barocke **Palais Schwerin** in gelbem Anstrich. Es wurde ursprünglich 1699 von Jean de Bodt errichtet, der auch am Bau des Zeughauses Unter den Linden beteiligt war. 1937 versetzte man es einige Meter zurück und verband es mit der neu erbauten Münze zu seiner Rechten. Die **Berliner Münzanstalt** war bis 2005 am Molkenmarkt ansässig. Sie ist mittlerweile ausgezogen, aber der Fries über dem Erdgeschoss zeigt noch den Münzherstellungsprozess. Es ist eine Kopie des „Münzfrieses" von Friedrich Gilly und Gottfried Schadow (dem Schöpfer der Quadriga auf dem Brandenburger Tor), der sich an der alten Münze am Werderschen Markt befand.

Vom Molkenmarkt ist es nicht weit zurück zum Alexanderplatz. Wer den Spaziergang verlängern möchte, bummelt durch das Nikolaiviertel (▶ Seite 176).

Prenzlauer Berg

🆂 🆄 Schönhauser Allee

Der Stadtteil Prenzlauer Berg ist heute weit über die Grenzen Berlins hinaus ein Begriff. Er steht für Individualität und Freiheit.

Ehemaliges Arbeiterviertel
Prenzlauer Berg ist eines der vielen Arbeiterviertel Berlins, die Ende des 19. Jahrhunderts entstanden sind (▶ Seite 239).

Das war schon in der DDR der Fall: Die Häuser aus der Gründerzeit mit ihren Hinterhöfen boten zahlreiche, auch kleinere Wohnungen, die vor allem bei Studenten sehr beliebt waren. „Stube und Küche" waren für DDR-Verhältnisse geräumig.

Die Bevölkerungsstruktur hat sich seit der Wende verändert. Viele der alten Häuser sind mittlerweile saniert und mit modernem Inneren versehen. Die früheren Mieter waren oft nicht in der Lage, die neuen Mieten zu zahlen, und mussten wegziehen. Prenzlauer Berg, oder zumindest ein Teil davon, ist heute Synonym für nobles Wohnen. Es gibt aber auch noch das unangepasste, wilde Prenzlauer Berg. Und das romantische.

Wir beginnen unsere Tour am U-Bahnhof Schönhauser Allee. Die **Schönhauser Allee** ist die wichtigste Einkaufsstraße in Prenzlauer Berg, erst recht, seitdem das Einkaufszentrum AlleeArkaden in den 90er Jahren gebaut wurde. Die Vielfalt der Geschäfte entlang der Schönhauser ist heute nicht mehr so groß wie in der Vorwendezeit, aber es gibt noch immer mehr Abwechslung als in mancher gestylten Fußgängerzone. Spazieren kann man auf der Schönhauser Allee auch gut bei Regen, denn unter der Hochbahn bleibt man trocken. Deshalb nennt man dieses Bauwerk auch gern Magistratsschirm.

Nach links geht es zur Stargarder Straße, wo ein Kirchturm über die Nachbargebäude ragt. Das ist der Turm der **Gethsemanekirche** ❶, die 1893 geweiht wurde. Bekannt wurde sie als ein Zentrum der DDR-Friedensbewegung. Seit 1988 gab es hier regelmäßig Friedensgebete und Fürbittgottesdienste. Hier trafen sich auch DDR-

Die Gethsemanekirche an der Stargarder Straße war ein Zentrum der DDR-Opposition

Oppositionelle und Ausreisewillige.

Am 7. Oktober 1989, dem 40. Jahrestag der DDR, fand vor der Gethsemanekirche eine Demonstration statt, die von Polizei und Staatssicherheit aufgelöst wurde. Viele Demonstranten flüchteten in die Kirche. Wem das nicht gelang, der wurde verhaftet und zum Teil über Wochen inhaftiert. Vor der Gethsemanekirche wurden Mahnwachen abgehalten, und letztendlich waren es diese Ereignisse, die das Ende der DDR herbeiführten: Nur wenige Wochen später standen über 300 000 Menschen auf dem Alexanderplatz für Reformen ein, die Mauer fiel und die DDR-Regierung trat zurück.

In den 90er Jahren wurden einige Bildwerke auf dem Platz vor der Kirche aufgestellt, um an diese Ereignisse zu erinnern. Beeindruckend ist die große Bronzeplastik „Der Geistkämpfer" von Ernst Barlach, ein Abguss des 1928 für die Kieler Heilig-Geist-Kirche geschaffenen Werks.

Wir gehen nach rechts in die Greifenhagener Straße. Sie führt uns an dem gewaltigen Gebäude der heutigen **Thomas-Mann-Grundschule** vorbei. Ein Bronzerelief an der Wand erinnert noch an den Kommunisten Werner Prochnow, dessen Namen die Schule früher trug.

Auffällig sind die vielen Klinkerbauten in dieser Gegend. Sie wurden von einer der ersten Wohnungsbau-

Nomen et omen
Die Schönhauser Allee führte von der Akzisemauer (▶ Seite 79) an der heutigen Torstraße nach Schloss Schönhausen im heutigen Pankow, das Friedrich II. seiner Frau Elisabeth Christine schenkte. Die Allee wurde nach dem Schloss benannt, in dem die Gattin fortan „schön hausen" sollte.

Kiez-Leben am Helmholtzplatz

genossenschaften Deutschlands mit dem Ziel errichtet, „gesunden Wohnraum für kleine Leute" zu schaffen. Die Siedlung, die den Namen **Bremer Höhe** erhielt, verfügte über grüne Innenhöfe, und schon 1882 wurde eine eigene „Kleinkinderbewahranstalt" eingerichtet.

Die Greifenhagener Straße mündet in der Gneiststraße, die über die Pappelallee zur Raumerstraße und schießlich zum **Helmholtzplatz** führt. Der einstige „soziale Brennpunkt" hat sich dank Quartiersmanagement, vor allem aber dank Nachfrage derer, die am nahen Kollwitzplatz zu spät kamen, zu einem noblen Wohnviertel entwickelt. Besonders die sehr farbenfrohen Fassaden fallen auf. Wo sich noch vor einigen Jahren die Trinker der Gegend trafen, schieben heute späte Eltern ihre Kinderwagen, und Restaurantnamen wie „Frida Kahlo" weisen auf den intellektuellen Hintergrund vieler Betreiber hin.

Entstanden ist der Stadtplatz wie viele andere in Berlin: Hier befand sich eine Ziegelei, die das Baumaterial für die umliegenden Häuser und die Fabrikgebäude in der Umgebung lieferte. Als alles bebaut war, wurde die Ziegelei abgerissen und die Fläche begrünt.

Der Helmholtzplatz war Schauplatz des Films „Sommer vorm Balkon", der 2005 an der Ecke Raumerstraße/Dunckerstraße gedreht wurde. Hier biegen wir ein. Die Dunckerstraße führt rechts zu einer der großen Straßen, die charakteristisch für die Berliner Stadterweiterungen sind (▸ Seite 239). Wir überqueren die Danziger Straße und gelangen in die Husemannstraße.

Die **Husemannstraße** war eine der ersten, die in den 80er Jahren saniert wurde. Es gab ja damals in ganz Europa eine Rückbesinnung auf Tradition, und so sollte hier ein Vorbild für Altbausanierung in der DDR geschaffen werden. Die Hinterhäuser wurden teilweise entfernt, es entstanden grüne Innenhöfe. Die Stuckfassaden wurden wiederhergestellt, in den Ladengeschäften wurden u. a. seltene Handwerke angesiedelt, wie zum Beispiel Messerschleifer, Korbmacher, Kunsthandwerker. Heute ist die Straße immer noch Anziehungspunkt für Touristen, die sich „in die gute, alte Zeit" zurückversetzen möchten, auch wenn die Offerten der Geschäfte heute andere sind.

Die Husemannstraße führt uns zum **Kollwitzplatz,** der weit über die Grenzen Berlins hinaus bekannt ist. Die Künstlerin Käthe Kollwitz lebte hier mit ihrem Mann, dem Armenarzt Karl Kollwitz. Aus nächster Nähe lernte sie hier das Elend der Berliner Arbeiter kennen und hielt es in zahlreichen Zeichnungen fest. Der Tod ihres Sohnes im Ersten Weltkrieg machte sie zur Pazifistin. Ihr Wohnhaus (Kollwitzstraße 56a) existiert nicht mehr, es fiel 1943 einem Bombenangriff zum Opfer. Im Jahr 1947 wurden die Straße und der Platz nach ihr benannt, 1960 die Skulptur von Gustav Seitz auf dem Platz aufgestellt. Bekannt ist der Kollwitzplatz heute über die Grenzen des Bezirks hinaus für seinen Ökomarkt.

Der Kollwitzplatz ist heute ein Symbol für den Wandel, der nach dem Mauerfall in Prenzlauer Berg stattgefunden hat. Es gibt kaum noch jemanden, der hier schon vor der Wende gewohnt hat. Böse Zungen behaupten, das gesamte Gebiet wäre fest in schwäbischer Hand. Das stimmt natürlich nicht, es gibt auch Hamburger und Bayern hier. Das gesamte Gebiet wurde teuer saniert, das muss sich rechnen. Und so ist es einfach schick, hier zu wohnen. Oder wenigstens Zugehörigkeit zu demonstrieren, indem man zum Beispiel in den anliegenden Restaurants verkehrt.

Die Wörther Straße führt uns nach Überquerung der Kollwitzstraße zur Rykestraße, in die wir rechts einbiegen. Sofort fällt die Absperrung auf der rechten Seite auf. Hier befindet sich im Hinterhof der Nummer 53 die größte Synagoge von Berlin. Durch die Zuzüge vor allem aus Osteuropa reichte die Neue Synagoge in der Oranier Straße für die wachsende jüdische Gemeinde nicht mehr aus (▸ Seite 198). Die **Synagoge Rykestraße** ❷ wurde von Johann Hoeninger erbaut und 1904 geweiht. Ihre Lage im Hinterhof schützte sie in der Pogromnacht 1938: aus Angst, dass die umliegenden Wohnhäuser vom Feuer erfasst würden, verzichtete die SA auf ihre Zerstörung. 1940 richtete die Heeresstandortverwaltung im Gebäude einen Pferdestall ein. Nach dem Krieg war das Haus die einzige funktionsfähige Synagoge in Ost-Berlin. 2007 wurde das Gebäudes saniert und die Synagoge wieder geweiht. Sie ist heute sowohl Gotteshaus als auch Zentrum der jährlich stattfindenden Jüdischen Kulturtage.

Zeitgleich mit der Synagoge entstand im Vorderhaus der Nummer 53 die III. Volksschule des Jüdischen Schulvereins e. V. und die VI. Religionsschule der Jüdischen

Ökomarkt am Kollwitzplatz
Do 12–19
Sa 9–16 Uhr konventioneller Wochenmarkt, auf dem viele ausgefallene kulinarische Köstlichkeiten angeboten werden. Manchmal mit Livemusik, Promigucken inklusive.

Synagoge Rykestraße
Gottesdienste: Fr 18 Uhr, im Sommer 19 Uhr (Teilnahme erlaubt)
Besichtigung: Tgl. 14–18, So 13–17 Uhr, Führungen: 14 und 16 Uhr (So 13 und 15 Uhr)
3 Euro / 2 Euro (mit Führung 6 Euro / 4 Euro)
(030) 88 02 83 16
www.synagoge-rykestrasse.de
Sicherheitskontrolle am Eingang, Männer müssen eine Kopfbedeckung tragen, bei Frauen sind Hosen unerwünscht.

Der Wasserturm „Der dicke Hermann"

Gemeinde. Nach dem Zweiten Weltkrieg waren dort „Displaced Persons" untergebracht, aus Konzentrationslagern befreite Juden aus Osteuropa. Seit 1999 befindet sich im Vorderhaus das orthodoxe Lehrhaus der Ronald S. Lauder Stiftung, das jüdische Tradition vornehmlich an junge russischsprachige Juden vermittelt.

Ein Stückchen weiter die Rykestraße hinunter sieht man schon den **Wasserturm** ❸. Der „dicke Hermann" wurde 1877 in Betrieb genommen, um für die in der Umgebung entstehenden neuen Wohnquartiere den nötigen Wasserdruck zu erzeugen. Er ist der älteste Wasserturm Berlins und war bis 1952 in Betrieb. Von Beginn an gab es unterhalb des Speichers Wohnungen für das Personal. Diese Wohnungen sind bis heute begehrt (zur Geschichte der Berliner Wassertürme, ▸ Seite 253).

Der dicke Hermann war eine Erweiterung: Zuvor gab es nur den benachbarten schmalen „Steigerohrturm". Aus dem damals noch offenen Wasserbassin neben dem Steigerohrturm wurde das Wasser in den Turm gepumpt, um den Wasserdruck zu erzeugen. Da aber die Pumpen bei wachsender Bebauung des Umlandes nicht mehr ausreichten, wurde beim neuen Wasserturm ein Reservoir im Turm eingebaut. Die alten Wasserspeicher wurden gedeckelt und schon bald als Lagerräume, während des Krieges auch als Luftschutzbunker genutzt. Heute finden hier hin und wieder Kunstaktionen statt.

Im Maschinenhaus des Wasserturms richteten die Nazis 1933 ein Konzentrationslager ein, wo man nach Belieben politische Gegner und Juden folterte oder auch tötete. Das Gebäude diente danach als Vereinsheim der SA, bevor es 1935 gesprengt und das Gebiet begrünt wurde. Eine Gedenkwand an der Kolmarer Straße erinnert seit 1981 an dieses Geschehen.

Wir gehen entlang der Kolmarer Straße um den mit vielen Kneipen und Restaurants gesäumten Platz herum und kommen dabei am **Heimatmuseum Prenzlauer Berg** vorbei.

Durch die Straßburger Straße gelangen wir zur **Metzer Straße**. Sie ist ziemlich breit und auf beiden Seiten mit noblen Fassaden versehen. Die meisten Gebäude stammen von 1875, als diese Gegend bebaut wurde – etwas

Heimatmuseum Prenzlauer Berg
Im Museum und auch in der benachbarten Volkshochschule gibt es interessante Ausstellungen zur Geschichte dieses Wohngebietes (www.berlin.de/ba-pankow/museumsverbund).

Gaststätte Metzer Eck
Mo–Fr 16–1, Sa 18–1 Uhr (030) 4 42 76 56 www.metzer-eck.de Eines der bekanntesten Promi-Restaurants Ost-Berlins mit über 90-jähriger Geschichte. Wer deftige Berliner Küche liebt, ist hier genau richtig.

vornehmer, denn das Geld stammte zu großen Teilen aus Reparationszahlungen des Deutsch-Französischen Krieges, woran auch die Straßennamen erinnern. Bis dahin hieß dieser Höhenzug des Barnim nur Mühlenberg, weil hier zahlreiche Windmühlen standen.

Nach rechts geht es zum Senefelderplatz. Das „Café Achteck", ein Alt-Berliner Pissoir, ist heute ein beliebtes Fotomotiv. Der **Senefelderplatz** mit seiner dreieckigen Form entstand wie die umliegende Bebauung um 1880. Hermann Mächtig gestaltete die Parkanlage mit dem Denkmal für Alois Senefelder, dem Erfinder der Lithografie.

Auf der rechten Seite beginnt der so genannte **Judengang,** ein sieben Meter breiter grüner Weg zur Rückseite des Jüdischen Friedhofs und weiter bis zur Knaackstraße. Normalerweise ist der Weg verschlossen. Angeblich gab Friedrich Wilhelm III. den Befehl zum Bau, weil er auf dem Weg nach Schönhausen keinem Leichenzug begegnen wollte.

Der Senefelderplatz liegt direkt an der Schönhauser Allee. Auf der gegenüberliegenden Straßenseite fällt unser Blick links auf die **Gebäude des Pfefferbergs** ❹, einer ehemaligen Brauerei. Sie erhielt ihren Namen 1841 von ihrem Gründer, dem aus Bayern zugewanderten Braumeister Pfeffer. Auch diese Brauerei wurde – wie so viele andere – von Schultheiss übernommen und 1919 stillgelegt. Danach wechselte die Nutzung immer wieder; seit 1990 ist der Verein Pfefferwerk Stadtkultur e. V. hier tätig und entwickelte nach und nach ein Jugend-Zentrum für Kunst, Kultur und Kiez-Dienstleistungen.

Rechter Hand fällt an der Schönhauser Allee ein gelbes Gebäude ins Auge. Die **Zweite Jüdische Versorgungsanstalt** wurde 1883 im Auftrag von Moritz Manheimer als Altersheim für arme Juden erbaut. 1943 deportierte man ihre Bewohner nach Theresienstadt. Nach Kriegsende war in dem Haus eine Polizeiwache untergebracht, heute steht es leer.

Wir verlassen den Senefelder Platz, gehen zurück in die Metzer Straße und biegen gleich darauf links in die Kollwitzstraße. Sie verläuft an der Rückseite des **Jüdischen Friedhofs** ❺, der 1827 als Ersatz für den alten Friedhof in der Großen Hamburger Straße angelegt wurde. Hier sind u. a. der Maler Max Liebermann und der Komponist Giacomo Meyerbeer begraben, aber auch Berliner Mäzene wie der Kaufmann James Simon (dem Berlin etwa die Nofretete verdankt), der Begründer der

Biergarten Pfefferberg
Schönhauser Allee 176
Im Sommer tgl. ab 10 Uhr
(030) 40 05 60 48
www.tauro-berlin.de

Jüdischer Friedhof und Grabsteinsammlung (Lapidarium)
Schönhauser Allee 23
So–Do 8–17 (im Winter 8–16 Uhr), Fr bis 15 Uhr
(030) 4 41 98 24
Entlang der Hauptwege und auch an den Friedhofsmauern finden sich wunderschöne alte Grabsteine. Sehr romantisch! (Männer bitte Kopfbedeckung tragen!)

Kulturbrauerei
(030) 44 31 51 41
www.kulturbrauerei-berlin.de.
Im Theater RambaZamba agieren Menschen mit Behinderung als Schauspieler, in der Alten Kantine und im Kesselhaus finden wechselnde Veranstaltungen statt. Bekanntester Club ist der Frannz-Klub mit Restaurant, den es schon zu DDR-Zeiten gab.

Prater
Mo–Sa ab 18 Uhr,
So ab 12 Uhr
Biergarten:
Apr.–Sept. bei schönem Wetter tgl. ab 12 Uhr
(030) 4 48 56 88
www.pratergarten.de

Berliner Konfektion Moritz Manheimer (▶ Seite 164) und der Zeitungsverleger Leopold Ullstein.

Über die Knaackstraße gelangen wir in die Sredzkistraße. Hier lohnt ein Abstecher in die **Kulturbrauerei** ❻. Mitte des 19. Jahrhunderts gab es über 40 Brauereien in Berlin. So viel Einfluss musste auch in der Architektur verdeutlicht werden – große Teile der ehemaligen Schultheiss-Brauerei wurden von Franz Heinrich Schwechten erbaut, dem Architekten der Kaiser-Wilhelm-Gedächtniskirche. Schon 1974 wurde der gesamte Gebäudekomplex unter Denkmalschutz gestellt, einen regelmäßigen Kulturbetrieb gibt es allerdings erst seit den späten 90er Jahren.

Die Sredzkistraße mündet in die Schönhauser Allee. Wir überqueren sie, halten uns rechts und biegen in die Oderberger Straße ein. Das riesige Gebäude auf der linken Seite ist das **Stadtbad Oderberger Straße** ❼. Es wurde 1902 eröffnet und war Schwimmbad und bedeutsame Hygiene-Institution in einem. Die meisten der umliegenden Häuser hatten kein Bad, und so kamen die Bewohner noch bis nach dem Krieg zur „Grundreinigung" ins Wannenbad. 1997 musste das marode Bad geschlossen werden. Seitdem wartet der wunderschöne Jugendstil-Bau mit Figurenschmuck von Otto Lessing auf seine Sanierung. Zur Deckung der laufenden Kosten finden im Badebecken Theater- und Konzertabende statt.

Im westlichen Teil bietet die Oderberger Straße im Sommer viel Platz für Straßencafés und Selbstpräsentation.

Wir kommen nun zur **Kastanienallee,** die von Journalisten auch gern als Casting Allee bezeichnet wird, denn hier haben sich zahlreiche Casting Agenturen angesiedelt. Und so sieht man in den Cafés auch jede Menge hübscher dünner Mädchen, die alle hoffen, von einem „Talent Scout" angesprochen und als „Germany's next Topmodel" entdeckt zu werden.

Wir wenden uns in der Kastanienallee nach rechts und stoßen auf der linken Seite auf ein Überbleibsel aus der Zeit, als der Prenzlauer Berg noch Ausflugsgebiet für die Berliner war: Der **Prater** ❽ ist mit seinem Biergarten ein beliebter Platz vor allem im Sommer, und das schon seit über 150 Jahren. Etwa genau so lange ist der Prater aber auch Vergnügungs- und Versammlungsort, Ball- und Theatersaal. Er überstand den Krieg, allerdings brachte ihn die Wende von 1989 beinahe zu Fall. Nachdem der Prater der Volksbühne anvertraut wurde, kam endlich wieder richtiges Leben in die Bude: Es ist die zweite Spielstätte dieses Theaters, daneben gibt es aber auch viele andere Veranstaltungen, ein Restaurant bietet deutsche Küche – und Bier gibt es im Biergarten immer noch.

Im Eckhaus Schönhauser Allee/Kastanienallee wurde 1892 Geschichte gemacht: Max Skladanowsky filmte seinen Bruder Emil bei seiner Gymnastik. Das war die erste deutsche Filmaufnahme. Noch viele Jahre nutzten die Skladanowskys den Dachboden für filmische Zwecke.

Wir sind wieder an der Schönhauser Allee angekommen, diesmal an der Ecke Eberswalder Straße. Unter dem Magistratsschirm der U2 befindet sich die berühmteste Currywurstbude Ost-Berlins. **Konnopke** ist eine Institution (allein schon der Name lässt Berlin-Gefühl aufkommen!). In den 30er Jahren zog der Vater der heutigen Besitzerin, Max Konnopke, noch mit einem Bauchladen durch die umliegenden Straßen und verkaufte so seine Würste. Nach dem Krieg erwarb er einen Wagen, seit 1960 gibt es diesen Standplatz unter der darüber hinweg donnernden U-Bahn, zunächst nur eine Holzbude, seit den 80er Jahren in der jetzigen Form. Die Currywurst (ohne Darm) mit Soße nach geheimer Rezeptur ist nach wie vor der Renner, wie Gerhard Schröder vermutlich bestätigen kann, der hier als Bundeskanzler auch mal essen war.

Konnopkes Imbiss
Mo–Fr 6–20, Sa 12–19 Uhr, www.konnopke-imbiss.de Da Konnopkes Imbiss in diversen Reiseführern (es gibt sogar ein Monopoly-Spiel, in dem das Konnopke-Grundstück mit 1 Million bewertet wird!) genannt wird, ist es hier auch immer voll.

Biergarten im Hof der Kulturbrauerei

Kreuzberg SO 36

U Kottbusser Tor

SO 36 nennt sich der Kreuzberger Kiez zwischen Kottbusser- und Schlesischem Tor, Spree und Landwehrkanal. Bunt und quirlige präsentiert er sich: türkische Läden, Dönerbuden und Moscheen, daneben Bars, Kneipen und eine rege Partyszene.

Der Name SO 36 stammt von der geographischen Lage im Südosten Berlins und der einstigen Postleitzahl. 2001 wurde Kreuzberg, das bis 1920 Luisenstadt hieß, mit dem Bezirk Friedrichshain zusammengeschlossen.

Kreuzberg wird bis heute durch Bauten aus der zweiten Hälfte des 19. Jahrhunderts geprägt. In der Luisenstadt lebten zu der Zeit noch Bauern, vor allem französische Hugenotten und Siedler aus Böhmen. Das starke Bevölkerungswachstum Berlins führte damals zu einem steigenden Bedarf an Wohnraum, so dass ihre Felder ab 1862 mit Wohnungen bebaut wurden. In den Hinterhöfen der Mietshäuser entstanden Manufakturen, Gewerbebetriebe und Fabriken. Grundlage für diese Bebauung ganz Berlins war der Hobrecht-Plan.

Der nördliche Teil der Luisenstadt wurde im Zweiten Weltkrieg stark zerstört, der südliche Teil, das heutige SO 36, überstand den Zweiten Weltkrieg relativ unbeschadet. In der direkten Nachkriegszeit entwickelte sich

Kiez-Treffpunkt – das SO 36 in der Oranienstraße

HOBRECHT-PLAN

Breite, gerade Straßen, enge Hinterhöfe. Die Industrialisierung Ende des 19. Jahrhunderts ging in Berlin mit einem massiven Bevölkerungszuwachs einher. Die Stadt entwickelte sich zum größten Industriestandort Deutschlands und zog Arbeiter aus dem gesamten Kaiserreich an. Das noch weitgehend kleinstädtische Stadtbild Berlins war dem Menschenstrom nicht gewachsen: verstopfte Straßen, Luftverschmutzung, mangelnder Wohnraum und katastrophale hygienische Verhältnisse empfing die Arbeitssuchenden. Der preußische Stadtplaner James Hobrecht wurde 1862 mit der planmäßigen Stadterweiterung und später auch mit dem Bau einer zeitgemäßen Kanalisation und Abwasserentsorgung beauftragt. Seinem Fluchtlinienplan sind die schnurgeraden Straßen mit den parzellierten Wohnblöcken zu verdanken, allerdings auch die Hinterhöfe mit den zum Teil erbarmungswürdigen Wohnbedingungen, wie sie für Kreuzberg, aber auch für Prenzlauer Berg, Friedrichshain, Wedding, Moabit und Neukölln charakteristisch wurden. Sein „Bebauungsplan der Umgebungen Berlins" machte für die Innenhofbereiche der Blöcke keine Vorgaben, die generelle preußische Bauordnung sah nur einen Wendraum von 5,34 x 5,34 Metern für Feuerwehrautos vor. Aus Gründen der Platz- und Kostenmaximierung entstanden in der Folgezeit klaustrophobisch graue Hinterhöfe und Wohnungen, in die kaum Tageslicht, geschweige denn Sonne fiel.

hier eine blühende Wirtschaft. Da das amerikanisch besetzte SO 36 an drei Seiten an den sowjetischen Sektor grenzte, ließ sich von den Grenzgängern zwischen Ost und West gut leben: es gab zahlreiche Wechselstuben, Buch- und Zeitungsläden, aber auch Lebensmittel- und Bekleidungsgeschäfte. Der Schmuggel blühte ebenfalls und nicht zu vergessen die zahlreichen kleinen Frontkinos, die den Ostberlinern Sondertarife boten. Die Preispolitik wurden von den Amerikanern unterstützt, die sich des Einflusses von Musik und Filmen sehr wohl bewusst waren.

All das endete abrupt mit dem Mauerbau am 13. August 1961. Von einem zum anderen Tag fiel die gesamte Kundschaft weg und an vielen Stellen stand nun die Mauer direkt vor der Haustür. Wer irgend konnte, zog weg, und das Gebiet verödete. Die Mieten fielen, erste Häuser standen leer. Gleichzeitig aber waren Wohnungen in West-Berlin Mangelware, eine Folge der Kriegszerstörungen wie auch der Insellage. So war es nur eine

Spaziergänge

Wie die Hochbahn zur U-Bahn wurde
Die U-Bahnlinie zwischen Gleisdreieck und Warschauer Straße wurde als Hochbahn geplant und 1901 erbaut. Sie sollte Berlin mit dem damals selbstständigen Charlottenburg verbinden. Dort wollte man aber keine Bahn direkt neben den Wohnhäusern und bestand darauf, die Gleise unterirdisch zu verlegen. Deshalb geht die U1 ab der ehemaligen Grenze Charlottenburgs (hinter dem U-Bahnhof Nollendorfplatz) in die Tiefe – und Berlin bekam seine erste U-Bahn.

Türkisches Restaurant Hasir
*Adalbertstr. 10
(Ecke Oranienstraße)
(030) 6 14 23 73
www.hasir.de
Mit einer Dönerbude hat das Hasir nicht viel gemein, auch wenn der Döner hier um die Ecke erfunden wurde. Im Gegenteil, die Besitzer präsentieren die Vielfalt der türkischen Küche, und das sehr erfolgreich. Mittlerweile gibt es sechs Filialen. Reservierung empfohlen.*

Möbel-Olfe
*(Eingang im Durchgang des NKZ)
Di–So ab 18 Uhr
(030) 23 27 46 90
www.moebel-olfe.de
Kneipe in einem ehemaligen Möbelladen, Treffpunkt besonders der schwulen Szene*

Frage der Zeit, bis sich vor allem aus Westdeutschland zuziehende junge Menschen für diese Gegend interessierten. Für sie war das Leben nahe der Berliner Mauer auch eine Art Abenteuer, ein Gefühl von Freiheit. Man durfte hier vieles, was man zu Hause – in Schwaben, Bayern, Schleswig-Holstein – nicht durfte, denn West-Berlin war die freieste Stadt der freien Welt! Und so entwickelte sich Kreuzberg in dieser Zeit zu einem Zentrum der Alternativbewegung und der Hausbesetzerszene, für die es bis heute bekannt ist.

Ab Ende der 60er Jahre kamen dann zahlreiche ausländische Arbeiter (damals noch „Gastarbeiter" genannt) nach West-Berlin. Sie wurden gebraucht, denn nach dem Mauerbau fehlten die ostdeutschen Arbeitskräfte an allen Ecken. Diese türkischen Arbeiter siedelte man nun gezielt in den Westberliner Wohngebieten aus der Gründerzeit an, so auch in Kreuzberg. Man ging davon aus, dass sie nach ein paar Jahren wieder nach Hause zurückkehren würden, deshalb wurden keine Integrations-Bemühungen unternommen. Doch die Türken blieben hier. Zunächst gab es kleine Lebensmittelläden, in denen Produkte aus der Heimat verkauft wurden, später holten die Männer ihre Familien nach. Mittlerweile wohnt schon die dritte Generation in Kreuzberg. Heute gibt es hier alles, was man braucht, auch auf Türkisch: Supermärkte, Ärzte, Rechtsanwälte, Fahrschulen, Banken, Restaurants, Teestuben und natürlich Vereine und Moscheen. Manch einer nennt deshalb die Gegend rund um den Kotti auch Klein-Istanbul.

Wir starten am **Kottbusser Tor,** Kreuzungspunkt der U-Bahn-Linien U1 und U8. Wer mit der Hochbahn (U1) kommt, ist entlang der ehemaligen Berliner Akzisemauer (▸ Seite 239) gefahren. Heute erinnern nur noch die Namen der U-Bahn-Stationen Kottbusser Tor, Hallesches Tor und Schlesisches Tor an die einstige Stadtmauer.

Der riesige Betonkomplex am Kottbusser Tor – die Berliner sagen Kotti – ist das Ergebnis der ersten Sanierungsphase Kreuzbergs Anfang der 70er Jahre. Heute unvorstellbar, aber damals ging es dem Berliner Senat vor allem darum, die Gründerzeitbebauung so schnell und unkompliziert wie möglich zu entfernen. Der Abriss erfolgte großflächig und das **Neue Kreuzberger Zentrum** entstand, kurz (und treffend!) NKZ genannt. Schon bald nach der Fertigstellung 1977 meldete der Bauherr jedoch Konkurs an, West-Berlin hatte mal wieder einen handfesten Bauskandal und die Berliner Bau- und Sozialpolitik bis heute ein ungelöstes Problem.

In dem riesigen halbrunden NKZ-Bau wohnen über 1000 Menschen in relativer Anonymität, die Passagen zwischen und rund um das Gebäude sind unübersichtlich. Der Bau wirkt unaufgeräumt und zusammengewürfelt, die Atmosphäre leicht erdrückend. Drogenhandel und -konsum fallen hier nicht schwer.

Im ersten Stock des Zentrums sind Arztpraxen, Büros der türkischen Gemeinde und eine Moschee untergebracht. Die Mevlana-Moschee ist die größte des Bezirks und gehört zur Islamischen Organisation, einer konservativ bis fundamentalistisch ausgerichteten Vereinigung.

Direkt hinter dem Brückenbau des NKZ, in der Adalbertstraße 95a, befindet sich auf der rechten Seite das **Kreuzberg-Museum** ❶. Außer verschiedenen Ausstellungen zu den Themen Stadterneuerung und Einwanderung gibt es auch eine historische Druckerei zu besichtigen, denn der nördliche Teil Kreuzbergs war bis zum Zweiten Weltkrieg Berlins Zeitungsviertel.

Wir wenden uns jedoch durch den schmalen Durchgang zur **Dresdner Straße,** erreichbar über die Passage auf der Nordseite des NKZ. Die Dresdner Straße ist seit dem Bau des NKZ eine Sackgasse – bis 1989 so-

Kreuzberg-Museum
Mi–So 12–18 Uhr
(030) 50 58 52 33
www.kreuzbergmuseum.de

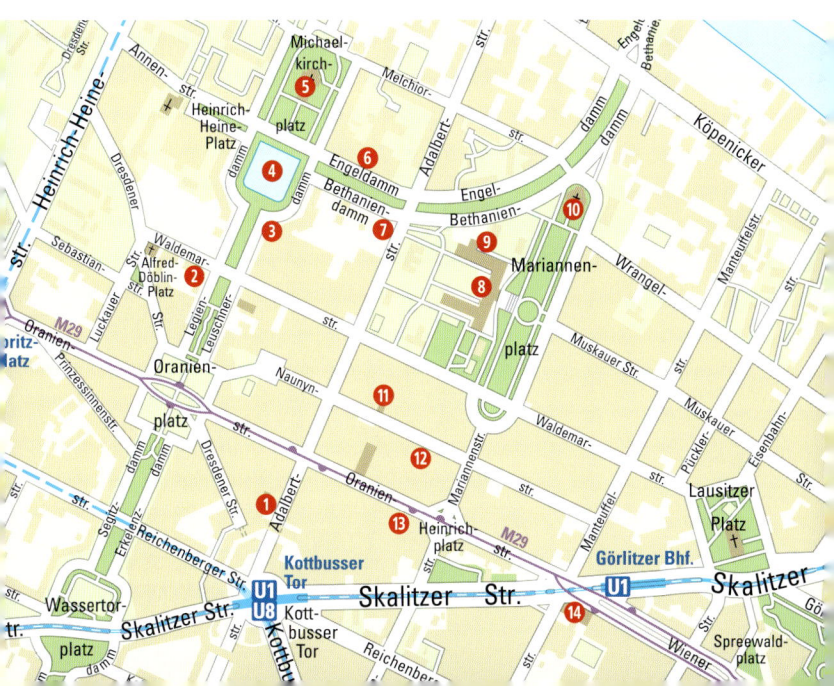

Cocktailbar Würgeengel
Dresdner Straße 122
Tgl. ab 19 Uhr
(030) 6 15 55 60
www.wuergeengel.de

Kino Babylon
Dresdner Straße 126
(030) 61 60 96 93
Kleines Off-Kino, das
fast ausschließlich Filme
in Originalfassung zeigt,
Wohnzimmeratmosphäre
und familienfreundliche
Preise

Der Oranienplatz um 1900

Kuchen Kaiser
Oranienplatz 11–13
Tgl. ab 9 Uhr
(030) 61 40 26 97
kuchenkaiser.blogspot.com
Café-, Restaurant- und
Barbetrieb am historischen
Ort

gar in beiden Richtungen, denn die Berliner Mauer versperrte den Weg auf der anderen Seite. Gleich hinter dem NKZ wird es ruhiger; hier stehen vierstöckige Gründerzeithäuser, seit der Internationalen Bauausstellung 1987 alle sehr schön saniert und mit modernem Komfort ausgestattet. Links das Parkhaus des NKZ: Es erwies sich gleich nach seiner Fertigstellung als überflüssig und wurde zu einer Kita umfunktioniert, der Dachgarten bietet den Kleinen einen sauberen Spielplatz.

Dass diese Altbauten die Abrisswut Westberliner Behörden überlebten, verdanken sie ihren Bewohnern bzw. Besetzern. Leerstehende Häuser wurden in Kreuzberg in den 70er und 80er Jahren vermehrt besetzt, in der Dresdner Straße gründete sich in den 70er Jahren die erste Bürgerinitiative gegen die Abrissmentalität . Stattdessen plädierte man für eine behutsame Sanierung.

Das kleine Fachwerkhäuschen im Hinterhof des Hauses Nummer 11 ist heute ein Geräteschuppen. Früher bot es vier Toilettensitze, denn 1875 hatte nur etwa die Hälfte aller Wohnungen in dieser Gegend eine Wasserleitung und nur 10 Prozent ein WC.

Die Dresdner Straße ist Teil des Kneipenviertels von SO 36. Ganz hier in der Nähe ist das Kreuzberg-Lied der Gebrüder Blattschuss entstanden, etliche berühmt-berüchtigte Eckkneipen und Bars haben auch den Mauerfall überlebt. Heute ist SO 36 vor allem für seine „schrägen" Bars und Kneipen bekannt.

Viele von ihnen finden sich in der **Oranienstraße** und am **Oranienplatz.** Das war vor dem Krieg der Kudamm des Ostens, eine noble Einkaufsstraße. Einige Gebäude erinnern noch daran: das Eckhaus Oranienstraße 40/41 beherbergte einst ein edles Bekleidungshaus, eine der ersten deutschen Filialen von C&A. In der Nummer 34 waren „Hermann Leisers Schuhwaren" zu finden, auf der anderen Seite, in der Nummer 53/54, wurde 1894 das erste Wertheim-Kaufhaus Berlins eröffnet. Am Oranienplatz 2 baute Max Taut das erste Warenhaus für die Konsum-Genossenschaft. In der Oranienstraße selbst fuhr eine Straßenbahn. Wer sich von einer anstrengenden Einkaufstour erholen wollte, ließ sich zum Beispiel bei Kuchen-Kaiser nieder. Als eine der größten Kuchenbäckereien Berlins belieferte sie auch das Außenministerium der Weimarer Republik. Seit 1998 kann man hier wieder schlemmen.

Über den Oranienplatz verlief bis 1926 der **Luisenstädtische Kanal,** ein damals wichtiger Transportweg, der den Landwehrkanal mit der Spree verband. Das steinerne Schiff auf dem Platz erinnert daran. Heute zieht sich hier ein Grünstreifen bis zum Engelbecken. Folgt man ihm nach Norden, entdeckt man nach wenigen Metern links im Gebüsch die **Bronzebüste** des Gewerkschaftsführers Carl Legien (1861–1920). Beiderseits der Promenade gibt es noch mehr Interessantes zu entdecken: Auf der linken Seite das Restaurant „Die kleine Markthalle", der letzte Rest der 1888 erbauten **Markthalle VII** ❷. Auf der rechten Seite an der Ecke Leuschnerdamm wurde eine einstige Kirche zum **Cem-Haus** umgestaltet. Hier trifft sich die alevitische Gemeinde von Kreuzberg, eine Religionsgemeinschaft mit Wurzeln im Islam. Das tanzende Paar an der Fassade steht symbolisch für alevitische Lebensfreude.

Auf der linken Seite erstreckt sich entlang der Waldemarstraße noch eine Brache, allerdings schreitet die Bebauung schnell voran. Hier verlief bis zur Heinrich-Heine-Straße der so genannte **Kolonnenweg** auf dem Mauerstreifen. Auf dem Gelände des ehemaligen Grenzübergangs befindet sich heute ein Billig-Discounter. Die Mauer schnitt den Mittelstreifen einfach da ab, wo heute wieder die Waldemarbrücke über den ehemaligen Kanal führt.

Am Leuschnerdamm 25 befindet sich das Altberliner Wirtshaus Die Henne. Wer hier zu Mauerzeiten aus dem Fenster guckte, hielt seinen Kopf schon in den Osten. Die Sektorengrenze verlief direkt entlang der Fassade. Beim Mauerbau blieb nur ein Notweg, der Biergarten wurde eingemauert. Einige Meter weiter fällt das große Vorderhaus der Anfang des 20. Jahrhunderts errichteten **Engelbecken-Höfe** ❸ ins Auge. Eine hier ansässige Kartonagen-Fabrik hat die Mauerzeit nur überstanden, weil ein Durchbruch zur Adalbertstraße geschaffen wurde. Die Anlieferwege zu den Engelbecken-Höfen waren nämlich versperrt, man konnte nur zu Fuß an der Mauer entlang. Der Lieferverkehr musste also von hinten, durch die Kalte Küche, kommen. Übrigens auch die Briefträger, Gerichtsvollzieher und Polizisten. Als Westberliner Beamte durften sie die Notwege nicht betreten, weil die ja Ostberliner Territorium waren.

Die Henne
*Leuschnerdamm 25
Di–Sa ab 19, So ab 17 Uhr
(030) 6 14 77 30)
www.henne-berlin.de
Reservierung empfohlen.
Hier gibt es das unbestritten beste Milchmasthähnchen der Stadt, dazu anhand zahlreicher Fotos eine Lektion in Berliner Mauer-Geschichte.*

Café am Engelbecken
Tgl. 10–24 Uhr
(030) 28 37 68 16
www.cafe-am-engelbecken.de
Fernöstliche Küche, Sonnenterrasse mit Blick auf die Fontänen

Eine Informationstafel an der Straße erinnert an diese Zeit und zeigt historische Fotos. Auf dem Leuschnerdamm fallen außerdem Asphaltinseln im Pflaster auf. Dort waren zu Mauerzeiten Panzersperren, so genannte Spanische Reiter oder Tschechenigel, eingelassen.

Das nun vor uns liegende **Engelbecken** ❹, nach Kriegsende mit Trümmern zugeschüttet, war ebenfalls Teil des Todesstreifens. In den 90er Jahren wurde es ausgegraben und weitgehend nach Originalplänen wiedererrichtet, so dass sich die **St.-Michael-Kirche** ❺ – kriegsbedingt nur noch eine Ruine – heute wieder im Engelbecken spiegelt und eine Art preußisches Taj Mahal bildet. Um die Wasserfläche herum wurde ein wunderbarer Rosengarten angelegt und auch der Indische Brunnen rekonstruiert, der hier vor dem Krieg stand.

Der Kanal verlief am Engelbecken nach rechts und wir folgen ihm auf den Engeldamm. Das graue Eckhaus an der Straße Michaelkirchplatz wurde für die Gewerkschaft der Transportarbeiter von Bruno und Max Taut errichtet. Hier wirkten auch Bruno Leuschner und Carl von Legien, nach denen die Straßen entlang des Kanals benannt sind. Überhaupt kann man die Gegend als ehemaliges Gewerkschaftsviertel bezeichnen. Der sanierte Klinkerbau ein Stück weiter ist das **Gewerkschaftshaus am Engeldamm** ❻. Es diente bis 1933 92 Berliner Einzel-

Der ehemalige Kanal am Engeldamm lag im Mauerstreifen

gewerkschaften als Tagungs- und Verwaltungshaus. Außerdem gab es hier Gästezimmer, ein Obdachlosenasyl, eine Suppenküche, öffentliche Bäder und den zentralen Arbeitsnachweis. Nach dem Krieg wurde das Gebäude zum Krankenhaus, seit den 90er Jahren sind darin Eigentumswohnungen.

Auf der heutigen Grünanlage zwischen Bethanien- und Engeldamm verlief zu Mauerzeiten die Grenze: rechts, am **Bethaniendamm**, begann West-Berlin, links, am **Engeldamm**, befand sich die so genannte Hinterlandmauer zu Ost-Berlin.

Krankenhaus Bethanien – heute Kulturzentrum

Auf der rechten Seite geht es noch immer recht ruhig zu, der nach dem Mauerfall allgemein befürchtete „Run" auf Kreuzberger Bauflächen hat nicht stattgefunden. Und so hat ein türkischer Züchter hier noch immer seine Taubenschläge. An der Ecke Adalbertstraße befindet sich weiterhin Berlins ältester **Kinderbauernhof** ❼, entstanden 1981 als Nachbarschaftsinitiative – denn viele Kinder in West-Berlin hatten ja niemals die Möglichkeit, Ferien auf dem Bauernhof zu machen.

Der große Backsteinbau hinter den Bäumen an der Adalbertstraße gehörte früher zum benachbarten **Krankenhaus Bethanien** ❽. Die oberen Etagen dieses Lehrkrankenhauses dienten lungenkranken, einkommensschwachen Berlinern als Luftkurort, sozusagen als „Berliner Schweiz". Durch den Kanal gab es hier nämlich immer einen frischen Luftzug. Heute werden Teile des Gebäudes vom Jugendamt Kreuzberg genutzt.

Das nächste Gebäude auf dem Engeldamm ist das ehemalige Schwesternheim des Krankenhauses Bethanien und trägt heute den Namen von Georg von Rauch. Das Bethanien war eines der ersten besetzten Häuser in Berlin. Seit über 35 Jahren leben hier Menschen „in Selbstverwaltung". Das **Rauch-Haus** ❾ bietet heute gemeinsam mit der benachbarten St-Thomas-Kirche Asyl für zahlreiche Wagenburgler, die von ihren früheren Standorten weichen mussten. Wagenburgen gehörten in West-Berlin gerade im Schatten der Mauer zum Alltag, selbst am Potsdamer Platz gab es eine. Aber immer mehr Flächen werden bebaut, so dass es im Berliner Zentrum langsam eng wird für alternative Lebensstile.

Das beeindruckende Hauptgebäude des Bethanien-

Krankenhauses befindet sich am **Mariannenplatz**. Es wurde 1847 auf Veranlassung von Friedrich Wilhelm IV. nach Plänen der Schinkel-Schüler Ludwig Persius und August Stüler als Diakonissen-Krankenhaus gebaut, damals noch vor den Toren der Stadt. Der berühmteste Apotheker des Krankenhauses war Theodor Fontane, der hier 1848 seine Arbeit aufnahm. Seine Arbeitsstätte kann noch heute besichtigt werden.

Mit der Stilllegung des Krankenhauses 1970 begann ein vehementer Kampf um Bethanien, der geplante Abriss konnte jedoch durch Besetzung, Bürgerinitiativen und Denkmalschützer verhindert werden. Seit 1974 arbeiten im Hauptgebäude vorwiegend kulturelle und künstlerische Institutionen, etwa der „Kunstraum Kreuzberg/Bethanien", die Druckwerkstatt des „Kulturwerks des Berufsverbandes Bildender Künstler (BBK) Berlin", die Künstlerhaus Bethanien GmbH und die Musikschule Friedrichshain-Kreuzberg.

Sehenswert ist im Inneren des Bethanien die Eingangshalle mit Figurenschmuck zum Thema Krankenpflege – und natürlich die Fontane-Apotheke im Erdgeschoss (rechter Flügel). In den Nebengebäude des Bethanien sind heute eine Vielzahl sozialer Projekten zu Hause.

Die legendäre „Rote Harfe" am Heinrichplatz

OSMAN KALINS GARTEN

Idyll im Grenzgebiet. Auf dem dreieckigen Platz vor der St.-Thomas-Kirche befindet sich ein Garten mit einem bemerkenswerten Bauwerk aus Abbruchfenstern, -türen, Baupaletten usw. Osman Kalin hat sich hier eine grüne Oase geschaffen, die Geschichte dazu ist einmalig: Kalin wohnt nebenan und begann 1983, den Platz urbar zu machen, der bis dahin nur als Müllhalde diente. Er wusste jedoch nicht, dass er dabei den amerikanischen Sektor verließ und auf Ostberliner Gebiet ackerte. (Beim Umbau der Mauer in den 70er Jahren ging man ökonomisch vor und begradigte die Grenze an dieser Stelle, so dass dieses Dreieck nun vor der Mauer lag.) So wurde er von den DDR-Grenzern aufgefordert, den Platz zu räumen, aber manchmal versteht man als Türke einfach nicht, was jemand will ... Irgendwann kam man aber doch ins Gespräch und Kalin erzählte, dass er arbeitslos sei und von irgendetwas leben müsse. Das passte natürlich genau ins Weltbild der Grenzer und so reichten sie ihm regelmäßig zu Weihnachten ein Päckchen über die Mauer. Nach dem Mauerfall versicherte der nun zuständige Kreuzberger Bürgermeister, Kalin dürfe dieses Grundstück auf Lebenszeit nutzen.

Am Mariannenplatz liegt auch die **St.-Thomas-Kirche** ❿. Sie war bei ihrer Errichtung 1869 die größte evangelische Kirche in Berlin, Architekt des spätklassizistischen Baus war Friedrich Adler, ein Schüler von August Stüler.

Der Mariannenplatz und die umliegende Parkanlage wurden von Peter Joseph Lenné geschaffen. Heute finden hier Straßenfeste und andere Kulturveranstaltungen statt, so etwa das jährliche Familienfest zum 1. Mai, das allerdings in den letzten Jahren mehrmals Opfer von Ausschreitungen zwischen Autonomen und Polizei wurde. Ansonsten ist der Platz ein Treffpunkt für Menschen jeglichen Alters und Nationalität.

Wir folgen dem Straßenverlauf und biegen von der Mariannenstraße nach rechts in die Naunynstraße ein. Das **Ballhaus Naunynstraße** ⓫ befindet sich im Hinterhof der Nummer 27. Ende des 19. Jahrhunderts kam man zum „Schwofen" hierher, seit 1983 dient es als Spielstätte des Kunstamtes Kreuzberg. Die Lichtkuppel, die Galerien und die historische Guckkastenbühne sind noch erhalten.

Auf der gegenüberliegenden Seite unterhielt die städtische Blindenschule in der Nummer 63 ab 1907 ein eige-

Türkisches Bad Hamam
*Mariannenstr. 6
3 Std.-Ticket 14 Euro,
Tagesticket 27 Euro
Mo 15–23 Uhr,
Di–So 12–23 Uhr,
Do Kindertag
(030) 6 15 14 64
www.hamamberlin.de
Kommunikation, Körperpflege und Entspannung für Frauen in traditionellem Hamam-Ambiente, mit finnischer Sauna*

Ballhaus Naunynstraße
*(030) 75 45 37 25
www.ballhaus
naunynstrasse.de
Theater, das hauptsächlich eigene Produktionen von Künstlern mit Migrationshintergrund zeigt.*

Die Hochbahn am Görlitzer Bahnhof

nes Unterrichtsgebäude. Heute ist die **Naunynritze** ein Jugend- und Kommunikationszentrum.

Nebenan, in der Naunynstraße 72, befindet sich die **Schokofabrik** ⓬. 1981 besetzte eine Gruppe Frauen die ehemalige Schokoladenfabrik, kurz darauf wurde das Frauenstadtteilzentrum e. V. gegründet. Auf 1000 m² und sechs Etagen entstanden ein Wohnbereich für Frauen, zwei Kindertagesstätten, eine Kunsthandwerk- und Sportetage sowie weitere Bildungs- und Freizeiteinrichtungen. Die bekannteste Institution der Schokofabrik befindet sich im Hinterhaus: das **türkische Bad Hamam** für Frauen.

Die Mariannenstraße trifft nun auf den geschichtsträchtigen **Heinrichplatz**. Viele der hier beheimateten Kneipen sind seit der 70er Jahre über die Grenzen Berlins hinaus bekannt, so etwa **Die rote Harfe** oder **Zum Elefanten**.

Die Geschäfte am Heinrichplatz sind ein Spiegelbild der bunt gemischten Kreuzberger Bevölkerung: Esoterikshops neben dem Bioladen, das Hanf-Haus mit jeder Menge Hanf-Produkten, T-Shirt-Produzenten und türkische Designerinnen, CD-Läden und natürlich Spezialitäten aus aller Welt. Aber auch sonst ist hier oft was los. Die Restaurants rund um den Platz sind deutschlandweit bekannt und locken viele Touristen an.

Unweit des Heinrichplatzes liegt in der Oranienstraße 190 eine weitere Kreuzberger Traditionseinrichtung: das **SO 36** ⓭. Einstmals Ausflugslokal und Biergarten, diente es nach dem Krieg als Front-Kino. In den 70er Jahren erlangte es als Auftrittsort der Avantgardegruppe „Einstürzende Neubauten" Berühmtheit – und entwickelte sich zum bedeutendsten Auftrittsort deutscher Punkbands.

In der Oranienstraße 6 steht die Wiege des Computers, hier baute Konrad Zuse 1941 den ersten frei programmierbaren Rechner. Das Gebäude beherbergt heute zahlreiche kleine Unternehmen, vor allem aus der Unterhaltungsindustrie.

Die Oranienstraße stößt bald auf die Skalitzer Straße, wo der **Görlitzer Bahnhof** liegt. An der Ecke Skalitzer Straße/Wiener Straße steht seit 2008 die **Omar-Ibn-Al-Khattab-Moschee** ⓮. Die Fassade ist aus Sandstein

---

Kneipenszene am Heinrichplatz

Die Rote Harfe
(030) 618 44 46
www.roteharfe.de
Einstmals als Bierkneipe berühmt-berüchtigt, ist es dort heute etwas ruhiger geworden, aber es wird immer noch Hard Rock gespielt.

Orient Lounge
(030) 69 56 67 62
www.orient-lounge.com
Hier kann man zu ruhigen Klängen auch mal eine Wasserpfeife rauchen

Zum Elefanten
(030) 6 12 30 13
zum-elefanten.de
Bekannt aus „Herr Lehmann" oder „Liebling Kreuzberg" und seit über 30 Jahren ein Familienbetrieb mit entsprechender Atmosphäre. Raucherkneipe (ab 18 Jahren).

Zum Goldenen Hahn
Stammgäste wollten die Kneipe 1998 auf die Liste des UNESCO-Kulturerbes setzen lassen.

Türkenmarkt am Maybachufer

und Granit, das Dach wird von einer Kuppel und vier Minaretten geschmückt. Im Inneren findet sich neben einem riesigen Gebetssaal für bis zu 1000 Gläubige auch das Maschari-Center. Auf sieben Stockwerken erstrecken sich Festsäle, eine Koranschule, Boutiquen, Cafés und ein Supermarkt.

Die Größe und Bedeutung der türkischen Gemeinde Kreuzbergs spiegelt sich auch in den zahlreichen türkischen Läden, Bäckereien und Döner-Buden, an denen wir auf dem Weg zum Görlitzer Bahnhof (U1) vorbeikommen. Wer noch nicht müde ist, sollte zum grünen Ufer des Landwehrkanals spazieren, wo dienstags und freitags der so genannte Türkenmarkt stattfindet. Er ist mittlerweile zu einem festen Bestandteil des Kreuzberger und Neuköllner Lebens geworden und über die Grenzen des Bezirks hinaus bekannt. Der **Türkenmarkt am Landwehrkanal** ist der größte Obst- und Gemüsemarkt Berlins, daneben gibt es eine reiche Auswahl an Molkereiprodukten, Gewürzen, Stoffen, Textilien und kulinarischen Spezialitäten. Die Preise sind unschlagbar günstig, die Atmosphäre sehr südländisch.

SO 36
Oranienstraße 190
www.so36.de
Hier gibt es für jeden etwas: Tanzkurse, „Café Fatal" mit Standardtänzen, „Gayhane" mit Orientalmix, Techno, Karaoke, Nachtflohmarkt oder Kiezbingo.

Türkenmarkt am Maybachufer
Di und Fr 11–18.30 Uhr
www.tuerkenmarkt.de
Vom Kottbusser Tor entlang der Kottbusser Straße etwa 10 Minuten Fußweg. Im Sommer Ausruhen am Wasser und den Sonnenuntergang genießen!

Spaziergänge

Flughafen Tempelhof & Bergmannkiez

[U] *Platz der Luftbrücke*

Kreuzberg die Zweite: Neben dem szenigen, von türkischen Läden und Dönerbuden geprägten nordöstlichen Teil Kreuzbergs lernen wir bei diesem Spaziergang ein anderes Kiez-Gesicht kennen. Trendige Bürgerlichkeit mit Feinkostläden und Ökomärkten, gekrönt von einem traumhaft grünen Ausblick auf die Berliner Innenstadt.

Bevor wir aber in den Bergmannkiez eintauchen, beginnen wir den Spaziergang oberhalb von Kreuzberg an einem weltberühmten Ort: dem **Flughafen Tempelhof** ❶. Vom 26. Juni 1948 bis 12. Mai 1949 starteten und landeten hier fast im Minutentakt „Rosinenbomber" und versorgten West-Berlin mit allem, was eine Stadt zum täglichen Leben braucht.

Der Flughafen Tempelhof ist außerdem eines der größten zusammenhängenden Gebäude der Welt. Aber

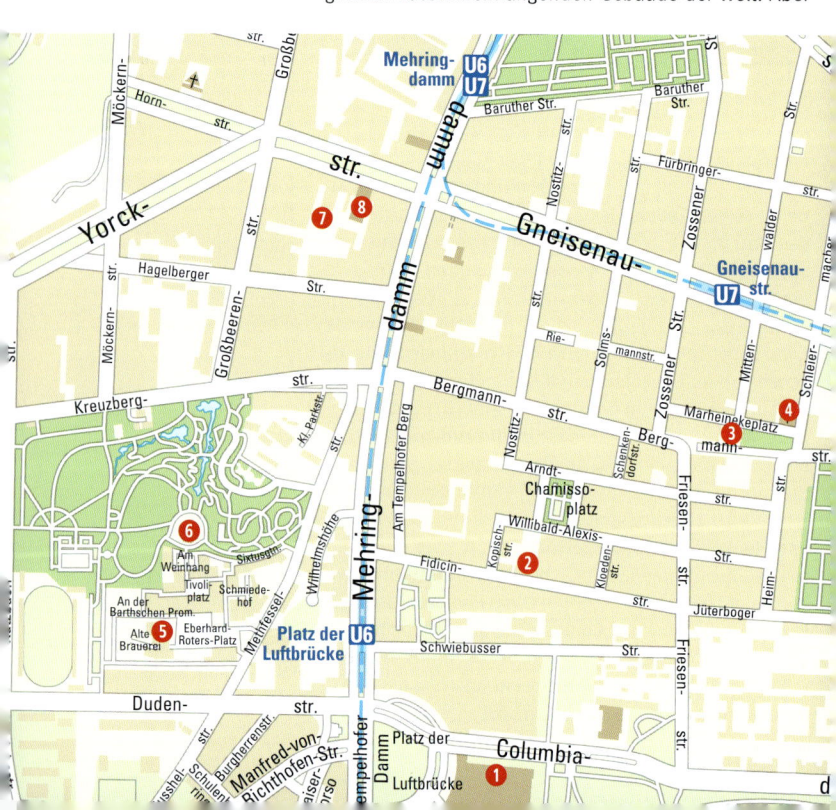

Flughafen Tempelhof & Bergmannkiez

schon bevor Ernst Sagebiel ab 1936 Hitlers Großmachtträume in Stein umsetzte war hier ein Flughafen: Bereits 1883 gab es erste zaghafte Flugversuche auf dem Tempelhofer Feld, 1926 wurde hier die Deutsche Luft Hansa A.G. gegründet. Mit dem Ausbau des Luftverkehrs wurde auch der Flugplatz größer. Nach der Machtergreifung der Nazis und der Stadtplanung für „Germania" sollten drei neue Flughäfen für Berlin gebaut werden. Ernst Sagebiel begann 1936 mit dem Neubau von Tempelhof. Der Flughafen sollte einerseits zukunftsfähig sein und den steigenden Passagierzahlen gerecht werden, zum anderen aber auch möglichst viele Dienststellen und Einrichtungen aufnehmen, die mit der Luftfahrt in Zusammenhang stehen. Bis zum Kriegsende ist das Gebäude nicht fertig geworden, auch heute gibt es noch Gebäudeteile im Rohbauzustand.

Der Flughafenbau zeugt von Hitlers Großmachtphantasien

Während des Krieges wurde der zivile Flugverkehr weitgehend eingestellt, stattdessen wurden die Untergeschosse als Bunker genutzt. Nach dem Krieg übernahm die amerikanische Luftwaffe den Flughafen und richtete den Tempelhof Central Airport (TCA) ein. Die auch teilweise zivile Nutzung des Flughafens endete zunächst 1975, bis zum endgültigen Abzug der Amerikaner aus Berlin 1994 blieb Tempelhof Militärflughafen. Ab 1985 starteten hier auch wieder kleine zivile Fluggesellschaften und Privatjets.

Schon bald nach dem Mauerfall beschloss man die Stilllegung des mitten in der Stadt gelegenen Flughafens. 2008 wurde der Flugverkehr endgültig eingestellt. Heute findet im Flughafengebäude die halbjährliche Modemesse „Bread & Butter" statt, für einen Teil des Außengeländes ist 2017 die Internationale Gartenbauausstellung geplant. Bis es soweit ist, wird das weitläufige Gelände als **Tempelhofer Park** genutzt.

Auf dem Platz vor dem Flughafen steht inmitten einer Parkanlage das **Luftbrückendenkmal** oder, wie manche Berliner sagen, „die Hungerharke". Es erinnert an die Opfer der Luftbrücke, die bei den fast 280 000 Flügen ihr Leben verloren. Ähnliche Monumente stehen an zwei der wichtigsten Versorgungsflughäfen in den ehemaligen Westzonen: am Rhein-Main-Flughafen in Frankfurt/Main (amerikanische Besatzungszone) und auf dem

Flughafenführungen
Mo–Fr 16, Fr auch 13 Uhr, Sa/So 11 und 14 Uhr
12 Euro / 8 Euro / 6 Euro
Kartenservice:
(01 80) 5 28 82 44
(0,14 ct/Min)
www.flughafen-tempelhof.de
Führungen durch das Flughafengebäude und in die unterirdischen Gewölbe

Travestie-Theater
La vie en rose
Im Flughafen Tempelhof
Tgl. außer Mo ab 19 Uhr
Showbeginn 21 Uhr
(030) 69 51 30 00
www.lavieenrose-berlin.de
La vie en rose verspricht „erotische und exotische Unterhaltung" zum Diner

Tempelhofer Park
Eingänge: Columbiadamm, Tempelhofer Damm und Oderstraße (Neukölln)
Geöffnet von Sonnenaufgang bis Sonnenuntergang
Das ehemalige Flughafenareal ist heute Berlins größte Parkanlage mit Grillplätzen, Fahrrad-, Lauf- und Skaterstrecken.

Heeresflugplatz Celle (britische Besatzungszone).

Vom Platz der Luftbrücke gehen wir den vielbefahrenen Mehringdamm hinunter und biegen bald rechts in die Fidicinstraße ein. Das Gebiet, in dem wir uns jetzt befinden, überstand den Zweiten Weltkrieg weitgehend unbeschadet. Es entstand in der Gründerzeit in der zweiten Hälfte des 19. Jahrhunderts, die schnurgeraden Straßen zeugen davon. In den 80er Jahren des 20. Jahrhunderts wurde es umfassend saniert. Heute ist es ein beliebtes Wohnviertel für den alternativen Mittelstand.

An der Ecke Fidicinstraße/Kopischstraße kommen wir am 50 Meter hohen, fensterlosen **Wasserturm** ❷ vorbei. Über die Kopischstraße und die Willibald-Alexis-Straße gelangen wir zum **Chamissoplatz,** wo auch einige Künstler wohnen. Auf dem wöchentlichen Ökomarkt kann man daher schon mal das ein oder andere bekannte Gesicht erblicken.

Der Chamissoplatz ist ein typischer Stadtplatz aus der Gründerzeit. Ursprünglich stand hier eine Ziegelei, die das umliegende Gebiet mit Baumaterial versorgte. Als alle Häuser gebaut waren, wurde die Ziegelei abgerissen und zu einem grünen Platz umgestaltet. Heute gibt es hier einen großen Kinderspielplatz und jede Menge Restaurants und Cafés. An seiner Nordseite befindet sich das grüne „Café Achteck" von 1878.

Ökomarkt Chamissoplatz
Sa 8–14 Uhr
www.oekomarkt-
chamissoplatz.de

Restaurant und Feinkostladen Knofi in der Bergmannstraße

WASSER FÜR BERLIN

Wassertürme und Windmühlen. Noch Mitte des 19. Jahrhunderts konnten die Berliner ihr Wasser nur aus Hof- und Straßenbrunnen beziehen. Die mehrstöckigen Mietshäuser verlangten nach einer neuen Lösung, die auch den Bewohnern im vierten Stock Wasser bis in die Wohnung beförderte. Um einen starken Wasserdruck zu erzeugen, errichtete man die Wassertürme auf hohen Punkten der Stadt. Der Kreuzberger Wasserturm wurde 1888 gebaut, in unmittelbarer Nachbarschaft diverser Windmühlen, die ebenfalls auf den Berliner „Bergen" platziert wurden. Weil es damals noch keinen Strom gab, wurde die Wasserpumpe durch eine Dampfmaschine betrieben. Der noch heute erhaltene Anbau neben dem Turm diente als Kesselhaus, Kohlen- und Öllager. 1925 wurden dort Wohnungen eingebaut. Der Turm wurde noch bis in die 50er Jahre als Wasserturm genutzt, danach diente er nur noch als Wohnhaus. Seit 1985 nutzt der Selbsthilfeverein Jugendzentrum Wasserturm e. V. die Räumlichkeiten.

Durch die Arndtstraße geht es in die Friesenstraße, die uns nach links zum Marheinekeplatz führt. Der **Marheinekeplatz** war auch Namensgeber für die **Marheinekehalle** ❸. Die Markthalle XI wurde 1892 eröffnet und im Krieg stark zerstört. Nach dem Wiederaufbau und einem Umbau 2008 werden hier heute insbesondere Bio- und Fairtrade-Produkte angeboten, daneben gibt es zahlreiche Imbissmöglichkeiten.

An der nordöstlichen Seite des Marheinekeplatzes steht die gewaltige **Passionskirche** ❹. Die evangelische Kirche wurde zu Beginn des 20. Jahrhunderts errichtet und im Krieg nur wenig beschädigt. Im Zuge ihrer Sanierung 1957 baute man eine Schuke-Orgel ein, die auch regelmäßig für Konzerte genutzt wird.

Die **Zossener Straße** begrenzt den Marheinekeplatz an seiner Westseite. Hier findet sich ein buntes Sammelsurium von Geschäften unterschiedlichster Art: Im „Groben Unfug" gibt es alles für Comicliebhaber, Designer bieten ihre Klamotten an und wer selbst seine Kleidung gestaltet, kommt um den Laden von Knopf-Paul in der Zossener Straße 10 nicht herum. Der Ladenbesitzer hat seinen Namen zum Motto gemacht, er bietet die wahrscheinlich umfangreichste Knopfauswahl der Welt.

Die **Bergmannstraße** ist die originellste Einkaufsstraße Kreuzbergs. Hier finden sich kleine unabhängige Schmuck-, Bekleidungs-, Trödel- und Fetischläden (in der Nachbarschaft sind einige der bekanntesten Schwarzen Klubs Berlins beheimatet), aber auch kulinarisch kann man sich hier verwöhnen lassen. Es gibt zahlreiche Restaurants und Cafés mit internationaler Küche. Das Knofi ist über die Grenzen Berlins hinaus als ein besonderes

---

Marheinekehalle
Ecke Marheinekeplatz/
Bergmannstraße
Mo–Fr 8–20, Sa 8–18 Uhr
(030) 39 89 61-0
www.meine-markthalle.de

Passionskirche am Marheinekeplatz
In der Kirche finden auch unterschiedlichste Konzerte und Kulturabende statt. Informationen und Programm unter www.akanthus-kultur.de.

Café und Feinkostladen Knofi
*Café in der Bergmannstraße 11,
Feinkostladen gegenüber (Bergmannstraße 98)
www.knofi.de*

Bürgerliche Wohnkultur in Riehmers Hofgarten

Schwules Museum
Mehringdamm 61
Mi–Mo 14–18 Uhr,
Sa bis 19 Uhr
5 Euro / 3 Euro
(030) 69 59 90 50
www.schwulesmuseum.de
Seit 1985 wird hier homosexuelles Lebens dokumentiert, mittlerweile nicht mehr nur auf männliche Homosexualität ausgerichtet, sondern auch auf lesbische und transsexuelle Sexualität.

Wasserfall im Viktoriapark
Um ihn zu erleben, muss man im Sommer zwischen 10 und 18 Uhr vorbeikommen, denn aus Kostengründen – das Wasser muss zunächst auf den Berg gepumpt werden – darf der Wasserfall nicht rund um die Uhr sprudeln.

Feinkostgeschäft bekannt. Es wurde von zwei Schwestern gegründet, die nach Rezepten ihrer türkischen Großmutter produzieren. Auch in manchen Innenhöfen sind heute Läden untergebracht. Früher waren dort Ställe, bis in die 50er Jahre gab es hier noch Kühe und Pferde.

Die Bergmannstraße führt über den Mehringdamm und heißt nun Kreuzbergstraße. Der Findling an der Kreuzung war Namensgeber für das Restaurant Kaiserstein: Angeblich soll der Kaiser diesen Stein bestiegen haben, um seine vorbeimarschierenden Truppen zu inspizieren.

Von der Kreuzbergstraße führt die Methfesselstraße am Viktoriapark entlang zur alten **Tivoli Brauerei** ❺. Vor über 150 Jahren begann man hier mit dem Bierbrauen, noch heute existieren die 20 000 Quadratmeter großen Kühlkeller. Der Betrieb wurde 1993 geschlossen. Seit 2004 wurden Teile der Anlage zu exklusiven Eigentumswohnungen und Büros umgebaut. Neubauten kamen dazu, so dass mittlerweile ein neues Wohnquartier entstanden ist.

Der **Kreuzberg** oberhalb der ehemaligen Brauerei ist mit seinen 66 Metern eine der höchsten Erhebungen Berlins und bietet einen wunderbar weiten Blick über die Stadt. Er befindet sich im **Viktoriapark,** der 1888 von Hermann Mächtig angelegt wurde. An der höchsten Stelle des Kreuzbergs steht seit 1821 das **Nationaldenkmal für die Befreiungskriege** ❻, das nach einem Entwurf von Karl Friedrich Schinkel errichtet wurde. Namhafte Bildhauer haben den Figurenschmuck geschaffen, darunter Daniel Christian Rauch (der das Denkmal für Friedrich II. Unter den Linden entworfen hat) und der für seine Porträtbüsten (vor allem in der Regensburger Walhalla) berühmte Friedrich Tieck. Die Daten wichtiger Schlachten gegen Napoleon sind aufgeführt. Gekrönt wird das Denkmal von einem Eisernen Kreuz. Ihm verdanken sowohl der Berg als auch der 1920 gegründete Bezirk seinen Namen. Direkt unterhalb des Denkmals entspringt ein 24 Meter hinab stürzender **Wasserfall,** der ebenfalls von Hermann Mächtig angelegt wurde. Er mündet in einen kleinen Teich, in dem eine Nixe im Netz eines Fischers zappelt: „Der seltene Fang" wurde von Ernst Herter geschaffen.

Wieder im „Tal" angelangt führt unser Weg durch die Großbeerenstraße und rechts in die Hagelberger Straße. Die Gegend wird Manchem bekannt vorkommen, es ist eine beliebte „location" für Filmaufnahmen. Auf der linken Seite in der Hagelberger Straße befindet sich der Hintereingang zu **Riehmers Hofgarten** ❼. Das einzigartiges Wohnensemble wurde Ende des 19. Jahrhunderts von dem Maurermeister Wilhelm Riehmer geplant und gebaut. Für das gesamte Gebiet waren ursprünglich Mietskasernen mit lichtlosen Hinterhöfen vorgesehen, aber Riehmer zielte auf finanzkräftige Mieter, wie Offiziere der nahen Kasernen, Fabrikanten und Adlige. Dafür plante er großzügige Wohnungen und schuf zwischen den turmbekrönten Eckhäusern Hagelberger Straße 9 und 12 eine grüne Lunge. Während des Zweiten Weltkrieges teilweise zerstört, wurde Riehmers Hofgarten schon in den 60er Jahren entgegen dem Willen der Besitzer unter Schutz gestellt, denn die wollten lieber „entstucken" und modernisieren. Dank zahlreicher Landesmittel wurde in den 70er und 80er Jahren originalgetreu restauriert. In der Mitte der Gartenanlage kann man die „Abstrakte Skulptur" von Gerson Fehrenbach bewundern.

Durch den Hofgarten gelangen wir zur Yorckstraße. Einst als Prachtstraße geplant, ist sie heute wichtigste Verkehrsverbindung von Schöneberg nach Kreuzberg. Auf der rechten Seite des Yorckstraßen-Ausgangs entstand anstelle des im Krieg zerstörten Gebäudeflügels in den 80er Jahren ein Neubau, das Yorckkino.

Die gewaltige in die Häuserfront eingebaute Kirche an der Yorkstraße 88, deren Doppeltürme schon vom Kreuzberg aus zu sehen waren, ist **St. Bonifatius** ❽, eine katholische Kirche, die 1906 geweiht wurde. Der neugotische Bau von Max Hasak erscheint uns heute riesig, aber damals konnte selbst diese große Kirche die Zahl der Gläubigen kaum fassen. In der zweiten Hälfte des 19. Jahrhunderts strömten Menschen aus ganz Europa nach Berlin, viele von ihnen Katholiken.

Wenige Schritte bringen uns zum **Mehringdamm** (U7). Auf dem Weg zur gleichnamigen U-Bahn Station kann man beim berühmten Imbiss **Curry 36** noch die beste Currywurst (West-)Berlins probieren. Ganze Busladungen von Touristen werden hier verpflegt, nachts treffen sich Punks und Polizisten, Taxifahrer und Kneipengänger, um sich friedlich gemeinsam für den Rest der Nacht zu stärken. Egal, zu welcher Zeit man hierher kommt – es ist immer reichlich Kundschaft da.

Schwul-lesbische Szene am Mehringdamm
Am Mehringdamm finden sich viele Bars, Cafés und Kneipen, die eine Regenbogenfahne im Fenster haben – ein Zeichen für Treffpunkte der schwul-lesbischen Szene. Auch viele Clubs für unterschiedlichste sexuelle Orientierungen sind hier ansässig. So ist es nicht verwunderlich, dass sich mittendrin das Schwule Museum eingerichtet hat.

Yorckschlösschen
*Yorckstraße 15
Tgl. 10–3 Uhr
Mitte Okt.–Mitte Apr.
17–3 Uhr
(030) 2 15 80 70
www.yorckschloesschen.de
Bekannte Jazz- und Künstlerkneipe mit regelmäßiger Livemusik aus dem Bereich des Rhythm & Blues und des New Orleans Jazz*

Tomasa
*Kreuzbergstraße 62 (am Fuße des Kreuzberges)
So–Do 9–1, Fr–Sa bis 2 Uhr
(030) 81 00 98 85
www.tomasa.de
Sonntagsbrunch und mehr in einer sehr schön hergerichteten alten Villa*

Curry 36
*Mo–Fr 9–4, Sa 10–4 Uhr
So 11–3 Uhr
www.curry36.de*

Schloss Charlottenburg

In Schloss Charlottenburg steht alles im Zeichen von Kunst, Kultur, Gold und Glanz – und zweier Königinnen. Der romantische Schlossgarten lädt zum Lustwandeln ein, die Orangerien zu einer Rast in tropischem Ambiente und das Innere des Schlosses bietet Prunk, Pomp und malerische Highlights – im wahrsten Sinne des Wortes.

🚌 *M45 ab Zoologischer Garten bis Schloss Charlottenburg, der Bus bringt Besucher in ca. 15 Min. fast direkt bis vor das große Schlosstor*

oder

🆄 *Sophie-Charlotte-Platz und ca. 10 Min. Fußweg*

Die Geschichte von **Schloss Charlottenburg** ❶ beginnt mit einer Frau, der damaligen Kurfürstin und späteren Königin Sophie Charlotte. Der eleganten Ehefrau von Friedrich I. (damals noch Kurfürst Friedrich III.) schwebte eine Sommerresidenz im italienisch-barocken Stil vor, mit französischem Barockgarten und kleinem Opernhaus – die Dame war Musikliebhaberin. Und so beauftragte sie 1696 den Architekten Johann Arnold Nering mit dem Bau eines solchen Schlosses vor den Toren Berlins. Das damalige Schloss Lietzenburg und die Umgebung entwickelten sich unter ihr zu einer strahlenden Stätte für Kunst, Kultur und der höheren Gesellschaft.

Nach dem frühen Tod der glanzvollen Königin im Jahr 1705 benannte Friedrich I. das Schloss und die umliegende Siedlung zu Ehren seiner Frau in Charlottenburg um und ließ die Anlage erweitern. Eosander von Göthe schuf den Westflügel mit großer Orangerie und setzte dem Bau seine prächtige Kuppel auf.

Sein Nachfolger, der Soldatenkönig Friedrich Wilhelm I., vernachlässigte Schloss Charlottenburg in den folgenden Jahrzehnten, erst sein Sohn Friedrich II, der Große, verhalf ihm wieder zu seiner einstigen Bedeutung. Von Georg Wenzeslaus von Knobelsdorff ließ er 1740 den Neuen Flügel im Rokoko-Stil anbauen und machte die Wirkungsstätte seiner angebeteten Großmutter zu seiner Residenz – zumindest bis 1747 Schloss Sanssouci im 30 Kilometer entfernten Potsdam fertiggestellt wurde.

Schloss Charlottenburg
*Spandauer Damm 12–26
Di–So 10–17, im Sommer bis 18 Uhr
7 Euro / mit Audioguide 10 Euro
(030) 32 09 11
www.spsg.de*

Seine heutige Ansicht erhielten Schloss und Park unter Friedrich Wilhelm III, der u. a. die Kleine Orangerie von Langhans errichten ließ und sich für eine wildwuchsig-idyllische Landschaftsarchitektur nach englischem Vorbild entschied und der geometrischen Exaktheit und Enge französischen Barockgärten – wie sie Sophie Charlotte hatte anlegen lassen – eine Absage erteilte.

Und an dieser Stelle der Geschichte kommt die zweite

Königin ins Spiel, die Schloss Charlottenburg bis heute prägt: Luise von Mecklenburg-Strelitz, Königin der Herzen, wie sie im Volk hieß, um die sich im damaligen Preußen ein Kult ähnlich der Diana-Verehrung unserer Zeit entwickelte. Die bildhübsche Königin wurde als mütterliche Ikone, politische Reformerin und offene Gegnerin Napoleons schon zu Lebzeiten zur Legende. Gottfried Schadow verewigte die junge Prinzessin und ihre Schwester Friedericke in dem Standbild „Die Prinzessinnengruppe", ein von stolzer Schönheit und Sinnlichkeit strotzendes, marmornes Abbild, das ihr Mann, Friedrich Wilhelm III, daher lange Zeit vor der Öffentlichkeit versteckt hielt. Heute ist die Skulptur in der Alten Nationalgalerie (▶ Seite 31) zu bewundern.

Luise starb 1810 einen frühen Tod und unterstützte damit unfreiwillig die Mythenbildung um ihre Person. Friedrich Wilhelm III. ließ, gebeugt von Trauer, für seine geliebte Gemahlin eine bis heute beeindruckende Verehrungs- und Gedenkstätte errichten. Bei einem Spaziergang durch den Schlossgarten lohnt ein Besuch dieses von Schinkel errichteten **Mausoleums** ❷. Es steht mitten im Park zwischen großen Bäumen und wurde zum Luisenjahr 2010 umfassend restauriert. Die marmorne Grabskulptur auf Luises Sarkophag stammt von Christian Daniel Rauch, auch sie erstrahlt zu Luises 200. Todesjahr in neuem Glanz. Im Mausoleum finden sich außerdem die sterblichen Überreste von Friedrich Wilhelm III. selbst sowie von Kaiser Wilhelm I. und seiner Frau Auguste.

Im Zentrum des Schlossgartens befindet sich die **Luiseninsel,** ein weitere Stätte der Verehrung und Erinnerung, die Friedrich Wilhelm III. in Gedenken an seine Frau schaffen ließ. Im Kontrast zur Schwere des Mausoleums ist es jedoch ein Ort der friedlichen Idylle und Hoffnung. Die Insel wurde zum Jubiläumsjahr gärtnerisch originalgetreu hergerichtet.

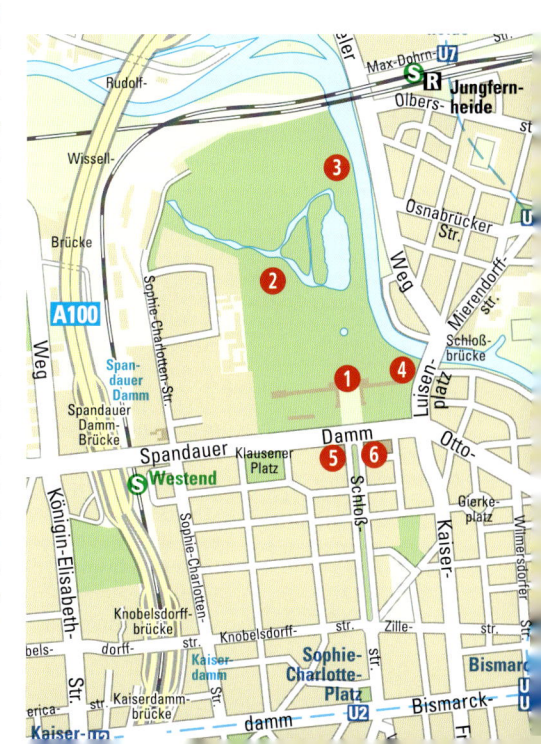

Der **Schlosspark** zieht sich entlang der Spree und bietet mit seinen 55 Hektar viel Platz für einen ausgedehnten Spaziergang und ein wenig Erholung von der Großstadt. Im Sommer lädt die Liegewiese im hinteren Teil zum Verweilen ein. Dort, in Spreenähe, liegt auch das einstige Teehaus und heutige **Museum Belvedere** ❸. Porzellanliebhaber können in diesem 1788 von Langhans erbauten Schmuckstück des Klassizismus die KPM-Porzellansammlung des Landes Berlin bestaunen.

Ebenfalls im Schlosspark gelegen, allerdings schon wieder in unmittelbarer Nachbarschaft zum Schloss selbst, liegt der Neue Pavillon, seit der Nachkriegszeit **Schinkelpavillon** ❹ genannt. Friedrich Wilhelm III. ließ das Gebäude im neapolitanischen Villenstil 1824/25 als gemeinsamen Wohnsitz für sich und seine zweite Frau, Fürstin Liegnitz, errichten.

Park und Schloss wurden im zweiten Weltkrieg stark zerstört und man entschied sich in den 50er Jahren für die Rekonstruktion des Parks in seinem ursprünglichen, französisch-barocken Stil – inklusive des Broderieparterres, das allerdings nicht originalgetreu, sondern nach Musterbüchern angelegt wurde.

Königin Luise von Mecklenburg- Strelitz

Auch im Inneren des Schlosses begegnet man den beiden Königinnen, die sich für Schloss Charlottenburg so prägend erwiesen: Kunst und Kultur à la Sophie Charlotte bietet die im Schloss ansässige **Kunstsammlung französischer Malerei des 18. Jahrhunderts.** Es ist die größte Sammlung dieser Art außerhalb Frankreichs und zeigt unter anderem Watteaus berühmtes Werk „Einschiffung nach Kythera". Sehenswert sind auch die Goldene Galerie, die Silberkammer mit Tafelsilber und die Kroninsignien von Friedrich I. und Sophie Charlotte.

Im **Neuen Flügel** lebt der Mythos Luise wieder auf. Pünktlich zum Jubiläumsjahr kann das originalgetreu rekonstruierte Wohnumfeld der preußischen Königin besichtigt werden. Die authentische Nachbildung der **Luisenwohnung,** inklusive Möbel und handbemalter Seidentapeten, wurde dank zweier neu entdeckter Inventarlisten möglich.

Nach soviel Prunk und Pomp bietet das Café-Restau-

**Café-Restaurant
Kleine Orangerie**
*In der Kleinen Orangerie
Sommer tgl. ab 9 Uhr, Winter Di–So 10–20 Uhr und nach Vereinbarung
(030) 3 22 20 21
www.kleineorangerie.de*

Schloss Charlottenburg

rant Kleine Orangerie an eben jenem südländisch anmutenden Ort Labsal, im Sommer auch im Freien, dort in gehobenem Biergarten-Ambiente.

Wer nach einer ausgiebigen Rast Lust auf noch mehr Kunst hat, hat es nicht weit: Die von August Stüler erbauten Gardekasernen gegenüber der Schlossanlage beherbergen gleich zwei Kunststätten. Im westlichen Bau zeigt die **Sammlung Berggruen** ❺ Werke moderner Meister wie Picasso, Klee, Giacometti oder Matisse. Das angrenzende **Bröhan Museum** hat sich auf die Kunstrichtungen Jugendstil, Art-Déco und Funktionalismus spezialisiert. Im östlichen Stüler-Gebäude ist die **Sammlung Scharf-Gerstenberg** ❻ zu Hause, die eine umfassende Sammlung surrealistischer Gemälde, Grafiken und Skulpturen präsentiert.

Sammlung Berggruen
*Schloßstraße 1
Di–So 10–18 Uhr
(030) 34 35 73 15
www.smb.spk-berlin.de*

Bröhan-Museum
*Landesmuseum für
Jugendstil, Art Deco
und Funktionalismus
(1889–1939)
Schloßstraße 1a
Di–So 10–18 Uhr
(030) 3 26 906 00
www.broehan-museum.de*

Sammlung Scharf-Gerstenberg
*Schloßstraße 70
Di–So 10–18 Uhr
(030) 34 35-73 15
www.smb.spk-berlin.d*

Blick aus dem „40 seconds" auf den Potsdamer Platz

Praktische Reisetipps

Praktische Reisetipps

ANREISE

Mit der Bahn

Berlin ist aus allen Himmelsrichtungen gut zu erreichen. Seit 2006 passieren fast alle Züge den modernen Hauptbahnhof. Darüber hinaus gibt es vier weitere Fernbahnhöfe. Der Hauptbahnhof liegt mitten in Berlin nahe des Reichstags, die übrigen Fernbahnhöfe im Norden (Gesundbrunnen), Süden (Südkreuz), Osten (Ostbahnhof) und Westen (Spandau) der Stadt.

Deutsche Bahn
Fahrplaninformationen und Buchung:
(01 80) 5 99 66 33 (14 ct/Min)
Kostenlose Fahrplanauskunft:
(08 00) 1 50 70 90, www.bahn.de

Mit dem Flugzeug
Flughafen Schönefeld (SXF)
Am südöstlichen Stadtrand, bis 30. Oktober 2011 Ausbau zum Flughafen Berlin Brandenburg „Willy Brandt" vorgesehen. Fluginformation (01 80) 50001 86 (14 ct/Min)
www.berlin-airport.de
Verkehrsverbindungen
AirportExpress: RE 7 und RB 14 alle 30 Min. über Alexanderplatz, Friedrichstraße, Hauptbahnhof, Zoologischer Garten (ca. 28 Min. zum Hauptbahnhof)
S-Bahn: S 9 über Ostkreuz und Schönhauser Allee nach Pankow, S 45 über Schöneweide, Neukölln nach Südkreuz
Bus: Express Bus X7 oder Linie 171 (nachts Nachtbus N7) nach Rudow (U7)
Taxi: Nach City-West (Bahnhof Zoo) ca. 30 €, nach City-Ost (Alexanderplatz) ca. 28 €

Flughafen „Otto Lilienthal" Tegel (TXL)
Im nordwestlichen Stadtgebiet, Schließung zum 30. Oktober 2011.
Fluginformation (01 80) 50001 86 (14 ct/Min)
www.berlin-airport.de
Verkehrsverbindungen
Express Bus X9 oder Linie 109 zum Zoologischen Garten (ca. 19 bzw. 27 Min)
Express Bus TXL über Hauptbahnhof zum Alexanderplatz
Bus 128 über Kurt-Schumacher-Platz (U6) nach Osloer Straße (U8/U9)
Taxi nach City-West (Bahnhof Zoo) ca. 14 €, nach City-Ost (Alexanderplatz) ca. 19 €

Mit dem Bus
Zentraler Omnibusbahnhof (Charlottenburg)
Am Messegelände ICC
Masurenallee 4–6, Fahrplanauskunft:
(030) 30 10 38 20, www.iob-berlin.de
Verkehrsverbindungen
S-Bahn: S41, S42, S45, S46, S47 (Messe Nord/ICC)
U-Bahn: U2 (Kaiserdamm)
Bus: X34, X49, 104, 139, 149, 218, 349, N4, N49 (Messedamm/ZOB/ICC)

Mit dem Auto
Berlin ist über den Ring A10 im Norden an die A24 (Hamburg), im Osten an die A11 (Stettin) und A12 (Frankfurt/Oder), im Süden an die A 13 (Dresden) und A9 (Leipzig) und im Westen an die A2 (Hannover) angeschlossen. Vom Berliner Ring führen Zubringer ins Zentrum.

Achtung, Umweltzone!
Seit 2010 ist die Berliner Innenstadt innerhalb des S-Bahn-Rings Umweltzone, dort dürfen nur Fahrzeuge mit Abgasstandards entsprechend der grünen Plakette fahren. Die Plakette ist erhältlich in Zulassungsstellen, Abgasuntersuchungsstellen wie TÜV oder DEKRA oder einer autorisierten Werkstatt.

Parkmöglichkeiten
In den meisten Innenstadt-Bezirken müssen kostenpflichtige Parktickets gezogen werden. Daneben gibt es zahlreiche Parkhäuser. Wer sein Fahrzeug am Stadtrand abstellen möchte, findet an vielen S- und U-Bahn-Stationen Park+Ride-Plätze.

ÜBERNACHTEN

Reservierung und Auskunft: Berlin Tourismus Marketing (030) 25 00 25,
www.visitberlin.de

Die Auswahl an Unterkünften in Berlin ist riesig. Trotzdem empfiehlt sich eine frühe Buchung, besonders rund um „Brückentage" und Messen sind viele Hotels schnell ausgebucht. Das Preisniveau ist im Vergleich zu anderen Metropolen eher moderat.
Hier eine kleine Hotel-Auswahl im Innenstadtbereich.

Spartipp: Viele Hotels kann man pauschal günstiger buchen, z. B. bei DERTOUR

Luxuriös
Adlon
Klassisch-gediegener Luxus direkt am Brandenburger Tor, hier steigen auch Staatsgäste und Popstars ab.
Unter den Linden 77
(030) 2261-0
www.hotel-adlon.de
S/U Brandenburger Tor

Hotel de Rome
Luxushotel in einem ehemaligen Bankhaus nahe Unter den Linden
Behrenstrasse 37
(030) 460 60 90
www.hotelderome.com
U Französische Straße

Mittelklasse
Hotel Amano
Neues Hotel im Scheunenviertel, Zimmer mit Parkettboden, große Dachterrasse
Auguststraße 43, Ecke Rosenthaler Straße ·
(030) 80 94 15-0
www.hotel-amano.com
U Rosenthaler Platz

Scandic Potsdamer Platz
(Eröffnung: 1. Oktober 2010)
Großes (560 Zimmer) neues Hotel im skandinavischen Stil. Beim Bau wurde auf gesunde, ökologische Materialien Wert gelegt.
Gabriele-Tergit-Promenade 19
(030) 700 779 0
www.scandichotels.com
U Mendelssohn-Bartholdy-Park

Hotel Albrechtshof
Zentral und ruhig gelegenes Traditionshotel
Albrechtstraße 8
(030) 308 86 0
www.hotel-albrechtshof.de
S/U Friedrichstraße

Preiswert
Motel One Berlin-Alexanderplatz
Design-Hotel zum günstigen Preis,
EZ ab 69 €/DZ ab 84 €
Frühstücksbuffet: 7,50 €
(weitere 5 Motel One Hotels in Berlin)
Dircksenstraße 36
(030) 200 54 08-0
berlin-alexanderplatz@motel-one.com
S Alexanderplatz

the circus hotel
Zentral gelegenes 60-Zimmer-Haus mit ökologischem Anspruch, freundliches Personal, Zimmer mit Hartböden, DZ ab 80 €.
Rosenthaler Straße 1
(030) 20 00 39 39
www.circus-berlin-de
U Rosenthaler Platz

Hotel Bogota
Ruhig und preiswert nahe Kudamm
Schlüterstr. 45
(030)-881 50 01
www. bogota.de
S Savignyplatz/U Adenauerplatz

A&O Hostel Berlin am Zoo
Bett ab 8 €, Zimmer ab 19 €
(weitere 3 A&O-Hostels in Berlin)
Joachimstaler Str. 1-3
(030) 80 94 7 - 53 00
www.aohostels.com
S/U Zoologischer Garten

Besonders
Hotel Q!
Design-Hotel nahe Kudamm
Knesebeckstraße 67 (Charlottenburg)
(030) 81 00 66-0
www.loock-hotels.com
S Savigny-Platz

TOURISTEN-INFORMATION
Die Berlin Tourismus Marketing GmbH (BTM) betreibt mehrere Infoläden (BERLIN infostores). Neben Hotel-Reservierungen, Veranstaltungs- und Ticketservice sowie der Vermittlung von Stadtführungen gibt es dort auch Berlin Souvenirs zu kaufen.

BTM Call Center: (030) 25 00 25
Mo–Fr 9–20, Sa/So/Fei 10–18 Uhr
Berlin im Internet:
www.berlin.de
www.visitberlin.de

BERLIN infostores
Im Hauptbahnhof
Erdgeschoss/Eingang Europaplatz
Tgl. 8–22 Uhr

Im Neuen Kranzler Eck
Kurfürstendamm 21 (Passage)
Mo–Sa 10–20, So 10–18 Uhr
(Apr.–Okt. länger)
U Kurfürstendamm

Im Brandenburger Tor
Pariser Platz (südliches Torhaus)
Tgl. 10–18 Uhr (Apr.–Okt. länger)
S/U Brandenburger Tor

Im ALEXA Shopping Center
Nahe Alexanderplatz
Grunerstraße 20 (EG)
Mo–Sa 10–20 Uhr (Apr.–Okt. länger)
S/U Alexanderplatz

Klima/Reisezeit

Während der Sommermonate liegen die durchschnittlichen Höchsttemperaturen bei 22–23°C, im Winter bei 2–3°C. Zwar genießen die hartgesottenen Berliner ihren Caffè Latte schon bei den ersten Sonnenstrahlen im Februar und März im Freien, wirklich angenehm wird es aber erst ab Mai. Das Leben spielt sich dann in Straßencafés, Biergärten, Parks und den zahlreichen Seen des Berliner Umlandes ab. Auf mehr als 30°C steigt das Thermometer aber auch in den Sommermonaten selten. Auch die Niederschlagswerte sind im Jahresdurchschnitt gemäßigt. Allerdings lassen im Winter eisige Ostwinde die Temperaturen öfters in den Minusbereich klettern, Schnee und Eis sind auch über längere Zeiträume nichts Ungewöhnliches.

Unterwegs in Berlin

Öffentliche Verkehrmittel

In Berlin kommt man mit U- und S-Bahnen, Bussen und Straßenbahnen (Trams) 24 Stunden am Tag überall hin. In der Innenstadt fahren die U- und S- Bahnen tagsüber im 5-10 Minutentakt, ab 1 Uhr verkehren Nachtbusse und -trams. Am Wochenende sind die meisten U-Bahnlinien sogar durchgehend in Betrieb. Fahrpläne und eine Darstellung des Berliner Liniennetzes hängen an allen Haltestellen aus, Netzpläne gibt es außerdem in den Verkaufsstellen der Berliner Verkehrsbetriebe (BVG).
Fahrplanauskunft:
(030) 19 44 9, www.bvg.de
Vom Handy: mobil.BVG.de
iPhone-App: FahrInfo Berlin (kostenlos)

Tipp: Persönliche Fahrplanauskunft auch an den BVG-Infosäulen in Bahnhöfen

Tickets & Tarife
Berlin und Umgebung ist in 3 Tarifzonen eingeteilt. Zone A umfasst den Innenstadtbereich, begrenzt durch den S-Bahn-Ring, Zone B endet an Berlins Stadtgrenzen und Zone C erstreckt sich ins nahe Umland Berlins, wo etwa Potsdam oder der Flughafen Schönefeld liegen.

Für die verschiedenen Verkehrsmittel muss nur ein Ticket gelöst werden, erhältlich sind sie in den Verkaufsstellen von BVG und S-Bahn, in vielen Bahnhöfen oder an einem Fahrkartenautomaten auf dem Bahnsteig. Kinder von 6–14 Jahren fahren zum Ermäßigungstarif, jüngere Kinder benötigen keinen Fahrschein. Welche Ticketoption bei einem Berlinbesuch die günstigste ist, hängt meist von der Aufenthaltsdauer ab.

Tarifübersicht (Stand: Juni 2010)
Einzelfahrschein AB: 2,10 € / ermäßigt 1,40 €
Einzelfahrschein ABC: 2,80 € / ermäßigt 2 €
4-Fahrten-Karte AB: 8 € / ermäßigt 5,30 €
Kurzstrecke (drei Stationen mit U-Bahn und/ oder S-Bahn, 6 mit Bus und Tram, umsteigen erlaubt): 1,30 € / ermäßigt 1 €
Tageskarte AB (gültig bis zum Folgetag 3 Uhr): 6,10 € / ermäßigt 4,40 €
Tageskarte ABC: 6,50 € / ermäßigt 4,80 €
7-Tage-Karte AB: 26,10 € (mit Zone C: 32,30 €)

Tickets speziell für Touristen
Mit Rabatten bei bestimmten Attraktionen. Erhältlich an BVG- und S-Bahn-Verkaufsstellen sowie in über 300 Berliner Hotels.

Berlin CityTourCard AB (48 Stunden): 15,90 € (mit Zone C: 17,90 €)
Berlin CityTourCard (72 Stunden): 21,90 € (mit Zone C: 23,90 €)
Berlin CityTourCard (5 Tage): 28,90 € (mit Zone C: 33,90 €)
Berlin WelcomeCard (Ermäßigung bei über 150 Berliner Highlights): Wie Berlin CityTourCard, kostet jeweils einen Euro mehr.

Taxis

Taxis warten an vielen Taxiständen, man kann sich aber auch einfach ein Taxi heranwinken (wenn das Taxizeichen leuchtet ist das Taxi frei).

Spartipp: Kurzstreckenpauschaltarif (2 km) (Gilt nur beim Heranwinken eines Taxis und nicht automatisch, der Gast muss vor Fahrtbeginn Bescheid geben, nach 2 km übernimmt das Taxometer zum Normaltarif)

Taxirufnummern
City-Funk Taxi:
(030) 21 02 02, www.cityfunk.de
Funk Taxi Berlin:
(08 00) 26 10 26, www.funktaxi-berlin.de
Quality Taxi:
(0800) 63 00 00, www.qualitytaxi.de
Würfelfunk:
(030) 21 01 01, www.wuerfelfunk.de
TaxiFunk Berlin:
(030) 44 33 22, www.taxifunkberlin.de

Umwelttipp: Taxiservice (8–20 Uhr) für Einzelreisende im energieeffizienten Smart: (030) 40 53 26 10, www.futurecab.com

Fahrrad-Taxi
Von März bis Oktober fahren Fahrradrikschas zwischen 10 und 19 Uhr und befördern bis zu 2 Erwachsenen und einem Kind (bis 6 Jahren). Wie gewöhnliche Taxis kann man sie heranwinken oder telefonisch buchen. Den Fahrpreis spricht man vor Fahrtbeginn ab, generell kostet der erste Kilometer 5 €, jeder weitere 3 €. Auch Stadtrundfahrten sind möglich.
BikeTaxi Ruf: (030) 93 95 83 46,
www.biketaxi.de

Fahrradverleih
Berlin ist eine Fahrradstadt. Es gibt vielerorts extra Fahrradspuren, -ampeln und sogar eine spezielle Beschilderung für Radler, die verkehrsgünstige und sichere Routen mit Kilometerangaben aufzeigt. Außerdem ein nicht zu unterschätzender Vorteil: Berlin ist Flachland. Fahrradleihmöglichkeiten gibt es in vielen Bezirken.

Tipp: Fahrradroutenplanung mit vielen Optionen unter www.bbbike.de

Fahrradstation GmbH
(01 80) 5 10 80 00, www.fahrradstation.de
Stadtrad/Mountainbike: Stunde 5 €, Tag 15 €
3 Filialen in Berlin-Mitte, außerdem in Kreuzberg, Charlottenburg und im Prenzlauer Berg.

Dorotheenstraße 30, Mitte
(030) 28 38 48 48
S/U Friedrichstraße

Auguststraße 29a, Mitte
(030) 22 50 80 70
U Rosenthaler Platz

Leipziger Straße 56, Mitte
(030) 66 64 91 80
U Hausvogteiplatz, U Spittelmarkt

Take a Bike
Neustädtische Kirchstr. 8 (Mitte)
(030) 20 65 47 30

www.takeabike.de
S/U Friedrichstraße
Preise: 2 Stunden 6 €, 4 Stunden 8 €,
Tag 12,50 €
Tgl. 9–19.30 Uhr

Call a Bike der Deutschen Bahn AG
Innerhalb des S-Bahn-Rings stehen an größeren Straßenkreuzungen von März bis Dezember Fahrräder der Deutschen Bahn: Anmeldung mit Kreditkarte, dann Anruf einer Telefonnummer am dem Wunsch-Fahrrad, Code eingeben und los.
Servicehotline: (0 70 00) 5 22 55 22 (12,6 bzw. 6,3 ct/Min), www.callabike.de
Preise: 8 ct pro Minute (mit BahnCard 6 ct), 24 Stunden 9 €

Auto
Die großen Mietwagenanbieter sind in den Flughäfen der Fernbahnhöfen vertreten. Eine Liste aller Anbieter in Berlin gibt es unter www.berlin.de.

Spartipp: Eine Mietwagenabholung in Filialen jenseits touristischer Anziehungspunkte ist häufig erheblich günstiger

GEFÜHRTE STADTTOUREN
Man kann Berlin auf jede nur erdenkliche Weise kennenlernen – zu Fuß oder mit dem Fahrrad, individuell oder in Gruppen, mit Bus, Bahn oder aus der Luft – und dabei spezialisiert auf Themen wie Mauergeschichte, jüdisches Leben, Mode, Architektur und vieles mehr. Neben der Auswahl unten bietet der thematische Stadtführungskalender unter www.berlin.de hilfreiche Übersicht.

Stadtrundfahrten per Rundfahrtbus
CityCircle Stadtrundfahrt
Zusammenschluss mehrer Anbieter,
Kontakt (u. a.):
(030) 88 56 80 30
www.berolina-berlin.com
2-stündiger Rundkurs vom Kurfürstendamm 220 bis zum Schloss Charlottenburg, Ein- und Ausstieg an 14 Stationen
Von 10–17 Uhr im 15-Minutentakt
20 €, Halbtagesticket (bis 13.30 Uhr) 15 €

Berliner Stadtrundfahrt Serverin und Kühn
Kurfürstendamm 216 (Charlottenburg)
(030) 8 80 41 90
www.berlinerstadtrundfahrten.de
3-stündige Stadtrundfahrt mit Live-Kommentar (19 €), Ausflüge nach Potsdam und in den Spreewald
U Uhlandstraße

Stadtspaziergänge
Stadtführungen in Berlin – Constanze Haselbauer
(030) 204 515 33
www.stadtführungen-in-berlin.de
Individuelle und unterhaltsame Spaziergänge und Rundfahrten für Einzelpersonen und Gruppen mit den Schwerpunkten Geschichte und Architektur. Alle Touren werden speziell nach Ihren Interessen und Wünschen gestaltet - nicht nur in Berlin, auch in Potsdam und im Brandenburger Umland.

Stattreisen Berlin
(030) 455 30 28
www.stattreisenberlin.de
Ab 9,50 € / 7 €
Über 70 Spaziergänge in Berlin und Potsdam, individuell oder als Gruppe, von historischen zu literarischen, über Kiez- und Friedhofführungen bis hin zu Stadtralleys

Rosemarie Köhler
Kulturhistorische Führungen, Friedhöfe
(030) 8 32 51 01, www.rosemariekoehler.de

art:berlin
Oranienburger Str. 32, Heckmann Höfe (Mitte)
(030) 28 09 63 90
www.artberlin-online.de
9 € / 7 € (Tickets auch in den BERLIN infostores)
Eine Vielzahl von Spezialtouren etwa zu Architektur, Kunst, Mode, Literatur, Kiez- und Hinterhofleben der Stadt
S Oranienburger Straße oder
U Oranienburger Tor

Berliner Autoren Führungen
Große Hamburger Straße 29 (Mitte)
(030) 2 82 58 77
www.berliner-autoren-fuehrungen.de
9 € / 7 €
Unterschiedliche Treffpunkte je nach Tour
Spaziergänge auf den Spuren Berliner Schriftsteller

Rundflüge
Air Service Berlin
Im Terminal C am Flughafen Berlin-Schönefeld
(030) 53 21 53 21
www.air-service-berlin.de
Ab 179 €
Rundflüge im Helikopter, im berühmten Rosinenbomber, im Heißluftballon

Schiffstouren
Es gibt in Berlin zahlreiche Reedereien, die im Sommer fast stündlich Rundfahrten durch die Innenstadt anbieten, Fahrkarten ab 8 €. Außerdem gibt es (Tages)-Touren zum Wannsee und ins Berliner Umland.

City-Hauptanlegestellen:
- Jannowitzbrücke
- Schloßbrücke
- Dom/Museumsinsel
- Weidendammer Brücke

Stern und Kreisschiffahrt
(030) 53 63 60-0
www.sternundkreis.de

Reederei Riedel
(030) 693 46 46
www.reederei-riedel.de

Alle Berliner Reedereien, Fahrrouten und Fahrpläne unter www.reederverband-berlin.de.

Fahrradtouren
Berlin on bike
Knaackstraße 97 (Prenzlauer Berg)
(030) 43 73 99 99
www.berlinonbike.de
ab 18 €/16 € (inklusive Leihrad)
Verschiedenste Touren zu den Hauptsehenswürdigkeiten, Überblickstour, daneben Spezialtouren zur Mauergeschichte, Berliner Osten und Kreuzberg
U/Tram Eberswalder Straße

Stadt und Rad
Hardenberg Platz 9–11
(030) 68 83 62 17
www.stadtundrad.de
ab 18 € / 16 € (inklusive Leihrad)
4,5-stündige City Tour (ohne Reservierung) und Potsdam Tagestour, auch private Touren
S/U Bahnhof Zoo

Der besondere Tipp
Berliner Unterwelten
Brunnerstraße 105 (Wedding)
(030) 49 91 05 18
www.berlinerunterwelten.de
ab 9 € / 7 €
Die Gesellschaft zur Erforschung und Dokumentation unterirdischer Bauten e.V. führt in geschichtsträchtige Bunker, Keller und U-Bahnschächte
S Gesundbrunnen

Trabi-Safari
Ecke Wilhelmstraße/Zimmerstraße
(030) 27 59 22 73
www.trabi-safari.de
Berlin-Tour in der legendären Rennpappe, über Funk gibt es Erläuterungen zu den Sehenswürdigkeiten
Ab 30 €, drei Routen, Schwerpunkt DDR und Mauer
U6 Bahnhof Kochstraße

City Segway Tours
Panorama Str. 1a (Mitte)
(030) 24 04 79 91
www.citysegwaytours.com
67 €
4-stündige City Tour
S/U Alexanderplatz

RESTAURANTS
In Berlin Mitte
Grill Royal
Cool und kulinarisch, mit hohem Promi-Faktor. Friedrichstr. 105b, (030) 28 87 92 88, www.grillroyal.com, U Friedrichstraße

Restaurant Zur letzten Instanz
Deutsche Küche der gehobenen Art in einem Altstadthaus, auch Promis waren schon hier, Reservierung empfohlen. Waisenstr. 14–16, Mo–Sa 12–1 Uhr, (030) 2 42 55 28, www.zurletzteninstanz.de, U Klosterstraße

Restaurant Borchardt
Hier treffen sich Promis zum Abendessen. Französische Straße 47, (030) 81 88 62 30, www.borchardt-catering.de, S Französische Straße

Fassbender & Rausch
Ein kleines Café bietet schokoladige Leckereien, im ersten Stock gibt es sogar ein richtiges Schokoladenrestaurant. Charlottenstraße 60, Mo–Sa 10–20, So 11–20 Uhr, www.fassbender-rausch.de,
U Französische Straße

CURRYWURST

Berühmte Berliner Spezialität. Erfunden wurde die Berliner Spezialität von Herta Heuwer, die eine Wurstbude an der Kaiser-Friedrich-Straße betrieb. 1949 reichte sie ihr Rezept beim Patentamt ein. Sie nannte ihre Soße aus Tomatenmark, Chili und geheimen Gewürzen „Chillup". Es gibt mehrere berühmte Currywurst-Buden in Berlin, und es gibt Unterschiede in den Vorlieben bei Ost- und Westberlinern. Während der Ostberliner meist die Wurst ohne Darm bevorzugt, gilt für viele Westberliner „Wurst ohne Darm ist wie Ringen ohne Arm". Das Entscheidende ist aber die Soße: Man darf auf keinen Fall nur popeligen Ketchup dazu nehmen, sondern jeder Wurstbrater, der etwas auf sich hält, entwickelt seine eigene Rezeptur.

2009 feierte die Currywurst ihren 60. Geburtstag. Als Geschenk gab es gleich ein ganzes Museum. Im Deutschen Currywurst-Museum in Berlin-Mitte gibt es jede Menge Informationen über diese Berliner Erfindung und man kann sich auch mal in eine echte Currywurstbude stellen und selbst die (Plastik-)Würste drehen (▶ Seite 154).

Restaurant Tucher
Eines der schönsten Leselokale Berlins: Auf der Galerie kann man es sich bei einem Glas Wein mit einem Buch gemütlich machen, das man aus den langen Bücherregalen auswählt. Wer nicht bis zum Ende kommt, kann es beim Kellner erwerben – eine antiquarische Buchhandlung sorgt für Nachschub.
Pariser Platz 6, (030) 22 48-94 64, www.thementeam.de, S/U Brandenburger Tor

Sarah-Wiener Restaurant Das Speisezimmer
In den Gebäuden der ehemaligen Lokomotivfabrik. Ein Blick auf die Wandbilder im Häuser-Durchgang lohnt, sie stammen aus der Zeit, als hier die VEB Tiefbau ansässig war!
Chausseestraße 8, (030) 8 14 52 94 30, www.sarahwieners.de. U Oranienburger Tor

Charlottenburg
Ristorante Bacco
Hier ließ sich u. a. Luciano Pavarotti mit Spezialitäten der toskanischen Küche verwöhnen.
Marburger Straße 5. (030) 211 86 87, www.bacco.de, U Kurfürtendamm

Restaurant Balthazar
Im exquisiten Restaurant des Fünf-Sterne-Hotels Louisa's Place kann man auch gut als Single speisen: am „Balthazar-Tisch" genießen Einsame gemeinsam ein (bis zu) 12-gängiges Menü.
Kurfürstendamm 160, (030) 89 40 84 77, www.balthazar-restaurant.de, U Adenauerplatz

Café-Restaurant Wintergarten im Literaturhaus Berlin
Kaffee, Kuchen und kleine Speisen im wunderschönen Ambiente einer Gründerzeitvilla mit Wintergarten. Der Sommergarten bietet romantische Idylle und Ruhe vom Rummel des Ku'damms. Fasanenstraße 23, (030) 88 72 86-0, tgl. 9.30–1 Uhr, U Uhlandstarße

Prenzlauer Berg
Metzer Eck
Seit über 90 Jahren gibt es schon das „Metzer Eck", eines der bekanntesten Promi-Restaurants Ost-Berlins. Hierher kam alles, was in der DDR-Kunstszene Rang und Namen hatte. Das blieb auch nach der Wende so, trotz „Borchardts" und ähnlicher Etablissements mit gehobener Küche: Wer deftige Berliner Küche liebt, ist hier genau richtig, auch wenn er kein „Promi" ist. Metzer Straße 33, Mo-Fr 16-1Uhr, Sa 18-1Uhr; (030) 442 76 56, www.metzer-eck.de, U Senefelder Platz

I Due Forni
Die Pizzen sind hervorragend, die Atmosphäre in dem großen Saal sehr italienisch. Abends und am Wochenende unbedingt reservieren. Schönhauser Allee 12, (030) 44 01 73 33, U Senefelder Platz

Tiergarten
Restaurant Käfer im Reichstag
kaeferreservierung.berlin@feinkost-kaefer.de. Nicht ganz billig, aber das Essen ist gut und die Aussicht toll. Und man kann den Seiteneingang (Behinderteneingang rechts vom Haupteingang) nutzen und muss nicht anstehen. (030) 22 62 99-33, Fax (030) 22 62 99-43, U Bundestag

Kreuzberg
E.T.A. Hoffmann
Hier kocht Thomas Kurt im „E.T.A. Hoffmann", dem der Gault Millau 2007 15 Punkte verlieh, nicht ohne zu versichern, dass man danach „glücklich nach Hause" gehen würde. Man koche mit „badisch-französischem Einschlag und das auch zu allerchristlichsten Preisen.".
(Mi-Mo ab 17Uhr (030-78 09 88 09, www.restaurant-e-t-a-hoffmann.de, U Mehringdamm

Türkisches Restaurant Hasir
Mit einer Dönerbude hat das Hasir nicht viel gemein, auch wenn der Döner hier um die Ecke erfunden wurde. Im Gegenteil, die Besitzer präsentieren die Vielfalt der türkischen Küche, und das sehr erfolgreich. Mittlerweile gibt es sechs Filialen. Reservierung empfohlen. Adalbertstr. 10 (Ecke Oranienstraße), (030) 6 14 23 73, www.hasir.de, U Kottbusser Tor

Die Henne
Hier gibt es das unbestritten beste Milchmasthähnchen der Stadt, dazu anhand zahlreicher Fotos eine Lektion in Berliner Mauer-Geschichte. Reservierung empfohlen. Leuschnerdamm 25, Di--Sa ab 19, So ab 17 Uhr, (030) 6 14 77 30), www.henne-berlin.de, U Kottbusser Tor

Tomasa
Die alte Villa wurde sehr schön hergerichtet und ist heute für viele beliebter Treffpunkt nicht nur für den Sonntagsbrunch. Kreuzbergstraße 62, geöffnet So-Do von 9-1Uhr, Fr/Sa bis 02.00 Uhr, (03) 81 00 98 85, www.tomasa.de, U Mehringdamm

Casino Rathaus Kreuzberg
Preiswert mit Aussicht: Wer unter der Woche unterwegs ist und sich noch ein bisschen mehr von Berlin ansehen möchte, sollte seine Schritte ins Rathaus Kreuzberg lenken: Im 10. Stock bietet das „Casino" von Montag bis Freitag Frühstück, Mittagessen oder Kaffee und Kuchen für alle. Keine Haute Cuisine, aber reichlich und preiswert. Und die tolle Aussicht gibt's gratis dazu! 7-15 Uhr, Yorckstraße 4, (030) 251 63 46, www.kantine-kreuzberg.de, U Mehringdamm

Die berühmtesten Currywurststände

Curry 36. „Curry rot-weiß" fast rund um die Uhr, Mo-Fr 9-4 Uhr, Sa 10-4 Uhr, So 11-3Uhr; www.curry36.de, Kreuzberg, U Mehringdamm

Konnopkes Imbiss. Currywurst nach ostberliner Art, natürlich ohne Darm, Mo-Fr 6-20Uhr, Sa 12-19Uhr; www.konnopke-imbiss.de, Prenzlauer Berg, U Eberswalder Straße

KNEIPEN & BARS
Mitte
Broker's Bierbörse am Schiffbauerdamm
Hier steigt und fällt der Bierpreis je nach Nachfrage.
Schiffbauerdamm, S/U Friedrichstraße

Ständige Vertretung (StäV)
Bekanntes Promi-Lokal mit rheinischen Originalen, hier werden notleidende Exilanten aus dem Rheinland mit Kölsch und rheinischen Spezialitäten versorgt, Ecke Schiffbauerdamm/ Albrechtstraße. S/U Friedrichstraße

Bar Reingold
Die Bar ist seit über zehn Jahren Anlaufpunkt für Partygänger. Novalisstraße 11 (auch über den Durchgang zwischen den Gebäuden der ehemaligen Lokfabrik erreichbar), (030) 28 38 76 76, www.reingold.de, U Oranienburger Tor

Charlottenburg
Ambiente Take Five
Gepflegte Bar mit kleinem Biergarten vor dem Haus, Kurfürstendamm 133, tgl. 17-2 Uhr, Sa/So open end. S Halensee

Bar Atelier
Cocktailbar mit sehr kleiner Tanzfläche und ein beliebter Ort nach Diskobesuchen Katharinenstraße 1, tgl. 18–5 Uhr. S Halensee

Bistro-Café Inside
Hier trifft man Frühaufsteher, Nachtarbeiter und diejenigen, die einfach nicht nach Hause wollen... Kurfürstendamm 130, tgl. 16–8 Uhr, durchgehend warme Küche. S Halensee

Beersaloon
Country und Schlager als Live-Musik, donnerstags Karaoke-Wettbewerb. Die zahlreichen Biersorten helfen offenbar, Hemmschwellen und Selbstzweifel zu senken, Kurfürstendamm 225, U Kurfürstendamm

Tiergarten
Bar am Lützowplatz
Feinste Cocktails und die längste Theke Berlins, Tgl. 17–4 Uhr, (030) 2 62 68 07, www.baramluetzowplatz.com, U Nollendorfpaltz

Trompete
Hausbar von Ben Becker (ist auch Miteigentümer) in der ehemaligen Spielstätte von Wolfgang Neuss. Auftrittsort für Newcomer-Bands,. Lützowplatz 9 , Do ab 18, Fr/Sa ab 22 Uhr, (030) 23 00 47 94, www.trompete-berlin.de, U Nollendorfplatz

Prenzlauer Berg
Kulturbrauerei
In der Alten Kantine und im Kesselhaus finden wechselnde Veranstaltungen statt, es gibt auch diverse Klubs. Am bekanntesten ist der Frannz-Klub mit Restaurant, den es schon zu DDR-Zeiten gab. In der Weihnachtszeit gibt es einen sehr schönen „Lucia-Markt", der skandinavischer Tradition folgt (Infos zu allen Einrichtungen: (030) 44 31 51 41, www.kulturbrauerei-berlin.de, U Eberswalder Straße

Kreuzberg
Möbel-Olfe
Kneipe in einem ehemaligen Möbelladen, Treffpunkt besonders der schwulen Szene. Eingang im Durchgang des NKZ, Di–So ab 18 Uhr, (030) 23 27 46 90, www.moebel-olfe.de, U Kottbusser Tor

Cocktailbar Würgeengel
Dresdner Straße 122, tgl. ab 19 Uhr, (030) 6 15 55 60, www.wuergeengel.de, U Kottbusser Tor

Die Rote Harfe
Einstmals als Bierkneipe berühmt-berüchtigt, ist es dort heute etwas ruhiger geworden, aber es wird immer noch Hard Rock gespielt (030) 618 44 46, www.roteharfe.de, U Kottbusser Tor

Orient Lounge
Hier kann man zu ruhigen Klängen auch mal eine Wasserpfeife rauchen (030) 69 56 67 62, www.orient-lounge.com, Oranienstraße 13, U Kottbusser Tor

Zum Elefanten
Bekannt aus „Herr Lehmann" oder „Liebling Kreuzberg" und seit über 30 Jahren ein Familienbetrieb mit entsprechender Atmosphäre. Raucherkneipe (ab 18 Jahren).(030) 6 12 30 13, zum-elefanten.de, U Kottbusser Tor

Yorckschlösschen
Seit Jahrzehnten ist das Yorckschlösschen als Jazz- und Künstlerkneipe bekannt. Es gibt regelmäßig Livemusik aus dem Bereich des Rhythm & Blues sowie des New Orleans Jazz. Täglich 10- 3 Uhr, Mitte Oktober bis Mitte April 17-3 Uhr, So immer ab 10 Uhr, Frühstück

So 10-15 Uhr (030) 215 80 70, Yorckstraße 15, www.yorckschloesschen.de, U Mehringdamm

BIERGÄRTEN UND STRANDBARS

Prater
Traditionsreicher Biergarten in Prenzlauer Berg, April bis September bei schönem Wetter täglich ab 12.00 Uhr; Telefon: (030) 448 56 88, www.pratergarten.de, Kastanienallee, U Eberswalder Straße

Strandbar Mitte im Monbijoupark
Direkt am Spreeufer, eine der schönsten Strandbars Berlins: Feiner weißer Sand und Liegestühle laden zum Verweilen ein, der Blick aufs Wasser und das gegenüberliegende Bode-Museum inklusive. S Hackescher Markt.

Weitere Strandbars entlang der Spree.

NACHTLEBEN

Maxxim-Club
Abtanzen in edel umgestalteten Räumen einer ehemaligen Polizeiwache. Mittwochs gibt es die Neuauflage der berühmten Far Out-Partys. Im UG befindet sich das berühmt-berüchtigte Kneipendorf Kudorf.. Charlottenburg, Joachimstaler Straße 15, (030) 41 76 62 40, www.maxxim-berlin.de, U Kurfürstendamm

40 secoonds
Spektakulärer Ausblick auf den Potsdamer Platz zu House und R'n'B. Fr/Sa ab 23 Uhr, (030) 89 06 42 20, www.40seconds.de, Eingang in der Potsdamer Straße 58, Reservierung empfohlen, U Kurfürstenstraße

Clubrestaurant Felix
Einer der angesagtesten Clubs Berlins. Hier trifft sich alles, was in der Unterhaltungsbranche Rang und Namen hat (oder zu haben glaubt). Mittwochs Jazz, sonst meist House. Gute Einlass-Chancen, besonders, wenn man sich zum Essen anmeldet Behrenstrasse 72, 10117 Berlin, Club: Mo, Do–Sa, Restaurant: Do–Sa 19–22.30 Uhr, moderne italienische Küche, (030) 2 06 28 60, www.felix-clubrestaurant.de, direkt neben dem Ausgang der Akademie der Künste, S/U Brandenburger Tor

SternRadio
im Haus des Reisens am Alexanderplatz, im EG: Fr/Sa, (030) 2 46 25 93 20, www.sternradio-berlin.de, S/U Alexanderplatz

Week-End
Im Haus des Reisens am Alexanderplatz, im 12. Stock: Di, Mi, So ab 20 Uhr, Fr/Sa ab 23 Uhr, S/U Alexanderplatz

Tresor
(heute im alten Heizkraftwerk Köpenicker Straße). Mitte, U Heinrich-Heine-Straße

PrivatClub
Morbider Charme in den Kellerräumen einer Eisenbahn-Markthalle, Pücklerstraße 34, (0179) 7 87 35 54, www.privatclub-berlin.de, U Görlitzer Bahnhof

Spindler & Klatt
Edles Club-Restaurant in der ehemaligen Heeresbäckerei, Blick auf die Spree inklusive, Köpenicker Straße 16–17, (030) 69 56 67 75, www.spindlerklatt.com, U Heinrich-Heine-Straße

Tanzen in der Kalkscheune
Sa entweder „Die Schöne Party" oder „Ma-Baker Club", Johannisstraße 2 (direkt hinter dem Friedrichstadtpalast), (030) 59 00 43 40, www.schoeneparty.de, www.mabaker.de, Karten auch im Vorverkauf, U Oranienburger Tor

Rodeo Club
Auguststraße 5 (Eingang vom Hof), Fr/Sa ab 20 Uhr, (0163) 1 62 01 68, www.rodeo-berlin.de, U Oranienburger Tor

Clärchens Ballhaus
Auguststraße 24–25, (030) 2 82 92 95, www.ballhaus.de, S Oranienburger Straße

Klub Bangaluu
An der Invalidenstraße (fast genau gegenüber den Edison-Höfen) der bei seiner Eröffnung Schlagzeilen machte, weil dort „Essen im Liegen" geboten und Naomi Campbell dort aufgetaucht sein sollte (die vermutlich nichts gegessen hat). Nach Betreiberwechsel wird das Essen so nicht mehr angeboten, auch die „Partypeople" sind nicht mehr so exquisit; das Türmanagement soll sehr launisch sein, heißt es. Der Eingang ist im ehemaligen Postgebäude in der Straße Am Nordbahnhof, (030) 8 09 69 30 77, www.bangaluu.com, S Nordbahnhof

Die Hafenbar
Wer den Abend ausgelassen beschließen möchte, dem sei das kleine Häuschen in der Chausseestraße 20 empfohlen: war schon zu DDR-Zeiten eine der beliebtesten Tanzbars

Ost-Berlins und ist es auch heute noch. Freitags gibt es ab 21.00 Uhr „Die SchlagerParty" (strictly Deutsch), sonnabends ab 22.00 Uhr die „AhoiSause", die international daher kommt. Ein Spaß für alle Altersgruppen! Mitte, Chausseestraße 20, (030) 2 82 85 93, www.hafenbar-berlin.de, U Naturkundemuseum

Ballhaus Berlin
Hier lässt sich noch echte Vorwende-Atmosphäre schnuppern: Tischtelefone erleichtern die Kontaktaufnahme, für Männer besteht Sakkozwang, Chausseestraße 102 im Hinterhof, Fr/So ab 21 Uhr, (030) 282 75 75, www.ballhaus-berlin.de, U Naturkundemuseum

MUSEEN, SAMMLUNGEN & GEDENKSTÄTTEN (AUSWAHL)

Eine Liste aller Berliner Museen und Sammlungen mit Adressen, Öffnungszeiten und Eintrittspreisen findet man unter www.smb.spk-berlin.de.

Spartipp: Mit der 3-Tage-Karte SchauLUST-Museen BERLIN für 19 € / ermäßigt 9,50 € kann man an drei aufeinander folgenden Öffnungstagen über 70 Berliner Museen und Sammlungen besuchen. Erhältlich in den BERLIN infostores (▶ Seite 263) und an vielen Hotelrezeptionen.

Museen auf der Museumsinsel (▶ Seite 27)
Altes Museum
Tgl. 10–18 Uhr, Do bis 22 Uhr
Alte Nationalgalerie
Di–So 10–18 Uhr, Do bis 22 Uhr
Neues Museum
Achtung! Kartenverkauf am kleinen Container an der Brücke. Aus Sicherheitsgründen erhalten nur 250 Personen pro Stunde Zutritt ins Museum (Aufenthalt unbegrenzt). Es gibt 30-Minuten-Tickets, die aber schnell ausverkauft sind. Sicherer und bequemer ist die Buchung im Internet: www.smb.de.
Pergamonmuseum
Tgl. 10–18 Uhr, Do bis 22 Uhr
Bode-Museum
Tgl. 10–18 Uhr, Do bis 22 Uhr

Bauhausarchiv – Museum für Gestaltung
Mi–Mo 10–17 Uhr, Mi, Do, Fr 6 € / 3 €, Sa 7 € / 4 €, Klingelhöferstraße 14, (030) 25 40 02 0, www.bauhaus.de, U Nollendorfplatz

Berlinische Galerie
Mi–Mo 10–18 Uhr, 6 €/ 3 €, Alte Jakobstraße 124-128, (030) 78 90 26 00, www.berlinischegalerie.de, U Kochstraße

Bertolt-Brecht-Haus
Di–Sa 10–16, So 11–18 Uhr, Besichtigung nur mit Führungen (max. 8 Personen) alle 30 Min. (So alle 60 Min.), 5 € / 2,50 €, Chausseestraße 125 , (030) 2 00 57 18 44. Im „Kellerrestaurant" wird (angeblich) nach Rezepten von Helene Weigel gekocht (tgl. ab 18 Uhr, (030) 2 82 38 43, U Oranienburger Tor

Checkpoint Charlie-Museum
Seit 1963 werden direkt am Grenzübergang gelungene und missglückte Fluchtversuche dokumentiert, z. B. mit Ballons, umgebauten Autos und sogar einem Mini-U-Boot. Kreuzberg, Friedrichstraße 43-45, tgl. 9–22 Uhr, 12,50 € / 9,50 €. U Kochstraße

Dali-Museum
Seit 2009 gibt es hier über 400 Werke des spanischen Surrealisten und Exzentrikers zu bestaunen Leipziger Platz 7, Mo–Sa 12–20, So 10–20 Uhr, 11 € / 9 €, www.daliberlin.de, S/U Potsdamer Platz

DDR-Museum
Hier wird Alltagskultur aus 40 Jahren DDR auf engstem Raum gezeigt. Wer schon immer mal das wahre Trabant-Gefühl erleben wollte, kann hier Probe sitzen. Mo–So 10–20 Uhr, Sa bis 22 Uhr, 5 € / 3 €, (030) 84 71 23 73-1, Karl-Liebknecht-Straße 1, Eingang: Spreepromenade, Treppe rechts vor der Liebknechtbrücke.

Deutsches Currywurst-Museum
Alles Rund um diese Berliner Spezialität, man kann sich sogar in eine echte Currywurstbude stellen.
Schützenstraße 70, tgl. 10–22 Uhr, 11 € / 8,50 € / 7 €, (030) 88 71 86 47, www.currywurstmuseum.de, U Stadtmitte

Deutsches Historisches Museum (▶ Seite 45)
Tgl. 10–18 Uhr, 5 €, bis 18 Jahren freier Eintritt, Unter den Linden 2, (030) 203 04-0, www.dhm.de

Deutsches Technikmuseum Berlin
Die Kulturgeschichte der Verkehrs-, Kommu-

Museen, Sammlungen & Gedenkstätten

nikations-, Produktions- und Energietechniken wird hier lebendig und nachvollziehbar. Kreuzberg, Trebbiner Straße 9, (030) 90 254-0, U Gleisdreieck

Erotik-Museum
Über 5000 Erotika aus aller Welt und aus über zwei Jahrtausenden: Nippes, Bilder, Zeichnungen – alles Mögliche und Unmögliche. Ein Weiterbildungsangebot der ganz besonderen Art, dass jedes Jahr 120 000 Besucher anzieht. Tgl. 9–24 Uhr, 5 € / 4 €. Joachimstaler Straße 4, S/U Zoologischer Garten

Gedenkstätte Deutscher Widerstand
Eine Dauerausstellung zeigt die vielfältigen Formen des Widerstands gegen die Nazis auf. Das Ehrenmal im Innenhof trägt die Inschrift: „Ihr trugt die Schande nicht, Ihr wehrtet Euch, Ihr gabt das große ewig wache Zeichen der Umkehr, opfernd Euer heißes Leben für Freiheit, Recht und Ehre". Mo-Mi, Fr 9–18, Do bis 20 Uhr, Sa/So 10–18 Uhr, Führungen So 15 Uhr, Eintritt frei. Tiergarten, Stauffenbergstraße 13 (030) 26 99 50-0, Bus M29

Gedenkstätte und Dokumentationszentrum Berliner Mauer
Das Dokumentationszentrum informiert über die Ursachen und die Chronik des Mauerbaus.
Bernauer Straße 111, 13355 Berlin, Apr.–Okt. Di–So 9.30–19 Uhr, Nov.–März 9.30–18 Uhr, Eintritt frei, (030) 4 67 98 66 66, www.berliner-mauer-dokumentationszentrum.de, S Nordbahnhof

Hamburger Bahnhof
Museum für Gegenwart, Di–Fr 10–18 Uhr, Sa 11–20 Uhr, So bis 18 Uhr, 12 € / 6 €, Invalidenstraße 50-51, (030) 39 78 34-0, www.hamburgerbahnhof.de, S Hauptbahnhof

Hanf-Museum
Das Museum möchte den Hanfanbau in Deutschland wieder salonfähig machen und informiert über die vielfältigen Möglichkeiten der Hanfverwertung. Mitte, Mühlendamm 5, Di–Fr 10–20, Sa/So 12–20 Uhr, 3 €

Jüdisches Museum Berlin
Das Jüdische Museum Berlin zählt zu den herausragendsten Museen in Europa. Kreuzberg, Lindenstr. 9, Kreuzberg, tgl. 10–20, Mo 10–22 Uhr, (030) 2 59 93-300, www.jmberlin.de U Hallesches Tor

Kulturforum
Di–So 10–18, Do bis 22 Uhr, Neue Nationalgalerie, Gemäldegalerie, Kunstbibliothek, Kunstgewerbemuseum und Kupferstichkabinett jeweils 8 € / 4 €, Do ab 18 Uhr frei (Preise gelten für die ständigen Ausstellungen) Potsdamer Straße, S/U Potsdamer Platz

Madame Tussauds Wachsfiguren-Kabinett
„Schauplatz des einzigen erfolgreichen Attentats auf Adolf Hitler", denn hier schlug ein Besucher 2008 dem Wachs-Hitler den Kopf ab. Unter den Linden 74, tgl. 10–19 Uhr, 19 € / 14 €.

Museum für Film und Fernsehen
Museum der Deutsche Kinemathek im Sony Center. Schwerpunkte der ständigen Ausstellung: Die Entwicklung der Berliner Filmindustrie und ihrer Stars
Di–So 10–18, Do bis 20 Uhr; 6 € / 4,50 € / 2 €. Tiergarten, Sony Center, www.deutsche-kinemathek.de, S/U Potsdamer Platz

Museum für Fotografie
2004 schenkte Fotograf Helmut Newton seiner Heimatstadt Berlin etwa 1000 Fotos und gab den Anstoß für das Museum. Di–So 10–18 Uhr, 6 €/ 3 €, Di–So 10–18 Uhr, Tiergarten, Jebensstraße 2, (030) 31 86 48 25, S/U Zoologischer Garten

Museum für Kommunikation
Leipziger Straße 17, Di–Fr 9–17, Sa/So/Fei 10–18 Uhr, 3 € / 1,50 €, (030) 20 29 40, U Stadtmitte

Museum The Kennedys
Seit seinem berühmten Satz „Ick bin ein Berliner" nimmt John F. Kennedy einen besonderen Platz im Gedenken der Berliner Bevölkerung ein. Wer die Aktentasche von JFK oder den Hut von Jackie Kennedy ansehen will, ist in diesem Museum richtig. Außerdem werden zahlreiche Originaldokumente und Briefe ausgestellt. Tgl. 10–18 Uhr, 7 € / 3,50 €, (030) 31 00 77 88, Pariser Platz 4, Eingang neben Starbucks, S/U Brandenburger Tor

Musikinstrumenten-Museum
Di–Fr 9–17, Do bis 22 Uhr, Sa/So 10–17 Uhr, 4 € / 2 €, Kinder bis 16 Jahren frei, Führungszuschlag 2 €, Tiergarten, Tiergartenstraße 1, (030) 254 81-0 S/U Potsdamer Platz

Sammlung Berggruen
Klassische Moderne, Charlottenburg, Schloß-straße 1, (030) 32 69 58 1, (030) 34 35 73 15, U Sophie-Charlotte-Platz

Sammlung Scharf-Gerstenberg
Hauptsächlich Surreale Kunst, Charlottenburg, Schloßstraße 70, (030) 34 35 73 15, U Sophie-Charlotte-Platz

Schwules Museum
Mi–Mo 14 bis 18 Uhr, Sa bis 19 Uhr, Eintritt 5 € /3 €, Kreuzberg, Mehringdamm 61 (030) 69 59 90 50, www.schwulesmuseum.de, U Mehringdamm

Story of Berlin im Kudamm-Karee
Ausstellung zur Geschichte Berlins, in zahlreichen Themenräumen wird die Entwicklung der Stadt bis heute dargestellt. Höhepunkt: Eine Führung durch den echten Atomschutzbunker, in den 70ern unter dem Kudamm-Karee erbaut. Mo–So 10–20, Einlass bis 18 Uhr, 9,30 € / 7,50 € / 3,50 €, Kurfürstendamm 207-208, (030) 8 87 20-100, www.story-of-berlin.de, U Uhlandstraße

Topografie des Terrors
Täglich 10-20 Uhr
Eintritt frei, Führungen nach Vereinbarung
Niederkirchnerstraße 8, www.topographie.de, (030) 25 45 09-50
U Potsdamer Platz/ U Kochstraße

BÜHNE UND MUSIK
Tagesaktuelles Programm in den Berliner Tageszeitungen und Stadtmagazinen (▸ Seite 279) und unter www.theaterportal.de.

Theater
Berliner Ensemble
Im Theater am Schiffbauerdamm, Kartenbestellung: (030) 28 40 81 55, www.berliner-ensemble.de. Man spielt Klassiker, zeitgenössische deutschsprachige Literatur und natürlich auch Brecht

Deutsches Theater
Kartenbestellung: (030) 28 44 12 25, www.deutschestheater.de. Breites Repertoire von klassischen deutschen Dramen über Schauspiele der Weltliteratur bis zur Gegenwart.

Hexenkessel Hoftheater im Monbijoupark
Am Spreeufer, nur im Sommer, www.hexenkesselhoftheater.de, Shakespeare-Stücke in lauen Sommernächten

Maxim-Gorki-Theater
Spielplan- und Restkartenansage: (030) 2 02 21-130, www.gorki.de

Varieté/Kabarett
Admiralspalast
Kartentelefon: (030) 47 99 74 99, www.admi-

ralspalast.de. Alle früheren Einrichtungen sollen nach und nach restauriert werden. So wird man hier irgendwann auch wieder mondän baden können.

Kabarett Berliner Brettl
Friedrichstraße 130 (in der Dreispitzpassage), (030) 68 80 93 00, www.berliner-brettl.de. Kabarett und Chansons im Restaurant „Die Falle" Neuer Friedrichstadtpalast
Kartenbestellung: (030) 23 26 23 26, www.friedrichstadtpalast.de

Kabarett Die Distel
Kartentelefon: (030) 2 04 47 04, www.distel-berlin.de

Kabarett Die Stachelschweine
Kartenreservierungen: (030) 26 14 795, www.die-stachelschweine.de

Friedrichstadtpalast
Kartenbestellung: (030) 23 26 23 26, www.friedrichstadtpalast.de

Boulevardtheater
Theater am Kurfürstendamm
Kartelbestellung Mo–Sa 10–20, So 11–18 Uhr unter (030) 88 59 11 88, www.theater-am-kurfuerstendamm.de

Comedy
Quatsch Comedy Club
Kartenbestellung: (01805) 25 55 65 (0,14 Euro/Min.), www.quatsch-comedy-club.de

Oper und Klassische Musik
Berliner Staatsoper
Ticket-Hotline: (030) 20 35 45 55, www.staatsoper-berlin.org

Komische Oper
Kartenbestellung unter (030) 47 99 74 00, Mo–Sa 9–20 Uhr, So/Fei 14–20 Uhr, www.komische-oper-berlin.de

Komödie am Kurfürstendamm
Kartenservice: (030) 88 59 11-88, Fax (030) 88 59 11-53, karten@komoedie-berlin.de

Konzerthaus am Gendarmenmarkt
Besucherservice gegenüber dem Französischen Dom Mo–Sa 12–19, So 12–16 Uhr, Führungen Sa 13 Uhr, 3 Euro, Beginn im „Café Konzerthaus" nebenan. Spezialität des Konzerthauses: Kinderprogramme

Philharmonie
Kartenbestellung: (030) 25 48 8-9 99, www.berliner-philharmoniker.de

Alternativ
Kunstfabrik Schlot
In den Edison-Höfen, (030) 4 48 21 60, www.kunstfabrik-schlot.de. Hier wird Jazz der unterschiedlichsten Stilrichtungen geboten, aber auch jungen Poeten bekommen eine Chance.

Zosch
Tgl. ab 16 Uhr, (030) 2 80 76 64, www.zosch-berlin.de. In der ehemaligen Molkerei hat sich im Keller eine kleine Bühne etabliert: regelmäßige Konzerte sowie Lesungen junger Poeten.

Kartenvorverkauf
Veranstaltungen sind in Berlin oft schnell ausverkauft, eine frühzeitige Reservierung ist daher ratsam.

BTM Call Center
(030) 25 00 25
www.visitberlin.de
Auch vor Ort in den BERLIN infostores
(▸ Seite 263)
www.berlin.de
(01 80) 5 00 29 37 (14ct/Min)

Heckticket
Hardenbergstr. 29d (Charlottenburg)
(030) 2 30 99 30
www.heckticket.de
Ab 14 Uhr Tagestickets zum halben Preis

Tipp: Ticketshops gibt es auch in vielen Einkaufszentren und Kaufhäusern, etwa im KaDeWe, in den Potsdamer Platz Arkaden oder im KulturKaufhaus Dussmann (▸ Seite 276).

KINO
Cinemaxx am Potsdamer Platz
Potsdamer Straße 5, Eingang Voxstraße 2 (Tiergarten), (0 18 05) 24 63 62 99
www.cinemaxx.de
S/U Potsdamer Platz

CineStar IMAX 3-D und CineStar Original im Sony Center
Potsdamer Straße 4 (Tiergarten)
(030) 26 06 64 00
www.cinestar-imax.de
S/U Potsdamer Platz

Praktische Reisetipps

UCI Kinowelt Zoo Palast
Hardenbergstr. 29 a–b (Charlottenburg)
(030) 25 41 47 77
www.uci-kinowelt.de
S/U Zoologischer Garten

Cinestar Cubix am Alexanderplatz
Rathausstr. 1 (Mitte)
(030) 25 76 10
www.cinestar-imax.de
S/U Alexanderplatz

Off-Kinos
Broadway
Tauentzienstr. 8 (Charlottenburg)
(030) 26 55 02 76
www.yorck.de
S/U Zoologischer Garten

Babylon
Rosa-Luxemburg-Straße 30 (Mitte)
www.babylonberlin.de
(030) 24 72 78 01
U Rosa-Luxemburg-Platz

SHOPPING

Ausgewählte Shopping-Malls und Kaufhäuser
Alexa
Grunerstraße 20 (Mitte)
(030) 26 93 40-0
www.alexacentre.com
Mo–Sa 10–21 Uhr
S/U Alexanderplatz

Potsdamer Platz Arkaden
Alte Potsdamer Strasse 7 (Tiergarten)
(030) 25 59 27-0
www.potsdamer-platz-arkaden.de
Mo–Sa 10–21 Uhr
S/U Potsdamer Platz

Kaufhaus des Westens (KaDeWe)
Nobel-Kaufhaus mit großer Geschichte
Tauentzienstr. 21-24 (Charlottenburg)
www.kadewe.de
(030) 21 21-0
Mo–Do 10–20, Fr bis 21 Uhr, Sa 9.30–20 Uhr,
U Wittenbergplatz

Naturkaufhaus
Naturprodukte auf 400qm, alles von Textilien über Kosmetikartikel zu Haushaltswaren
Schlossstraße 101 (Steglitz)
(030) 797 37 16
www.naturkaufhaus-berlin.de
Mo–Sa 10–20 Uhr
U Schlossstraße

Stilwerk
Exklusive Möbel-, Kunst- und Einrichtungsgeschäfte Kantstraße 17 (Charlottenburg)
(030) 31 51 50
www.stilwerk.de
S/U Zoologischer Garten

Dussmann – Das KulturKaufhaus
Bücher, CDs, Noten und Papierwaren auf vier Etagen, mit Leseecke. Eine Berliner Kulturinstitution! Friedrichstraße 90 (Mitte)
(030) 20 25-11 11
www.kulturkaufhaus.de
Mo–Sa 10–24 Uhr
S/U Friedrichstraße

Besondere Einkaufsstraßen
Kurfürstendamm und Tauentzienstraße
Hier haben alle Modeketten und -marken mindestens eine Filiale, von edel bis trashig
www.kurfuerstendamm.de
U Kurfürstendamm

Alte- und Neue Schönhauser Straße und Seitenstraßen (Mitte)
Hier wechseln sich Läden Berliner Designer mit den Flagship-Stores bekannter und teurer Marken ab
U Weinmeisterstraße

Kastanienallee
Hippe und schräge Läden, besonders Kleidung. Prenzlauer Berg, U Eberswalder Straße

Bergmannstraße (Kreuzberg)
Hier gibt es Flippiges, Ausgefallenes, Spezielles, auch Second-hand
www.bergmannstrasse.de
U Mehringdamm

Märkte
Wochenmarkt am Hackeschen Markt (Mitte)
Do 9–18, Sa 9–16 Uhr
Waren aus dem Umland, jede Menge erlesene Delikatessen und ein wenig Kunst
S Hackescher Markt

Ökomarkt Chamissoplatz
Chamissoplatz (Kreuzberg)
www.oekomarkt-chamissoplatz.de
Sa 8–14 Uhr
U Platz der Luftbrücke

Ökomarkt am Kollwitzplatz (Prenzlauer Berg)
www.grueneliga-berlin.de

Do 12–19 Uhr, konventioneller Wochenmarkt
Sa 9–16 Uhr
Viele ausgefallene kulinarische Köstlichkeiten, manchmal mit Livemusik. Promigucken inklusive.
U Senefelder Platz

Türkenmarkt am Maybachufer (Kreuzberg)
www.tuerkenmarkt.de
Di und Fr 11–18.30 Uhr
Der größte Obst- und Gemüsemarkt Berlins, daneben Gewürze, Stoffe, Textilien und kulinarische Spezialitäten in orientalischer Atmosphäre
U Kottbusser Tor

Trödelmärkte
Berliner Trödelmarkt
An der Straße des 17. Juni (Tiergarten)
www.berliner-troedelmarkt.de
Sa/So 10–17 Uhr
Edler Trödel, Antiquitäten, Kunst- und Kunsthandwerk
S Tiergarten

Flohmarkt am Mauerpark (Prenzlauer Berg)
www.mauerparkmarkt.de
So bis 17 Uhr
Einer der beliebtesten Berliner Flohmärkte, viel Ramsch, auf dem ehemaligen Mauerstreifen
U Bernauer Straße, U Eberswalder Straße

VERANSTALTUNGSKALENDER BERLIN (AUSWAHL)

In Berlin finden jährlich über 5000 Veranstaltungen statt, tagesaktuelle Programme finden sich in den Berliner Tageszeitungen, Stadtmagazinen (▶ Seite 279) und unter www.visitberlin.de.

Januar
Internationale Grüne Woche Berlin
www.gruenewoche.de

Lange Nacht der Museen
www.lange-nacht-der-museen.de

Februar
Berlinale
Internationale Filmfestspiele Berlin
www.berlinale.de

März
MärzMusik
Das Festival für aktuelle Musik versammelt Musiker und Freunde zeitgenössischer Musik aus aller Welt. Mit Uraufführungen und Neuproduktionen, mit Orchester- und mit experimenteller Musik entsteht ein facettenreiches Bild der aktuellen Musikszene.
www.berlinerfestspiele.de

Mai
Karneval der Kulturen
Beim viertägigen Karneval der Kulturen feiern die Menschen verschiedener Herkunft ihre Zusammengehörigkeit. Neben dem Straßenfest findet ein großer farbenprächtiger Straßenumzug statt, bei dem die Teilnehmer ihre bunten Landestrachten vorstellen.
www.karneval-berlin.de

Theatertreffen Berlin
www.berlinerfestspiele.de

Juni
Christopher Street Day
www.csd-berlin.de

Fete de la Musique
Alljährlich zur Sommersonnenwende wird in den Straßen der Hauptstadt ein großes Live-Musikfest gefeiert. Unzählige Bühnen bieten kostenfreie Konzerte für jeden Geschmack.
www.fetedelamusique.de

ILA (Internationale Aerospace-Messe)
Die internationale Aerospace-Messe auf dem Flughafen Schönefeld zeigt Neuigkeiten der Luft- und Raumfahrt. Am Publikumswochenende (11. bis 13. Juni) gibt es ein spektakuläres Flugprogramm, bei dem auch das 100jährige Bestehen der ältesten Luftfahrtmesse der Welt gewürdigt wird (alle 2 Jahre).
www.ila-berlin.de

Juli
Classic Open Air am Gendarmenmarkt
www.classicopenair.de

August
Lange Nacht der Museen
www.lange-nacht-der-museen.de

Tag der offenen Tür der Bundesministerien
2 Tage im August

Gauklerfest Unter den Linden
www.gauklerfest.de

September
Berlin Marathon
www.berlin-marathon.com

IFA (Internationale Funkausstellung)
Mit über 1000 Ausstellern ist die IFA die weltweit größte Fach- und Publikumsmesse für Consumer Electronics. Es werden vielseitige Programmangebote, Events und das Neueste und Beste aus Technik, Kommunikation und Entertainment geboten (alle 2 Jahre).
www.ifa-berlin.de

Internationales Literaturfestival
www.berlinerfestspiele.de

Jüdische Kulturtage
www.juedische-kulturtage.org

musikfest berlin
www.berlinerfestspiele.de

Popkomm
www.popkomm.de

Pyronale
www.pyronale.biz

Tag des offenen Denkmals
www.tag-des-offenen-denkmals.de

Oktober
art forum berlin
www.art-forum-berlin.de

JazzFest Berlin
berlinerfestspiele.de

Dezember
Weihnachtsmärkte
Etwa am Gendarmenmarkt und in der Sophienstraße (Mitte), in der Domäne Dahlem (Dahlem), in der Kulturbrauerei (Prenzlauer Berg) und in Alt-Rixdorf (Neukölln, nur ein Wochenende). Chanukka Markt im Jüdischen Museum (Kreuzberg)
www.berlin.de/orte/weihnachtsmaerkte

Silvesterparty am Brandenburger Tor
www.silvester-berlin.de

BERLIN MIT KINDERN
Labyrinth Kindermuseum Berlin
Osloer Straße 12 (Wedding)
(030) 80 09 31 15 01
S Osloer Straße

Berliner Zoo und Aquarium
Hardenbergplatz 8 bzw. Budapester Straße 32 (Tiergarten)
(030) 25 40 10
www.zoo-berlin.de bzw.
www.aquarium-berlin.de
U/S Zoologischer Garten

Tierpark Friedrichsfelde
Am Tierpark 125 (Friedrichsfelde)
(030) 51 53 10
www.tierpark-berlin.de
U Tierpark

LEGOLAND Discovery Centre Berlin
Potsdamer Straße 4, im Sony Center (Tiergarten)
(030) 3 01 04 00
www.legolanddiscoverycentre.de
U/S Potsdamer Platz

Grips Theater
Altonaer Straße 22 (Tiergarten)
(030) 39 74 74 77
www.grips-theater.de
U Hansaplatz

Märchenhütte
Monbijoustraße/ Ecke Monbijoupark, auf dem Bunkerdach vis à vis Bode-Museum (Mitte)
(030) 24 04 86 50
www.maerchenhuette.de
Nur in den Wintermonaten
S Hackescher Markt

Indoor Freizeitpark Jacks Fun World
Miraustraße 38 (Reinickendorf)
Telefon 030-419 002 42
www.jacks-fun-world.de
S Eichborndamm

Indoor Spielplatz Jolos Kinderwelt
Am Tempelhofer Berg 7d (Kreuzberg)
(030) 61 20 27 96
www.jolo-berlin.de
U Platz der Luftbrücke

Minigolf am Insulaner
Munsterdamm/ Ecke Prellerweg (Schöneberg)
(030) 7 96 15 58
S Priesterweg

Filmpark Babelsberg
August-Bebel-Straße 26–53 (Potsdam)
(03 31) 7 21 27 50
Apr.–Okt.
www.filmpark-babelsberg.de
Blick hinter die Kulissen in Europas ältester Filmstadt, S Babelsberg

LOXX am Alex – Miniatur Welten Berlin
Grunerstraße 20 (Mitte)
(030) 44 72 30 22
www.loxx-berlin.de
Eine der weltgrößten digitalgesteuerten Modelleisenbahnen, die u. a. durch die nachgebaute Hauptstadt brausen
S/U Alexanderplatz

Sea Life
Spandauer Straße 3 (Mitte)
(030) 99 28 00
www.sealifeeurope.com.
Faszinierende Einblicke in das Leben unter Wasser im XXL-Aquarium
U/S Alexanderplatz

Berliner Gruselkabinett
Schöneberger Straße 23 a (Kreuzberg)
(030) 26 55 55 46
www.gruselkabinett.de
Auf Tuchfühlung mit Geistern, Skeletten und Monstern im historischen Luftschutzbunkermuseum
S Anhalter Bahnhof

SAUNA & WELLNESS

Badeschiff
Eichenstr. 4 (Treptow)
(0178) 9 50 01 63
www.badeschiff.de
Baden und saunieren auf dem hippen Poolschiff, Spreeblick inklusive, im Sommer mit Strandbar
S Treptower Park

Türkisches Bad Hamam
Mariannenstr. 6, Hinterhaus (Kreuzberg)
(030) 6 15 14 64
www.hamamberlin.de
Kommunikation, Körperpflege und Entspannung für Frauen in traditionellem Hamam-Ambiente, mit finnischer Sauna
U Kottbusser Tor

Liquidrom
Möckernstraße 10 (Mitte)
(030) 2 58 00 78 20
www.liquidrom-berlin.de
Freitags ab 19 Uhr Nacht der Lichter –
im Wasser schweben bei Kerzenschein und Unterwassermusik, daneben verschiedene Saunen und Aufgusszeremonien
S Anhalter Bahnhof

Therme im Europacenter
Nürnberger Str. 7 (Tiergarten)
(030) 2 57 57 60
www.thermen-berlin.de
Saunieren, thermalbaden und relaxen über den Dächern Berlins, außerdem Beauty- und Wellness-Angebote
S/U Zoologischer Garten

ZEITUNGEN & ZEITSCHRIFTEN

In Berlin erscheinen neun Tageszeitungen, die auch über die Veranstaltungen des Tages informieren. Zu den wichtigsten gehören die Berliner Zeitung, der Tagesspiegel und die Berliner Morgenpost. Die BZ, BILD BERLIN und der Berliner Kurier versorgen die Hauptstadt mit Boulevardnachrichten.
Alle 14 Tage erscheinen alternierend die beiden großen Stadtmagazine Tip und Zitty und informieren über Veranstaltungen, Clubszene und In-Locations. Außerdem gibt es Restauranttipps, Rezensionen und ein ausführliches Adressverzeichnis. Das kostenlose Magazin 030 informiert besonders Partygänger mit Szeneneuigkeiten, die Siegessäule die schwul-lesbische Szene.

www.tip-berlin.de
www.zitty.de
www.berlino30.de
www.siegessaeule.de
www.berlinonline.de

Alles drauf. Alles dran. Alles drin.

Berlin Tourism

Berlin Welcome Card

Hier erhältlich:
- BERLIN infostores
- Ticketautomaten & -schalter
- Hotels & Pensionen

Das Touristenticket.
Freie Fahrt + 150 Attraktionen.

BVG Berliner Verkehrsbetriebe | DB BAHN | S Bahn Berlin | www.berlin-welcomecard.de

SONSTIGES A-Z

Banken
Wechselstuben finden sich vor allem in der Umgebung von Bahnhöfen und Flughäfen, daneben sind in Berlin alle großen Kreditinstitute mit zahlreichen Filialen vertreten. Geldautomaten sind in Berlin zahlreich.

Reisebank im Hauptbahnhof
(im 1. OG, neben Gepäckcenter)
(030) 20 45-37 61
Tgl. 8–22 Uhr

Reisebank am Ostbahnhof
Am Ostbahnhof 5
(030) 2 96 43 93
Mo–Fr 7–22, Sa/So 8–20 Uhr

Reisebank Bahnhof Friedrichstraße
(030) 20 45 50 96
Mo–Fr 7–20, Sa/So 8–20 Uhr

Reisebank am Bahnhof Zoo
(030) 8 81 71 17
Mo–Fr 7–22, Sa/So 7.30–22

Reisebank am Flughafen Tegel
(Terminal A)
(030) 41 70 13 55
Tgl. 7–21

Fundbüros
Zentrales Fundbüro
Platz der Luftbrücke 6 (Tempelhof)
(030) 75 60 31 01
U Platz der Luftbrücke

BVG Fundbüro
Potsdamer Straße 180/182 (Schöneberg)
(030) 1 94 49
U Kleistpark

Fundbüro der Deutschen Bahn
Fund-Service-Hotline: (0 18 05) 99 05 99

Fundsachen im Taxi
www.taxiverband-berlin.de unter gesucht/gefunden
EC- und Kreditkarten
Zentraler Karten-Sperr-Notruf: 116 116

Lesetipps
Geschichte
Julius h. Schoeps: Berlin, Geschichte einer Stadt
Romane
Sven Regener: Herr Lehmann
Alfred Döblin: Berlin Alexanderplatz
Gabriele Tergit: Käsebier erobert den Kurfürstendamm

Medizinische Versorgung
Ärztlicher Bereitschaftsdienst: (030) 31 00 31
Zahnärztlicher Bereitschaftsdienst: (030) 89 00 43 33
Privatärztlicher Akutdienst: (08 00) 7 11 21 12
Call a doc: (0 18 04) 22 55 23 62 (0,24ct/Anruf)
Apotheken Bereitschaft: (030) 31 00 31
24h-Apotheke im Hauptbahnhof

Giftnotruf: (030) 192 40

Pannenhilfe
ADAC: (0180) 2 22 22 22
Automobilclub von Deutschland:
(08 00) 9 90 99 09
Auto Club Europe: (01 80) 2 34 35 36
ADFC: (030) 4 48 47 24

Polizei und Feuerwehr
Notruf: 112
Polizei: 110
Bürgertelefon der Berliner Polizei:
(030) 46 64 46 64
Feuerwehr: 112

Post
Info-Telefon der Deutschen Post:
(0 18 02) 33 33 (6ct/Anruf)

Postämter mit langen Öffnungszeiten:
Am Bahnhof Friedrichstraße (Georgenstraße 12), Mo–Fr 6–22, Sa/So 8–22 Uhr
Im Bahnhof Potsdamer Platz, Mo–Fr 7–21.30, Sa 8–21 Uhr
Nahe Bahnhof Zoo (Joachimstaler Str. 7), Mo–Fr 9–20, Sa 10

Seelsorge und Soziales
Rotes Kreuz: (030) 85 00 55
Telefon-Seelsorge: (08 00) 1 11 02 22

Register

A

Adalbertstraße **243**
Adenauerplatz **115**
Adlon-Palais **73**
Admiralspalast **213**
Ägyptisches Museum **31**
Akademie der Künste **71**
Akademie der Wissenschaften, Berlin-Brandenburgische **160**
Akzisemauer **76, 79, 146, 231, 240**
Albrechtstraße **217**
Alexander-Haus **21**
Alexanderplatz **20, 187, 223, 226, 231**
Alte Bibliothek **56**
Alte Nationalgalerie **31**
Altes Museum **29, 32**
Altes Palais **56**
Altes Stadthaus **228**
Am Festungsgraben **48**
Ampelmännchen **191**
Am Zirkus **215**
An der Urania **126**
Anne Frank Zentrum **210**
ARD-Hauptstadt-Studio **82**
Arndtstraße **253**
Aschinger-Haus **119**
ASTOR Film-Lounge **105**
Auguststraße **204**
Auswärtiges Amt **40**

B

Bahnhof Zoologischer Garten **99**
Bahntower **141**
Ballhaus Naunynstraße **247**
Band des Bundes **82**
Bankhaus Ebeling **163**
Barenboim, Daniel **50**
Barlach, Ernst **231**
Baumgarten, Paul **91**
Bebelplatz **50, 54**
Begas, Reinhold **25, 160**
Behrens, Peter **21**
Behrenstrasse **63**
Beisheim Center **141**
BEMAG-Haus **177**
Bendlerblock **130**
Bendlerbrücke **129**
Bergmannstraße **253**
Berlinale **145**
Berliner Bankenviertel **163**
Berliner Chic **166**
Berliner Dom **27**
Berliner Ensemble **216**
Berliner Hauptbahnhof **86, 87**
Berliner Luftbrücke **250**
Berliner Mauer **142**
Berliner Münzanstalt **229**
Berliner Philharmonie **135**
Berliner Sinfonie-Orchester **159**
Berliner Stadterweiterung **232, 239**
Berliner Stadtschloss **35, 38**
Berliner Zoo **98, 99**
Berlin-Marathon **78, 95**
Berlin Story, Buchhandlung und Café **62**
Bernauer Straße 111 **142**
Berolina-Haus **21**
Bertelsmann-Stiftung **43**
Bertolt-Brecht-Haus **222**
Bethaniendamm **245**
Bethlehemskirchplatz **155**
Bismarck, Otto von **226**
Blaue Mauritius **154**
Bleibtreustraße **109**
Bluemax Theater **144**
Bode-Museum **33**
Bodt, Jean de **227**
Bonhoeffer, Dietrich **152**
Bornholmer Straße **142**
Borsigsche Maschinenbau-Anstalt **222**
Botschaft der Niederlande **228**
Botschaft der Republik Malta **98**
Botschaft der Syrischen Arabischen Republik **97**
Botschaft der Vereinigten Arabischen Emirate **129**
Botschaft der Vereinigten Mexikanischen Staaten **97**
Botschaft der Vereinigten Staaten von Amerika **69**
Botschaft des Fürstentums Monaco **98**
Botschaft des Königreiches Bahrain **98**
Botschaft des Vereinigten Königreiches von Großbritannien und Nordirland **64**
Botschaften von Chile **167**
Botschaften von Portugal **129**
Botschaftsviertel **124**
Botschaft von Ägypten **130**
Botschaft von Belgien **163**
Botschaft von Bulgarien **155**
Botschaft von Dänemark **97**
Botschaft von Finnland **97**
Botschaft von Griechenland **129, 163**
Botschaft von Island **97**
Botschaft von Italien **129**
Botschaft von Japan **129**
Botschaft von Kanada **146**
Botschaft von Liechtenstein **167**
Botschaft von Luxemburg **98**
Botschaft von Malaysia **97**
Botschaft von Marokko **166**
Botschaft von Norwegens **97**
Botschaft von Österreich **130**
Botschaft von Peru **167**
Botschaft von Polen **64**
Botschaft von Russland **63**
Botschaft von Schweden **97**
Botschaft von Slowenien **167**
Botschaft von Ungarn **64**
Brandenburger Tor **66, 75**
Brauerei Pfefferberg **235**
Brecht, Bertolt **216, 222**
Breite Straße **172**
Breitscheidplatz **99, 122**
Bremer Höhe **232**
Bristol Hotel Kempinski **105**
Bröhan Museum **259**
Brüderstraße **170**
Brunnen der Völkerfreundschaft **22**
Bülowsches Palais **217**
Bundesfinanzministerium **150**
Bundesjustizministerium **167**
Bundeskanzleramt **84**
Bundesministerium für Bildung und Forschung **221**
Bundespräsidialamt (Schwarzbau) **95**
Bundesrat **146**
Bundesversicherungsanstalt für Angestellte **119**
Bürogebäude der Berliner Wasserwerke **229**

C

Café Einstein **62**
Café Kranzler **104**
Café Moskau **224**
Casino für die Offiziere der Landwehr **100**
CDU-Parteizentrale **98**
Chamissoplatz **252**
Charité Berlin **218, 220**
Charlottenstraße **58**
Chausseestraße **221**
Checkpoint Charlie **146, 152, 153**
Checkpoint Charlie-Museum **154**

Chipperfield, David **32, 109, 143**
Christiansen, Sabine **99**
Clärchens Ballhaus **206**
Clausewitzstraße **114**
Curry 36 Imbiss **255**
Currywurst **237, 268**

D

Daimler-City **140, 143**
Dali-Museum **146**
Danziger Straße **232**
DDR-Friedensbewegung **230**
DDR-Ministerium für Volksbildung **64**
DDR-Museum **28**
Debis-Zentrale **144**
Denkmal für die ermordeten Juden Europas **73**
Desmond, Olga **116**
Deutsche Guggenheim **58**
Deutscher Dom **158**
Deutsches Currywurst-Museum **154**
Deutsches Historisches Museum **45**
Deutsche Staatsbibliothek **58**
Deutsches Theater **218**
Deutschkron, Inge **210**
DomAquarée **27**
Dorette-Haus **114**
Dorotheenstädtischer Friedhof **222**
Dorotheenstraße **80**
Dresdner Straße **241**
Dunckerstraße **232**
Dussmann-Kulturkaufhaus **61**
Dutschke, Rudi **117**

E

Eastside Gallery **142**
Eberswalder Straße **237**
Ebertstraße **80**
ECO-Haus **114**
Edison-Höfen **222**
Eiergasse **179**
Einstein, Albert **200**
Engelbecken **244**
Engelbecken-Höfe **243**
Engeldamm **245**
Ephraimpalais **176**
Erben, Joseph **110**
Ermeler-Haus **173**
Erna-Berger-Straße **142**
Erotik-Museum **101**
Europa-Center **122**

Euthanasiebehörde Tiergartenstraße **135**
E-Werk **152**

F

Fahrenkamp, Emil **130**
Fasanenstraße **106**
Fassbender & Rausch **157**
FDP-Parteizentrale **215**
Fernsehturm **24**
Fichte, Johann Gottlieb **55**
Fidicinstraße **252**
Fischerinsel **168**
Flughafen Tempelhof **250**
Fontane, Theodor **180, 246**
Forum Fridericianum **50, 53**
Foster, Sir Norman **89**
Frank, Charlotte **82**
Frankfurter Tor **225**
Französische Botschaft **67**
Französischer Dom **158**
Friedrich-Ebert-Stiftung **129**
Friedrichstadtpalast **214**
Friedrichstraße **59, 156, 212**
Friedrichstraßen-Passage **203**
Friedrichswerdersche Kirche **41**
Friedrich-Wilhelm-Stadt **212**
Friesenstraße **253**
Führerbunker **150**

G

Galerie KW **206**
Galeries Lafayette **60, 156**
Galgenhaus **171**
Gaststätte Zum Nussbaum **180**
Gause, Carl **58**
Gedenkstätte Berliner Mauer **142**
Gedenkstätte Deutscher Widerstand **130**
Gehry, Frank O. **70**
Gemäldegalerie **134**
Gendarmenmarkt **156**
George-Grosz-Platz **111**
Gerhardt, Paul **179**
Gerichtslaube **181**
Germania-Stadtplanung **86, 133, 151, 251**
Gertraudenbrücke **168**
Gertraudenstraße **172, 176**
Gertrud-Kolmar-Straße **149**
Geschäftshaus Königstadt **107**
Geschichtsmeile Jägerstraße **163**
Gethsemanekirche **230**
Gewerkschaftshaus am Engeldamm **244**

Giesebrechtstraße **113**
Gipsstraße **208**
Gleisdreieck **240**
Gloria-Palast **121**
Gneiststraße **232**
Göring, Hermann **149, 150**
Görlitzer Bahnhof **248**
Gouverneurshaus **58**
Graefe, Albrecht von **220**
Grandhotel Esplanade **129**
Greifenhagener Straße **232**
Grenzbahnhof Friedrichstraße **212**
Großbeerenstraße **255**
Große Hamburger Straße **192, 207**
Großer Stern **95**
Grünberg, Martin **45**
Gründgens, Gustaf **159**
Gründungsbrunnen **179**
Gymnasium zum Grauen Kloster **226**

H

Hackesche Höfe **189**
Hackescher Markt **188**
Hackesches Viertel **188**
Hagelberger Straße **255**
Hamburger Bahnhof **86**
Hanf-Museum **177**
Hannoversche Straße **220**
Hardenbergstraße **100**
Haupt-Telegrafenamt **197**
Hausbesetzerszene **240, 245**
Haus Cumberland **110**
Haus der Deutschen Bischofskonferenz **220**
Haus der Deutschen Zentral-Genossenschaftsbank **70**
Haus der Elektroindustrie **23**
Haus der Kulturen der Welt **93**
Haus der Schweiz **61**
Haus der Stiftung Warentest **128**
Haus der Wirtschaft **172**
Haus des Lehrers **23, 223**
Haus des Reisens **23**
Haus des Sozialistischen Deutschen Studentenbundes **117**
Haus Schwarzenberg **210**
Haus Sommer **69**
Hausvogteiplatz **162, 165**
Haus zur Berolina **167**
Heckmann-Höfe **200**
Heidereutergasse **187**

Heimatmuseum Prenzlauer Berg **234**
Heinrich-Böll-Stiftung **218**
Heinrich-Heine-Straße **243**
Heinrichplatz **248**
Helmholtzplatz **232**
Henselmann, Hermann **24, 225**
Herbert-von-Karajan-Straße **135**
Heusler-Edenhuizen, Hermine **122**
Hexenkessel Hoftheater **196**
Heydrich, Reinhard **114, 152**
Himmler, Heinrich **151**
Hinterlandmauer **245**
Hiroshimasteg **129**
Historischer Hafen **174, 228**
Hitler, Adolf **149, 251**
Hobrecht, James **239**
Hobrecht-Plan **232, 239**
Hochschule für Musik Hanns Eisler **40**
Hoeniger, Johann **194, 203, 205**
Hoeninger, Johann **233**
Hohenzollern-Dynastie, Geschichte der **35**
Hollywood Media Hotel **109**
Holocaust-Mahnmal **73**
Honecker, Erich **40**
Honecker, Margot **64**
Hotel Adlon **74**
Hotel Bogota **111**
Hotel Carlton **58**
Hotel de Rome **53**
Hotel Esplanade **141**
Hotel Hyatt **145**
Hotel Park Inn **22**
Hotel Ritz-Carlton **143**
Hugenottenmuseum **159**
Humboldt, Alexander von **55, 162**
Humboldt-Forum **38**
Humboldt-Universität zu Berlin **55**
Humboldt, Wilhelm von **55**
Husemannstraße **232**

I

Ihne, Ernst von **30, 58, 71**
Internationales Congress Centrum (ICC) **118**
Internationales Handelszentrum **82**
Invalidenstraße **222**

J

Jägerstraße **162**

Jahn, Helmut **104, 116, 119, 140**
Jakob-Kaiser-Haus **80**
Jebensstraße **100**
Jewish Claims Conference **148, 206**
Joachim-Friedrich-Straße **117**
Joachimstaler Straße **103, 120**
Johann-Georg-Straße **117**
Judengang **235**
Jüdischer Friedhof Berlin Mitte **195**
Jüdischer Friedhof Prenzlauer Berg **235**
Jüdisches Leben in Berlin **198**
Jungfernbrücke **168**

K

Kabarett „Die Distel" **214**
Kabarett „Die Stachelschweine" **123**
Kaiser-Friedrich-Denkmal **56, 57**
Kaiser-Friedrich-Straße **115**
Kaiser-Passagen **62**
Kaisersaal des Hotels Esplanade **141**
Kaiser-Wilhelm-Gedächtnis-Kirche **121**
Kalin, Osman **247**
Kammermusiksaal **135**
Kammerspiele **218**
Kantstraße **100**
Kanzler-U-Bahn **27**
Karl-Liebknecht-Straße **27, 187**
Karl-Marx-Allee **223**
Karlsplatz **217**
Kastanienallee **236**
Katharinenstraße **118**
Kaufhaus des Westens **124**
Kaufhaus Hertzog **170**
Kaufhaus Nathan Israel **182**
Kaufhaus Wertheim **148, 242**
Kino International **223**
Kleihues, Josef Paul **68**
Klosterstraße **155, 227**
Klosterviertel **226**
Knaackstraße **236**
Knesebeckstraße **109**
Knobelsdorff, Georg Wenzeslaus von **50, 256**
Knoblauch, Eduard **178, 199, 206**
Knoblauchhaus **178**
Koch, Robert **219**
Kollhoff, Hans **113, 140**

Kollhoff-Haus **143**
Kollwitz, Käthe **233**
Kollwitzplatz **233**
Kollwitzstraße **235**
Kolmarer Straße **234**
Kolonnenweg **243**
Komische Oper Berlin **62**
Kommandantenhaus **43, 45**
Kommune 1 **115**
Konfektionshaus Manheimer **164**
Kongresshalle **23**
Königin Sophie Charlotte **256**
Königliches Schauspielhaus **158**
Konnopke Imbiss **237**
Konsulat von Nepal **167**
Konzerthaus am Gendarmenmarkt **158**
Koons, Jeff **145**
Kopischstraße **252**
Koppenplatz **207**
Kottbusser Tor **238, 240**
KPMG-Gebäude **98**
Krankenhaus Bethanien **245**
Krausnickstraße **199**
Kreuzberg **238, 254**
Kreuzberg-Museum **241**
Kreuzbergstraße **254**
Kronprinzendamm **119**
Kronprinzenpalais **46**
Kudamm-Karree **109**
Kulturbrauerei **236**
Kulturforum **132**
Künneke, Eduard **113**
Künneke, Evelyn **113**
Kunstbibliothek **134**
Kunstgewerbemuseum **135**
Kunsthaus Tacheles **203**
Kunsthof **199**
Künstlerheim Luise **217**
Kunstsammlung Christian Boros **218**
Kunstsammlung französischer Malerei des 18. Jahrhunderts **258**
Kupferstichkabinett **135**
Kurfürstendamm **102**
Kurfürstendammbrücke **118**
Kurfürstenhaus **182**

L

Landesvertretung Bayern **63**
Landesvertretung Bremen **129**
Landesvertretung des Freistaates Sachsen **170**

Landesvertretung Nordrhein-Westfalen 129
Landesvertretung von Sachsen-Anhalt 217
Landgericht 226
Landwehrkanal 129
Langenbeck-Virchow-Haus 219
Langhans, Carl Ferdinand 53, 56
Langhans, Carl Gotthard 76, 158, 219
Lasker-Schüler, Else 118
Legien, Carl von 243, 244
Legoland 140
Lehniner Platz 116
Leibnizkolonnaden 113
Leibnizstraße 113
Leipziger Straße 146
Lenné, Peter Joseph 219, 247
Leo-Baeck-Haus 203
Lesser & Hardt-Haus 181
Lessing, Gotthold Ephraim 179
Lessing-Haus 179
Lessing, Otto 146, 236
Leuschnerdamm 243
Lewishamstraße 116
Libeskind, Daniel 116
Liebermann, Max 68, 235
Liebknechtbrücke 27
Literaturhaus Berlin 106
Littenstraße 226
Lortzing, Albert 218
Lotus-Brunnen 123
Luftbrückendenkmal 251
Luiseninsel 257
Luisenstadt 238
Luisenstädtischer Kanal 243
Luisenstraße 217, 218
Luisenwohnung 258
Luise von Mecklenburg-Strelitz 257
Lustgarten 29
Lützowplatz 98, 128

M

Mächtig, Hermann 254
Madame Tussauds Wachsfiguren-Kabinett 60
Mai-Demonstrationen 223
Maison de France 107
Manheimer, Moritz 236
Marburger Straße 124
Marheinekehalle 253
Marheinekeplatz 253
Mariannenplatz 246
Mariannenstraße 247

Marie-Elisabeth-Lüders-Haus 83
Marienkirche 24, 187
Marienstraße 216
Märkisches Ufer 173
Markthalle VII 243
Markthalle XI 253
Marlene-Dietrich-Platz 145
Marmorhaus 120
Marx-Engels-Forum 27
Mauerreste 142
Mauerstraße 155
Maxim-Gorki-Theater 49
Mehringdamm 252, 255
Mendelssohn-Ausstellung 163
Mendelssohn Bartholdy, Felix 147
Mendelssohn-Gesellschaft 163
Mendelssohn, Moses 179, 195
Merkel, Angela 33
Methfesselstraße 254
Metzer Straße 234
Meyerbeer, Giacomo 68, 235
Michaelkirchplatz 244
Mohrenstraße 156
Molkenmarkt 228
Monbijoupark 196
Monbijoustraße 196
Mühlendamm 176
Mühlendammbrücke 176
Mühlendammschleuse 174, 228
Mühlenstraße 142
Münzer-Haus 164
Münzstraße 210
Museen Europäischer Kunst 134
Museum Belvedere 258
Museum für Film und Fernsehen 140
Museum für Fotografie 100
Museum für Kommunikation 155
Museum Hamburger Bahnhof 86
Museumsinsel 27, 30
Musikinstrumenten-Museum 136

N

Nachrichtenagentur Reuters 83
Nationaldenkmal für die Befreiungskriege 254
Naunynstraße 247
Neptun-Brunnen 25
Nering, Johann Arnold 45, 256
Neue Nationalgalerie 133

Neue Reichskanzlei 149
Neuer Flügel 258
Neuer Pavillon 258
Neue Schönhauser Straße 210
Neues Kranzler Eck 104
Neues Kreuzberger Zentrum 240
Neues Museum 31
Neue Synagoge 199
Neue Wache 48
Neumannsgasse 172
Newton, Helmut 100
Nicolai, Friedrich 170, 179
Nicolaihaus 170
Niederkirchnerstraße 142, 151
Nikolaikirche 178
Nikolaikirchplatz 178
Nikolaiviertel 176
Nordische Botschaften 97

O

Oberbaumbrücke 142
Oberwallstraße 164
Oderberger Straße 236
Olivaer Platz 113
Olof-Palme-Platz 98
Omar-Ibn-Al-Khattab-Moschee 248
Opernpalais 47
Oranienburger Straße 196
Oranienplatz 242
Oranienstraße 242
Otto-Nagel-Haus 174

P

Palais am Festungsgraben 49
Palais Schwerin 229
Palast der Republik 36, 39
Pappelallee 232
Pariser Platz 66, 68
Parlament der Bäume 84
Parochialkirche 227
Parochialstraße 227
Passionskirche 253
Paulinenhof 192
Paul-Löbe-Haus 83, 84
Pei-Bau 46
Pei, Ieoh Ming 46
Pergamonmuseum 32
Petrikirche 169
Philip-Johnson-Haus 154
Philippstraße 220
Piano, Renzo 143, 144
Platz der Luftbrücke 250
Platz der Republik 87
Podewilsches Palais 227
Postfuhramt 202

Poststraße **177, 180**
Potsdamer Brücke **132**
Potsdamer Platz **138, 143**
Potsdamer Straße **131**
Prater **236**
Prenzlauer Berg **230**
Preußische Seehandlung **160**
Preußisches Herrenhaus **146**
Prinz-Albrecht-Palais **152**
Prinzessinnenpalais **47**
Propststraße **181**

Q
Quartier 205 **156**
Quatsch Comedy Club **214**

R
Raabe, Wilhelm **171**
Ramones Museum Berlin **199**
Rankestraße **122**
Rathausstraße **182, 226**
Rathenauplatz **119**
Rauch, Christian Daniel **41, 47, 56, 222, 257**
Rauch, Daniel Christian **254**
Rauch-Haus **245**
Rauchstraße **97**
Raumerstraße **232**
Regierungsviertel **80**
Reichpietschufer **130**
Reichsbankgebäude **40**
Reichssicherheitshauptamt **151**
Reichstag **88, 90**
Reichstagspräsidenten-Palais **80**
Reinhardt Max **216**
Reinhardt, Max **214, 218**
Reinhardtstraße **214, 217**
Republikanischer Club **112**
Restaurant Käfer **89**
Restaurant Tucher **68**
Restaurant VAU **163**
Ribbeck-Haus **172**
Riehmers Hofgarten **255**
Rohe, Mies van der **133**
Rohrpost **202**
Rolandufer **228**
Römerhof **59**
Rosenhöfen **209**
Rosenstraße **187**
Rosenthaler Straße **210**
Rosinenbomber **250**
Roßstraßenbrücke **173**
Rote Mauritius **154**
Rotes Rathaus **25**
Rykestraße **233**

S
Sacrower Heilandskirche **142**
Sagebiel, Ernst **150, 251**
Salon Kitty **114**
Sammlung Berggruen **259**
Sammlung Hoffmann **209**
Sammlung Scharf-Gerstenberg **259**
Sankt Johannes Evangelist Kirche **204**
S-Bahnhof Hackescher Markt **188**
S-Bahnhof Halensee **119**
Schadow, Gottfried **222, 229, 257**
Schadow, Johann Gottfried **41, 63, 76, 226**
Schadowstraße **63**
Scharoun, Hans **132**
Scharrenstraße **170**
Schaubühne am Lehniner Platz **116**
Schellingstraße **144**
Scheunenviertel **20**
Schiffbauerdamm **216**
Schiller-Denkmal **159**
Schiller, Friedrich **160**
Schinkel, Karl Friedrich **29, 41, 43, 49, 152, 217, 222, 226, 254, 257**
Schinkelpavillon **258**
Schinkel-Platz **42**
Schinkelsche Bauakademie **42**
Schloss Bellevue **94**
Schlossbrücke **43**
Schloss Charlottenburg **256**
Schlossplatz **35**
Schlüter, Andreas **45**
Schlüterstraße **111**
Schokofabrik **248**
Schöneberger Ufer **131**
Schönhauser Allee **230, 235, 236**
Schultes, Axel **82, 92**
Schumannstraße **218**
Schwarzbau **95**
Schwatlo, Carl **164, 202**
Schwebes, Paul **122**
Schwechten, Franz Heinrich **121, 236**
Schweizer Botschaft **86**
Senefelderplatz **235**
Shell-Haus **130**
Siegessäule **95, 96**
Skalitzer Straße **248**
Skulpturen-Boulevard am Kurfürstendamm **110, 124**

SO 36 **238, 248**
Sobotka, Heinrich **122**
Sony Center **140**
Sophie-Charlotte-Platz **256**
Sophie-Gips-Höfe **209**
Sophienkirche **193**
Sophienstraße **191**
Spandauer Straße **27, 182**
Spandauer Vorstadt **187**
Speer, Albert **71, 86, 95, 97, 149, 151**
Sperlingsgasse **171**
Spittelmarkt **168**
Sredzkistraße **236**
Staatsbibliothek zu Berlin **58, 60, 144**
Staatsoper Unter den Linden **50, 53**
Staatsratsgebäude **40**
Stadtbahn **20**
Stargarder Straße **230**
Stauffenberg, Oberst Claus Schenk Graf von **130**
St. Bonifatius **255**
Stella, Franco **38**
St. Hedwig-Krankenhaus **193**
St. Hedwigskathedrale **50**
St. Matthäuskirche **133**
St.-Michael-Kirche **244**
Stolpersteine **194**
Story of Berlin, Museum **109**
Stralauer Straße **228**
Straßburger Straße **234**
Straße des 17. Juni **78**
Strassmann, Fritz **220**
Straßmann-Haus **218**
Strausberger Platz **224**
St.-Thomas-Kirche **247**
Stüler, August **246, 259**
Stüler, Friedrich August **30, 199**
Stuttgarter Platz **115**
Synagoge Fasanenstraße **106**
Synagoge Heidereutergasse **187**
Synagoge Rykestraße **233**

T
Tauentzienstraße **124**
Taut, Max **242, 244**
Tempelhofer Park **251**
Theater am Schiffbauerdamm **215**
Theater des Westens **101**
Theater und Komödie am Kurfürstendam **109**
Theaterviertel **212**
Tierarzneischule der Humboldt-

Universität **218**
Tiergarten **92**
Tiergartentunnel **144**
Tietz, Hermann **22, 125, 228**
Timmermann, Helga **113**
Tivoli Brauerei **254**
Todesstreifen **138, 146, 152, 244**
Topografie des Terrors **151**
Tränenpalast **212**
Tucholskystraße **202**
Türkenmarkt am Landwehrkanal **249**
Türkisches Bad Hamam **248**

U
U-Bahnhof Klosterstraße **228**
Uhlandstraße **107**
Uhr der fließenden Zeit **123**
Ullmann, Micha **54**
Unter den Linden **45**
Upper East Side Berlin **60**
URANIA **126**

V
Varian-Frey-Straße **138**
Varnhagen van Ense, Rahel **162**
Verborgenes Museum **112**
Versunkene Bibliothek **54**
Verteidigungsministerium **130**
Viktoriapark **254**
Villa Grisebach **106**
Virchow, Rudolf **217**
Volksaufstand 17. Juni 1953 **150, 225**
Voßstraße **149**

W
Waesemann, Hermann Friedrich **25**
Waisenstraße **227**
Waldemarbrücke **243**
Waldemarstraße **243**
Wallot, Paul **80, 88**
Walter-Benjamin-Platz **113**
Walter Womacka **22, 23**
Warschauer Straße **240**
Wasserturm Kreuzberg **252**
Wasserturm Prenzlauer Berg **234**
Weidendammer Brücke **214**
Weidt, Otto **210**
Weigel, Helene **216, 222**
Weinhaus Huth **143**
Weltkugelbrunnen **122**
Weltzeituhr **22**
Werderscher Markt **165**
Wielandstraße **112**
Wiener, Sarah **73, 86, 222**
Wiener Straße **248**
Wilford, Michael **64, 131**
Wilhelmstraße **64, 149**
Willibald-Alexis-Straße **252**
Wissenschaftszentrum Berlin für Sozialforschung **130**
Wittenbergplatz **126**
WMF-Haus **155**
Wörther Straße **233**
Wowereit, Klaus **26**

Y
Yorckstraße **255**
Yva (Else Simon) **111**

Z
ZDF-Hauptstadt-Studio **62**
Zentralrat der Juden in Deutschland **203**
Zeughaus **45**
Zille-Museum **182**
Zimmerstraße **152**
Zollernhof **62**
Zoo-Fenster, Hochhausbau **100**
Zoologischer Garten **92**
Zossener Straße **253**
Zuse, Konrad **248**

Fotonachweis

Pierre Adenis 18–19, 82, 93; Alex 1011 244; Doris Antony 168; Jaime Ardiles-Arce 140; Angela Monika Arnold 173: BBR Stella 36; Beek100 62, 69, 130, 155, 163, 164, 171, 172, 178, 229; Berlin 713 234; visitberlin.de Bernschein 72; Bezirksamt Charlottenburg-Wilmersdorf 111; Julia Brodauf 123, 190, 227, 249, 265; Roi Boshi 205; Manfred Brückels 59, 60, 105, 134, 154, 165, 167, 179, 180; Dabbelju 145; De-okin 71, 107; Eisenacher 221; Sarah Ewart 150; Fragasso Titel, 260–261; Oliver Kirpal 23, 77, 204, 231, 238, 247, Umschlag hinten (links oben); visitberlin.de Koch 20, 26, 29, 41, 44, 49, 51, 52, 65, 74, 85, 86, 87, 91, 95, 86, 98, 108, 131, 135, 142 158, 201, 211, 219, 259, 270, 274, Umschlag (links unten); Constanze Haselbauer 6, 33, 40, 70, 78, 113, 115, 116, 117, 118, 132, 161, 200; Hörnchen 118 96; Arne Hückelheim 101; Jochen Jansen 128, 194; Peter Heinz Junge 39; Peter Kirchhoff 127; Krueger 214; Kulturbrauerei 99; Liebesspieler 24; Jean-Luc 2005 99; Nina Mallmann 28; Master X 42; Dr. Alexander Mayer 91; visitberlin.de Meise 88; Ullstein – Middecke 104; Felix Müller 32, 48, 55, 57; Tanja Onken 175, 184, 246, 252; Plambeck Umschlag (rechts unten); Michael Plasmeier Cover; Heinz Pollmann 120; Qay 191 (alle außer 2. v. links); Rainer 268; Achim Raschka 208; Michael Rose 80; S 151, 192; Klaus Scheddel 9, 34–35, 106, 183, 186, 191 (2. v. links), 193, 198, 202, 217, 223, 232, 251, 254; Lienhard Schulz 220; Bernd Schönberger 197, 207; Georg Slickers 245, 248; SO36 Umschlag hinten (rechts oben); Raimond Spekking 136–137; Andreas Steinhoff 141; Waldemar Titzenthaler 10–11, 138; User-Aktron 121; Zvucini 149

IMPRESSUM

© via reise verlag Klaus Scheddel
Berlin 2010
Alle Rechte vorbehalten
ISBN 978-3-935029-37-7

Text & Recherche
Constanze Haselbauer

außer Seiten 260–281
(Praktische Reisetipps) von
Christina Krey via reise verlag

Redaktion
Klaus Scheddel, Christina Krey

Fotonachweis Seite 287

Herstellung & Gestaltung
Tanja Onken via reise verlag

Umschlaggestaltung
Tanja Onken via reise verlag

Kartografie
Carlos Borrell, Berlin

Druck
Ruksaldruck Berlin

Gedruckt auf PEFC-zertifiziertem Papier für nachhaltige Waldbewirtschaftung.

Wir danken den Berliner Verkehrsbetrieben (BVG), Umschlagklappe vorn, sowie der Berlin Tourismus Marketing GmbH (BTM), Seite 280, für die freundliche Unterstützung.

Liebe Leserinnen und Leser,
alle Angaben in diesem Reiseführer sind gewissenhaft geprüft. Trotz gründlicher Recherche können sich manchmal Fehler einschleichen. Wir bitten um Verständnis, dass der Verlag dafür keine Haftung übernehmen kann. Über Hinweise, Berichtigungen und Ergänzungsvorschläge freuen wir uns jederzeit.

via reise verlag
Lehderstraße 16-19
13086 Berlin
post@viareise.de
www.viareise.de

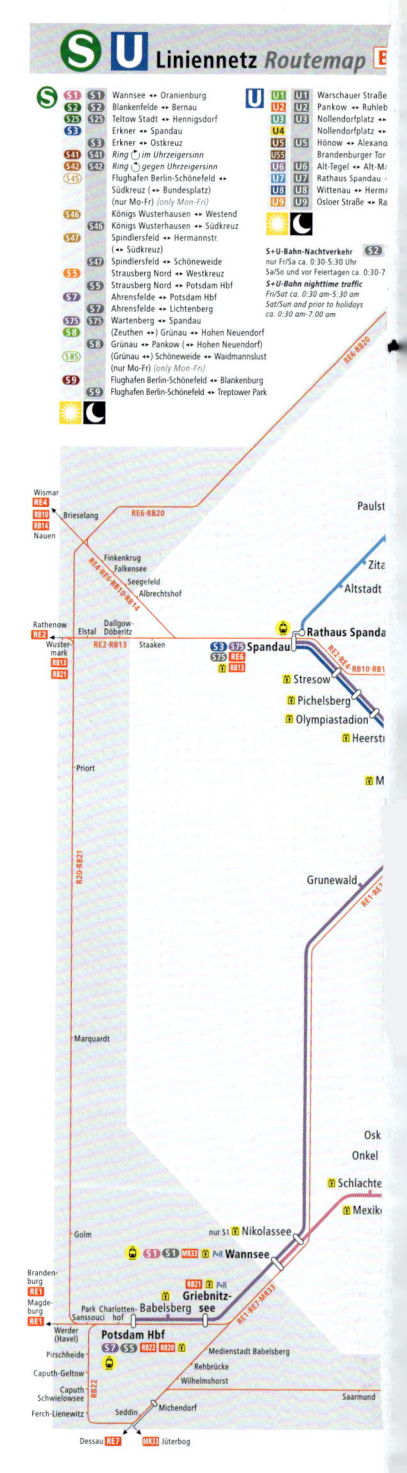